Vittorio Hösle, Fernando Suárez Müller (Hrsg.)

Idealismus heute

Vittorio Hösle, Fernando Suárez Müller (Hrsg.)

Idealismus heute

Aktuelle Perspektiven und neue Impulse

Die Deutsche Nationalbibliothek verzeichnet diese Publikation
in der Deutschen Nationalbibliografie;
detaillierte bibliografische Daten sind im Internet über
http://www.dnb.de abrufbar.

Das Werk ist in allen seinen Teilen urheberrechtlich geschützt.
Jede Verwertung ist ohne Zustimmung des Verlags unzulässig.
Das gilt insbesondere für Vervielfältigungen,
Übersetzungen, Mikroverfilmungen und die Einspeicherung in
und Verarbeitung durch elektronische Systeme.

© 2015 by WBG (Wissenschaftliche Buchgesellschaft), Darmstadt
Die Herausgabe des Werkes wurde durch
die Vereinsmitglieder der WBG ermöglicht.
Satz: Janß GmbH, Pfungstadt
Einbandgestaltung: Peter Lohse, Heppenheim
Lektorat: Andrea Graziano di Benedetto Cipolla, Mainz
Gedruckt auf säurefreiem und alterungsbeständigem Papier
Printed in Germany

Besuchen Sie uns im Internet: www.wbg-wissenverbindet.de

ISBN 978-3-534-26739-2

Elektronisch sind folgende Ausgaben erhältlich:
eBook (PDF): 978-3-534-74016-1
eBook (epub): 978-3-534-74017-8

Inhalt

Idealismus heute – die Beiträge
Die Herausgeber 7

Metamorphose des Idealismus
Fernando Suárez Müller 14

Einstieg in den objektiven Idealismus
Vittorio Hösle 30

Ein neuer Blick auf Fichtes Wissenschaftslehre
Franz von Kutschera 50

Ontologie, Metaphysik und der ontologische Idealismus
Uwe Meixner 69

Zur Konvergenz zwischen einem geistmetaphysischen Idealismus
und christlicher Theologie im Kontext der gegenwärtigen
Realismus-Antirealismus-Debatte
Markus Enders 89

System der idealen Logik
Bernd Braßel 111

Philosophie der Mathematik
Klaus J. Schmidt 136

Naturbegriff und elementare Naturbestimmungen in Hegels Naturphilosophie
Dieter Wandschneider 156

Idealismus und Biologie
Christian Spahn 176

Was spricht für den Idealismus im Leib-Seele-Problem?
Christian Tewes 194

Idealismus und die Paradigmen der Hermeneutik
Andreas Spahn 215

Ideale Gemeinschaft und intersubjektive Monadologie
Fernando Suárez Müller 234

Unbedingte Verpflichtung und Eudämonismus – Idealität und Realität in der Ethik
Vittorio Hösle 254

Idealistische Ästhetik als Option für die heutige Ästhetik und Literaturwissenschaft
Mark W. Roche 271

Bibliographie 290

Personenregister 308

Idealismus heute – die Beiträge

Die Herausgeber

Die in diesem Band vorliegenden Aufsätze sind ein Versuch, die Fruchtbarkeit des objektiv-idealistischen Ansatzes für das breite Spektrum der Wissenschaft kritisch und systematisch zu überprüfen. Es werden unerwartete Chancen, aber auch hartnäckige Missverständnisse und Schwierigkeiten ans Licht gebracht, die insgesamt die Aktualität des objektiven Idealismus bezeugen. Die Reihe der vorliegenden Aufsätze wird mit konstruktiven und auch kritischen Überlegungen zum Thema „objektiver Idealismus" eröffnet. Schritt für Schritt geht die Reihe dann wichtigen Fragen der Philosophie nach, wie der Frage nach dem Sein, nach der Existenz Gottes, nach dem Wesen der Logik, nach dem Ursprung der Mathematik, nach dem Wesen der Materie und der Natur, nach dem Wesen des Lebens, nach der Beziehung von Leib und Seele, nach der Möglichkeit von Verständigung, nach dem Ursprung des Sozialen und zum Schluss nach dem Wesen der Ethik und Ästhetik. Aus dieser Vielfalt resultiert ein dynamisches Bild, das eindeutig Zeugnis dafür ablegt, dass der Idealismus keineswegs eine philosophische Position ist, die endgültig in die Annalen der Geschichte gehört und nur noch philologisch von Interesse ist. Die Perspektive, die hier entsteht, ist eine, die, mancher Schwierigkeiten zum Trotz, im Grunde auf vielen Fronten der aktuellen philosophischen Diskussion vielversprechend ist.

Einleitend präsentiert *Fernando Suárez Müller* (Utrecht) in „*Metamorphose des Idealismus*" einige wichtige kritische Reaktionen, die idealistische Positionen seit dem 19. Jahrhundert hervorgerufen haben. Vom Positivismus Auguste Comtes und Karl Marx', über den Existentialismus Friedrich Nietzsches und den Logischen Empirismus Bertrand Russells, bis hin zu moderneren Positionen versteht sich die Kritik am Idealismus als Überwindung der Metaphysik. Zugleich erinnert Suárez Müller an die Permanenz des Idealismus im Werke Edmund Husserls sowie an die verschiedenen Formen des Idealismus, die in philosophischen Debatten allzu oft unzureichend unterschieden werden. Kurz wird auch auf die methodische Grundlage des objektiven Idealismus eingegangen, um die Aktualität des objektiven Idealismus auch in der heutigen analytischen Philosophie hervorzuheben.

In *„Einstieg in den objektiven Idealismus"* skizziert **Vittorio Hösle** (Notre Dame) zuerst zwei philosophische Positionen, die des Naturalismus und die des sozialen Konstruktivismus, um dann das Interesse auf die dritte Position des objektiven Idealismus zu lenken. Gegen den Naturalismus ist einzuwenden, dass er weder das Leib-Seele- noch das Sein-Sollen-Problem in den Griff bekommt. Auch setzt das darwinistische Selektionsprinzip Gesetze, die die Höherentwicklung des Lebens ermöglichen, voraus. Der entscheidende Grundgedanke des objektiven Idealismus ist, dass er das Sein als *wesentlich intelligibel* fasst und den Standpunkt des Realismus bestreitet, dass es etwas gäbe, das grundsätzlich unerkennbar ist. Auch metaethische Argumente sprechen nach Hösle für den objektiven Idealismus, denn dieser rückt die Frage nach *objektiven* Normen in den Vordergrund. Weil aus Fakten nie Normen folgen, muss man das Sollen einem eigenen Reich des Geltens zuschreiben. Dieses bestimmt zum Teil das Reich des Seienden, doch nicht ganz, denn sonst „wäre alles gut". Aus einer tieferen Perspektive ist diese Trennung jedoch selbst normativ begründet: Sie ermöglicht, dass das Gute auf bestimmte Weise, nämlich in komplexen, vernunftgeleiteten Akten, verwirklicht werden kann. Von besonderem Interesse ist die Verteidigung des Fitch-Paradoxes.

In *„Ein neuer Blick auf Fichtes Wissenschaftslehre"* kritisiert **Franz von Kutschera** (Regensburg) die erkenntnistheoretischen Ansprüche Johann Gottlieb Fichtes und des objektiven Idealismus überhaupt. Nicht Franz Brentano, sondern Fichte war nach Kutschera der Entdecker des Phänomens der *Intentionalität*. Doch beschrieb Fichte sowohl *nicht*intentionales als auch intentionales Bewusstsein. Indem er die Trennung von Subjekt und Objekt in der höheren Einheit des *reinen Ichs* zu verbinden suchte, wollte er im Grunde zum *Vor*intentionalen durchdringen, was nach Kutschera mit sprachlichen Mitteln nicht gelingen kann. Der Deutsche Idealismus sei deshalb in Verruf geraten, weil er einen maßlosen Erkenntnisanspruch erhoben habe, der prinzipiell nicht mit rationalen Mitteln realisierbar sei. Kutschera nimmt im Idealismus einen grundsätzlichen sowohl methodischen als auch sprachlichen Fehlgriff wahr: Rationale Begriffe, die für die Beschreibung der intentionalen Welt konstruiert sind, sind prinzipiell nicht in der Lage, die Einheitserfahrung des Nichtintentionalen zu beschreiben. Der objektive Idealismus sei jedoch immer noch aktuell, weil er uns mit den Grenzen unseres Erkennens konfrontiere. Fichte habe gezeigt, dass sich diese Grenzen aus der Grundstruktur unseres intentionalen Denkens ergeben.

In *„Ontologie, Metaphysik und der ontologische Idealismus"* betont **Uwe Meixner** (Augsburg), dass die *Ontologie* oder rationale Metaphysik systematisch angeordnete Kategorien und Transzendentalien enthält, die alles, was es überhaupt gibt, übergreifen. Wichtig ist insbesondere, dass Metaphysik nicht einen ontologischen Realismus verpflichtet ist. Nach Meixner steht der ontologische Idealismus nicht schlechter da als die metaphysischen Alternativen. Der Idealismus vertritt den Standpunkt, dass alles geistig ist. Das Geistige hat allerdings zweierlei Gestalt: das objektiv Geistige und das subjektiv Geistige. Der objektive Idealismus hat nach Meixner eine gewisse Attraktivität, aber nur wenn er nicht als *rein objektiv* gedacht und von Subjektivität getrennt wird. Es ist das Verdienst Husserls, einen objektiven Idealismus in der Subjektivität anvisiert zu haben. Diese *reife* Form des ontologischen Idealismus besagt, dass alles objektiv Geistige *intentional* im subjektiv Geistigen enthalten ist. Es war die große Aufgabe der Phänomenologie Husserls, den verschiedenen Weisen *unserer* Intentionalität nachzugehen, um damit *in Näherung* die Konstitution der objektiven Welt im transzendentalen Bewusstsein zu verstehen. Im Vergleich zum Dualismus hat der Idealismus *beim Kontingenzproblem* zwar die Nase vorn, er trägt aber möglicherweise eine größere metaphysische Hypothek in sich.

In *„Zur Konvergenz zwischen einem geistmetaphysischen Idealismus und christlicher Theologie im Kontext der gegenwärtigen Realismus-Antirealismus-Debatte"* diskutiert **Markus Enders** (Freiburg im Breisgau) die erkenntnisrealistischen Positionen von Quentin Meillassoux und Markus Gabriel. Meillassoux' Kritik am Korrelationismus – der Annahme, dass es unmöglich ist, unabhängig von unserem Denken Zugang zu den realen Sachverhalten zu erhalten – basiert auf der Idee, dass die moderne Naturwissenschaft Aussagen über Vorgänge der Welt macht, die vor der Entstehung eines menschlichen Bewusstseins stattfanden (sogenannte anzestrale Aussagen). Das von Meillassoux entwickelte Konzept eines materiellen oder realistischen Absoluten, das unabhängig vom menschlichen Denken existiert, impliziert nach Enders die logische Möglichkeit, dass der christliche Gott als „Ganz-Anderes" existieren kann. Abschließend diskutiert Enders den „Neuen Realismus" von Markus Gabriel. Die „Welt" als Totalität dessen, was der Fall ist, gibt es nach Gabriel nicht, weil es in Wirklichkeit nur isolierte und nebeneinander existierende Welten gibt. Die Behauptung jedoch, dass es außerhalb dieser Welten nichts geben könne, stellt nach Enders eine Einschränkung des Existenzbegriffs auf das raum-zeitliche Erscheinen dar. Dagegen argumentiert Enders, dass keineswegs auszuschließen sei, dass es etwas geben könnte, das existiert, ohne in ein raum-zeitliches Sinnfeld eintreten zu müssen.

In *„System der idealen Logik"* versucht **Bernd Braßel** (Kiel) die Grundlage einer nicht-formalen Logik zu entwerfen, die auch das Problem einer sinnvollen und stichhaltigen Begründung der Philosophie leistet. Braßel hebt hervor, dass die Vielfältigkeit der modernen formalen Logiken die Aufgabe, die Philosophie systematisch aufzubauen, in den Hintergrund gedrängt hat. Braßel fasst den Begriff des Systems in idealistischem Sinne als den Versuch auf, von einer stichhaltigen Begründung aus immer größere Zusammenhänge zu beschreiben. So konzipiert ist Systematik die Bemühung um die Einheit der Wissenschaft. Braßel diskutiert in diesem Zusammenhang auch den gegenwärtigen Stand der Logik und geht dann zur Begründung einer idealistischen Logik über, die nicht formal ist. Eine Untersuchung zum sogenannten „Begriff der Wahrheit" eröffnet nach Braßel die Möglichkeit, eine solche nicht-formale, sondern transzendentale Logik zu gestalten. Damit ist nach Braßel eine erneuerte Reflexion des Hegelschen Projekts einer transzendentalen Logik verbunden.

In *„Idealismus und Mathematik"* vertritt **Klaus Schmidt** (Bochum) die Position, dass die Mathematik zwar von der Erfahrung her kommt, sie sich jedoch im Laufe der Geschichte von ihr löst. Es stellt sich die Frage, warum sich diese nunmehr *reine* Mathematik so erfolgreich in den Naturwissenschaften anwenden lässt. Diesem Problemkreis hatte bereits Immanuel Kants subjektiver Idealismus seine Aufmerksamkeit gewidmet. Schmidt zeigt, dass die Konzeptionen von Carl Friedrich Gauss, Bernhard Riemann und David Hilbert den Rahmen des subjektiven Idealismus sprengen, indem sie die von Kant in der Philosophie gezogenen Grenzen zwischen Empirie und Apriori verschieben. Die moderne Mathematik löst sich hier nicht nur von ihren externen Anfängen wie der Erfahrung, sondern auch von ihren internen, da diese nicht selten Mängel aufweisen. Aus philosophischer Sicht diskutierte bereits Georg Wilhelm Friedrich Hegel diese internen Mängel der *Analysis*. In diesen Diskussionen dringt nach Schmidt die Mathematik zu allgemeineren Strukturen vor.

In *„Naturbegriff und elementare Naturbestimmungen in Hegels Naturphilosophie"* zeigt **Dieter Wandschneider** (Aachen), dass eine *idealistische* Naturphilosophie im Hinblick auf den *ideellen* Charakter der *Naturgesetze* sinnvoll erscheint. Dabei verdient Hegels Systementwurf besonderes Interesse, weil er auf der Grundlage einer unhintergehbaren Fundamentallogik konzipiert ist. Im Rückgriff auf Hegels Dialektik des Unendlichen und Endlichen argumentiert Wandschneider, dass die Absolutheit der Logik auch als Grund für die *Existenz der Natur* und ihrer *Gesetzmäßigkeit* – gleichsam einer der Natur zugrunde liegenden „Logik" – zu begreifen ist. Wesentlich am Naturbegriff sind auch die *Erkennbarkeit* und *Kontingenz* des Naturseins sowie eine im Naturprozess wirksame *Idealisierungstendenz*. Diese Eigenschaften werden nach Wandschneider von der Naturwissenschaft immer schon *vorausgesetzt*, aber nur auf der Basis eines objektiv-idealistischen Naturbegriffs sind sie *begründbar*. Von daher stellt sich auch die grundsätzliche Frage, inwieweit sich konkrete Strukturen des Naturseins *rein argumentativ*, also ohne Rekurs auf Erfahrung, klären lassen. In diesem Sinn entwickelt Wandschneider – anknüpfend an Hegels Argumentation – Überlegungen zur begrifflichen Rekonstruktion *elementarer Naturbestimmungen* (Dreidimensionalität des Anschauungsraums, Zeit als „Wahrheit" des Raums, Relativität der Körperbewegung usw.). Dabei thematisiert Wandschneider auch Hegels Deutung der Gravitation und der Absolutheit der Lichtbewegung als Grundlage einer *Philosophie der Relativitätstheorie*.

In „*Idealismus und Biologie*" zeigt **Christian Spahn** (Keimyung), dass die angebliche Gegensätzlichkeit der darwinistisch-evolutionären Weltsicht zu einer idealistischen Philosophie in der Philosophie der Biologie oft Anlass gewesen ist, den Idealismus abzulehnen. Denn Hegel hat die Idee der Evolution als abwegig bezeichnet. Der Idealismus postuliere die essentialistische Position der Unwandelbarkeit der Arten. Außerdem gehe der Idealismus von einer Sonderstellung des Geistes aus, die sich mit dem modernen Naturalismus nicht verträgt und seit Charles Darwin obsolet geworden ist. Christian Spahn vertritt in seinem Aufsatz jedoch die These, dass Idealismus und Darwinismus in Einklang gebracht werden können. Darüber hinaus bietet der objektive Idealismus nach Spahn den Rahmen zu einer überzeugenden philosophischen Neuinterpretation des Darwinismus. Die Frage, wie biochemische Vorgänge zu erklären sind, ist von der philosophischen Frage zu unterscheiden, *ob* der Organismus als *Akteur*, als *Sich-Verhaltender* und als *Wissender* zu verstehen ist. Das sind vielmehr normative Fragen. Der objektiv-idealistische Naturbegriff bietet hier eine Alternative zum Naturalismus und Sozialkonstruktivismus, indem er normative Reflexionen, die in der tatsächlichen Welt stattfinden, annimmt. Diese sind *kategorial* vom Kausalgeschehen zu unterscheiden, befinden sich aber aus *ontologischer Sicht* nicht jenseits der Natur.

In „*Was spricht für den Idealismus im Leib-Seele-Problem?*" versucht **Christian Tewes** (Jena) die Frage zu beantworten, inwiefern die in der Philosophie des Geistes erörterte *Erklärungslücke* zwischen neuronalen Ereignissen und phänomenalen Bewusstseinserlebnissen einen objektiv-idealistischen Lösungsansatz nahelegt. Zu diesem Zweck werden sowohl einige Aporien der naturalistischen Erklärungsstrategien zum Leib-Seele-Problem als auch strikt dualistische Erklärungsversuche erarbeitet. Tewes argumentiert mit Hans Jonas für die Kontinuität von Leben, Geist und phänomenalem Bewusstsein und stellt die Forschungskonzeption des *Enaktivismus* ins Zentrum seiner Betrachtung, also die Theorie der verkörperten Kognition, die erstmals von Francisco Varela, Evan Thompson und Eleanor Rosch entwickelt wurde. Was die Konzeption des Enaktivismus nach Tewes besonders auszeichnet, ist der Sachverhalt, dass sie bereits wichtige Aspekte einer objektiv-idealistischen Konzeption des Geistes in sich aufnimmt. Tewes zeigt, dass die Lösung der absoluten Erklärungslücke eine Erweiterung und Fundierung des enaktiven Forschungsprogramms im objektiven bzw. absoluten Idealismus erforderlich macht. Die Position des objektiven Idealismus erweist sich nach Tewes als eine für die weitergehende Bearbeitung der Erklärungslücke besonders aussichtsreiche Perspektive.

In *„Idealismus und Hermeneutik"* thematisiert **Andreas Spahn** (Eindhoven) das Verhältnis zwischen Hermeneutik und Idealismus in Bezug auf die Wahrheitsfrage der Geisteswissenschaften. Spahn vergleicht Hans-Georg Gadamers einflussreiche Bestimmung der philosophischen Hermeneutik mit einer idealistischen Deutung des Wahrheitsbegriffes, mit dem Ziel, eine alternative Ausrichtung der Hermeneutik zu bieten, die wichtige Unzulänglichkeiten von Gadamers philosophischer Hermeneutik überwinden kann. Während Gadamer eine nach Spahn eher thetisch zu nennende Interpretation der Kategorie der Intersubjektivität vorlegt, weil die herrschende Tradition zugleich wesentliche Wahrheitsquelle ist, betont Karl-Otto Apels Hermeneutik die kontrafaktische Dimension der Intersubjektivität. Während Gadamer ontologisch denkt, denkt Apel erkenntnistheoretisch. Im objektiven Idealismus ist eine eigentümliche Verbindung von Erkenntnistheorie und Ontologie möglich, die das Potential in sich hat, eine umfassendere Theorie der Hermeneutik zu entwickeln, nach der die apriorische zeitlose Vernunfterkenntnis die begrifflichen Strukturen der Wirklichkeit erfasst. Im Idealismus sind ontologischer Wahrheitsbegriff und erkenntnistheoretischer Wahrheitsbegriff keine unversöhnlichen Gegensätze.

In *„Ideale Gemeinschaft und intersubjektive Monadologie"* versucht **Fernando Suárez Müller** die Idee der Letztbegründung radikal mit dem Begriff der Intersubjektivität zu verbinden. Die Unhintergehbarkeit der Vernunft erweist sich als die Unhintergehbarkeit einer von Husserl antizipierten intersubjektiven Monadologie, die die Entwicklung einer transzendentalen Logik vorantreibt, welche die Entfaltung der physischen, biologischen und menschlichen Welt ermöglicht. Anhand von Überlegungen zu Gottfried Wilhelm Leibniz und zum Substanzbegriff von Meixner wird die Grundlage einer Metaphysik der Gemeinschaft entfaltet, die in Hegels Lehre vom Sein nicht zur Entwickelung kommen konnte, weil Hegel die Monadologie im Sinne Kants lediglich als *monadologia physica* interpretiert und nicht als Ursprung der Intersubjektivität. Die Idee der Metaphysik der Gemeinschaft wurde nach Suárez Müller bereits von Gabriel de Tarde zur Grundlage einer Naturphilosophie gemacht, die objektiv idealistische Ansätze inspirieren könnte. Auch ermöglicht die Vorstellung einer intersubjektiven Monadologie es, die kontrafaktische Idee einer idealen Kommunikationsgemeinschaft, die im Werk von Autoren wie Karl-Otto Apel und Jürgen Habermas eine wichtige Rolle spielt, neu zu interpretieren.

In *„Unbedingte Verpflichtung und Eudaemonismus – Idealität und Realität in der Ethik"* geht **Vittorio Hösle** auf Grenzen und relatives Recht des Eudämonismus ein – im Rahmen einer von Kant inspirierten Ethik. Er verteidigt die Irreduzibilität unbedingter Verpflichtung auf subjektive Präferenzen, also einen moralischen Realismus, der selbst eine Form des objektiven Idealismus ist. Gleichzeitig zeigt er, warum Glücksstreben, wenn auch unter Moralvorbehalt, nicht nur erlaubt, sondern sogar geboten ist. Er entwickelt schließlich den Begriff der Selbstliebe (in Anschluss an Max Scheler) sowie denjenigen der Berufung, die auf eine objektive Wertordnung in der Wirklichkeit Bezug verweisen.

In *„Idealistische Ästhetik als Option für die heutige Ästhetik und Literaturwissenschaft"* betont **Mark Roche** (Notre Dame), dass man objektiver Idealist sein kann, ohne sich allen Ansichten anderer objektiver Idealisten anzuschließen. Platons Herabsetzung der Kunst als Nachahmung der Realität oder Hegels These, dass das Zeitalter der Kunst vorbei sei, sind nur spezifische Manifestationen der Begegnung zwischen Kunst und Idealismus, die von einem übergreifenden Anspruch des Idealismus zu unterscheiden sind. Die Kunst, so betont Roche, hat eine zutiefst metaphysische Dimension. Sie macht die idealen Strukturen der Welt für uns sichtbar und ermöglicht uns dadurch, die Wirklichkeit deutlicher zu sehen. Um diese These zu begründen, geht Roche in seinem Beitrag auf die Schlüsselrolle ein, die die Kunst in der Tradition des objektiven Idealismus gespielt hat, und zeigt, wie Hegels Theorie der Tragödie und Komödie zu überarbeiten ist. Auch zeigt Roche, wie die idealistische Ästhetik in der Lage ist, charakteristische Elemente der zeitgenössischen Kunst und Literatur zu interpretieren. Dabei konzentriert Roche sich auf drei Grundtendenzen: die Auswirkungen der Technologie auf die Produktions- und Rezeptionsästhetik, das Auftauchen des Hässlichen in der Kunst sowie die Verstärkung der Selbstreflexion in der Kunst.

Zur Zitierweise

Die Texte von Hegel werden, mit ein paar Ausnahmen, nach der Werkausgabe von Eva Moldenhauer und Karl Markus Michel, 20 Bde. (Suhrkamp, Frankfurt a. M.) zitiert. Seitenzahl folgt nach der Bandnummer und einem Punkt (z. B. 5.202 bezeichnet Band 5, Seite 202). Ähnlich wird mit anderen mehrbändigen Ausgaben verfahren. Nur die Werke Husserls der Husserliana werden nach der Angabe des Archivs bezeichnet (Hua 1 heißt also Band 1 der Husserliana). Für die Werke Kants werden auch die bekannten Siglen verwendet (KrV heißt *Kritik der reinen Vernunft*, KpV *Kritik der praktischen Vernunft*, usw.). Diese Siglen sind in der Literaturangabe zu finden. Wenn notwendig, werden Seiten von Subskripten begleitet, die eine Zeilenzahl angeben (z. B. 202_{1-5}). Ansonsten werden Erscheinungsjahr des Werkes und Seite angegeben (z. B. 1950, 10).

Metamorphose des Idealismus

Fernando Suárez Müller

1. Idealismus und Modernität

Wie kaum eine andere philosophische Strömung hat der Idealismus während des letzten Jahrhunderts Widerstand hervorgerufen und ablehnende Kritik erfahren. Es wäre in der Tat keine Übertreibung zu behaupten, dass sich die Philosophie während des 20. Jahrhunderts dadurch ausgezeichnet hat, dass sich ihre wichtigsten Schulen explizit von idealistischen Positionen distanziert haben. Zur gleichen Zeit jedoch haben dieselben Strömungen im Hintergrund immer wieder eine Diskussion mit dem Idealismus geführt, die für ihren Selbstbegriff wesentlich war. Auch die zweite Hälfte des 19. Jahrhunderts verstand sich dezidiert anti-idealistisch – obwohl diese Zeit wegen eines bedeutenden Ausläufers in der angelsächsischen Welt auch eine epigonale Phase des Idealismus darstellt. Die Anti-Metaphysik der Moderne, also der letzten zwei Jahrhunderte, war hauptsächlich Ausdruck einer Abwendung vom Idealismus. Im Werk Georg Wilhelm Friedrich Hegels gipfelte die idealistische Philosophie, womit die erste Phase der Neuzeit, die mit René Descartes angefangen hatte, endet. Hegel vertrat ein Denken, das von der Idee der radikalen Selbstbegründung getragen wurde. Eben deshalb konnte er sagen: „Was vernünftig ist, das ist wirklich; und was wirklich ist, das ist vernünftig" (7.24).

Nicht nur diese Aussage, sondern die ganze Idee eines Vernunftgebildes wurde wiederholt missverstanden. Karl Marx meinte in der Gleichsetzung des Wirklichen mit dem Vernünftigen den Ausdruck einer restaurativen Ideologie zu erkennen. Der Idealismus gehört nach ihm zum Zeitalter der Metaphysik, welche, wie Auguste Comte bereits hervorgehoben hatte, im neuen Zeitalter des Positivismus keinen Platz mehr hat. Die Realität solle endlich ins Visier genommen werden; und im

Grunde könne nur die empirische Wissenschaft entscheiden, was wahr ist. Bereits bei Comte bedeutete Anti-Metaphysik zugleich auch eine Deklassierung der Philosophie, da sie vom Realen wegdenke. Marx sah sich selbst als positiven Wissenschaftler, dem es nicht darauf ankam, die Welt anders zu interpretieren, sondern in sie einzugreifen. Die Welt wurde in der Moderne zum Schauplatz eines ständigen Eingriffs und die Natur zum Rohstoff. Das Absolute, das noch zur Ehrfurcht anregte, verschwand aus der neu entstehenden Weltanschauung, wie aus der Evolution des Denkens Ludwig Feuerbachs, der den Idealismus gegen den Materialismus eintauschte, paradigmatisch hervorgeht. An die Stelle des „Absoluten" traten, wie Michel Foucault zu Recht bemerkt hat, der „Mensch" und der moderne Begriff des Humanismus (1966, 384). Dies hat allerdings dazu geführt, dass die (horizontale) Intersubjektivität zum Gegenstand der Betrachtung wurde. Damit fing durch Comte, Feuerbach und Marx die moderne Soziologie und Anthropologie an.

Arthur Schopenhauer, Sören Kierkegaard und Friedrich Nietzsche, später auch der Existentialismus sowie der Postmodernismus der Gegenwart erblickten in der Vernunftmetaphysik des Idealismus sowohl die Verneinung irrationaler und kontingenter Momente als auch eine methodische Abschottung, die ein Verständnis des Irrationalen und Kontingenten unmöglich macht. Nietzsche, dessen Einfluss auf das letzte Jahrhundert massiv war, verglich den Idealismus mit einem Gift, der uns fürs Leben untauglich macht, da er die Welt verdoppelt. „Die Lüge des Ideals", so sagte er in *Ecce Homo*, ist der Fluch, der die Menschheit „bis in ihre untersten Instinkte hinein verlogen und falsch" gemacht hat (1988, 6.258). Nietzsches Rat: „Ich widerlege die Ideale nicht, ich ziehe bloß Handschuhe vor ihnen an" (6.259) ist bezüglich des Idealismus nicht nur von Nietzscheanern zu Herzen genommen worden. Er hat das Verhältnis Martin Heideggers wie auch der gesamten kritischen Theorie gegenüber dem deutschen Idealismus geprägt. In *Jenseits von Gut und Böse* resümierte Nietzsche bereits die skeptische Kritik am Idealismus, die sich in der modernen Vernunftkritik immer wieder meldet: „(...) ein Gedanke kommt, wenn ‚er' will, und nicht wenn ‚ich' will; so dass es eine Fälschung des Tatbestandes ist, zu sagen: das Subjekt ‚ich' ist die Bedingung des Prädikats ‚denke'. Es denkt: aber dass dies ‚es' gerade jenes alte berühmte ‚Ich' sei, ist, milde geredet, nur eine Annahme (...). Zuletzt ist schon mit diesem ‚es denkt' zu viel getan: dies ‚es' enthält eine Auslegung des Vorgangs und gehört nicht zum Vorgange selbst" (5.31). So wird die Grundidee des Idealismus („es gibt Denken") mit ein paar (nicht zu Ende gedachten) Worten zu Grabe getragen. Ganz originell war Nietzsche jedoch nicht: Diese Kritik der Grundsatzphilosophie wurde nach Manfred Frank bereits in der frühromantischen Suche nach einem Ausweg aus dem Idealismus laut (2007, 10 f.).

Die Grundüberzeugung, dass mit dem Idealismus die wahre Welt zur Fabel wurde, ist ein Gedanke, der auch die frühe analytische Philosophie dominiert. Der Fall Bertrand Russell ist hier paradigmatisch. Er setzte sich vom Idealismus seines Lehrers Francis Bradley ab und folgte der Kritik George Moores, der im Idealismus eine Form von Psychologismus sah. Auf diese Weise wurde jede Unterscheidung zwischen subjektivem und objektivem Idealismus unmöglich. Genau wie George Berkeley keinen Unterschied zwischen einem Objekt und dem Akt des Denkens dieses Objekts mache, so werde auch in Platons Ideenlehre dieser Unterschied verwischt. Die allgemeine Idee des Weißen, so erzählt Russell uns in *Problems of Philosophy* (1912), ist nur die Ähnlichkeit (resemblance) weißer Objekte, die man nicht mit dem Akt des Denkens des Weißen verwechseln darf (1912, 154). Diese Art unzureichender Kritik am Idealismus führte in der analytischen Philosophie anfangs zum Triumph des Naturalismus. War der logische Atomismus Russells die Umkehrung des Holismus Bradleys und Hegels (1946, 770), so versteht sich die gegenwärtige Wiederbelebung des Hegelianismus im analytischen Denkraum (vgl. Robert Brandom und John McDowell) ihrerseits als Umkehrung des Atomismus. Russells Sicht auf die Geschichte der Philosophie hat zwar die angelsächsische Welt lange vor dem Einfluss Nietzsches bewahrt, sie hat allerdings auch maßgeblich ein negatives Bild des Hegelianismus geprägt (vgl. nicht zuletzt Karl Poppers Hegellektüre in *The Open Society and Its Enemies*, 1945). Die eher sozialreformistischen Ideen des britischen Idealismus waren allerdings auch ein Versuch, den sozialen Atomismus und Individualismus der angelsächsischen Tradition, die im Werk Herbert Spencers gipfelten, zu überwinden. Russells Motiv, den britischen Idealismus abzulehnen, war jedoch rein epistemologisch. Gegen diesen Idealismus wendete sich aus politischer Sicht in Amerika auch das Denken der neoliberalen Ideologen (von Ayn Rand bis zu Leonard Peikoff), die im Idealismus eine unterschwellige Tendenz zum Kommunismus wahrnahmen. Diese Ideologen erkannten jedoch, dass der objektive Idealismus von Platon bis Hegel einen Sozialsinn und eine Askese propagiert, die im Grunde mit dem modernen Kapitalismus unverträglich sind (1991, 30 ff.).

Ambivalenter ist die politische Sicht der Frankfurter Schule auf den objektiven Idealismus, für die Max Horkheimer in *Eclipse of Reason* (1947) paradigmatisch argumentiert hat und die im Grunde auch heute noch von Jürgen Habermas vertreten wird. Horkheimer lehnt sowohl den Naturalismus als auch den Idealismus ab, weil sie jeweils unterschiedliche Seiten einer Polarität hypostasieren (1947, 171). Dies führe zu einseitigen Abstraktionen wie „Geist" und „Natur", die in Wirklichkeit eine Einheit seien. Die Wahrheit laute, dass der Geist seinen Ursprung im Prinzip der Selbsterhaltung habe und daher keine Priorität gegenüber der Natur haben könne. Das Leib-Seele-Problem wird bei Horkheimer nur gestreift und auch bei Habermas ist es nicht anders (vgl. *Zwischen Naturalismus und Religion*, 2005). Es gibt bei Horkheimer allerdings eine Nostalgie nach der objektiven Vernunft, denn diese war es, die die kritische Betrachtung der industriellen Welt ermöglicht hat (1947, 174, 180). Der objektive Idealismus jedoch mündet nach Horkheimer notwendig in den subjektiven Idealismus und dann in den modernen Atomismus (1947, 133). Diese beide führen wiederum notwendig zum zynischen Nihilismus (1947, 174) und zum instrumentellen Denken des Faschismus (1947, 122). Im mimetischen Denken der (frühen) Frankfurter Schule bleibt immerhin ein idealistischer Rest erhalten, indem die Ideen von Gerechtigkeit, Gleichheit und Freiheit bereits in der Tiefe der Natur (und zwar nicht nur der menschlichen) enthalten sind: „Distorted though the great ideals of civilization – justice, equality, freedom – may be, they are nature's protestations against her plight, the only formulated testimonies we possess" (1947, 182).

2. Permanenz des Idealismus im Werk Husserls

Nur ein Denker hat es im letzten Jahrhundert versucht, systematisch einen Neuanfang des Idealismus zu leisten, und zwar nicht aus dem Bedürfnis, die deutsche Tradition fortzusetzen, sondern um unvoreingenommen das Geschäft des Philosophierens ernst zu nehmen. Auf diese Weise ist Edmund Husserl in einem fast als jugendlich zu bezeichnenden Enthusiasmus zur Idee der Phänomenologie als transzendentaler Philosophie gelangt. Es stellt sich die Frage, ob sich das ganze Werk Husserls in seinen verschiedenen Phasen als idealistisch bezeichnen lässt. In seinen ersten phänomenologischen Studien, den *Logischen Untersuchungen* (1900), ist nicht nur eine Tendenz zum Idealismus, sondern eine Phänomenologie objektiv-idealistischen Typs präsent, während die *Ideen* (1913) und auch noch die *Cartesianischen Meditationen* (1929) höchstens als phänomenologisch-transzendentaler Idealismus einzuordnen sind. Husserl wollte den transzendentalen Idealismus in dieser letzten Schrift jedenfalls nicht als metaphysische Konstruktion verstanden sehen (Hua 1, 176 f.). Doch die *Cartesianischen Meditationen* markieren auch eine Grenze seines phänomenologischen Verfahrens, da er in der fünften Meditation das Problem des Solipsismus nicht zufriedenstellend lösen konnte.

Die Weiterentwicklung der phänomenologischen Strömung im vorigen Jahrhundert sah in diesem idealistischen Verfahren deshalb eine Sackgasse, wandte sich vollständig von den transzendentalen Studien des Gründers der Phänomenologie ab und behielt nur den deskriptiven Teil der frühen Phänomenologie bei. Sie verband damit neue philosophische Ziele, die der Sphäre der sozialen Lebenswelt verhaftet blieben. Von Martin Heidegger über Maurice Merleau-Ponty bis zu Emmanuel Levinas haben sich die großen Weiterführungen der Phänomenologie allesamt nicht nur von der Idee einer transzendentalen Subjektivität, sondern im weiteren Sinne auch von einer idealistisch geprägten Ontologie distanziert. Mit Ausnahme von Max Scheler haben sich die wichtigsten Phänomenologen des vergangenen Jahrhunderts darum bemüht, die ontotheologischen Voraussetzungen der westlichen Philosophie zu vermeiden oder zu überwinden. Der originellste Versuch des vergangenen Jahrhunderts, dem Idealismus und der Transzendentalphilosophie eine neue Wendung zu geben, scheiterte so an Husserls wichtigsten Nachfolgern.

Entweder vermochte Husserl die Zeichen der Zeit nicht zu verstehen oder er war seiner Zeit voraus. Das 19. Jahrhundert kannte epigonale Ausläufer des deutschen Idealismus, aber gerade das war Edmund Husserl nicht. Husserl hat sich nie intensiv mit dem deutschen Idealismus beschäftigt. Man findet eine Auseinandersetzung mit Johann Gottlieb Fichtes Menschheitsideal in *Aufsätze und Vorträge* (Hua 25, 267–293) und Bemerkungen zum deutschen Idealismus in den Beilagen zur *Ersten Philosophie*, aber aus alledem geht hervor, dass Husserl sich mit der deutschen Tradition nicht identifizieren wollte. Die Vorsicht gegenüber rationaler Spekulation und metaphysischer Ontologie teilte Husserl mit den meisten Philosophen der letzten zwei Jahrhunderte. Es ist aber bezeichnend, wie wohlwollend er in seiner *Ersten Philosophie* das Denken Platons aufnahm, von dem er erkannte, es werde im Weitern „das Schicksal der europäischen Kulturentwicklung" bestimmen (Hua 7, 17). In der spekulativen Metaphysik des deutschen Idealismus erblickte er dagegen eine mystische Tendenz. Die Bemerkungen zur nachkantischen Philosophie, die als Beilage der *Ersten Philosophie* beigefügt sind, lassen allerdings auch eine gewisse Bewunderung für den Anspruch des deutschen Idealismus erkennen, der die Wissenschaft einheitlich aus der Idee der Vernunft zu entwickeln beanspruchte. Diesem universalistischen Anspruch stimmte er zu (Hua 7, 412). In einem Brief an Heinrich Rickert aus dem Jahre 1917 schrieb Husserl, dass er mit seinem Denken „unvermerkt im idealistischen Gelände" angelangt sei und „das Große und ewig Bedeutsame des deutschen Idealismus" erfasst habe (1994, 178). Zugleich habe der Idealismus der klassischen deutschen Philosophie, wie Husserl in den Beilagen zur *Ersten Philosophie* klar macht, die Beziehung zur wahrhaft strengen Wissenschaft verloren, weil er, wie im Falle Fichtes und Friedrich Schellings, die intellektuelle Anschauung ekstatisch auffasse (Hua 7, 409). Auch Hegel habe die absolute Vernunft als „göttliches Denken (...) [wie] eine Art ekstatischer Zustand" verstanden, was er auch selbst mystisch interpretiere (Hua 7, 410). So wird nach Husserl das anfängliche Streben nach strengem Denken, das er am deutschen Idealismus bewunderte, durch ein mystisches Hellsehen verwässert (Hua 7, 410). Im Aufsatz *„Phänomenologie und Anthropologie"* (Hua 27, 164–181) bringt Husserl explizit zum Ausdruck, dass sich der deutsche Idealismus verfahren hat: „[B]ei Fichte und seinen Nachfolgern war es außerordentlich schwer, den transzendentalen Erfahrungsboden in seiner Unendlichkeit zu sehen und nutzbar zu machen. Da der deutsche Idealismus hier versagte, gerät er in bodenlose Spekulationen" (Hua 27, 172).

Zu einer tieferen Auseinandersetzung mit der idealistischen Philosophie ist es bei Husserl nicht gekommen. Seine Interpretation der deutschen Tradition scheint teilweise an Donald Davidsons „principle of charity" (dem Prinzip einer wohlwollenden Interpretation) vorbeizugehen und steht selbst im Zeichen der antiidealistischen Reaktionen, die man zu dieser Zeit oft vorfand. Ganz anders ist wie oben bereits angedeutet seine Deutung der Lehre Platons, die bei ihm – vielleicht wegen des größeren historischen Abstandes – eine weniger negative Reaktion hervorrief. Husserl hätte Platons Tendenz zum Mystizismus, die im Neuplatonismus stark hervortrat, unterstreichen können; er erkannte in dieser Lehre jedoch die Basis einer Philosophie, die strenge Wissenschaft sein und sich über die radikale Skepsis hinaus zu „echter Wissenschaft" entwickeln will (Hua 7, 12). Dabei lobte er an Platon, was Hegel als Fundamentalidee des absoluten Idealismus sah.

Platon war nach Husserl der wahre Vater der wissenschaftlichen Philosophie. Denn a) er wollte aus einem Grundprinzip heraus systematisch das Wissen des Seins durchstreifen: Er suchte daher notwendig eine theoretisch verbundene Einheit und somit eine universale Wissenschaft (Hua 7, 13). Diese Hervorhebung des Systematischen impliziert b) die Idee einer „absolut gerechtfertigten Wissenschaft" (Hua 7, 13). Es sollte kein naives Gebilde konstruiert werden, sondern eine Wissenschaft, deren Schritte Endgültigkeit beanspruchen können. Die Aufgabe der Philosophie, so wie Husserl sie im Platonischen Sinne versteht, ist die Konstruktion eines Systems, das auf letzte Begründung angewiesen ist (Hua 5, 139). Platon liefert das Muster einer für die Philosophie Husserls grundlegenden Idee, „eine sich selbst absolut rechtfertigende universale Methodologie", die, wie er sagt, „deduktible" apriorische Wahrheiten zu rekonstruieren hat (Hua 7, 13 f.). Dies nähert sich der Idee einer substantiellen Logik im Sinne Hegels. Husserl unterscheidet zwei Stufen der Platonischen Philosophie, die er auch für sich in Anspruch nimmt. Die erste Stufe konstituiert eine Totalität aus apriorischen Prinzipien. Die zweite Stufe rekonstruiert nach Husserl die „Gesamtheit der ‚echten' (...) ‚erklärenden' Tatsachenwissenschaften" (Hua 7, 14). Dieser Teil scheint der Hegelschen Realphilosophie sehr nahe zu kommen. Auch hier handelt es sich um den Versuch, aus der Realität, die von den erklärenden Tatsachenwissenschaften festgelegt wird, apriorische Prinzipien zu gewinnen. Diese zwei Stufen kehren in seinem Werk immer wieder zurück, so etwa in der *Phänomenologischen Psychologie*, wo er zwei Wege unterscheidet, einerseits den direkten Weg der transzendentalen Phänomenologie, der im Sinne der Cartesianischen Methode a priori verfährt, und andererseits den indirekten Weg, der konkrete intentionelle Beschreibungen von Phänomenen vorlegt (Hua 9, 299 f.). Auch in seinem berühmten Aufsatz für die *Encyclopaedia Britannica* unterscheidet Husserl eine erste Philosophie, die eidetische Phänomenologie sein will, von einer zweiten, die „Wissenschaft vom Universum der Fakta" sein soll (Hua 9, 298).

An Platon schätzt Husserl weiter auch c) die Vorstellung, dass die Idee der Vernunft „eine Gemeinschaftsidee" ist (Hua 7, 16). Husserl zufolge hat die Sozialethik bei Platon einen epistemologischen Wert. Das Gemeinschaftsleben dient der „Emporbildung der Menschheit zur Höhe wahren und echten Menschentums" und damit auch der theoretischen Vernunft (Hua 7, 14). Diese Bemerkungen zum epistemologischen Sinn des Gemeinschaftslebens erinnern an Husserls Vorstellung der transzendentalen Intersubjektivität, die in den *Cartesianischen Meditationen* in Anlehnung an Gottfried Wilhelm Leibniz als „monadologische Intersubjektivität" präsentiert wird (Hua 1, 149). Hier geht Husserl einen Schritt über Hegel hinaus, der in seiner *Wissenschaft der Logik* der epistemologischen Funktion der Intersubjektivität keine transzendentale Rolle einräumt. Husserl markiert damit auch die *differentia specifica* des Idealismus neuen Typs, der sich erst in der Endphase des 20. Jahrhunderts als Reaktion auf den modernen Skeptizismus entwickelt. Die bisher letzte Metamorphose des Idealismus findet im Kokon des neuen Paradigmas der Intersubjektivität statt und versucht den Reichtum an Einsichten, die die soziologische und linguistische Wende in der Philosophie der letzten zwei Jahrhunderte gesammelt hat, synthetisch im Rahmen einer neuen *prima philosophia* zu integrieren.

Husserls Wertschätzung Platons gilt zuletzt auch d) der Entdeckung der Ideenlehre. Gegenüber dieser Tatsache sind diejenigen Interpretationen des Werks Husserls besonders legitimiert, die in diesem Denken eine neue Form des objektiven Idealismus erblicken. Die Ideenlehre Platons entwickelt nach Husserl die Vorstellung einer gestuften Rationalität, an der alle einzelnen Wissenschaften hängen. Aus primitivsten Allgemeinheiten erwächst somit „ein Gefüge idealer Formen und Formgesetze", die alles Elementare und Komplexe durchdringen (Hua 7, 18). In Anbetracht dieser Faszination Husserls für das Denken Platons drängt sich eine Deutung seiner Phänomenologie auf, die sie als erste Sondierung eines idealistischen Systems versteht, das nicht nur dem lebensweltlichen Phänomen der Intersubjektivität, sondern auch dessen eidetischer Möglichkeit Rechnung trägt, zugleich aber auch einem enzyklopädischen Ziel nachstrebt.

3. Formen des Idealismus

Husserls Wertschätzung des Platonischen Programms zeigt, dass sein transzendentaler Ansatz auf dem Weg war, eine objektiv-idealistische Position zu entwickeln. Ein transzendentaler Ansatz rekonstruiert die apriorischen, also die notwendigen, nicht wegzudenkenden Bedingungen der Möglichkeit eines Phänomens. In *Erfahrung und Urteil* (1939) versteht Husserl diesen Ansatz auch als Rekonstruktion eines Urbildes als Rekonstruktion von dem, „ohne was ein Gegenstand dieser Art nicht gedacht werden kann, d. h. ohne was er nicht anschaulich als ein solcher phantasiert werden kann" (1985, 411). Das setzt eine phänomenologische Gegebenheit, eine Beziehung zum transzendentalen Subjekt voraus. Ein transzendentaler Ansatz, der eine Realität jenseits des Bezugs auf diese Subjektivität voraussetzen würde, wäre lediglich eine Form epistemologischen (erkenntnistheoretischen) Idealismus. Einen solchen findet man zum Beispiel in Immanuel Kants *Kritik der reinen Vernunft*, wo noch an einer Welt an sich jenseits des transzendentalen Subjekts festgehalten wird.

Der epistemologische Idealismus ist jedoch nicht immer transzendental, denn von einem transzendentalen Ansatz ist nur dann die Rede, wenn, wie Husserl in Anlehnung an Kant bemerkt, nicht wegzudenkende Bedingungen der Möglichkeit eines Phänomens rekonstruiert werden. Rein epistemologisch wäre der Idealismus wenn er, wie im Werk Nicholas Reschers, der den amerikanischen Pragmatismus im vergangenen Jahrhundert idealistisch deuten wollte, nur in die Tatsache Einsicht gewähren will, dass wir nicht bloß im Buch der Natur lesen, sondern mit unseren Begriffen entscheidend das Bild der Natur beeinflussen. Damit wollte Rescher Abstand vom logischen Positivismus gewinnen, der damals die analytische Philosophie dominierte. Nach Rescher setzen Menschen im Erkenntnisprozess notwendig ideale Formen, die konzeptuellen Fiktionen sind, ein; diese haben allerdings einen pragmatischen Nutzen (1987, 142). Das konzeptuelle Raster mit dem wir der Wirklichkeit begegnen wird bei Rescher nicht als transzendentale Rekonstruktion von notwendigen (apriorischen) Bedingungen eines Phänomens verstanden. Eine besser bekannte, jedoch psychologisch gefärbte Version des epistemologischen Idealismus finden wir im Werk Miguel de Cervantes' verewigt. Obwohl die Welt, in der sich die Figur Don Quichottes bewegt, ganz prosaisch ist, hält der Held an einem kategorialen Rahmen fest, der den Leser daran erinnert, dass die wahrgenommene Realität dem Ansich der Welt nicht gleichkommt. Ähnlich wie bei Rescher hat der Idealismus hier, so wie Cervantes diesen darstellt, keinerlei ontologischen Anspruch. Eine andere Frage ist, ob epistemologisch-idealistische Positionen konsequent sind, denn wenn wir die Wirklichkeit nur über einen konzeptuellen Rahmen erkennen können, ist die Voraussetzung einer jenseitigen, nichtgeistigen Realität nicht mehr philosophisch legitimiert. Eben dies erklärt auch die Entrüstung, die Kants Theorie einer Welt an sich bei allen nachkantischen Idealisten (mit der Ausnahme des Halb-Idealisten Schopenhauer) nach sich zog. Der epistemologische Idealismus erscheint im Visier einer ontologischen Analyse sofort als ergänzungsbedürftig, denn er lässt die Frage offen, wie die Idee einer Welt an sich jenseits unserer begrifflichen Rekonstruktionen philosophisch zu legitimieren ist.

Das Bewusstsein der Abhängigkeit unserer Erkenntnis von einem bestehenden konzeptuellen Rahmen hat in den letzten zwei Jahrhunderten zu radikal skeptischen Positionen geführt. Werden diese einer ontologischen Analyse unterzogen, dann können relativistische und zum Skeptizismus neigende Autoren plötzlich als Idealisten erscheinen, die den bloßen epistemologischen Idealismus sogar hinter sich lassen. So hat Bernard Williams in Ludwig Wittgenstein einen ontologischen Idealisten sehen wollen. Er hat in *„Wittgenstein and Idealism"* (1974) die Position des späten Wittgensteins mit der Vorstellung verbunden, dass es keine vom Menschen unabhängige Realität gibt. Williams bezeichnet diese Vorstellung als transzendental, meint damit aber nicht das gleiche wie Kant und Husserl. Transzendental heißt bei ihm lediglich, dass der konzeptuelle Rahmen selbst, der unsere Sicht der Dinge bestimmt, nicht in der objektiven Welt existiert (1974, 85). Die Position Wittgensteins, die man auch als linguistischen Idealismus bezeichnet hat, wäre also nach Williams nicht einfach epistemologisch, sondern müsste darüber hinaus ontologisch interpretiert werden. Er zögert Wittgensteins Position einen *subjektiven* Idealismus zu nennen, denn das Phänomen der Sprache ist etwas Kollektives. Er spricht deshalb von einem „aggregative Solipsism" (1974, 90) und meint einen subjektiven Idealismus, der sich über mehrere Subjekte erstreckt. Man könnte hier einwenden, dass der intersubjektive Idealismus insofern subjektiv, ein subjektiver Idealismus der Intersubjektivität, bleibt, als die Natur keine unabhängige Existenz jenseits des einzelnen Sprachsubjekts hat. Ein intersubjektiver Idealismus wäre keine letzte Position, denn andere Subjekte wären entweder Teil der Außenwelt oder Gestalten im Geiste eines Subjekts. Norman Malcolm (1982) und später Daniel D. Hutto (1996) haben überzeugend gezeigt, dass diese Deutung des späten Wittgensteins an manchen Aussagen des österreichischen Philosophen, die eindeutig in eine andere Richtung weisen, vorbeigeht.

Wilhelm Dilthey war es, der gegenüber dem Naturalismus einen zweispurigen Idealismus gesetzt hat, der entweder die Form eines subjektiven Idealismus der Freiheit oder eines objektiven Idealismus annehmen könnte. Der objektive Idealismus neige seines Erachtens zum Pantheismus (1960, 112 f.), während der subjektive die Freiheit des Subjekts feiere (1960, 107 f.). In Anlehnung an Dilthey kann man sagen, dass der *subjektive Idealismus* die Existenz einer unabhängigen Außenwelt oder

Objektivität verneint und diese dann als Vorstellung im Subjekt (in seiner Erkenntnistätigkeit) verortet. Hegel nennt diesen subjektiven Idealismus auch formal, weil er vom Inhalt der Vorstellung, also vom Ansich, abstrahiert. Nur die Aktivität des Vorstellens, also die Form der Vorstellung selbst, wird beachtet (5.173). Der subjektive Idealismus steht nach Hegel außerdem im Zeichen der Negation, weil er das Dasein der Realität negiere (5.165). Der *objektive Idealismus* setzt dagegen die Existenz von geistigen Gehalten voraus, die die Realität der Außenwelt konstituieren, tragen und begründen. In der Geschichte der Philosophie wird damit oft – obzwar nicht notwendigerweise – eine höherstufige Subjektivität verbunden. Interpretiert man das Platonische und neuplatonische Prinzip des Einen (τὸ ἕν) als der (göttlichen) Subjektivität übergeordnet (1986, 258), dann wäre hier eine Form des objektiven Idealismus gegeben, die Subjektivität nicht als letzten Grund betrachtet. Es ist allerdings schwer zu verstehen, wie der Vernunft (oder dem göttlichen νοῦς) ein Prinzip entgehen kann. In einem stringenten objektiven Idealismus findet die höherstufige Subjektivität die geistigen Inhalte, die Grundlage der Realität sind, *in sich*. Es hat auch Fassungen des objektiven Idealismus gegeben, die man in diesem Sinne als nicht ganz stringent bezeichnen könnte, wie etwa die Philosophie des späten Fichte, des späten Schelling und Schopenhauers, die diese höherstufige Subjektivität mit einem irrationalen Prinzip, dem Willen, verbunden haben.

Berkeley ist wohl der bekannteste Vertreter eines subjektiven Idealismus. Dieser wird bei ihm sensualistisch begründet, sodass die Außenwelt als Vorstellung eines wahrnehmenden Subjekts erscheint (*esse est percipi*). Es fragt sich allerdings, wo diese Sinnesempfindungen herstammen. Der Garant der Realität dieser Sinnesempfindungen kann bei Berkeley nur Gott sein. Bei Fichte findet man eine transzendentale Fassung des subjektiven Idealismus: Die Natur ist bei ihm vom *Primat des Ichs* abhängig. Und in Kants erster Kritik, die Dinge an sich voraussetzt, ist von einem epistemologischen Idealismus die Rede, der jedoch eindeutig zum subjektiven Idealismus tendiert. Als solche hat Kant auch die eigene Philosophie verstanden: „Ich verstehe aber unter dem transzendentalen Idealismus aller Erscheinungen den Lehrbegriff, nach welchem wir sie insgesamt als bloße Vorstellungen, und nicht als Dinge an sich selbst, ansehen" (KrV, A 369).

Platons Vorstellung einer geistigen Welt der Prinzipien und Ideen ist das beste und bleibende Beispiel eines objektiv-idealistischen Ansatzes. Metaphysisch werden diese Prinzipien und Ideen, wie Giovanni Reale sagt, im Sinne einer Protologie mit einem ersten und höchsten Prinzip verbunden (1998, 155, 282). Der Außenwelt wird eine vom wahrnehmenden Subjekt *unabhängige* Realität zugesprochen, zugleich aber wird diese auf eine geistige Grundlage (die Ideen) zurückgeführt. Bei Hegel ist die Vernunft das letzte Prinzip, aus dem die Realität entwickelt wird. Man könnte, wie Jean-Louis Vieillard-Baron gezeigt hat, in der Hegelschen Logik die Realisierung des (esoterischen) Programms Platons erblicken (1979, 297–324) – dies allerdings nur unvollständig, denn im Vergleich zu Platon, der sowohl eine mythologisch konzipierte (Reale 2008, 301 f.) als auch eine erkenntnistheoretische (Jermann 1986, 256) Thematisierung der Intersubjektivität geleistet hat, fehlt bei Hegel eine transzendentale Begründung der Intersubjektivität. Diese versucht erst Husserl systematisch vorzulegen. Der Begründungsversuch Husserls nimmt somit ein Desiderat transzendentaler Begründung auf, das bereits aus den Platonischen Dialogen herauswächst, auch wenn sie in diesen selbst, wie Christoph Jermann gezeigt hat (1986, 257), noch nicht direkt geleistet wird.

4. Die methodische Grundlage des objektiven Idealismus

Wenn wir uns lediglich nach diesen subjektiv- oder objektiv-*ontologischen* Voraussetzungen richten würden, wäre nicht nur ein Großteil der frühneuzeitlichen Philosophie (Baruch Spinoza, Leibniz, Isaac Newton), sondern auch der christlichen Philosophie des frühen und späten Mittelalters als Ausdruck eines objektiv-idealistischen Weltbildes zu verstehen, wie es Otto Willmann in seiner umfangreichen *Geschichte des Idealismus* (1896) auch verstanden hat (Band 2). Bereits Hegel hat die Verwandtschaft zwischen Religion und Idealismus erkannt, denn ebenso wenig wie die Religion erkennt der Idealismus die Endlichkeit als ein wahrhaftes letztes Sein an (5.172). Besonders ausgeprägt ist diese Verwandtschaft in der indischen Religion und in der damit verbundenen Philosophie, auf die Schopenhauer zu Recht die halb objektiv-idealistische Grundlage seines Denkens bezog. In einem spezifischen Sinne heißt objektiver Idealismus aber diejenige philosophische Richtung, die durch *absolute Selbstreflexion* den Anspruch erhebt, die eigene ontologische Position (ohne Rest) rationell zu begründen und einheitlich zu entfalten und also nicht einfach dogmatisch (als Glaubensinhalt wie im religiösen Denken oder als direkte, reale Vorstellung wie im scholastischen und frühneuzeitlichen Denken) vorauszusetzen. Der objektive Idealismus, der in diesem spezifischen Sinne auch *absoluter Idealismus* zu nennen wäre, ist also nicht nur eine Philosophie, die die Existenz von weltkonstituierenden geistigen Gehalten voraussetzt, sondern darüber hinaus auch eine besondere transzendentale Methodologie der radikalen Selbstreflexion und rationalen Rekonstruktion apriorischer Inhalte. Er ist somit der Versuch, die geistige Grundlage der Welt rationell zu begründen und einheitlich auf einem sicheren Fundament aufzubauen, d. h. der objektive Idealismus ist eine Methode, die die synthetisch-apriorische Erkenntnis einheitlich darzustellen strebt.

Das Geistige, das die Grundlage der Natur formt, ist die *objektive Vernunft*, die, sofern sie nichts über sich hat und auch das Wesen alles Realen ist, ebenso *absolute Vernunft* ist. Gegenüber dem Naturalismus, der die Objektivität kausaler Beziehungen innerhalb des Physischen hervorhebt, und dem Subjektivismus, der den subjektiven Idealismus und radikalen Skeptizismus begründet, wäre eine solche *absolut* verstandene Form des objektiven Idealismus, der das Ideelle als Grundlage der Natur und der endlichen Subjektivität denkt, die Synthesis von Naturalismus und Subjektivismus (Hösle 1984, 105). Als Entfaltung einer absoluten Vernunft verstehen objektiv-idealistische Ansätze sich auch, wie Fritz-Peter Krollmann zu Recht hervorgehoben hat, als *holistisch*, d. h. die Logik, die der Natur zugrunde liegt, öffnet Qualitäten höherer Ordnung den Weg, die sich gestaltend des Stoffes bemächtigen (2002, 104). Der absolute Idealismus impliziert also die Möglichkeit einer rational-spekulativen Naturphilosophie, die über eine Philosophie der Physik und Chemie (Wandschneider 2008) hinauswächst und progressiv aus der Tiefe der Natur das Treiben des endlichen Geistes als sich bemächtigende *Selbstorganisation* in Form apriorischer Rekonstruktion entwickelt.

5. Historische Aktualität des objektiven Idealismus

Die Geschichte des Idealismus ist eine Geschichte der Krise und der Wiederauferstehung, denn nur so sind Lernprozesse möglich. Die Dialektik idealistischer Positionen entwickelt sich als Verlust einer realistischen Unschuld der Unbefangenheit und des Vertrauens, die wir noch im naiven religiösen Glauben vorfinden. Philosophisch erkennt man eine solche Unbefangenheit in jener Verwendung von Vernunftbegriffen, die unvermittelt und unreflektiert stattfindet. In dieser Unbefangenheit dominiert also *narratio* statt *argumentatio*. Philosophie ist an sich von Anfang an reflexive Distanzierung von einer religiösen Unbefangenheit (obgleich nicht notwendig vom religiösen Inhalt). Sie muss über den Realismus hinaus die eigene Begrifflichkeit ins Visier rücken und so den Weg vom epistemologischen Idealismus zum absoluten Idealismus durchschreiten. Das führt zu sich immer vertiefenden Zyklen des Wissens (Hösle 1984). Diese zyklische Bewegung der Philosophie bildet zwar einen Kontrast zum wissenschaftlichen Fortschritt, der linear ist, dies gilt aber nur dann, wenn man die Wissenschaft künstlich von philosophischen Positionen trennt, die als Voraussetzung der Naturwissenschaften immer schon impliziert sind. Sucht man hinter wissenschaftlichen Theorien nach den diese ermöglichenden philosophischen Positionen, dann könnte man auch in der Geschichte der Wissenschaft dialektische Zyklen wahrnehmen (Suárez Müller

2004). Die Linearität der Wissenschaft wird eingebettet in das zyklische Spiel der Philosophie.

Von einer solchen philosophiehistorischen Perspektive ausgehend wird die Rolle, die dem Idealismus heute zufällt, deutlicher. Auch wenn eine vergleichsweise lange epigonale Phase darauf folgte, könnte man die Sterbensjahre Hegels und Johann Wolfgang Goethes als Endpunkt der Dominanzperiode des deutschen Idealismus betrachten und zugleich auch als Anfangsmoment eines neuen Zyklus – der Zyklus der Moderne, der mit neuen rationalistisch-realistischen Positionen anfängt. Dem ersten Schritt hat Auguste Comte seinen Namen gegeben. Recht schnell schwächt sich der Positivismus im 19. Jahrhundert ab. Im Denken Nietzsches erreicht er einen revolutionär skeptischen Tiefpunkt, dem neukantische Ansätze folgen. In der Philosophie Husserls schließlich wird eine in der Tendenz objektiv-idealistische Position entwickelt. Das 20. Jahrhundert löst eine zweite Welle des gleichen Zyklus aus, denn der Neopositivismus setzt die naturalistische Position Comtes fort, freilich bereichert um die inzwischen erfolgte Neubegründung der Logik; dem stellt sich das existentialistische Denken entgegen, das sich selbst wiederum zum Neonietzscheanismus der Postmodernisten weiterentwickelt (Suárez Müller 2004). Der Relativismus der Existentialisten wird durch (semi)transzendentale Positionen (man denke an Jürgen Habermas und Karl-Otto Apel), die objektiv-idealistischen Ansätzen den Weg bereiten, ersetzt. Der vorliegende Sammelband soll kritisch einige dieser Ansätze beleuchten.

Mit dieser in der Gegenwart stattfindenden Welle neuer zum Idealismus tendierenden Positionen wird der Zyklus der modernen Philosophie nicht abgeschlossen – dafür ist die Neugeburt des Idealismus noch zu schwach und die Zahl naturalistischer und existentialistisch-postmodernistischer Positionen noch zu stark. Rationale Metaphysik befindet sich trotz einer unverkennbaren Wiederbelebung immer noch in der Defensive. Die Tendenz zur Rehabilitierung idealistischer Positionen findet jedoch sowohl in der analytischen als auch in der kontinentalen Philosophie statt. Der Unterschied zwischen analytischer und kontinentaler Denkweise verwässert zusehends, da er im Grunde nie wirklich als messerscharfe Trennlinie getaugt hat. Es lässt sich jedoch sagen, dass die Neuentdeckung idealistischer Positionen (insbesondere Hegel) in der angelsächsischen Denktradition noch recht bescheiden und vorsichtig ist (Hammer 2007). Der Einfluss Hegels wirkte in diesem Sprachraum erst seit dem späten 19. Jahrhundert, und der Erfolg der analytischen Schule hing gerade sehr stark damit zusammen, dass eine Distanzierung vom britischen (und amerikanischen) Idealismus erfolgte (Mander 2011). Anders als die analytische blieb die kontinentale Philosophie den Vorstellungen des großen Ganzen relativ treu, auch wenn sie sich von der Metaphysik des Idealismus abwandte. Im kontinentalen Postmodernismus geht es um „eine Negation des großen Ganzen", d. h. um eine Negation der großen Erzählung, aber mit der Geste einer „großen Erzählung". Zwei Linien konstituieren die geistige Grundlage der Revitalisierung des kontinentalen Idealismus: zum einen die immer wieder zutage tretende Philosophie Hegels, die dank philologischer Bemühungen immer deutlicher in ihrem Kerngehalt hervortritt (Klaus Düsing, Dieter Henrich, Paul Cobben, Dieter Wandschneider); zum anderen setzt zur Zeit auch eine Neuinterpretation Husserls ein, die wichtige Aspekte seines Idealismus positiv in den Vordergrund stellt (Hans Bernhard Schmid 2000, Uwe Meixner 2014).

Der heutige angelsächsische Idealismus vertritt eine vorsichtige Form des objektiven Idealismus.[1] Bei Robert Brandom, der sich über die Jahre immer mehr Hegel angenähert hat, ist er im Sprachpragmatismus begründet. In seiner Analyse der alltäglichen Sprachpraxis kommt Brandom – ähnlich wie bereits John Austin, John Searle, Karl-Otto Apel und Habermas, in deren Tradition er auch steht – zur Einsicht, dass Kommunikation notwendige Erwartungen der Sprechpartner aneinander mit sich führt. Diese reziproken Erwartungen werden von der Figur der materialen (inhaltlichen) *Inferenz* bestimmt. So erwartet man von einem Sprechpartner, dass er sich dazu verpflichtet, die verwendeten Begriffe zu spezifizieren. Aussagen werden also immer von unsichtbaren inferentiellen Begriffskonstellationen (Begriffssträngen oder, wie Brandom auch sagt, „conceptual packages") begleitet (1994, 619; 2000, 16). Man könnte fast sagen, das alles bleibe noch im Rahmen einer Habermasschen Sprachpragmatik. Zu einem objektiv-idealistischen Ansatz kommt es erst dann, wenn Brandom die Konzepte, die in der Sprachpraxis zu explizieren sind, nicht als subjektive Erscheinungen interpretiert, sondern ihnen objektiven Stellenwert zumisst. Sie nehmen also keine intermediäre Stellung zwischen uns und der Welt ein, sondern haben eine objektive Existenz, die in den Fakten der Welt zum Ausdruck kommt. „Facts are conceptually articulated", sagt Brandom (1994, 622). Und anderenorts heißt es: „The existence of conceptual content in this sense does not depend on the existence of thinkers" (2014, 12). Die materiale Inferenz, die in der Sprachpraxis immer von Begriffen ausgeht, übersteigt somit die intersubjektive Situation der Sprechpartner und verweist auf objektive Begriffsverhältnisse, die in der Welt materialisiert sind.

Es ist diese realistische Deutung von Begriffen, die Habermas in *Wahrheit und*

---

[1] Ich beschränke mich im Folgenden auf den amerikanischen Diskurs. Ein hervorragender Vertreter des britischen Idealismus ist Timothy Sprigge. Vgl. *The Vindication of Absolute Idealism* (1984) und insbesondere seine Begründung der philosophischen Ökologie, „*Idealism, Humanism and the Environment*" (1996).

Rechtfertigung (1999) an Brandom besonders kritisiert hat: „Die Verabschiedung einer nominalistisch begriffenen Objektivität (...) stellt die Architektonik des nachhegelschen, nachmetaphysischen Denkens auf dem Kopf" (1999, 167). Brandom abstrahiere vom Feld der intersubjektiven Lebenswelt, in der sich immer schon eine gewisse Interpretation der Welt (und nicht die Welt selbst) niederschlägt (1999, 169). Aus diesen Bemerkungen wird klar, dass sich Habermas im Rahmen eines epistemologischen Idealismus bewegt, während Brandom immer wieder das Grundinteresse der Verständigung hervorhebt, das, wie er meint, nicht darin besteht, zu wissen, was man im Rahmen einer begrifflichen Lebenswelt *interpretiert*, sondern wie *die Welt selbst* gestaltet ist. Man ist daran interessiert, die Inferenz der Begriffe in ihrem materialen Inhalt „explizit zu machen". Der Begriff hat bei Brandom also, ganz im Sinne Hegels, reale Existenz.

Brandom versteht seine Annäherung an Hegel auch aus der Geschichte der analytischen Philosophie heraus, die sich, wie er sagt, unter dem Einfluss Bertrand Russells vom britischen Idealismus absetzen musste, um den eigenen epistemologischen Atomismus vor dem holistischen Ansatz der Idealisten zu bewahren. Als Willard van Orman Quine den epistemologischen Holismus wieder salonfähig machte, wurde in der analytischen Philosophie nach Brandom nicht nur der Weg für eine Neuinterpretation Kants geebnet, sondern auch Hegels. Diese erfolgt in seinem eigenen Werk und im Werk John McDowells (2014, 4).[2] Brandoms Hegellektüre findet ganz im Kontext der analytischen Philosophie statt. Hegel ist nach Brandom in erster Linie ein holistischer Sprachphilosoph, für den das Dasein des Geistes Sprache ist (2008, 163). Der Sprachgebrauch sei auf begriffliche Inhalte, die inferenziell artikuliert werden, zurückzuführen. Brandom kontrastiert diesen Inferentialismus, den er bei Hegel vorfindet, mit dem Expressivismus der Romantiker, der hauptsächlich referenziell und daher horizontal war. Der Inferentialismus ist dagegen vertikal: Er ist ein Expressivismus von oben (2000, 34). Brandom zufolge ist sich Hegel bereits vor Wittgenstein und den Postmodernisten bewusst, dass man die Sprache nicht übersteigen kann. Doch das sei nach Brandom für die Entdeckung der Wahrheit auch nicht nötig, denn Hegel teile mit McDowell die Vorstellung, dass „the conceptual has no outer boundary" (2008, 164). Die Philosophie hat die Aufgabe, die reale Konstellation der Begriffe explizit zu machen. In dieser Vorstellung Brandoms wird die Korrelation zwischen der begrifflichen Struktur und der Objektivität der Sachverhalte jedoch immer schon unvermittelt vorausgesetzt. Brandom erhält die Struktur der Welt nicht aus einer restlosen Durchdringung des Begriffs, d. h. es geht ihm

---

[2] Zur Wiedergeburt idealistischer Grundmotive in der analytischen Philosophie vgl. Paul Redding (2007). Siehe auch Karl Ameriks und Jürgen Stolzenberg (2005).

nicht darum, ein System apriorischen Wissens zu rekonstruieren. Das ginge nur, indem man im Prinzip der Vernunft ein voraussetzungslos Absolutes erblicken würde. Brandom sieht sich dagegen vor die (sprach)analytische Aufgabe gestellt, *endliche* Begriffe durch unendliche Detailanalysen inferentiell mit anderen endlichen Begriffen zu verbinden.

Auch bei McDowell handelt es sich um einen zum objektiven Idealismus tendierenden Ansatz, der allerdings nicht die transzendentale Methode einer synthetisch apriorischen Rekonstruktion des Wissens für sich in Anspruch nimmt. McDowell betrachtet sein *Mind and World* (1994) zwar als Prolegomenon zur Hegelschen Phänomenologie (1994, ix) und er vertritt auch die Vorstellung, dass Wahrnehmung („experience") nie von einer konzeptuellen Struktur zu trennen ist und die Welt der Fakten *an sich* begrifflich ist (1994, 10), diese Perspektive wird allerdings als eine *Option* vorgeführt, d. h. als eine *plausible* Alternative gegenüber derjenigen Meinung, die besagt, dass Begriffe Erscheinungen im Gehirn endlicher Subjekte sind (xix). Es findet somit kein Versuch statt, die Unwiderlegbarkeit dieser Perspektive darzulegen. Obwohl er sich vom subjektiven Idealismus – den er einfach „Idealismus" nennt (1994, 26, 34, 40) – distanziert, ist auch bei McDowell nicht klar, wie sich ein Rückfall in den Subjektivismus vermeiden lässt. Das endliche Subjekt operiert bei ihm mit endlichen Begriffen,[3] zugleich ist die Außenwelt an sich konzeptuell; aber ungelöst bleibt die Frage, wie sich das Subjekt der konzeptuellen Struktur der Welt wirklich bemächtigen kann. Dass man darauf vertrauen soll, dass wissenschaftliche Forschung unsere Erkenntnis erweitert und vertieft, spricht für sich. Aber man müsste doch den Versuch machen, diese Ergebnisse zum Teil durch Rekonstruktion einer apriorischen Struktur der Welt einzuholen. Nur so ließe sich eine objektive konzeptuelle Notwendigkeit herstellen. Ein solcher transzendentaler Ansatz fehlt jedoch auch bei McDowell.

---

3 McDowell spricht das Problem der unendlichen Verweisung endlicher Begriffe in seiner ausgezeichneten Kritik am Postmodernismus Richard Rortys an (2007, 45). Hierzu auch McDowell (2005, 33–36).

Einstieg in den objektiven Idealismus

Vittorio Hösle

Der objektive Idealismus findet zwar zunehmend Vertreter unter Denkern unterschiedlicher methodischer Ausrichtung, aber er ist nicht die Mehrheitsposition unter akademischen Philosophen. Ja, einem breiteren Publikum ist es in der Regel gar nicht bekannt, dass es eine derartige Position auch heute noch gibt – sie scheint einer längst vergangenen Epoche zuzugehören, mit der sich bestenfalls Geisteshistoriker befassen sollten. Wer zeitgemäß sein will, habe vielmehr zwischen den zwei Weltanschauungen zu wählen, die heutzutage die akademische Welt dominieren, dem Naturalismus und dem sozialen Konstruktivismus, die freilich jeweils in verschiedenen Spielarten auftreten. Man braucht nicht Wissenssoziologie studiert zu haben, um auf die Vermutung zu geraten, dass der Naturalismus sich meist bei Personen findet, die in den Naturwissenschaften arbeiten oder wenigstens eine naturwissenschaftliche Ausbildung genossen haben, während der Konstruktivismus eher Sozial- und Geisteswissenschaftler anzieht. Die beiden Kulturen, von denen Charles P. Snow schon 1959 sprach, unterscheiden sich ja nicht nur durch ihre Begriffe und Methoden, sondern tendieren auch zur Formierung unterschiedlicher Weltanschauungen (auch wenn zuzugeben ist, dass sich gelegentlich Naturwissenschaftler als soziale Konstruktivisten und Kulturwissenschaftler als biologische Reduktionisten bekennen, vermutlich um zu zeigen, dass sie die mit dem eigenen Fach einhergehende Borniertung überwunden haben). Dieser Dualismus ist nicht nur deswegen bedauerlich, weil er die Kommunikation zwischen Vertretern der beiden Kulturen bedeutend erschwert, etwa wenn es darum geht, politische Fragen, wie etwa die mit dem Klimawandel zusammenhängenden, zu lösen. Er ist auch deswegen beklagenswert, weil beide Positionen trotz aller Unterschiede wenigstens eine leicht irritierende Eigenschaft gemeinsam haben – sie sind beide unhaltbar. Ich will damit beginnen, diese zwei Positionen idealtypisch zu skizzieren und auf ihre Hauptprobleme einzugehen, weil so das Interesse an der dritten Position, derjenigen des objektiven Idealismus, geweckt werden kann (1). Ich will zweitens einige der Einwände zurückweisen, die einer ernsthaften Auseinandersetzung mit dem objektiven Idealismus von Anfang an im Wege stehen (2). Ich will drittens die Argumente nennen, die m. E. für den objektiven Idealismus als die intellektuell anspruchsvollste Philosophie sprechen (3) und viertens kurz seine innere Struktur skizzieren (4).

1. Naturalismus und sozialer Konstruktivismus

Für den Naturalisten sind die letzten Bestandteile der Wirklichkeit materiell, ja, die Physik gilt nicht nur als die grundlegende Wissenschaft der realen Welt, was sie zweifelsohne ist, sondern auf sie sollten alle anderen Wissenschaften zurückgeführt werden. Was „Zurückführung" genau bedeutet, ist dabei durchaus umstritten. So scheinen die „Gesetze" der Biologie zwar mit den Gesetzen der Physik und Chemie kompatibel, aber, insofern sie das Faktum des Lebens voraussetzen, auch nicht alleine aus jenen Gesetzen zu folgen, da jenes Faktum sich bestenfalls nur aufgrund dieser Gesetze *und* bestimmter Anfangsbedingungen ergibt und da dieses Faktum begrifflich nur mit einem Apparat erfasst werden kann, der die Sprache von Physik und Chemie transzendiert. Insbesondere sind die Wissenschaften vom Menschen in der naturalistischen Konzeption nichts als Unterabteilungen der Biologie. Der Mensch sei demnach ein Resultat der biotischen Evolution, und sein Erkennen und sein Verhalten können im Rahmen der evolutionären Erkenntnistheorie und der Soziobiologie kausal erklärt werden. Die beiden wichtigsten Herausforderungen für den Naturalismus sind das Leib-Seele- und das Sein-Sollen-Problem. Jenes Problem wird am radikalsten im Rahmen der Identitätstheorie beseitigt: Nach dieser sind mentale Zustände mit den ihnen zugrundeliegenden neuronalen Ereignissen identisch. Zumindest wird im Rahmen des Epiphänomenalismus darauf beharrt, dass mentale Zustände, wenn sie mit physischen nicht gleichgesetzt werden können, auf physischen supervenieren und aufgrund der kausalen Geschlossenheit des Physischen keine kausale Wirkung auf die physische Welt ausüben können. Man sollte sie nicht einmal mit dem Pfiff einer Dampfmaschine vergleichen (Huxley 1899, 240), denn akustische Phänomene sind etwas Physisches und durchaus Wirkungen und Ursachen von Physischem. Geistiges mag zwar existieren, aber es gilt als wesentlich ohnmächtig.

Immerhin mag eine Supervenienztheorie das Auftreten des Mentalen erfassen. Nicht leicht einzusehen ist dagegen, wie der Naturalismus Platz finden kann für

Normen. Die Ethik muss in dieser Perspektive auf faktische Präferenzen konkreter Menschen gegründet werden, die nur hinsichtlich der Mittel, die zielführend sind, belehrt werden können. Vielleicht kann der Naturalismus in Gestalt der Soziobiologie *erklären*, wieso menschliche Kulturen bestimmte Normensysteme entwickeln; aber das bedeutet keineswegs eine *Rechtfertigung* der Gültigkeit jener Normen. Hinsichtlich dieser Fragen ist der Naturalismus zu weitgehender Skepsis verurteilt. Offenkundig ist das der Fall bei ethischen und ästhetischen Normen. Aber auch bei der Rechtfertigung epistemischer Normen hat der Naturalismus Schwierigkeiten – er kann höchstens erklären, dass epistemische Einstellungen, die das Leben verlängern und die Reproduktion erhöhen, aufgrund des Mechanismus der natürlichen Selektion bessere Chancen haben, sich auszubreiten. Aufgrund des Erfolges der modernen Wissenschaften, auch und gerade was die Lebensverlängerung und die Fähigkeit, eine viel größere Bevölkerung zu ernähren, betrifft, vertritt der Naturalismus als grundlegende epistemische Norm meist eine methodisch kontrollierte Erfahrung, neben der, seit dem Logischen Positivismus, die auf Erfahrung irreduzible Logik anerkannt wird. Da sich der Triumphzug der modernen Wissenschaft seit dem 17. Jahrhundert ausschließlich methodischem Experimentieren und der Bildung mathematischer Modelle verdanken soll, scheint diese Erkenntnistheorie dem augenscheinlich erfolgreichsten epistemischen System, den modernen Naturwissenschaften, kongenial zu sein.

Der soziale Konstruktivismus ist in mancherlei Hinsicht der Erbe des subjektiven Idealismus. Wie dieser verweist er auf die schöpferische Natur des subjektiven Aktes, mit dem wir schon in der Wahrnehmung auf die Wirklichkeit reagieren. Der bekannte Satz Ludwig Wittgensteins „Um zu erkennen, ob ein Bild wahr oder falsch ist, müssen wir es mit der Wirklichkeit vergleichen" (*Tractatus*, 2·223) scheint keine Hoffnung auf eine Erkenntnis der Wirklichkeit zu machen. Denn da wir aus unserem Bewusstsein nicht heraustreten können, scheinen wir uns immer nur in Bildern zu bewegen.[1] Zwar gehen manche Formen des Konstruktivismus davon aus, dass es allgemein menschliche Formen des Konstruierens gibt; damit wird wenigstens ein intersubjektiver Konsens als erzielbar in Aussicht gestellt, wenn auch nicht garantiert, dass diesem eine unabhängig von den Konstruktionen bestehende Wirklichkeit entspricht. Doch anders als die Idealisten des 17. und 18. Jahrhunderts bestücken zeitgenössische Konstruktivisten ihr Arsenal hauptsächlich aus Ergebnissen der modernen Geisteswissenschaften. Die seit dem 19. Jahrhundert umfassend erforschten menschlichen Kulturen scheinen eine solche Fülle unterschiedlicher Formen, die

---

1 Es ist u. a. dieser Gedanke, der der Kritik an der Korrespondenztheorie der Wahrheit in Richard Rortys *Philosophy and the Mirror of Nature* (1979) zugrunde liegt.

Welt zu kategorisieren und begreiflich zu machen, ebenso wie von Werten vorzuführen, dass die Vermutung naheliegt, keine von ihnen basiere auf einer gültigen Erkenntnis der Wirklichkeit. Die Vielfalt menschlicher Sprachen etwa lege sprachrelativistische Konsequenzen nahe: Wir nähmen die Wirklichkeit so wahr, wie dies die vorgängige sprachliche Kategorisierung in Morphologie und Wortschatz nahelege. Selbst das Bild der Wirklichkeit, das die moderne Wissenschaft entwirft, erscheint in dieser Sicht als nur eine „Episteme" unter anderen (Foucault 1966). Ja, selbst die Paradigmen der Wissenschaft, die die einzelnen Epochen hervorbringen, seien miteinander inkommensurabel (Kuhn 1962). Das bedeutet, dass es keine Rationalitätskriterien gebe, die den Übergang von einem zum anderen Weltbild bzw. Paradigma leiten. Der Wechsel von Weltbild zu Weltbild bzw. von wissenschaftlichem Paradigma zu wissenschaftlichem Paradigma erscheint in dieser Hinsicht nicht mehr als Fortschritt, als epistemische Approximation an eine an sich bestehende Wirklichkeit, sondern vielmehr als unter Rationalität nicht subsumierbares Ereignis, da man von Vernunft nur *innerhalb* eines Weltbildes oder Paradigmas reden könne. Soziale Machtstrategien erklären den Übergang, und diese zu erlernen sei weiser als sich mit Geltungsfragen herumzuschlagen. So sei der sich auf die moderne Naturwissenschaft stützende Naturalismus nichts als ein geschichtlich gewordenes Weltbild mit nur historischer Gültigkeit – eine Einsicht, die den Konstruktivisten über den Naturalisten hinaushebe, der nie über die kulturelle Bedingtheit der eigenen Position reflektiere.

Darauf kann dieser natürlich entgegnen, sein Forschungsprogramm beinhalte eine kausale Erklärung der Entstehung des Konstruktivismus. Ein vielversprechender Ansatz wäre, darauf zu verweisen, dass die Geisteswissenschaften, die sich ursprünglich dem Bedürfnis verdankten, andere Kulturen besser zu verstehen, um sie besser beherrschen zu können, in der modernen Gesellschaft an Bedeutung verlören, da sie zu den naturwissenschaftlich-technischen Grundlagen von deren wirtschaftlichem Wachstum nicht beitrügen. Da aber dieses Wachstum immer mehr Menschen von der Notwendigkeit freisetze, physisch zu arbeiten oder auch nur selber den naturwissenschaftlich-technischen Fortschritt zu befördern, jedoch das Privileg einer geisteswissenschaftlichen Existenz in der Meinungsindustrie durch das Gefühl getrübt werde, weniger nützlich als andere, ja vielleicht sogar ein Parasit der Gesellschaft zu sein, setze dieses Gefühl Kompensationsbemühungen frei, deren vielleicht ehrgeizigste der geisteswissenschaftliche Konstruktivismus sei. Dieser müsse sich gar nicht mehr auf die konkreten Inhalte einer naturwissenschaftlichen Theorie einlassen, um sich dank der einfachen Reflexion, sie sei ja auch nur geschichtlich entstanden und daher durch menschliche Konstruktionen bedingt, auf eine Metaebene zu schwingen, von der sie auf den Naturalismus herabblicken kann. Freilich wird der Konstruktivist darauf reagieren, indem er die begrifflichen Konstrukte und deren Genese nachzeichnet, die dieser Erklärung zugrunde liegen.

Es ist unschwer zu sehen, dass dieser Perspektivenwechsel *ad infinitum* fortgesetzt werden kann. Im Grunde handelt es sich um ein philosophisches Äquivalent einer *Kippfigur*. Denn Ontologie und Epistemologie sind komplementäre Disziplinen. Die eine erscheint – wenn auch glücklicherweise in verschiedenerlei Hinsicht – jeweils der anderen vorauszugehen: Die Ontologie bietet einen begrifflichen Rahmen für die Erkenntnistheorie, die jedoch allein den Geltungsanspruch der Ontologie einholen kann. Daraus ergibt sich die alternierende Anziehungskraft von Naturalismus und Konstruktivismus. Denn jeder Erkenntnisakt *ist* etwas, und damit liegt es nahe, ihn als ontisches Ereignis zu interpretieren. Dort, wo die Natur als Inbegriff alles Seienden gilt, gehört dann jeder Erkenntnisakt unweigerlich zur Natur. Freilich beansprucht eben diese Aussage umgekehrt, selbst eine *Erkenntnis* zu sein, und insofern untersteht sie einer epistemischen Analyse. Dort, wo die Erkenntnistheorie stark auf den konstruktiven Charakter von Erkenntnissen abhebt, wird diese Aussage als Konstrukt gedeutet. Nun spricht viel für die beiden zusätzlichen Annahmen. Der Mensch wenigstens gehört zum natürlichen Sein, wie gerade die Evolutionstheorie besonders deutlich gemacht hat. Und es ist unstrittig, dass Erkenntnis die Wirklichkeit nicht einfach wie ein passiver Spiegel abbildet – bei der Begriffsbildung etwa gibt es ein schöpferisches Moment, das nicht als Reaktion auf einen äußeren Reiz gedeutet werden kann. Diese beiden Einsichten sind der jeweilige Wahrheitskern von Naturalismus bzw. Konstruktivismus, der keineswegs aufgegeben werden darf.

Wie kann man das Kippen des Bildes verhindern? Man muss das, was dem Gesichtssinn versagt ist, im Denken leisten und das heißt: sich die beiden Perspektiven zusammen vergegenwärtigen. Aber bevor dieser Gedanke näher betrachtet wird, müssen die – noch unabhängig von der Herausforderung durch das jeweilige Komplement – den beiden Positionen eigenen philosophischen Unhaltbarkeiten aufgewiesen werden. Um mit dem Konstruktivismus zu beginnen, so ist er performativ selbstwidersprüchlich – er setzt also das voraus, was er explizit bestreitet. Wenn etwa der Konstruktivismus lehrt, wir könnten die Wirklichkeit gar nicht erfassen, so setzt er offenbar eine gewisse Kenntnis derselben voraus – wie könnte er sonst wissen, dass ihr keines der verschiedenen menschlichen Konstrukte entspricht? Ja, selbst wo er sich hinsichtlich der äußeren Wirklichkeit nur agnostisch verhält, setzt er voraus, dass er etwa die verschiedenen Weltbilder oder wissenschaftlichen Theorien korrekt interpretiert – nur so gibt eine Aussage über deren Inkommensurabilität Sinn. Korrekte Interpretationen freilich verstehen sich nicht von selbst; das korrekte Erfassen bestimmter Bestandteile der physischen Realität ist eine notwendige, wenn auch keine hinreichende, Bedingung gelingender Interpretation. Der moderne, auf soziale Gebilde statt auf private mentale Akte sich stützende, Konstruktivismus ist viel voraussetzungsreicher als der subjektive Idealismus der frühen Neuzeit, weil er sich auf eine Interpretation von Sprache stützt, die ohne den Zugang zu fremden Intentionen gar nicht möglich ist. Alle Argumente des Skeptikers setzen, wollen sie als solche ernst genommen werden, ferner voraus, dass sie schlüssig sind – und das setzt eine paradigmentranszendierende Einsicht in das, was gültige Folgerung ist, voraus; denn sonst würde das Argument nicht die anderen Paradigmen in Frage stellen können.

Drei der verbreitetsten Argumente des Konstruktivismus sind zudem ungültig. Erstens ist es abwegig, von den genetischen Bedingungen einer Erkenntnis auf die Bedingtheit von deren Inhalt zu schließen. Die Noesis ist zeitlich und gehört in den kausalen Zusammenhang, das Noema dagegen ist ein ideales Gebilde. Alles ist genetisch entstanden, selbstredend auch der Konstruktivismus als soziales Phänomen, der aber nicht deswegen schon den eigenen Wahrheitsanspruch aufgeben wird. Um diesen zu erheben, muss er auf Propositionen Bezug nehmen, die für unterschiedliche Subjekte dieselben sind – ansonsten könnten diese nicht nur nicht miteinander übereinstimmen, sondern nicht einmal unterschiedlicher Ansicht sein, weil sie von verschiedenen Gegenständen sprächen. Zweitens kann die Tatsache, dass wir nicht aus uns selbst heraustreten können, um unser „Bild" von der Wirklichkeit mit der Wirklichkeit selber zu vergleichen, nicht bedeuten, dass wir keinen Zugang zur Wirklichkeit haben. Wir haben diesen Zugang, indem wir in der Wahrnehmung direkt auf die Wirklichkeit, und nur im Ausnahmefall (wenn ich etwa ein Foto betrachte) auf ein Bild eines Teils von ihr, Zugriff haben (Husserl 1992, 3.436 ff.). Und drittens impliziert die Falschheit des Begriffsempirismus, also die Tatsache, dass die Erfahrung uns unsere Begriffe nicht oktroyiert, keineswegs, alle Begriffskonstruktionen seien gleichberechtigt. Ich komme darauf zurück.

Müsste man zwischen Naturalismus und Konstruktivismus wählen, wäre der erste vorzuziehen. Denn wenigstens lehrt er, an so etwas wie Objektivität festzuhalten. Das Problem mit ihm ist freilich, dass es sich – um den Titel eines Buches Franz von Kutscheras (1993) zu zitieren – dabei um eine „falsche Objektivität" handelt. Denn ohne jeden Zweifel ist die Identitätstheorie falsch – auch wenn mentale Zustände auf physischen supervenieren, ist es nicht logisch notwendig, also in allen möglichen Welten wahr, dass sie es gerade auf diesen physischen Zuständen tun; kontingente Identitäten kann es aber bei rigiden Designatoren nicht geben (Kripke 1972, 144 ff.). Und die Supervenienztheorie ist, wie wir noch sehen werden, nur dann akzeptabel, wenn garantiert ist, dass die mentalen Zustände, die auf physischen supervenieren, logisch miteinander verknüpft sein können. Was schließlich normative Standards betrifft, so ist einesteils ihre Notwendigkeit offenkundig; anderntteils ist es ebenso klar, dass der Naturalismus über keine Möglichkeit verfügt, ein eigenes Reich des Sollens anzuerkennen. Selbst wenn es ihm gelingen sollte, normative Vorstellungen kausal zu erklären, wäre damit die Geltungsfrage nicht gelöst, die dadurch unberührt bleibt. *Wer nach objektiv gültigen Normen sucht, wird weder im Naturalismus noch Konstruktivismus fündig, denn der erste liefert keine Normen, der zweite nichts objektiv Gültiges. Ohne eine Theorie des Idealen wird man diesem Desiderat nicht gerecht.*

2. Einwände gegen den objektiven Idealismus

Einer der Gründe für die Attraktivität des objektiven Idealismus ist sicher, dass er das Problem der Geltung von Normen, die die faktischen Präferenzen transzendieren, in das Zentrum seiner Betrachtungen rückt. Warum handelt es sich dabei dennoch um eine von den meisten Zeitgenossen nur misstrauisch beäugte Position? Soweit ich sehe, spielen zumindest unterschwellig vier unterschiedlich begründete Abwehreinstellungen eine Rolle.

Erstens wird darauf verwiesen, der objektive Idealismus sei zwar eine sehr alte philosophische Position, die es spätestens seit Platon gebe. Aber gerade deswegen sei sie nicht zeitgemäß. Ebenso wenig wie die Physik des Aristoteles könne eine Metaphysik, die sich der Antike verdanke, weiterhin attraktiv sein. Dieses Argument setzt voraus, dass in der Philosophiegeschichte ein demjenigen der Wissenschaftsgeschichte vergleichbarer kontinuierlicher Fortschritt walte. Selbst dann wäre es nicht schlüssig – in der Mathematik etwa haben die Griechen bleibende Einsichten errungen, die ergänzt, aber nicht aufgegeben wurden. Fortschritt kann also kumulativ verlaufen und muss nicht stets darin bestehen, Vergangenes zu ersetzen. Aber darüber hinaus ist es unmöglich, die Philosophie nach Art der Wissenschaftsgeschichte zu konzipieren. Gerade das Nebeneinander von Naturalismus und Konstruktivismus in der Gegenwart beweist das. Wer die Philosophiegeschichte analysiert, stellt bald fest, dass in ihr bestimmte Grundpositionen immer wieder auftreten, und zwar mit periodischer Regelmäßigkeit.[2] Dabei ist der radikale Skeptizismus ebenfalls in der Antike entstanden, könnte also nach demselben Argument ebenfalls nicht gültig sein; ja, der objektive Idealismus scheint

---

2 Siehe meine Theorie der Philosophiegeschichte als zyklisch oder, um genauer zu sein, spiralförmig: *Wahrheit und Geschichte* (1984).

sich immer wieder als Alternative zu einer eher objektivistischen und einer eher subjektivistischen Philosophie zu ergeben. Platon, die Neuplatoniker, Nicolaus Cusanus, Friedrich Schelling und Georg Wilhelm Friedrich Hegel, der Edmund Husserl der *Logischen Untersuchungen* sind allesamt objektive Idealisten. Es spricht also nichts dagegen, neue und komplexere Formen des objektiven Idealismus als besonders zeitgemäße Antworten auf die Herausforderungen der Gegenwart zu erwarten. Die besondere Eigenart der Philosophiegeschichte hat im Übrigen zur Folge, dass Klassiker in ganz anderem Maße unsere Zeitgenossen bleiben, als dies in den Einzelwissenschaften der Fall ist; wir lernen von ihnen meist mehr als von den letzten Jahrgängen philosophischer Zeitschriften.

Zweitens verargt man dem objektiven Idealismus eine gewisse Nähe zu religiösem Denken. Er habe seinen Ursprung in religiösen Ideen, die bei denen in abgeschwächter Form weiterwirken, die nicht die Kraft haben, sie ganz abzuschütteln; der objektive Idealismus könne daher nur als Residuum dieser Ideen gelten. Darauf ist zunächst einmal einzuräumen, es besteht in der Tat eine elementare Analogie zwischen der dem objektiven Idealismus eigentümlichen Annahme einer objektiven Vernunft, die sich in der Natur und dem menschlichen Geist auspräge, und dem religiösen Glauben an ein die Natur transzendierendes Prinzip, dem geistige und moralische Attribute zugesprochen werden. Aber einesteils sind die Differenzen nicht minder auffällig: Von Platon an hat der objektive Idealismus populäre religiöse Vorstellungen wie die des homerischen Polytheismus zurückgewiesen, ja nach der Entwicklung monotheistischer Religionen auch theologische Ideen wie den Voluntarismus und Inkonsistenzen in der christlichen Dogmatik scharf kritisiert. Und andernteils spricht es doch eher für den objektiven Idealismus, dass er in einer für die Entwicklung der Menschheit so zentralen geistigen Macht wie der Religion nicht nur Unsinn erkennen will. Wer Jahrtausenden menschlicher Entwicklung jede Wahrheit abspricht, erweckt viel eher Zweifel daran, wieso man seinen eigenen Wahrheitsanspruch ernst nehmen solle. Es ist meist klüger, Traditionen zu reformieren als sie abzubrechen. Auch die weitgehend säkularisierte Welt Westeuropas setzt nicht nur genetisch, sondern auch geltungstheoretisch bestimmte religiöse Ideen voraus – etwa den Gedanken an die innere Einheit der natürlichen Ordnung oder den Glauben an eine allgemeine Menschenwürde. Wenigstens hat Charles Taylor (2007) sehr plausibel gemacht, wieso eine „subtraction story", nach der unser heutiger Bewusstseinszustand sich einfach aus dem Entfernen religiöser Geschwulste ergeben habe, die über einer „natürlichen" Theorie der Wirklichkeit gewachsen wären, nicht im mindesten zentralen Bestandteilen unserer gegenwärtigen Bewusstseinsform gerecht wird. Was uns heute als „natürlich" erscheint, ist ohne eine normativ inspirierte historische Phänomenologie des Geistes gar nicht zu verstehen.

Drittens gilt der objektive Idealismus als nicht vereinbar mit den heute herrschenden wissenschaftlichen Methoden. Zuzugeben ist in der Tat, dass der objektive Idealismus weder eine empirische Theorie ist noch alleine auf die formale Logik gestützt werden kann. Aber das gilt für jede philosophische Theorie, nicht nur für den objektiven Idealismus. Zwar ist heute die metaphilosophische These weitverbreitet, die Philosophie bestehe ausschließlich in Begriffsanalyse. Ohne Zweifel ist Begriffsanalyse in der Philosophie wichtig, und im Übrigen keineswegs auf sie begrenzt. Aber Philosophie kann nicht auf Begriffsanalyse und somit auch nicht auf analytische Urteile reduziert werden. Denn damit ließen sich nur verschiedene alternative, doch jeweils in sich konsistente Deutungen der Wirklichkeit gewinnen, nicht jedoch die Frage entscheiden, welche dieser alternativen Deutungen den Vorzug verdient. Dazu sind synthetische Urteile a priori vonnöten, wie etwa „Einfachheit in der philosophischen Theoriebildung ist ein Wert". Dass es solche Urteile nicht gebe, ist selbst keine analytische Aussage, da es in deren Negation „Es gibt synthetische Urteile a priori" keinen Widerspruch gibt; sie setzt also das voraus, was sie bestreitet. An synthetischen Sätzen a priori kommt man also nicht vorbei, und auch wenn sie von der Wissenschaft nicht selbst thematisiert werden, werden sie doch von dieser vorausgesetzt. Denn seit David Hume wissen wir, dass die Induktion weder durch Logik noch durch Erfahrung zu begründen ist, die sich gerade nicht auf die Zukunft erstreckt. Aber wir vertrauen darauf, dass die Wirklichkeit naturgesetzlich verfasst ist – auch wenn eine bestimmte physikalische Theorie falsifiziert und durch eine neue ersetzt wird, gehen wir davon aus, dass das neu vorgeschlagene Gesetz, oder ggf. dessen weitere Verfeinerung, einen Zug der Wirklichkeit erfasst, der für alle Zeit gilt. Dieses Vertrauen wie Hume zu einem bloßen Faktum unserer geistigen Ausstattung zu machen, löst das Geltungsproblem nicht – schließlich können wir uns von alteingesessenen Erwartungen befreien, die wir als irrational betrachten. Aber die Annahme der Konstanz der Naturgesetze ist keine irrationale Annahme; sie ist Bedingung der Möglichkeit planenden Verhaltens. Kurz, die Annahme synthetischer Urteile a priori ist nicht wissenschaftsfeindlich, sondern vielmehr Bedingung von Wissenschaft, auch wenn sie nur selten reflektiert wird. Die Furcht, wer sich von Begriffs- und Urteilsempirismus verabschiede, zerstöre die spezifische Leistung der modernen Wissenschaft, die gegenüber Antike und Mittelalter in methodisch kontrollierter Erfahrung bestehe, ist deswegen abwegig, weil dieser Abschied keineswegs bedeutet, empirische Evidenz sei zu vernachlässigen. Eine Theorie über Erfahrbares, die der Erfahrung widerspricht, kann in der Tat nicht richtig sein. Jener Abschied bedeutet nur, dass es Erkenntnisse gibt, für die konkrete Erfahrungen weder notwendige noch hinreichende Bedingungen sind.

Aber die eigentliche Furcht vor dem objektiven Idealismus gründet viertens in dem Unbehagen, das das Programm einer objektiven Ethik auslöst. Jede Form des Werteplatonismus scheint in Widerspruch zu stehen zu dem Grundgedanken der Demokratie, Normen aus freier Übereinstimmung entstehen zu lassen. Aber diese Theorie gründet auf einem Selbstmissverständnis der Demokratie. Erstens ist das Prinzip, allen erwachsenen Staatsangehörigen politische Rechte zu erteilen, selbst ein moralisches Prinzip, das sich nicht ausschließlich auf das positive Staatsrecht gründet, auch wenn es glücklicherweise Eingang in viele moderne Verfassungen gefunden hat. Die Proteste gegen Staaten, in denen es nicht verwirklicht ist, lassen darauf schließen, dass ihm eine kontrafaktische Gültigkeit eignet, die nicht nur eine Funktion sozialer Machtverteilung ist. Dasselbe gilt nun aber auch für die Normen, die idealerweise auf demokratischem Wege zu Gesetzen werden sollen. Es gibt sicher einige Normen, bei denen allein der Mehrheitsbeschluss ausreicht, um sie zu legitimieren. Aber sofern bestimmte Gesetze gewissen Zielen dienen sollen, unterstehen sie einer sachlichen Kontrolle – eine verfehlte Haushalts- oder Wirtschaftspolitik wird nicht dadurch richtig, dass sie von der Mehrheit des Parlaments abgesegnet worden ist. Und erst recht nicht werden Verletzungen der Gerechtigkeit akzeptabel, die die Mehrheit beschließt, etwa indem sie die Rechte der Minderheit verletzt. Hier haben intelligente Verfassungen meist Sicherungen eingebaut, die das Mehrheitsprinzip einschränken und deren moralische Rechtfertigung ohne Appell an so etwas wie ein vorpositives Gerechtigkeitsideal schwer zu leisten ist. Anderer Art ist das Argument, das die neben der Demokratie zweite große Institution der westlichen Moderne zum Ausgangspunkt nimmt, nämlich den Markt. Dessen Erfolg beruhe gerade auf seiner Moralfreiheit, auf der nahezu naturgesetzlichen Herstellung eines Gleichgewichts von Angebot und Nachfrage, wenn man nur den rationalen Egoismus walten lasse. Dazu ist einerseits zu sagen, dass es durchaus klug ist, Mechanismen auszunutzen, die auf menschliche Kräfte setzen, die deswegen weitverbreitet sind, weil sie ohne Zumischung höherer Tugenden auskommen. Doch andererseits ist erstens die für den Markt unabdingbare Fairness nicht auf rationalen Eigennutz zu reduzieren; zweitens ist jenes Gleichgewicht aus moralischen Gründen zu bejahen, da es im allgemeinen wünschenswert ist, dass Nachfrage befriedigt wird; und drittens gibt es nicht nur Erfolge, sondern selbstredend auch Marktversagen, etwa im Bereich intergenerationeller Gerechtigkeit. Eine Kultur, die an nichts anderes mehr appellieren kann als an den rationalen Eigennutz, wird u. a. vor dieser Aufgabe versagen. Wenn, wofür angesichts der weitgehend fruchtlosen internationalen Verhandlungen zweier Jahrzehnte leider immer mehr spricht, die Menschheit die massiven Umweltzerstörungen, die aus dem Wachstum der Weltbevölkerung und, mehr noch, unserer Bedürfnisse sich ergeben, nicht zu beschränken vermag, wird die Epoche der Moderne sich als sehr kurzfristig erweisen, als „die hochmütigste und verlogenste Minute der ‚Weltgeschichte': aber doch nur eine Minute" (Nietzsche 1980, 1.875).[3] Was konkret darauf folgen wird, institutionell wie bewusstseinsgeschichtlich, lässt sich nicht vorhersagen. Aber man riskiert nicht viel, wenn man die Prognose äußert, dass die lebensweltlich wieder allgemein intensiv erfahrbare Not den Konstruktivismus mit nicht geringerem Hohn zu den überwundenen Ideologien rechnen wird, als wir dies heute etwa mit religiösem Aberglauben tun.

3. Argumente für den objektiven Idealismus

Der entscheidende Grundgedanke des objektiven Idealismus ist auf einer ersten Stufe: Das Sein muss als wesentlich intelligibel gefasst werden. Schon in den *Logischen Untersuchungen*, vor der subjektiven Wende der *Ideen*, schreibt Husserl, „dass doch vom Sinne des Seins überhaupt die Korrelation zum Wahrgenommen-, Angeschaut-, Bedeutet-, Erkannt-werden-*können* unabtrennbar ist" (1992, 4.730). Diese Aussage läuft keineswegs auf diejenige des subjektiven Idealismus hinaus, dass es nur Mentales gibt. Sie besagt vielmehr zweierlei: Auf der Objektseite muss Seiendes, was auch immer seine konkrete Gestalt, so konzipiert werden, dass es erkennbar ist – mathematische Wahrheiten müssen beweisbar sein, physisch Seiendes muss, in wie vielen Brechungen auch immer, der sinnlichen Erfahrung, mental Seiendes der Introspektion und dem Verstehen anderer zugänglich sein; das empirisch Gegebene muss zudem begrifflich kategorisierbar sein. Auf der Subjektseite muss es zweitens Seiendes geben, das mit der Fähigkeit zum Erkennen ausgestattet ist.

Aber warum sollte jenes Prinzip gelten? Der naiv realistische Gedanke, dass es etwas gibt, das grundsätzlich unerkennbar ist, scheint performativ widersprüchlich zu sein – um darüber zu reden, muss ich es ja irgendwie dem Universum des Intelligiblen unterworfen haben. Hegel etwa schreibt in einem Fragment zur Philosophie des Geistes: „*Die Schranken der Vernunft*, die *Beschränktheit des Geistes* sind Vorstellungen, welche ebenso für ein Letztes, ein für sich gewisses Faktum als für etwas Bekanntes und für sich Verständliches gelten (...) vielmehr, indem und weil der bewusste Mensch von der Schranke weiß und spricht, ist sie Gegenstand für ihn und er hinaus über sie" (11.529). Ähnlich argumentiert Neil Tennant, einer der wichtigsten Vertreter des von Michael Dummett ausgehenden Antirealismus, gegen das Prinzip, Wahrheit könne allem Wissen gegenüber transzendent sein:

---

3 Ich bin mir bewusst, dass Nietzsche dieses Prädikat etwas anderem zuschreibt, aber vielleicht ist meine Attribution konsistenter.

"For the principle of Knowledge-Transcendence is incoherent. Consider what it says: that there could be some truth Ψ such that it be impossible to know that Ψ. For the anti-realist, however, the truth of such Ψ would have to consist in there being some truth-maker Π for Ψ that we can recognize as such. Being able so to recognize as a truth-maker Π for Ψ, we would therefore know that Ψ. But precisely this knowledge is supposed to be beyond our reach! – a contradiction" (1997, 50).

Es mag überraschen, dass ich zwei so unterschiedliche Autoren wie Hegel und einen Analytiker wie Tennant zitiere, der gegen die Dogmen Willard van Orman Quines in mancherlei Hinsicht den Logischen Positivismus rehabilitieren möchte. Doch auch wenn ihre Methoden, sich der Wahrheit zu nähern, denkbar unterschiedlich sind, hat in der Tat schon der junge Hegel die erkenntnisoptimistische Lehre Wittgensteins „Wenn sich eine Frage überhaupt stellen lässt, so kann sie auch beantwortet werden" (*Tractatus,* 6·5) vorweggenommen (Hegel 2.547). Die Konvergenz zwischen klassischer und einigen neueren Strömungen der analytischen Philosophie ist ein Hoffnungszeichen – sie deutet darauf hin, dass bestimmte philosophische Intuitionen schon früh möglich waren und durch ein schärferes logisches Instrumentarium nur besser artikuliert werden. Der Preis der sehr aufwendigen schärferen Artikulierung ist freilich, dass die moderne analytische Philosophie in Regionaldisziplinen zersplittert ist, was deswegen bedauerlich ist, weil sich die einzelnen Disziplinen der Philosophie gegenseitig stützen müssen.

Gegen die Auffassung des Antirealismus, wahre Propositionen seien wesentlich erkennbar, wird häufig das Fitch-Paradox angeführt, eines der nicht zahlreichen wirklich neuen philosophischen Argumente der letzten Jahrzehnte (es geht auf ein anonymes Gutachten Alonzo Churchs von 1945 zu einer Arbeit Frederic Fitchs zurück, der es 1963 veröffentlichte). Es will beweisen, dass aus der Annahme, jede Wahrheit sei irgendwann von irgendjemandem erkennbar, folge, jede Wahrheit werde wirklich von jemandem erkannt. Da die Konklusion als absurd gilt, fungiert das Argument als *reductio ad absurdum* gegen die Ausgangsannahme, jede Wahrheit sei erkennbar, und also zugunsten der These, es gebe unerkennbare Wahrheiten. Das Argument ist verblüffend einfach, setzt die auch für Antinomien charakteristische Verbindung von Reflexivität und Negation ein und erinnert im Übergang von der Möglichkeit zur Wirklichkeit an den ontologischen Gottesbeweis, der allerdings von der Möglichkeit Gottes auf seine Notwendigkeit schließt. Ich nenne die entscheidenden Schritte des Arguments.[4]

Es sei jede Wahrheit erkennbar: $\forall p(p \rightarrow \Diamond Ep)$. Nehmen wir nun an, es gäbe eine

---

4 Ich folge dem ausgezeichneten Artikel: „*Fitch's Paradox of Knowability*" in der *Stanford Encyclopedia of Philosophy* (plato.stanford.edu/entries/fitch-paradox/).

unerkannte Wahrheit: $\exists p(p \land \neg Ep)$. Aus Letzterem folgt: $p \land \neg Ep$. Setzen wir diesen letzten Satz für die Variable p des ersten Satzes ein, so erhalten wir: $(p \land \neg Ep) \rightarrow \Diamond E(p \land \neg Ep)$. Da das Antezedens gilt, gilt auch das Sukzedens: $\Diamond E(p \land \neg Ep)$. Eine solche Erkenntnis ist aber unmöglich wenn man akzeptiert, dass aus dem Wissen einer Konjunktion das Wissen der Konjunkte ($E(p \land q) \vdash Ep \land Eq$) und aus dem Wissen von p die Wahrheit von p ($Ep \vdash p$) erschlossen werden kann, was beides vertraute Prinzipien der epistemischen Logik sind; denn mit diesen beiden Prinzipien kommt man leicht zu $Ep \land \neg Ep$. Daraus folgt aber die Falschheit der zweiten Behauptung $\exists p(p \land \neg Ep)$, und d. h.: $\forall p(p \rightarrow Ep)$.

Man hat viel Scharfsinn darauf verwandt, das Eintreten der Schlussfolgerung zu verhindern – sei es durch Zugrundelegung einer alternativen, etwa intuitionistischen Logik, sei es durch semantische oder syntaktische Einschränkungen. Ich beziehe mich hier ausschließlich auf Tennants Analyse im achten Kapitel seines Buches. Zu Recht betont er, es sei ausgeschlossen, dass jemand erkenne „p ist wahr, aber ich erkenne es nicht"; denn dann erkennt er, dass p, und erkennt p zugleich nicht. Man müsse daher die erste Behauptung einschränken. Dass jede Wahrheit erkennbar sei, gelte nur für cartesische Gehalte; eine Proposition p ist dabei als cartesisch definiert, wenn aus Ep kein logischer Widerspruch folgt. Da dies aber der Fall sei bei $\Diamond E(p \land \neg Ep)$, dürfe man das nicht für die Variable der Ausgangsbehauptung einsetzen. Als nicht-cartesisch gelten dabei erstens kontradiktorische Propositionen, zweitens Propositionen, deren Erkenntnis deren Falschheit oder diejenige einiger ihrer Folgen voraussetzt, wie z. B. „Es gibt keine Denker", und drittens Propositionen, deren Erkenntnis anzunehmen zu Inkonsistenzen führe, weil sie E beinhalteten.

Man beachte dabei, dass die Aussage „Es gibt keine Denker" unterschiedlich gedeutet werden kann – entweder mit Bezug auf unsere Welt oder mit Bezug auf alle möglichen Welten. Mit Bezug auf unsere Welt bilde sie kein Gegenbeispiel zu der These der Erkennbarkeit aller Wahrheiten; denn hier sei sie ja falsch. „But presumably there is a possible world in which there are no thinkers, and, as Descartes made us aware, the truth in such a world of the proposition that there are no thinkers would be unknowable therein" (Tennant 1997, 274). Aber ist eine Welt ohne Denker wirklich *möglich*? Sicher kann man sich eine solche Welt vorstellen, in der kein Widerspruch zwischen den in ihr geltenden Propositionen waltet. Aber widerspruchsfrei ist diese Welt nur, insofern man von der transzendentalen Subjektivität abstrahiert, die erforderlich ist, um den Wahrheitsanspruch hinsichtlich ihrer Möglichkeit zu erheben und möglichst einzulösen. Ich schlage vor, eine solche Welt zwar formallogisch möglich, aber nicht transzendentallogisch möglich zu nennen. Denn eine transzendentale Logik muss die Bedingungen ihrer Möglichkeit einholen. Eine Welt ohne Denker parasitiert, um denkbar zu sein, letztlich an einer transzendentallogisch möglichen Welt. Unser wirkliche Welt ist natürlich nur eine von unendlich vielen transzendentallogisch möglichen Welten, so wie es auch unendlich viele nicht transzendental-, sondern nur formallogische Welten gibt.

Denker erkennen Wahrheiten, und daher kann man vielleicht sogar mit Fitchs paradoxer Konsequenz leben, wenn man Ep schwach, also als $\exists t E_t p$ deutet, d. h. dass es für jede Wahrheit einen Zeitpunkt gibt, in dem sie erkannt werden wird. Eine solche Aussage ist nicht unmittelbar absurd, vielleicht sogar attraktiv – zumal wenn wir in einer deterministischen Welt leben. Denn dann ließe sich sagen, dass, wenn unsere Naturgesetze und die Anfangsbedingungen gegeben sind, eine Erkenntnis der Wirklichkeit *in ihr* nur dann *möglich* ist, wenn sie auch *wirklich* erfolgen wird.

Akzeptiert man die grundsätzliche Erkennbarkeit der Wirklichkeit, ergeben sich wichtige Einschränkungen für transzendentallogisch mögliche Welten. Da wir anders als durch begriffliche Kategorisierungen nicht erkennen können und unweigerlich in Begriffen urteilen, ist jede Theorie abwegig, Begriffe seien etwas, das wir der Wirklichkeit überstülpen, wobei wir sie gleichsam verformen. Unsere Begriffe entsprechen einem realen Aspekt der Wirklichkeit, den etwa Hegel als logischen von einem psychologischen Begriff unterschied.[5] Der neben Robert Brandom einflussreichste Vertreter eines analytisch inspirierten objektiven Idealismus, John McDowell, schreibt: „Although reality is independent of our thinking, it is not to be pictured as outside an outer boundary that encloses the conceptual sphere. *That things are thus and so* is the conceptual content of an experience, but (...) also a perceptible fact" (1994, 26). Es geht also stets nur darum, ein Kategoriensystem durch ein anderes zu ersetzen, das der Wirklichkeit mehr Gerechtigkeit erweist – es ist ausgeschlossen, einen mangelhaften begrifflichen Zugang durch einen außerbegrifflichen zu ersetzen; es kommt immer nur ein besseres Begriffssystem in Frage. Aber hat nicht jener Konzeptualismus recht, der da lehrt, wir könnten uns jene begriffliche Einteilung der Wirklichkeit auswählen, die uns je nach Zweck gerade am ehesten zusagt? Gewiss – aber nicht alle Zwecke sind gleichberechtigt. Selbst ein Pragmatist wie William James gesteht zu: „Only if one of our purposes were itself truer than another, could one of our conceptions become the truer conception" (1950, 2.336). Fortschritte in einem Begriffssystem bemessen sich dabei einerseits an internen Kriterien wie Einfachheit und Fruchtbarkeit, andererseits an dessen Fähigkeit, allgemeingültige Gesetze über die Wirklichkeit zu entdecken. Begriffssysteme, die natürliche Arten erfassen, wie etwa die Klassifikation im Perioden-

---

5   *Enzyklopädie der philosophischen Wissenschaften* §§ 160 ff. vs. § 467. Noch feiner unterscheidet Husserl zwischen „Begriffen als allgemeinen Wortbedeutungen und Begriffen als Spezies des *eigentlichen* allgemeinen Vorstellens und wieder Begriffen als allgemeinen Gegenständen, nämlich als den intentionalen Korrelaten der allgemeinen Vorstellungen" (1992, 4.732; vgl. 4.713).

system der Elemente, sind alternativen Einteilungen überlegen. Wenn zwei Theorien in ihren Voraussagen äquivalent sind, wie die Lorentzsche Äthertheorie und Albert Einsteins spezielle Relativitätstheorie, wählen wir diejenige Theorie, die einfacher und in ihren Ausgangsprinzipien besser begründet ist. Es ist unsinnig, sich dann noch den Kopf zu zerbrechen, ob nicht die physische Wirklichkeit in Wahrheit nach der schwerfälligeren Theorie funktioniere. Dies freilich setzt voraus, dass die Wirklichkeit selbst „vernünftig" ist – auf Erkennbarkeit hin angelegt und in ihrem Bestand idealen Rationalitätsprinzipien unterworfen, durch sie „prinzipiiert" (meinetwegen „geschaffen"). Für die Begriffsbildung in der Philosophie kommt die Fähigkeit, empirisch verifizierbare oder wenigstens falsifizierbare Gesetze zu bilden, naturgemäß nicht in Frage – wohl aber, neben Einfachheit und Fruchtbarkeit, die Bezugnahme auf die anderen Disziplinen der Philosophie, unter denen die Ethik als die Lehre vom Endzweck, der anderen Zwecken in der Tat übergeordnet ist, eine besondere Stellung genießt.

Ganz analog müssen wir annehmen, dass das erkennende Subjekt auf Erkenntnis hin angelegt ist. Das ist eine Form teleologischen Denkens – ist aber nicht die Teleologie durch den Darwinismus aus der Wissenschaft vertrieben worden? Gewiss muss auch in der Biologie jedes Ereignis, etwa eine Speziation, kausal erklärt werden, und bekanntlich hat die natürliche Selektion ein sehr starkes Erklärungspotential. Es ist auch nichts Falsches an der These der evolutionären Erkenntnistheorie und Ethik, Verhaltensstrategien, die der Wirklichkeit krass widersprechen, seien der negativen Selektion unterworfen. Aber es ist abwegig zu meinen, der Mechanismus der natürlichen Selektion als solcher erkläre unsere Fähigkeit zur Erkenntnis und zur Moral. Denn natürliche Selektion kann auch in einer Welt wirken, in der es kein Bewusstsein gibt. Dass es Bewusstsein, ja, selbst dass es Eukaryoten gibt, wird durch psychophysische und biologische Gesetze bestimmt, die den Hintergrund bilden für das Operieren der natürlichen Selektion, von dieser also selbst vorausgesetzt werden. Gerade wer dem Mentalen keine kausale Kraft zubilligt, muss ferner davon ausgehen, dass eine Erklärung des Mentalen durch die natürliche Selektion gar nicht möglich ist, da diese nur physische Resultate bewertet. Als Epiphänomen mag das Auftreten des Mentalen zwar durch psychophysische Gesetze bestimmt sein, aber diese müssen, wie gesagt, derart strukturiert sein, dass ein Parallelismus besteht zwischen den elektrochemischen Prozessen im Gehirn, den auf ihnen supervenierenden mentalen Akten und den ihnen entsprechenden Noemata, etwa deren Ableitungsbeziehungen, die in einem Beweis eingesehen werden. Sicher sind diese etwas Ideales und können als solche nicht die Rolle einer Ursache spielen, aber da wir davon ausgehen müssen, dass sie durch den Geist erfassbar sind, wenn wir unseren Wahrheitsanspruch ernst nehmen wollen, müssen wir eben annehmen, dass sie ein „Grund" der entsprechenden psychischen, psychophysischen und physischen Gesetze sind –

diese Gesetze müssen so konzipiert sein, dass sie wahrheitsfähiges Denken ermöglichen. Die Möglichkeit von Geistigkeit als solcher – nicht hingegen notwendig der einzelne Geist – bestimmt die Natur mit (Hösle 2006).

Die Ausrichtung der Natur auf ihre Erkenntnis durch den Geist hin ist keine Form von Rückwärtskausalität. Es geht hier nicht um die Erklärung eines innernatürlichen Ereignisses, die selbstredend nicht ohne Rückgriff auf andere und frühere innernatürliche Ereignisse (und allgemeine Gesetze) erfolgen kann. Es geht vielmehr darum, wenigstens zum Teil zu verstehen, warum die Naturgesetze so sind, wie sie sind – eine Frage, die die Wissenschaft selber nicht zu beantworten vermag. Zwar hat seit Arthur Schopenhauer mancher Philosoph diese Frage als unbeantwortbar abgewiesen, und sicher begeht der klassische kosmologische Beweis etwa bei Thomas von Aquin einen elementaren logischen Fehler: Aus der Tatsache, dass alles eine Ursache hat, folgt gewiss nicht, dass es eine Ursache von allem gibt. Aber wenn das Wesen von Wissenschaft und Philosophie darin besteht, sich mit bloßer Faktizität nicht zufriedenzugeben, sondern nach deren Grund bzw. Ursache zu forschen, wird man sich nicht abschrecken lassen. Auch wenn eine vollständige Antwort auf die Frage, warum unsere Welt so ist, wie sie ist, in absehbarer Zukunft nicht zu erwarten ist, sind alle einschränkenden Bedingungen, die wir nennen können, ein willkommener Erkenntnisfortschritt. Neben der Einfachheit der Naturgesetze und der Fülle der aus ihnen und den Antezedensbedingungen sich ergebenden Entitäten sind die Erkennbarkeit der dadurch bestimmten Natur und die Hervorbringung erkennender und miteinander kommunizierender Wesen Kriterien, die unsere Welt vor Alternativen auszeichnen. Teleologische Argumente sind dann legitim, z. B. bestimmte Naturkonstanten hätten gerade diesen Wert, weil bei dessen Variation es nicht zu Geistwesen gekommen wäre.

Gottfried Wilhelm Leibniz und Hegel stimmen darin überein, dass unsere wirkliche Welt vor Alternativen durch bestimmte Züge ausgezeichnet ist, unter denen Intelligibilität und die Existenz von Geistwesen besonders wichtig sind. Auch Immanuel Kants Programm gehört zum Teil in diesen Kontext, obgleich Kant das, was er als synthetisch a priori erklärt, nämlich die Bedingungen der Möglichkeit von Erfahrungserkenntnis, wie etwa das Kausalprinzip,[6] als etwas nur phänomenal Gültiges betrachtet, das die noumenale Welt nicht erfasst. Kants Theorie der noumenalen Welt widerspricht jedoch dem Grundgedanken des objektiven Idealismus, da sie etwas thematisiert, was gar nicht erkennbar ist (Strawson 1985, 38 ff.). Auf jeden Fall ist die grundsätzliche Erkennbarkeit der Welt ein Fundament, das über die bloße Betrachtung

---

6   Für Kant lassen sich (wenigstens einige) synthetische Sätze a priori dadurch begründen, dass ihre Negation der Möglichkeit von Erfahrung widerspricht (KpV, A 93).

formallogisch möglicher Welten hinausführt, und insofern ein synthetisch-apriorisches Prinzip. Gesteht man dies zu, so ist die weiterführende These zwar nicht zwingend, aber doch plausibel, es gebe vielleicht sogar rationale Gründe, warum unsere Welt als ganze so ist, wie sie ist – also über die bloße Erkennbarkeit und die Hervorbringung erkennender Wesen hinaus. Da die Erkenntnis der Wahrheit ein Wert ist, liegt es nahe zu behaupten, die Wirklichkeit unserer Welt sei nicht einfach ein kontingentes Faktum, das eben nur für ihre Bewohner gelte, wie David Lewis (1986) lehrt, dessen modaler Realismus nur anfangs an Leibniz erinnert, im entscheidenden Punkt aber von ihm abweicht, da er weder Gott noch Axiologie anerkennt. Sicher hat Lewis recht darin, dass die Auszeichnung unserer wirklichen Welt als real, nur weil sie die unsere ist, provinziell wäre. Aber unsere wirkliche Welt genießt einen Vorzug vor alternativen möglichen Welten – außer dem trivialen, dass sie eben die unsere ist –: In ihr ist viel Gutes verwirklicht. Diese These geht schon auf Platons *Timaios* zurück, wurde aber erst von Leibniz mit der der ganzen Antike noch fremden Metaphysik der möglichen Welten verbunden und zur These von der bestmöglichen Welt gesteigert. *Die Axiologie geht in dieser Perspektive der Ontologie des Wirklichen voraus.*

Neben dem erkenntnistheoretischen gibt es ja auch ein metaethisches Argument für den objektiven Idealismus. Wir haben schon gesehen, dass Normen nicht Teil der Natur sind; auch die Sozialwissenschaften können sie nur beschreiben, nicht rechtfertigen. Aufgrund der Unerlaubtheit des naturalistischen Fehlschlusses gibt es keine Alternative dazu, das Sollen einem eigenen Reich des Geltens zuzuschreiben. Denn moralische Normen erheben anders als kulinarische Präferenzen einen intersubjektiv verbindlichen Objektivitätsanspruch, dem nur eine Form von moralischem Realismus gerecht wird. Ich will hier nicht die Frage erörtern, wie man kognitiv Zugang zum Reich des Sollens gewinnt – ob sich ethische Normen durch transzendentale Argumente rational begründen lassen, wie die von Kant inspirierte Tradition oft annimmt, oder durch irreduzible Akte des Wertfühlens erfasst werden, wie etwa Max Scheler lehrt. Werteigenschaften werden uns in der Wirklichkeit freilich dadurch zugänglich, dass sie auf erfahrbaren Gegenständen oder Ereignissen supervenieren – wir erleben ein Bild als schön, einen Willensakt als großmütig. Die Supervenienz darf nun auch hier nicht im Sinne einer einseitigen Abhängigkeit interpretiert werden. Sicher kann das Werthafte in der Wirklichkeit nur Fuß fassen, indem es auf Physischem oder Mentalem superveniert – so wie auch Mentales auf Physischem supervenieren muss. Aber wie das Physische so strukturiert sein muss, dass relevante mentale Akte, also u. a. solche des Erkennens, vorfallen können, so müssen auch Physisches und Mentales derart sein, dass normativ Relevantes auf ihnen supervenieren kann. Die Möglichkeit des Mentalen bestimmt die Gesetze des Physischen mit, und die Möglichkeit des normativ Ausgezeichneten bestimmt die Gesetze des Physischen und Mentalen mit. Das Sein ist so strukturiert, dass es auf die Verwirklichung des Normativen hin angelegt ist (Illies 2006).

Das Reich des Sollens bestimmt also das Reich des Seins wenigstens zum Teil. Aber doch sicherlich nicht ganz, weil ja sonst alles gut wäre und die Differenz zwischen Sein und Sollen eingezogen werden müsste. Aber ist nicht diese Differenz selbst etwas Gutes, also etwas, das so ist, wie es sein soll? Ermöglicht nicht die Tatsache, dass vieles Gute in der Welt nicht einfach da ist, sondern erst in komplexen Akten verwirklicht werden muss, eine Fülle von Werten, die es sonst nicht gäbe, nämlich das Subjektiv-Moralische neben dem Objektiv-Richtigen? Wenn dem aber so ist, dann besteht die Möglichkeit, dass nicht trotz, sondern gerade wegen der Seins-Sollens-Differenz unsere Welt als ganze gut ist, ja, vielleicht sogar eine der möglichen Welten mit maximalem Wert. Dies durch den Verweis auf einzelne Übel auszuschließen, ist deswegen nicht ausreichend, weil die positiven Konsequenzen dieses Übels es aufwiegen mögen und eine Welt ohne jedes Übel entweder zu primitiv sein oder zu komplexe Gesetze voraussetzen könnte. Dass man dies nicht ausschließen kann, heißt selbstredend nicht, dass man es beweisen kann, und in der Tat ist diese Annahme angesichts der Leiden dieser Welt zumindest kontraintuitiv. Auf Erfahrung kann sie sich nicht stützen. Aber ihre Einfachheit spricht für sie. Da man an dem Guten als einem der Prinzipien der Wirklichkeit nicht vorbeikommt und da die innere Geschlossenheit der Wirklichkeit das Zusammenwirken dualistisch entgegengesetzter Prinzipien nicht plausibel erscheinen lässt, ist die Hypothese verlockend, die Welt sei als ganze Ausdruck des Guten.

4. Innere Struktur des objektiven Idealismus

Telegraphisch sei noch bezeichnet, welche Teile eine objektiv-idealistische Philosophie haben sollte. Die erste Einteilung ist sicher in Philosophie des Idealen und Philosophie des Realen – denn bevor wir uns materialen Gehalten zuwenden, müssen wir über die Normen unseres Denkens und Handelns Klarheit besitzen. Logik und Axiologie/Ethik gehören beide in die Erste Philosophie, und sie verweisen insofern aufeinander, als Erkennen etwas Werthaftes ist und unser Erfassen von Werten Erkenntnis sein soll.[7] Logik muss aber dabei viel weiter gefasst werden als die Lehre von der Folge-

---

[7] Zum Wechselverhältnis von *verum* und *bonum* siehe Thomas von Aquin, z. B. *Summa theologiae* (I, q. 16 a.4 ad 1; q. 59 a.2 ad 3; q. 79 a.11 ad 2; q. 82 a.3 ad 1 und a.4 ad 1; q. 87 a.4 ad 2; I/II q. 9 a.1 ad 3.).

rung, zu der sie heute zusammengeschrumpft ist.[8] Dies ist eine paradoxe Folge der Tatsache, dass keine philosophische Disziplin im 20. Jahrhundert so große Fortschritte gemacht hat wie ebendiese Lehre; die Konzentration auf sie hat die anderen Teilgebiete der Logik verdrängt, nämlich die Lehre vom Begriff und vom Urteil. Kaum etwas ist aber für die Philosophie wichtiger als die Klärung des Problems der Begriffsbildung, ja, die Entwicklung einer Theorie „natürlicher Arten" in der Philosophie, sowie die Rechtfertigung elementarer Urteile. Die Entwicklung der Logik im engeren Sinne hat, ganz analog der Entwicklung der nichteuklidischen Geometrien im 19. Jahrhundert, nicht nur neue Logiken für einzelne Teilbereiche, wie etwa die temporale Logik, hervorgebracht, sondern auch gegeneinander konkurrierende Logiken, die gleichermaßen konsistent sind – man denke an die klassische und die intuitionistische Logik oder an die unterschiedlichen Modallogiken (von denen allerdings die deontische Logik einem separaten Gegenstandsbereich zuzuordnen ist). Auch die metalogische Klärung des Folgerungsbegriffs ist bei weitem nicht abgeschlossen – man denke nur an die Relevanzlogik. Gerade bei der Wahl zwischen alternativen Logiken spielen abstrakte Argumente eine Rolle (etwa „für S 5 sprechen Reflexivität, Symmetrie und Transitivität der Zugangsrelation"), die der Logik vorausgehen, auch wenn sie sich teilweise selber logischer Strukturen bedienen. Die genaue Klärung des Verhältnisses von transzendentalen Argumenten und formallogischen Strukturen und die Unterscheidung legitimer von illegitimen Formen von Zirkel gehören zu den interessanteren Aufgaben der Ersten Philosophie (Ossa 2007).

Innerhalb des Realen sind die beiden entscheidenden Teilbereiche die Philosophie der Natur und die des Geistes, wobei der Geist Logik und Ethik zu erfassen vermag. Aufgaben der Ersteren ist die Klärung formaler und materialer Grundbegriffe der anorganischen Natur – etwa Naturgesetz bzw. Raum, Zeit, Bewegung, Materie – sowie der gemeinsamen Wesenszüge und der unterschiedlichen Hauptformen der Organismen.[9] Innerhalb des Organischen ist das Auftreten des Mentalen anzusiedeln. Zentrale Einschnitte in der Entwicklung des Mentalen sind die Herausbildung von Intentionalität, Selbstbewusstsein und Fähigkeit zur Geltungsreflexion. Da es eine Pluralität von Geistwesen gibt, besteht Erkenntnis in der Erfassung logischer Strukturen, von Physischem, der eigenen Mentalität in der Introspektion und fremder Mentalität im Verstehen, das durch die Herausbildung einer Sprache bedeutend erleichtert wird. Das Verstehen ist die Grundlage der Interaktionen zwischen verschiedenen Geistwesen, deren deskriptive Formenlehre die Sozialphilosophie, deren Normierung die Praktische Philosophie ist. Auch wenn jede Normierung auf ein ide-

---

8 Der Vollbegriff der Logik ist noch erhalten bei Husserl (1992, 2.230 ff.).
9 Vorbildlich ist Dieter Wandschneider (2008).

ales Prinzip zurückgreift, ist diese doch vermittelt durch die faktischen normativen Überzeugungen der eigenen Gesellschaft, die u. a. durch Kunst und Religion vermittelt werden; daher ist die Kulturphilosophie ein zentraler Bestandteil der Philosophie des Geistes. Die Fülle unterschiedlicher Philosophien kann aus einer Bedrohung in eine Stütze des eigenen Wahrheitsanspruchs verwandelt werden, wenn die Philosophie mit einer Philosophie der Geschichte der Philosophie schließt, in der der objektive Idealismus eine ausgezeichnete Rolle spielt.

Ein neuer Blick auf Fichtes Wissenschaftslehre

Franz von Kutschera

1. Der Weg zum Deutschen Idealismus

Auch nach 200 Jahren sind wichtige Fragen, die im Deutschen Idealismus diskutiert wurden, immer noch offen. Bevor ich auf sie eingehe, will ich ganz kurz schildern, wie sie entstanden sind. Die neuzeitliche Philosophie beginnt mit dem Abschied von der Überzeugung, antike Philosophie und christliche Offenbarung sagten uns schon, wie die Welt beschaffen sei. Nun will man dies durch eigene Erfahrungen und Überlegungen erkennen. Schon bald regten sich aber Zweifel, ob sich aus diesen beiden Quellen eine sichere Erkenntnis der Wirklichkeit gewinnen ließe. Sie begegnen uns schon bei René Descartes. Er sah, dass wir keine Garantie haben, dass unsere Sinneseindrücke uns die Außenwelt so zeigen, wie sie wirklich ist. Es könnte ja, sagt er, einen bösen Dämon geben, der unsere Eindrücke so manipuliert, dass sie uns eine Welt vorspiegeln, wie es sie tatsächlich gar nicht gibt. Der Ernst dieses Problems wird dadurch deutlich, dass Descartes zu seiner Lösung einen *deus ex machina* benötigte, einen Gott, der in seiner Güte nicht wollen kann, dass wir uns selbst mit unseren klaren und distinkten Eindrücken von der physischen Welt irren. Die Einsicht, dass seine Beweise für die Existenz Gottes unhaltbar sind, hat diese Rechtfertigung der Zuverlässigkeit unserer Erfahrungen aber schnell entwertet.

Eine längere epistemologische Karriere war dem bösen Dämon Descartes' beschieden. Zunächst wurde er internalisiert und wandelte sich dabei von einer Fiktion zur Realität. Man erkannte, wie schon die griechische Aufklärung, dass die Inhalte unserer Erfahrungen von subjektiven Faktoren abhängen, dass wir die Dinge mit sekundären Eigenschaften wahrnehmen, die sie nicht an sich haben, sondern nur in unserer Wahrnehmung. Als primär galten vor allem jene Eigenschaften, mit denen die Physik arbeitete, von der man sich nun Auskünfte über die wahre Natur der Außenwirklichkeit erhoffte. George Berkeley hat jedoch zu zeigen versucht, dass auch alle physikalischen Eigenschaften sekundär sind, dass uns also die Außenwelt, wie sie an sich beschaffen ist, unzugänglich bleibt. Der neue Dämon ist nun unsere eigene Wahrnehmungsorganisation.

Berkeley hat noch eine weitere Variante des Dämons eingeführt. Wegen der Unerkennbarkeit einer äußeren, materiellen Welt hat er dafür plädiert, die Annahme einer solchen Welt überhaupt aufzugeben, da sich nicht einmal ihre Existenz beweisen lasse und Unerkennbares auch keinen Erklärungswert habe. Nur die Tatsache, dass wir unsere Sinneseindrücke nicht selbst bewirken, also eine externe Ursache für sie benötigen, sprach ja noch für die Existenz einer Außenwelt. Die Verursachung unserer Eindrücke hat Berkeley jedoch Gott übertragen, dafür brauchte er keine materielle Realität. Damit rückte freilich nun Gott in die Rolle des bösen Dämons ein, denn die körperliche Welt, die er uns erleben lässt, gibt es nach Berkeley ja gar nicht.

Auch für Immanuel Kant war die Außenwelt ein unerforschliches „Ding an sich". Auch für ihn führte der Weg zu dieser Annahme über den Nachweis der Idealität auch von Raum, Zeit und Materie. Seine Bedeutung für die Geschichte des Idealismus besteht aber weniger in seinen Argumenten dafür als in seinem Versuch, Wesen und Struktur der empirischen Wirklichkeit aus der Natur unseres eigenen Erkenntnisvermögens abzuleiten. Er meinte: Während es ein bloßer Zufall sei, wenn unsere Begriffe sich für die Beschreibung einer äußeren, verstandesunabhängigen Realität eigneten, leuchtet es ein, dass sie zur Welt passen, wie sie uns in unseren Erfahrungen erscheint, denn die werden von unserem Anschauungsvermögen wie von unserem Verstand mitbestimmt. Nach Kant können wir die Funktionsweise unser eigenen kognitiven Vermögen a priori erkennen und damit auch die Strukturen, die sie dem „Gewühle der Empfindungen" aufprägen, deren Ursache Kant im Ding an sich sah. Nicht die Welt an sich, wohl aber die Welt der Erscheinungen lässt sich so zuverlässig erkennen. Kant schreibt:

„Bisher nahm man an, alle unsere Erkenntnis müsse sich nach den Gegenständen richten; aber alle Versuche über sie a priori etwas durch Begriffe auszumachen, wodurch unsere Erkenntnis erweitert würde, gingen unter dieser Voraussetzung zunichte. Man versuche es daher einmal, ob wir nicht in den Aufgaben der Metaphysik damit besser fortkommen, dass wir annehmen, die Gegenstände müssen sich nach unserem Erkenntnis richten, welches so schon besser mit der verlangten Möglichkeit einer Erkenntnis derselben a priori zusammenstimmt (...). Es ist hiermit ebenso, als mit den ersten Gedanken des Kopernikus bewandt, der, nachdem es mit der Erklärung der Himmelsbewegungen nicht gut fort wollte, wenn er annahm, das ganze Sternenheer drehe sich um den Zuschauer, versuchte, ob es nicht besser gelingen möchte, wenn er den Zuschauer sich drehen, und dagegen die Sterne in Ruhe ließ. In der Metaphysik kann man nun, was die Anschauung der Gegenstände betrifft, es auf ähnliche Weise versuchen. Wenn die Anschauung sich nach der Beschaffenheit der Gegenstände richten müsste, so sehe ich nicht ein, wie man a priori von ihr etwas wissen könnte; richtet sich aber der Gegenstand (als Objekt der Sinne) nach der Beschaffenheit unseres Anschauungsvermögens, so kann ich mir diese Möglichkeit ganz wohl vorstellen. Weil ich aber bei diesen Anschauungen, wenn sie Erkenntnisse werden sollen, nicht stehen bleiben kann, sondern sie als Vorstellungen auf irgendetwas als Gegenstand beziehen und diesen durch jene bestimmen muss, so kann ich entweder annehmen, die Begriffe, wodurch ich diese Bestimmung zustande bringe, richten sich auch nach dem Gegenstande, und dann bin ich wiederum in derselben Verlegenheit, wegen der Art, wie ich a priori hiervon etwas wissen könne; oder ich nehme an, die Gegenstände oder, welches einerlei ist, die Erfahrung (...) richte sich nach diesen Begriffen, so sehe ich sofort eine leichtere Auskunft, weil Erfahrung selbst eine Erkenntnisart ist, die Verstand erfordert, dessen Regel ich in mir, noch ehe mir Gegenstände gegeben werden, mithin a priori voraussetzen muss, welche in Begriffen a priori ausgedrückt wird, nach denen sich also alle Gegenstände der Erfahrung notwendig richten und mit ihnen übereinstimmen müssen" (KrV, B xvi ff.).

Man hat mit Recht darauf hingewiesen, dass Kants Vergleich seiner philosophischen Revolution mit der kopernikanischen Wende unglücklich ist. Seine Wende geht ja in die umgekehrte Richtung: Während Nikolaus Kopernikus den Menschen zu einer peripheren Erscheinung machte, macht Kant aus ihm den Ursprung der Welt, wie sie uns in unseren Erfahrungen erscheint. Revolutionär war die Idee Kants aber in jedem Fall: Nicht Gott hat die Welt erschaffen, die sich uns in unseren Erfahrungen zeigt, sondern wir selbst erschaffen sie; das Universum und seine Naturgesetze sind Produkte unseres eigenen Geistes. Erkenntnis wird traditionell als *adaequatio intellectus ad rem* verstanden, als Angleichung des erkennenden Geistes an die erkannte Sache. Nach Platon ist eine solche Angleichung nur möglich, wenn beide, Bewusstsein und Sein, von gleicher Art sind. Dieser Idee entspricht der Gedanke Kants, dass wir die empirischen Erscheinungen deswegen erkennen, weil sie unsere eigenen Produkte sind.

2. Das Ziel einer Vollendung der Philosophie Kants

Die Grundintention seiner Philosophie hat Johann Gottlieb Fichte in einem Brief an P. J. Appia vom 23. 6. 1804 so beschrieben:

„Alle Philosophie bis auf Kant hatte zu ihrem Gegenstande das Sein (*objectum, ens*) – (im Dualismus z. B. wurde das Bewusstsein selber als bewusstes (Geist, Seele usf.) zum Sein). Der Zweck dieser Philosophie war, den Zusammenhang der mannigfaltigen Bestimmungen dieses Seins zu begreifen. Alle übersahen, lediglich aus Mangel an Aufmerksamkeit, dass kein Sein, außer in einem Bewusstsein, und umgekehrt kein Bewusstsein, außer in einem Sein vorkomme; dass daher das eigentliche Ansich, als Objekt der Philosophie, weder Sein, wie in aller vorkantischen Philosophie, noch Bewusstsein, wie freilich nicht einmal versucht worden, sondern Sein + Bewusstsein, oder Bewusstsein + Sein = der absoluten Einheit beider, jenseits ihrer Geschiedenheit, sein müsse. Kant war es, der diese große Entdeckung machte und dadurch Urheber der Transzendental-Philosophie wurde. Es versteht sich, dass auch nach dieser totalen Umänderung des eigentlichen Objekts, die Philosophie noch immer ihre alte Aufgabe behalte, den Zusammenhang der mannigfaltigen Bestimmungen jenes Grundobjekts begreiflich zu machen. In diesem letzteren Geschäft der Ableitung kann man nun entweder also verfahren, dass man gewisse Grundunterschiede, welche nur in empirischer Selbstbeobachtung gefunden sein können, als nicht weiter zu vereinigend voraussetze, und auf jede dieser besonderen Grundeinheiten nun das aus jeder Abzuleitende zurückführe, welches teils eine unvollständige (…), teils eine zum Teil auf empirische Data gegründete, darum nicht streng wissenschaftliche Philosophie geben würde. Eine solche Philosophie ist die Kantische. Oder man kann also verfahren, dass man jene ursprüngliche Einheit des Seins und Bewusstseins in dem, was sie an sich und unabhängig von ihrer Spaltung in Sein und Bewusstsein ist, durchdringe und darstelle. Wird man sie, jene Einheit, recht dargestellt haben, so wird man zugleich den Grund, warum sie in Sein und Bewusstsein sich spalte, einsehen; ferner einsehen, warum es in dieser Gespaltenheit auf eine bestimmte Weise sich weiter spalte; alles schlechthin a priori, ohne alle Beihilfe empirischer Wahrnehmung, aus jener Einsicht der Einheit; und also wahrhaftig das All in dem Einen, und das Eine im Allen begreifen; welches von jeher die Aufgabe der Philosophie gewesen. Diese jetzt beschriebene Philosophie ist die Wissenschaftslehre" (1962–2012, III, 5.246 f.).

Eine endgültige Gestalt hat die Wissenschaftslehre freilich nie gewonnen. Die Schriften um 1794–1795 sind Entwürfe, die Fichte selbst als vorläufig bezeichnet hat. Erst die Version von 1804 hat er als „vollendete Darstellung" angesehen, auch sie hat er aber schon bald wieder verändert, nicht nur in Details, sondern in ihren Grundgedanken. Er ist so nie zu einer festen Konzeption gekommen. Erschwerend kommt hinzu, dass er auch seine Terminologie immer wieder änderte. Er meinte, die Formulierung der Gedanken sei sekundär, wichtig sei allein ihr Verständnis. Das können aber natürlich nur klare Texte vermitteln. Zuweilen hat er das selbst gesehen: „Der Schriftsteller soll das Richtige sagen; sein Denken allein hilft uns nicht" (1962–2012, III, 2.347). Fichtes Darlegungen sind oft so konfus, dass man sich fragt, warum man sich heute überhaupt noch mit ihm beschäftigen soll.

Als Bindeglied zwischen Kant und Georg Wilhelm Friedrich Hegel ist er aber jedenfalls von historischem Interesse. Unter diesem Aspekt wird man die Wissenschaftslehre vor allem als Versuch betrachten, die Philosophie Kants zu vollenden. Fichte hat das selbst als ihr Ziel bezeichnet. Eine solche Darstellung gibt z. B. Peter Rohs (1991). Schon bald nach dem Erscheinen von Kants *Kritik der reinen Vernunft* nahm man Anstoß daran, dass er von mehreren Gegebenheiten ausging, wie z. B. den verschiedenen Vermögen des menschlichen Gemüts, deren Zusammenhang offen blieb und für die auch keine Erklärung geliefert wurde. Man meinte, eine Philosophie müsse von einem einzigen evidenten Prinzip ausgehen, und alles andere daraus ableiten. Der Meinung war auch Fichte, der unglücklicherweise viel Arbeit in dieses verfehlte Projekt investiert hat. Es kommt ja nicht auf die Zahl der Axiome einer Theorie an, sondern auf ihre Konsistenz und Evidenz. Zudem kann es keine „Theorie von allem" geben, wie sich zeigen lässt (Kutschera 2009, 129 f.).

Interessanter ist die Kritik am „halben Idealismus" Kants, der, wie Berkeley und David Hume, zwar einen erkenntnistheoretischen, aber keinen ontologischen Idealismus vertrat. Nach dem *erkenntnistheoretischen Idealismus* haben wir es in unseren Erfahrungen nicht mit Dingen einer Außenwelt zu tun, sondern nur mit unseren eigenen Sinneseindrücken; Erfahrung ist kein Zugang zu einer anderen Wirklichkeit, sondern ein innerseelischer Vorgang. Diese abwegige Vorstellung ergab sich aus der Ansicht, alle empirisch feststellbaren Qualitäten seien sekundär, und dem Fehlschluss, da sekundäre Eigenschaften nicht den Dingen selbst zukommen, müssten sie den subjektiven Sinnesempfindungen zukommen. Sekundäre Eigenschaften sind relative Eigenschaften, welche die Dinge nur bzgl. unserer Wahrnehmung haben. Ein Ball ist z. B. rot, weil er bei der Betrachtung normalerweise bestimmte Sinneseindrücke bewirkt und uns aufgrund der Organisation unseres optischen Sinns als rot erscheint. Aus der Tatsache, dass eine relative Eigenschaft wie das Rotsein dem Ball nicht selbst zukommt, also keine intrinsische Eigenschaft des Balls ist, folgt jedoch nicht, dass sie unseren Sinneseindrücken zukommt. Ist Max größer als Hans, so ist das Größersein als Hans eine relative Eigenschaft von Max. Aus der Tatsache, dass das keine intrinsische Eigenschaft von Max ist, folgt aber natürlich nicht, dass es eine Eigenschaft von Hans ist – Hans ist ja schließlich nicht größer als er selbst.

Nach dem erkenntnistheoretischen Idealismus können wir nicht erkennen, wie die Dinge an sich beschaffen sind, welche intrinsischen Eigenschaften sie haben. Dasselbe ergibt sich aber auch ohne Umweg über den erkenntnistheoretischen Idealismus direkt aus dem sekundären Charakter aller empirischen Eigenschaften. Ist nun die Welt an sich unerkennbar, so ist es nur konsequent, die Annahme einer Welt an sich überhaupt aufzugeben, wie Berkeley das getan hatte. Er vertrat damit einen *ontologischen Idealismus*, für den alles Wirkliche geistiger Natur ist. Eine solche Konsequenz erschien den Kant-Kritikern als notwendig, insbesondere auch Fichte. Das „Ding an sich" hat bei Kant nur die Funktion einer Ursache unserer Sinnesempfindungen. Kant hatte aber auch betont, dass sich die Kategorie der Kausalität nur im Bereich der Erscheinungen anwenden lässt. Seit der Kritik an den psychophysischen Wechselwirkungen bei Descartes war man zudem überzeugt, Nichtgeistiges könne nicht auf Geistiges einwirken. Das Ding an sich müsste also, wie bei Berkeley, selbst geistiger Natur sein. Auch das sprach für einen ontologischen Idealismus.

Endlich meinte Fichte, wie das im obigen Zitat angedeutet ist, kein Faktum, keine gegebene Organisation unseres Gemüts, unserer Anschauung und unseres Verstandes, könne eine evidente Grundlage allen Wissens sein. Das – und damit kommen wir zu einer zentralen Idee Fichtes – könne nur eine fundamentale eigene Aktivität sein: Selbstverwirklichung. Das führte ihn zum Grundsatz der Wissenschaftslehre: „Das Ich setzt ursprünglich schlechthin sein eigenes Sein" (1962–2012, I, 1.98). Das Ich wird so zum *ens a se* und Grund aller Wirklichkeit. Ist es bei Kant der Grund aller Erscheinungen, so wird es bei Fichte zu Gott.

Fichtes Versuch einer Vollendung der Philosophie Kants scheint so auf den ersten Blick in Absurdität zu versinken. Ich möchte hier jedoch für einen zweiten Blick plädieren und Spuren verfolgen, die weit über Kant hinaus weisen. Es geht mir nicht um eine detaillierte Interpretation einer der Versionen der Wissenschaftstheorie, sondern um ein Verständnis von Fichtes Grundintentionen.

3. Die Entfaltung intentionalen Bewusstseins

Fichte, nicht Franz Brentano, war der erste, der Intentionalität als Struktur unseres normalen Denkens erkannt hat. Vom „Denken" rede ich hier in einem weiten Sinn, in dem es nicht nur um begriffliche Bestimmungen, Urteile und Schlüsse geht, sondern auch um Formen der Erfahrung, um Gefühle und Vorstellungen. Intentionales Bewusstsein ist Bewusstsein von etwas. Dieses Etwas bezeichnet Fichte als Objekt. Macht man einen kategorialen Unterschied zwischen Objekten und Sachverhalten, wird man aber besser von einem Sachverhalt reden. Intentionales Bewusstsein ist dann ein Bewusstsein eines Subjekts, dass ein bestimmter Sachverhalt besteht. Diesen Sachverhalt kann man in einem kategorial unspezifischen Sinn auch als *Gegenstand* des Bewusstseins bezeichnen oder als seinen *Inhalt*. Erfahrungen haben zudem einen *Bezug*. Sehen wir, dass vor uns ein Hase sitzt, so bezieht sich der Inhalt der Erfahrung auf eine reale Situation, die in der Erfahrung so aufgefasst wird, dass da ein Hase sitzt. Täuschen wir uns und ist der vermeintliche Hase z. B. tatsächlich eine Katze, so bleibt der Inhalt der Erfahrung derselbe, der Bezug, die reale Situation, ist aber anders beschaffen.[1]

Als *Gesetz des Bewusstseins* hat Fichte den Satz bezeichnet: „Kein Subjekt – kein Objekt, kein Objekt – kein Subjekt" (1971, 1.183). Das heißt: Ein Subjekt ist immer

---

1   Eine Version des erkenntnistheoretischen Idealismus entsteht, wenn man Erfahrungen, wie Phantasievorstellungen, keinen Bezug zuordnet oder ihn nicht vom Gegenstand unterscheidet, denn der Gegenstand, also der Inhalt, ist als Proposition zwar kein Sinneseindruck, aber jedenfalls etwas Mentales.

Subjekt eines Bewusstseins von einem Objekt im Sinn Fichtes, Subjekte gibt es nicht ohne gegenständliches Bewusstsein, und ein Objekt ist immer Gegenstand eines Bewusstseins. Den zweiten Teil dieses Gesetzes hat Fichte mit seinem erkenntnistheoretischen Idealismus begründet, er ergibt sich aber unabhängig davon auch aus seiner Idee einer Entfaltung des Bewusstseins in intentionaler Form.

Fichte hat auch gesehen, dass sich intentionales Bewusstsein immer mit einem Selbstbewusstsein verbindet. Bei kognitiven Einstellungen gilt die Aufmerksamkeit dem Bezug und daher ist der Inhalt das, was *explizit bewusst* ist, wie ich sagen will. Wenn ich sehe, dass mein Hund mir entgegen läuft, gilt ihm meine Aufmerksamkeit, ich weiß dabei aber auch, dass ich es bin, der den Hund sieht, und dass ich ihn sehe und nicht etwa höre. Das bezeichne ich als *implizites Bewusstsein*. Es umfasst die subjektiven Momente der Erfahrung, das Subjekt und seine propositionale Einstellung. Es ist nicht intentional, denn mein Sehen ist kein zweiter Gegenstand neben dem Hund. Klar und deutlich ist nur das explizit Bewusste. Fichte hat allerdings keinen Unterschied zwischen explizitem und implizitem Bewusstsein gemacht. Wenn er schreibt: „In aller Wahrnehmung nimmst du zunächst nur dich selbst, deinen eigenen Zustand wahr; und was nicht in dieser Wahrnehmung liegt, wird überhaupt nicht wahrgenommen" (1971, 2.201) geht er vielmehr, wieder im Sinn des erkenntnistheoretischen Idealismus, davon aus, dass explizites wie implizites Bewusstsein Eigenseelisches zum Thema hat.

Es liegt nun nahe, ein Vorstadium intentionaler Erfahrungen anzunehmen. Ihm geht dann eine Form des Erlebens voraus, in der subjektive und objektive Komponenten noch nicht geschieden sind, in der noch kaum zwischen eigener Befindlichkeit und äußerer Gegebenheit differenziert wird. Normalerweise unterscheiden wir in unseren Wahrnehmungen zwar automatisch zwischen subjektiven und objektiven Komponenten, es gibt aber auch Fälle, in denen dies eine Sache bewusster Deutung ist. Sie machen uns klar, dass wir das Wahrgenommene und die Art unserer Wahrnehmung, objektive und subjektive Momente, durch Abgrenzung voneinander bestimmen. So kann es zunächst offen sein, ob wir empfinden, dass die Luft warm ist, oder ob wir die Luft als warm empfinden, d. h. ob wir erleben, dass es warm ist, oder aber, dass uns warm ist. Die beiden Auffassungen unterscheiden sich dadurch, wo sie den Schnitt zwischen subjektiven und objektiven Momenten der Erfahrung legen. Solche Fälle sprechen dafür, eine Vorstufe intentionalen Erfahrens anzunehmen und zu sagen, dass wir uns als Subjekte und die äußere Welt in Abgrenzung voneinander und damit mit Bezug aufeinander bestimmen und begreifen. Intentionales Bewusstsein entsteht danach aus *vorintentionalem Bewusstsein*, indem die Aufmerksamkeit auf etwas gerichtet wird, das dadurch zum Gegenstand wird. Damit verbindet sich nicht nur eine Unterscheidung dieses Gegenstandes von anderen möglichen Gegenständen, sondern auch eine Unterscheidung objektiver, zum Inhalt gehörender, und subjektiver, zum Subjekt und seiner Aktivität gehörender, Momente.

Nichtintentional sind auch Empfindungen und implizites Bewusstsein. Für implizites Bewusstsein habe ich das schon betont. Auch Empfindungen sind nicht immer Empfindungen von etwas. Kopfschmerzen sind keine Schmerzen über etwas und eine Rotempfindung ist nicht immer eine Empfindung von etwas Rotem. Man kann zwei Arten nichtintentionalen Bewusstseins unterscheiden: *subjektives* und *nichtsubjektives*. In einem subjektiven Bewusstsein ist sich der Träger seiner selbst wie seines Zustandes oder Aktes in gleicher oder doch ähnlicher Weise inne wie in intentionalem Bewusstsein. Der Gegensatz Innenwelt – Außenwelt bleibt bestehen und der Bewusstseinsinhalt stellt sich als innerer Zustand dar. Das gilt sowohl für Empfindungen wie für implizites Bewusstsein. Nichtsubjektiv ist hingegen ein Bewusstsein, in dem Innen und Außen verschmelzen. Das ist im vorintentionalen Bewusstsein der Fall. Da ich im Folgenden nur von nichtsubjektivem nichtintentionalem Bewusstsein rede, spare ich mir den Zusatz „nichtsubjektiv".

Vorintentionales Bewusstsein kann man z. B. erzeugen, indem man von einer intentionalen Erfahrung ausgeht und dann die Konzentration auf den Gegenstand beendet. Ich sehe z. B. vor mir eine Wiese und darauf einen Baum. Schwindet die Aufmerksamkeit auf diese gegenständliche Szene, ohne sich auf etwas anderes zu richten, wie das auch bei Müdigkeit oder Fieber manchmal geschieht, dann verlieren die einzelnen Gestalten ihre Selbstständigkeit. Mit dem Unterschied von Gestalt und Hintergrund verschwindet die Raumtiefe und es bleibt so etwas wie ein zweidimensionaler Gesamteindruck, in dem Subjektives und Objektives, Empfindung und Gegenstand verschmelzen.

Fichte hat nicht nur die Struktur intentionalen Bewusstseins erkannt, er hat auch gesehen, dass ihm eine andere Form des Bewusstseins vorausgeht. Die Entstehung intentionalen Bewusstseins und seine Entfaltung ist das zentrale Thema seiner Wissenschaftslehre. Auch bei ihm entsteht intentionales Bewusstsein aus einer noch ungeschiedenen Einheit, in der es weder ein Subjekt gibt noch Gegenstände. Die Trennung von subjektiver und objektiver Welt beginnt bei ihm mit der originären „Tathandlung", mit der ich mich als Subjekt von einer gegenständlichen Welt unterscheide. Fichte spricht davon, dass ich mich als *Ich* und die Welt als *Nicht-Ich* „setze". Es kann jedoch keinen Urheber seiner selbst geben, der müsste ja existieren, bevor er existiert. Man kann nur in dem Sinne von einer Selbstkonstitution als Subjekt intentionalen Bewusstseins reden, dass wir uns selbst etwas zum Gegenstand machen und mit diesem Gegenüber auch uns selbst bestimmen, dass wir selbst einen Schnitt zwischen die subjektiven und die objektiven Momente unseres Erlebens legen, dass wir uns selbst unsere Ansichten bilden und unsere Interessen. Wir bilden uns selbst zu bestimmten Subjekten, ohne dass es dazu eines Proto-Ichs bedarf, als dessen Tätigkeit sich der Bildungsprozess auffassen ließe. Bei einer Reflexion auf diesen Prozess der Selbstbestimmung, bei der ich mich schon als Subjekt begreife, stellt sich die Selbstbestimmung als meine eigene Tätigkeit dar, als Tätigkeit einer Person. Im vorintentionalen Bewusstsein selbst kommt dagegen kein Subjekt und keine Tätigkeit vor.

Nach dem Prinzip *omnis determinatio est negatio* ist jede Bestimmung eine Unterscheidung von anderem. Die Selbstbestimmung als Subjekt, als Ich, verbindet sich mit der Abgrenzung von einer objektiven, äußeren Welt, vom Nicht-Ich. Das umfasst nach Fichte alles, was das Subjekt nicht als sich selbst zugehörig erkennt. Während das geistige Reich ein Reich der Freiheit ist, ist die Natur das Reich der Notwendigkeit. Da die Unterscheidung aber von einem ursprünglich ungeschieden Bewussten ausgeht, ist die Natur für Fichte nur der noch unverstandene Teil des Reichs geistiger Freiheit.[2] Unsere Schöpfung einer gegenständlichen Welt eilt unserem Verstehen voraus; wenn wir es kognitiv einholen, begreifen wir aber, dass alles Seiende aus Freiheit entstanden ist, aus eigenem Handeln.

Nun ist Unterscheidung noch keine Schöpfung. Klar ist aber, dass sich aus der Bestimmung der subjektiven, geistigen Welt und der gegenständlichen, physischen Welt durch Scheidung eines ursprünglich Ungeschiedenen, ein Zusammenhang beider Welten ergibt. Fichte sagt: „Das Ich ist bloß das Gegenteil des Nicht-Ich und nichts weiter; und das Nicht-Ich bloß das Gegenteil des Ich und nichts weiter" (1971, 1.188). Daher ist ein psychophysischer Dualismus cartesischer Prägung für Fichte unhaltbar. Descartes hat die seelisch-geistige und die körperliche, physische Welt als zwei eigenständige, wesensverschiedene, getrennte Realitäten aufgefasst. Dadurch wurde das Problem einer Erkennbarkeit der physischen Wirklichkeit unlösbar, ebenso wie das Problem kausaler Beziehungen zwischen beiden Welten. Fichte sagt dazu zu Recht: „Man wird immer vergeblich nach einem Bande zwischen dem Subjekte und Objekte suchen, wenn man sie nicht gleich ursprünglich in ihrer Vereinigung aufgefasst hat" (1.528).

Die wechselseitige Bezogenheit von Psychischem und Physischem bedeutet nicht, dass sich ein Bereich auf den anderen reduzieren ließe, wie das Materialismus und subjektiver Idealismus annehmen. Der Materialismus behauptet, bei genauerer Analyse erwiesen sich seelisch-geistige Phänomene als physikalische Erscheinungen. Fichte hat aber klar gesehen, dass sich Psychisches nicht aus Physischem ableiten lässt (1.437). Der *subjektive Idealismus*, wie ihn z. B. Berkeley vertrat, behauptet,

---

2 „Das Bewusstsein des Gegenstandes ist nur ein nicht dafür erkanntes Bewusstsein unserer Erzeugung einer Vorstellung von Gegenständen" (1971, 2.221).

es gebe nur Geistiges, und Physisches ließe sich darauf reduzieren. Geistiges besteht für ihn aus Subjekten und ihren mentalen Zuständen und Akten, also so, wie wir es in intentionalem Denken auffassen. Fichte hat gesehen, dass der subjektive Idealismus ebenso unhaltbar ist wie der Materialismus (1.438; hierzu Kutschera 2006, 163– 177). Die natürliche Ontologie intentionalen Denkens ist zwar der Dualismus, aber kein cartesischer Zwei-Welten-Dualismus, sondern ein *polarer Dualismus*, wie ich das nenne, für den Psychisches wesentlich auf Physisches und Physisches wesentlich auf Psychisches bezogen ist (Kutschera 2009, 212–219).

Fichte wollte jedoch hinter diesen Dualismus zurückgehen und die Strukturen der physischen und der psychischen Welt, wie sie sich uns in intentionalem Denken darstellen, als Resultat der Selbstkonstitution des Subjekts erklären. Er hat einen *absoluten Idealismus* vertreten, für den das subjektiv Geistige wie die physische Welt abgeleitete Realitäten sind. Dafür spielt die Möglichkeit einer *Reflexion* auf eigene mentale Zustände und Akte eine wichtige Rolle. Man kann auf eigene Beobachtungen, Gefühle und Urteile reflektieren und sie sich dadurch zum Gegenstand machen. Was vorher nur implizit bewusst war, wird dadurch explizit bewusst. Durch Fortsetzung der Reflexionen entsteht eine Hierarchie von Reflexionsebenen, deren Beachtung für ein Verständnis unserer eigenen mentalen Produkte wie Begriffe und Mengen wichtig ist (Kutschera 2009, 63–135). Durch Reflexionen lassen sich aber nicht Struktur und Gesetze der physischen Welt gewinnen. Dazu müssten die vorintentionalen Bewusstseinszustände von uns selbst bestimmt sein, sie haben aber keinen aktiven Charakter. Tun und Leiden lassen sich erst in intentionalem Denken unterscheiden. Ein Kriterium für die Objektivität von Erfahrungsmomenten ist gerade, dass sie nicht der eigenen Kontrolle unterliegen.

Eigentätigkeit spielt bei der Entwicklung der geistigen Welt wie unseres Weltbildes sicher eine wichtige Rolle, aber nicht sie allein. Wir begreifen uns vielmehr in intentionalem Denken von vornherein als Betrachter einer äußeren Wirklichkeit und als Agenten in ihr. Fichte wollte dagegen die ganze Fülle der Wirklichkeit aus Gesetzen geistiger Produktion gewinnen, die unserem Schaffen nicht von außen vorgegeben sind und damit unsere schöpferische Freiheit beschränken, sondern sich ausschließlich aus dem Wesen geistigen Schaffens und Erkennens selbst ergeben. Entscheidender ist aber doch, dass er erkannt hat, dass die geistige Welt sich entwickelt, die Kant noch als statisch ansah. Heute verstehen wir zwar diese Entwicklung wie auch die Unterscheidung der seelisch-geistigen Innenwelt von einer äußeren, physischen Welt nicht als individuelle, sondern als kulturelle Leistung (Snell 1975); der Übergang von einem statischen zu einer dynamischen Bild des Geistes war aber eine bedeutende Leistung, ebenso wie das Streben nach Selbstbestimmung als treibende Kraft dieser Dynamik.

4. Jenseits der Grenzen intentionalen Bewusstseins

Kant hatte menschlicher Erkenntnis Grenzen gezogen: Die Außenwelt lässt sich nicht so erkennen, wie sie an sich ist, und auch das Subjekt kann sich selbst immer nur unvollständig erkennen. Der zweite Punkt kommt bei Kant weniger klar heraus als der erste, man kann dazu aber einfach darauf hinweisen, dass mit dem implizit Bewussten in jedem Akt intentionalen Denkens mehr gegenwärtig ist als explizit bewusst wird. Das nur implizit Bewusste kann man sich zwar in einer Reflexion explizit bewusst machen, dabei kommt aber ein neues implizites Bewusstsein ins Spiel, sodass das normale, intentionale Selbstbewusstsein auf allen Reflexionsebenen unvollständig bleibt.

Fichte hat gesehen, dass diese Grenzen der Erkenntnis sich aus der Natur intentionalen Denkens ergeben. In ihm scheiden wir zwei Bereiche, subjektives Bewusstsein und objektives Sein, und können daher Bewusstsein und Sein nicht mehr zur Deckung bringen. Seiendes fassen wir als gegenständlich auf, Bewusstsein ist aber ungegenständlich. Fichte meinte, jenseits der Grenzen intentionalen Denkens müsse ein *absolutes Wissen* möglich sein, in dem Sein und Bewusstsein zusammenfallen. Im normalen Sinn ist Wissen eine Form intentionalen Bewusstseins, in der das Bewusstsein, also die Überzeugung, dass ein bestimmter Sachverhalt besteht, inhaltlich der Situation entspricht, auf die sie sich bezieht. Wie schon Xenophanes erkannt hat,[3] bleibt diese Übereinstimmung jedoch problematisch – „Anschein haftet an allem", sagt er: Der Wahrheit können wir uns nur durch Überzeugungen versichern, und das gilt auch für die Wahrheit von Überzeugungen.

Nun kann ich auch etwas von mir selbst wissen, z. B. dass ich das und das glaube, und dann fallen Bewusstsein und Sein zusammen. Ähnlich in der Mathematik: Die Erkenntnis, dass Gruppen eine bestimmte Eigenschaft haben, ergibt sich aus unserer Definition von Gruppen, aus unseren eigenen Festlegungen über ihre Eigenschaften. Schon im mathematischen Bereich gibt es absolute Zweifelsfreiheit jedoch nur in elementaren Fällen, und auch ein sicheres Wissen um eigene mentale Zustände reicht nicht über die Gegenwart hinaus. Unsere Annahmen über die Außenwelt bleiben prinzipiell unsicher. Gottlob Frege sagt: „Mit dem Schritte, mit dem ich mir eine Umwelt erobere, setze ich mich der Gefahr des Irrtums aus" (1967, 358). Ein festes Fundament kann Philosophie daher nach Fichte weder in einem Sein noch in einem

---

3   Vgl. das Fragment B 34 in: Hermann Diels und Walther Kranz (1903), und dazu Kutschera (2014, I, 3. 4.).

Bewusstsein finden, sondern nur in der Einheit von beidem, in einem absoluten Wissen.

Henrich Steffens berichtet von Fichtes „Erleuchtung" im Herbst 1793:

„Ich erinnere mich, wie Fichte in einem engen, vertrauten Kreise uns die Entstehung seiner Philosophie erzählte, und wie ihn der Urgedanke derselben plötzlich überraschte und ergriff. Lange hatte ihm vorgeschwebt, wie ja die Wahrheit in der Einheit des Gedankens und des Gegenstandes läge; er hatte erkannt, dass diese Einheit innerhalb der Sinnlichkeit niemals gefunden werden konnte, und, wo sie hervortrat, wie in der Mathematik, erzeugte sie nur einen starren, unlebendigen Formalismus, dem Leben, der Tat völlig entfremdet. Da überraschte ihn plötzlich der Gedanke, dass die Tat, mit welcher das Selbstbewusstsein sich selber ergreift und festhält, doch offenbar ein Erkennen sei. Das Ich erkennt sich als erzeugt durch sich selber, das denkende und das gedachte Ich, Erkennen und Gegenstand des Erkennens, sind eins, und von diesem Punkte der Einheit, nicht von einer zerstreuenden Betrachtung, die Zeit und Raum und Kategorien sich geben lässt, geht alles Erkennen aus. Wenn du nun, fragte er sich, diesen ersten Akt des Selbsterkennens, der in allem Denken und Tun der Menschen vorausgesetzt wird, der in den zersplitterten Meinungen und Handlungen verborgen liegt, rein für sich heraushöbest und in seiner reinen Konsequenz verfolgtest, müsste nicht in ihm, aber lebendig tätig und erzeugend, dieselbe Gewissheit sich entdecken und darstellen lassen, die wir in der Mathematik besitzen? Dieser Gedanke ergriff ihn mit einer solchen Klarheit, Macht und Zuversicht, dass er den Versuch, das Ich als Prinzip der Philosophie aufzustellen, wie bezwungen von dem in ihm mächtig gewordenen Geiste, nicht aufgeben konnte. So entstand der Entwurf einer Wissenschaftslehre und diese selbst."[4]

Absolutes Wissen ist also nach Fichte in Form einer Selbsterkenntnis möglich, freilich nur in einer Weise, die jenseits intentionalen Denkens liegt.

Für ein Verständnis von Fichtes Idee eines absoluten Wissens ist es hilfreich, sich zu vergegenwärtigen, dass es neben vorintentionalem Bewusstsein eine zweite Form nichtintentionalen Bewusstseins gibt, das sich gerade durch diese Einheit von Sein und Bewusstsein auszeichnet, ein *überintentionales Bewusstsein* (Kutschera 2014, I, Kap. 6). Überintentionale Erfahrungen sind schon seit dem 8. Jahrhundert v. Chr. in den *Upanishaden* bezeugt. In ihrem Zentrum steht gerade das Erleben einer Einheit von Selbst und Wirklichkeit, von Bewusstsein und Sein, von *ātman* und *bráhman*. In der europäischen Philosophie spielen sie seit dem Neuplatonismus eine wichtige Rolle und sind von dort in die Mystik des Christentums eingegangen.

In beiden Formen nichtintentionalen Bewusstseins, im vor- wie im überintentionalen, gibt es kein Subjekt. Im vorintentionalen Bewusstsein gibt es auch nichts Ähnliches, keinen Träger, der eine Existenz darüber hinaus hätte, dem man auch andere Erfahrungen zuordnen könnte. Das bezieht sich natürlich nur auf den Inhalt

---

4 Zit. nach Hans Schulz (1923, 9).

vorintentionalen Bewusstseins selbst, während es in der Reflexion darauf als mentaler Zustand eines Subjekts im normalen, intentionalen Sinn erscheint. Im überintentionalen Bewusstsein gibt es zwar ebenfalls kein Subjekt, es ist aber immer noch *mein* Bewusstsein, selbst wenn ich mich darin in ganz neuer Weise erfahre. Die übliche Bezeichnung als *Selbst* ist zwar ungrammatisch, dadurch wird aber unterstrichen, dass es sich unseren normalen Kategorien entzieht. Der Übergang zu einer überintentionalen Erfahrung verbindet sich aber keineswegs immer mit einer Entindividualisierung. Es ist keine Erfahrung von niemandem oder von allen. Das Selbst ist zwar nichts Einzelnes, es ist aber – wenn man den Begriff der Person entsprechend weit auffasst – eine bestimmte Person. In der indischen Philosophie wird das Selbst meist als nicht individuell charakterisiert. „Der *Atman* ist ein höchstes, subjekt- und gegenstandsloses, undifferenziertes, zeitloses, unbegreifliches und selbstleuchtendes Bewusstsein", sagt Eliot Deutsch (1969, 48).[5] Das hängt aber mit der negativen Sicht der Individualität im Hinduismus und Buddhismus zusammen.

Soweit ich sehe, gibt es keine Hinweise, dass Fichte aus mystischen Quellen oder Berichten über indische Philosophie geschöpft hat. Die erste Übersetzung der *Upanishaden* ist in Europa erst 1801 erschienen. Es gibt aber starke inhaltliche Parallelen. Eine erste habe ich schon genannt: das absolute Wissen der Wissenschaftslehre von 1801 mit seiner Einheit von Bewusstsein und Sein. Eine zweite Parallele besteht zwischen dem Selbst überintentionaler Erfahrung und dem *reinen Ich* Fichtes in den ersten Versionen seiner Wissenschaftslehre. Das führt er zwar durch eine Abstraktion so ein, dass das reine Ich die Ichheit ist, die Eigenschaft ein Subjekt zu sein; eine Eigenschaft kann aber nichts wissen und hat kein Bewusstsein ihrer selbst.[6] Manches, was er vom reinen Ich sagt, trifft jedoch auf das Selbst überintentionaler Erfahrungen zu. Bei Fichte findet sich auch jener Weg zu einem überintentionalen Selbstbewusstsein, den ich in (2012) als *Doppelreflexion* bezeichne (1971, 1.127 f.). Er war bereits dem Neuplatonismus und Augustinus bekannt (*Confessiones*, VII, § 17). Man kann daher sagen, dass Fichte sowohl die Grenzen intentionalen Erkennens gesehen hat wie auch die Möglichkeit überintentionalen Erkennens.

---

5 Vgl. dazu z. B. die Ausführungen Gaudapadas, in Paul Deussen (2007, 587–604), sowie *Kena-Upanishad* (1, 3, ebenda 209), und *Katha-Upanishad* (1, 2, 18).
6 Ähnliche Nichtunterscheidungen von Eigenschaften und ihren Instanzen finden sich auch in den *Upanishaden*, wo es z. B. heißt: „Du bist das Leben, das Leben aber ist unsterblich." Korrekt müsste man sagen: „Du bist lebendig, Lebendiges aber ist sterblich."

5. Kritik

Fichte ist es nicht gelungen, die Gedanken, die ich hier skizziert habe, klar darzustellen. Der wichtigste Grund dafür ist, dass er die Eigenart überintentionalen Erkennens nicht genügend erfasst hat. Ihm fehlte vor allem ein klares Bewusstsein von der Unbeschreibbarkeit der Inhalte nichtintentionalen Denkens. Unsere Sprache ist als Instrument intentionalen Denkens entwickelt worden und eignet sich daher nicht zur Beschreibung der Gehalte nichtintentionaler Erfahrungen. Unsere Begriffe wurden zur Bestimmung der Gegenstände intentionalen Denkens entworfen; die *transkategoriale Realität*, wie Karl Rahner das genannt hat, die sich in überintentionalen Erfahrungen zeigt, ist damit nicht zu fassen. Man kann sich meist nur mit Bildern und Metaphern behelfen. Fichte hat hingegen versucht, eine Metaphysik der transkategorialen Wirklichkeit in der Sprache und mit den Kategorien intentionalen Denkens zu entwerfen. Er hat versucht, die Einheit von Sein und Bewusstsein, wie sie sich im überintentionalen Selbstbewusstsein zeigt, mit Begriffen intentionalen Denkens zu erfassen und daraus mit diskursiven Argumenten die Vielfalt der empirischen Erscheinungen abzuleiten. Sicher: Wir haben zunächst keine andere Sprache als die intentionalen Denkens. Wenn wir über nichtintentionale Erkenntnisse reden wollen, müssen wir das also zunächst mit einem dafür ungeeigneten Instrument tun. Dabei muss man jedoch sich selbst wie den Adressaten diese Schwierigkeiten vor Augen halten. Wer überintentionale Erfahrung gemacht hat, weiß, dass sie nicht mehr sind als seltene und flüchtige Blicke in ein ganz neues Land. Hinzu kommt, dass sich solche Erfahrungen, ebenso wie tiefe Erlebnisse, nicht willkürlich erzeugen und damit auch nur schwer überprüfen lassen. Selbst wenn man schon einmal eine bestimmte Erfahrung gemacht hat, gelingt es oft nicht, sie zu wiederholen.

Die Einheit von Sein und Bewusstsein erschließt sich nur in überintentionalem Selbstbewusstsein. Das liefert keine Informationen über die Wirklichkeit, wie sie sich intentionalen Erfahrungen darstellt. Daher war der Versuch Fichtes von vornherein verfehlt, daraus die Strukturen der empirischen Welt abzuleiten. Damit ist der größte Teil seiner Wissenschaftslehre ohne Interesse. Ich habe schon erwähnt, dass es Fichte auch nie gelungen ist, zu einer abschließenden Formulierung zu kommen. Je deutlicher er spürte, dass sich das Projekt nicht verwirklichen ließ, desto maßloser wurden seine Ansprüche. Im *Sonnenklaren Bericht an das größere Publikum über das eigentliche Wesen der neuesten Philosophie* (1801) sagt er:

„[Die Wissenschaftslehre] sagt es dem Bearbeiter der Wissenschaft, was er wissen kann, und was nicht; wonach er fragen kann und soll, gibt ihm die Reihe der anzustellenden Untersuchungen an, lehrt ihn, wie er sie anzustellen und seinen Beweis zu führen hat. Jenes blinde

Tappen und Herumirren der Wissenschaften ist sonach gleichfalls durch die Wissenschaftslehre aufgehoben" (1971, 2.407).

Als seine Zeitgenossen diese Ansprüche nicht mehr ernst nehmen konnten, behauptete Fichte, die Wissenschaftslehre könne nur aus sich selbst, nicht aber von außen kritisiert werden; wer sie nicht akzeptiere, sei nicht nur dumm, sondern wissenschaftsfeindlich. Nach der Deutung, die ich hier skizziert habe, waren Fichtes Ansprüche zwar insofern berechtigt, als er der Philosophie ganz neue Erkenntnishorizonte erschließen wollte, die Schwierigkeiten der Aufgabe hat er aber völlig unterschätzt.

Fichte hat auch nicht zwischen vor- und überintentionalem Bewusstsein unterschieden. Beide sind nichtintentional und weisen daher manche Gemeinsamkeiten auf. Bewusstsein und Sein, Fürmichsein und Ansichsein, fallen zusammen. In beiden Formen der Erfahrung gibt es weder Einzelnes noch Vielheit und ihr Inhalt entzieht sich genauerer Beschreibung. Dennoch unterscheiden sie sich fundamental. Das gilt schon für den Zugang: Vom intentionalen Denken und Erfahren her gelangen wir zu einem vorintentionalen Bewusstsein durch Suspension der Aufmerksamkeit auf ein bestimmtes Moment und damit der Gegenstandsgerichtetheit und eines gegenstandsbezogenen, diskursiven Denkens. Zu einem überintentionalen Bewusstsein kommt man hingegen nicht ohne diskursives Denken, ohne Reflexionen und intentionale Einsichten. Der in unserem Zusammenhang wichtigste Unterschied zwischen vor- und überintentionalen Erfahrungen liegt in ihrem kognitiven Charakter. Vorintentionale Erfahrungen sind keine Erkenntnisse. Erkenntnisse erweitern unseren Horizont, davon kann man bei diesen Erfahrungen aber schon deswegen nicht reden, weil es in ihnen keinen das gegenwärtige Bewusstsein übergreifenden Träger gibt.

In der buddhistischen Mystik spielt ein vorintentionales Hören von Musik oder auch einzelnen Tönen eine wichtige Rolle. Der japanische Zen-Meister Hakuun Yasutani zitiert in seinen *Unterweisungen* einen anderen Meister: „Als ich die Tempelglocke läuten hörte, gab es plötzlich keine Glocke und kein Ich, nur Klang." Yasutani fügt hinzu: „Er war sich keines Unterschiedes mehr zwischen sich, der Glocke und dem Weltall bewusst. Das ist der Zustand, den Sie erreichen müssen."[7] Ein solches Bewusstsein ist vorintentional. Es wirkt befreiend, weil in der reinen Gegenwärtigkeit all die Sorgen und Behinderungen ausgeblendet sind, die uns sonst belasten, eine Erkenntnis verbindet sich damit aber nicht. Von Erkenntnis im normalen, intentionalen Sinn kann man zwar auch bei überintentionalem Erfahrungen nicht sprechen, wohl aber von einer Erleuchtung, einer Einsicht in einem nicht begrifflichen, nicht diskursiven Sinn.

---

7   Zitiert in David Loy (1988, 108).

Durch die Nichtunterscheidung von vor- und überintentionalem Bewusstsein wird die Evolution des Bewusstseins – eine der großen Ideen des Deutschen Idealismus – bei Fichte zu einem zirkulären Prozess. Das reine Ich, das bereits ein vollkommenes Selbstbewusstsein hat, stellt sich am Beginn der Entfaltung des Bewusstseins als individuelles Subjekt einer gegenständlichen Realität gegenüber, gewinnt aber im Laufe der Evolution seines Bewusstseins nur die ursprüngliche Einsicht zurück, selbst die ganze Wirklichkeit zu sein. Warum sollte sich aber das reine Ich auf den Weg zu einer Selbsterkenntnis machen, die es schon hat? Warum sich auf das beschränkte intentionale Denken einlassen, wenn es ein absolutes Wissen hat? Bei einer genuinen Evolution muss etwas Neues entstehen, das Ende muss vom Anfang verschieden sein.

Die Nichtunterscheidung von vor- und überintentionalem Bewusstsein ist auch ein Mangel eines großen Teils der indischen Philosophie. Auch dort steht man damit vor der Frage, warum ein Wesen, das auf der Höhe der Erkenntnis steht und sich als *ātman* eins weiß mit der ganzen Wirklichkeit, der Illusion (*māyā*) unterliegen soll, Subjekt in der empirischen Wirklichkeit zu sein. Es gibt ja keine Illusion ohne Träger, ohne jemanden, der die Illusion hat. Nach der Lehre des Advaita gibt es aber Subjekte gar nicht wirklich, sie sind nicht Träger, sondern Inhalte der Illusion, gäbe es eine Illusion, so wäre sie also eine Illusion des Absoluten selbst.

6. Die Rückkehr von Realismus und Materialismus

Hegel hat gesehen, dass für die Erschließung ungegenständlichen Bewusstseins eine ganz neue Begrifflichkeit nötig ist – schon die Bezeichnung „Begrifflichkeit" ist dabei allerdings schief. Seine Bedeutung liegt aber nicht in einer besseren Darstellung oder gar Entwicklung von Fichtes Ideen. Er hat zwar den Gedanken einer Evolution des menschlichen Bewusstseins übernommen, ihn jedoch aus der Metaphysik in die Geschichte übertragen und sich vor allem mit der Entwicklung intentionalen Denkens befasst. Damit hat er die Geistesgeschichte begründet und zu ihr mit seinen Entwürfen zur Geschichte von Philosophie und Religion, von Kunst und Recht beigetragen.

Vom Deutschen Idealismus ist nur die Geistesgeschichte geblieben, nicht der absolute Idealismus. Der ist an der Diskrepanz von Anspruch und Leistung gescheitert. Für Fichte war Philosophie „Wissenschaft der Wissenschaften", und das nicht etwa im Sinn moderner Wissenschaftstheorie, sondern einer apriorischen Begründung der fundamentalen Theorien sämtlicher Einzelwissenschaften. Hegel sah sie als ein allumfassendes, wiederum a priori begründetes, wissenschaftliches System, sodass sie, wie er sagte, nunmehr „den Namen der Liebe zum Wissen ablegen kann und zum wirklichen Wissen wird" – eine Aussage, mit der er sich von der großen Tradition europäischer Philosophie verabschiedet, deren Erbe das sokratische Bewusstsein des Nichtwissens war, die selbstkritische Haltung. Für Friedrich Schelling endlich war Philosophie schlicht „Wissenschaft vom Absoluten". Es konnte nicht lange verborgen bleiben, dass der Idealismus diese übersteigerten Ansprüche nicht einzulösen vermochte.

Maßgeblicher noch für das Ende des Idealismus und die Rückkehr von Realismus und Materialismus waren die großen Fortschritte der Naturwissenschaften, deren Erfolge sich in ihren technischen Anwendungen für alle sichtbar manifestierten. Was Francis Bacon am Beginn der Neuzeit programmatisch verkündet hatte: eine Wissenschaft, die das Leben der Menschen erleichtern und endlich einen sicheren Fortschritt von Wissen und Naturbeherrschung garantieren sollte, schien nun Wirklichkeit zu werden. Die Wissenschaften hatten gegenüber der Philosophie von nun an den Erfolg auf ihrer Seite. In ihnen gibt es nicht den endlosen Meinungsstreit und die immer neue Diskussion alter Probleme über Jahrhunderte hinweg, sondern definitive Entscheidungen von Fragen und einen rapiden Fortschritt gesicherten Wissens. Der Grund dieses Erfolges schien klar: Sie hatten den Ballast philosophischer Spekulationen abgeworfen und orientierten sich strikt an der Erfahrung, wie das schon Bacon gefordert hatte. Über die Beschaffenheit der Wirklichkeit, so war man sich nun einig, kann nicht bloßes Denken Auskunft geben, sondern allein Erfahrung.

Die Kritik am Deutschen Idealismus bezog sich auch darauf, dass er – trotz gegenteiliger Beteuerungen von Hegel – die beiden Grundforderungen wissenschaftlichen Behauptens ignoriert hat, nur hinreichend klare und hinreichend begründete Aussagen zu machen. Die Texte von René Descartes, Thomas Hobbes, Gottfried Wilhelm Leibniz, David Hume und Immanuel Kant bewegten sich diesbezüglich auf einem wesentlich höheren Niveau. Mit dem Deutschen Idealismus hat sich ein Gerede in der Philosophie breit gemacht, das diese beiden Grundforderungen ignoriert. Ein Indiz dafür ist die Vielzahl heterogener Interpretationen seiner Texte. All das hat dazu geführt, dass viele Menschen, die wissenschaftlich denken gelernt haben, ihn nicht mehr ernst nehmen.

Nachdem der absolute Idealismus gescheitert war, blieb vom neuzeitlichen Idealismus nur mehr die These von der Unerkennbarkeit der Natur, wie sie an sich ist. Die stützte sich vor allem auf Kants Argument für die Idealität von Raum und Zeit: Über die Natur an sich können wir nur durch Erfahrungen etwas wissen, Erfahrungen liefern uns nur Fakten, keine Notwendigkeiten. Der Raum hat jedoch notwendigerweise euklidische Struktur. Diese Argumentation wurde obsolet, als Carl Friedrich Gauss erkannte, dass es nicht nur euklidische Räume gibt. Damit stellte sich die

Frage, welche Struktur der physikalische Raum hat, und das konnten nur Beobachtungen zeigen. Mit der Kritik an den Grenzen der Erkennbarkeit der Welt an sich, die der Idealismus behauptet hatte, und mit ihrer Rehabilitation intentionaler Erkenntnis verlor man das Interesse an einer Erkenntnisform, die über sie hinaus führen sollte.

Mit dem Zusammenbruch des Idealismus ist neben dem Realismus auch der Materialismus auferstanden, heute die offizielle Doktrin zum Leib-Seele-Problem. Für ihn ist die Physik die fundamentale und zugleich umfassende Wirklichkeitswissenschaft – in den Worten von David Lewis: „The world is as physics says it is, and there's no more to say" (1983, 361). Der erste Materialist war zwar schon Demokrit aus Abdera, bis ins 19. Jahrhundert hinein blieb der Materialismus aber eine unbegründbare These, denn erst danach entstand eine Physik, die so leistungsfähig war, dass man überhaupt daran denken konnte, das materialistische Programm der Reduktion aller Erscheinungen auf physikalische mit Aussicht auf Erfolg in Angriff zu nehmen. Erst damit hat sich der Materialismus zu einer ernsthaft diskutierbaren Position entwickelt. Seine beiden Hauptprobleme waren die Reduktion biologischer Phänomene und jene seelisch-geistiger Phänomene auf Physisches. Das erste kann heute grundsätzlich als gelöst angesehen werden, sodass der Materialismus mit der Reduzierbarkeit mentaler Phänomene auf physikalische steht und fällt.

7. Die Aktualität des Idealismus

Eingangs habe ich gesagt, der Deutsche Idealismus sei auch heute noch aktuell. Zunächst einmal kann sich die Philosophie des Geistes, die sich gegenwärtig unter dem Einfluss des Materialismus kaum mehr für die Eigenart des Geistigen interessiert, wichtige Anregungen beim Deutschen Idealismus holen.

Schon Platon hat gesehen, dass der Materialismus keine bloß akademische These ist, die uns im praktischen Leben gleichgültig sein kann. In seinen späten Dialogen hat er in der Klärung des Verhältnisses von Geistigem zu Physischem die wichtigste Aufgabe der Philosophie überhaupt gesehen. Er hat erkannt, dass es dabei um unser Selbstverständnis als freie und selbstbestimmte Subjekte geht. Im *Sophistes* (246a) bezeichnet er den Streit um die richtige Konzeption als „Gigantomachie". Griechische Mythen erzählen vom siegreichen Kampf der olympischen Götter gegen die Giganten – langhaarige, bärtige, Schlangenschwänze tragende Ungeheuer –, die ihre Herrschaft bedrohten. Die Gigantomachie ist dieser weltgeschichtlich entscheidende Kampf, der Aufstand von Barbarei, Gewalt und Chaos gegen Kultur, Recht und Ordnung. Bei Platon steht dieses mythische Bild für den Aufstand der Materialisten, der

"Erdgeborenen", der Leute, die nur an das glauben, was sie anfassen können, gegen die "Ideenfreunde", die Eigenart und Bedeutung des Geistigen anerkennen. Aus Fichtes Erkenntnis von der Intentionalität unseres Denkens ergibt sich ein Argument gegen den Materialismus, da so etwas wie Intentionalität im physischen Bereich nicht vorkommt. Dieses Argument spielt auch heute eine Rolle,[8] lässt sich aber durch das Dimensionsargument erheblich verbessern (Kutschera 2009, 162–170).

Endlich sind die Argumente von Berkeley und Kant für den sekundären Charakter aller empirischen Eigenschaften und damit für die Unmöglichkeit, die Außenwelt so zu erkennen, wie sie an sich ist, zwar unbrauchbar, man kann die These jedoch stringent begründen (Kutschera 2009, 212–218). Man ist daher heute, ebenso wie zur Zeit Kants, mit den Grenzen unseres Erkennens konfrontiert. Fichte hat gesehen, dass sich diese Grenzen aus der Grundstruktur intentionalen Denkens ergeben. Damit stellt sich uns auch heute noch die Frage, ob es ein nichtintentionales Erkennen gibt, das diese Grenzen überwinden kann.

8 Vgl. Kutschera (1981, 6.3) und John Searle (1983).

Ontologie, Metaphysik und der ontologische Idealismus

Uwe Meixner

1. Ontologie und Metaphysik

Dem überkommenen Verständnis nach ist die Ontologie ein Teil der Metaphysik. Sie macht gemäß jenem Verständnis (von dem abzuweichen es keinen guten Grund gibt) die allgemeine Metaphysik aus, die zusammen mit der speziellen Metaphysik ein Ganzes bildet. Die Metaphysik wiederum als Ganze ist diejenige Wissenschaft, die das Seiende, *erstens*, unter Absehung von jeder Einschränkung des Gegenstandsbereichs betrachtet. Metaphysik geht auf die Totalität des Seienden; sie betrachtet alles, was im weitesten Sinne *ist* (wozu auch bloß Mögliches, vielleicht gar Unmögliches gehören mag); sie betrachtet also *alles überhaupt*. Metaphysik ist aber auch diejenige Wissenschaft, die das Seiende, *zweitens*, unter einer rigorosen thematischen Einschränkung betrachtet. Metaphysik geht allein auf die allgemeinsten – in gewisser Weise *formalen* – Bestimmungen und Verhältnisse des (nämlich *alles*) Seienden; sie ist keine Wissenschaft, die als *omniscientia* alle anderen Wissenschaften in sich enthielte (sodass es etwa u. a. eine Aussage von ihr wäre, dass auf der Erde eine Kontinentaldrift stattfindet). Wo genau allerdings die Grenze zu ziehen ist zwischen den allgemeinsten Bestimmungen und Verhältnissen, die Thema der Metaphysik sind, und schon spezielleren, die kein Thema der Metaphysik sind, ist *essentiell vage* und daher ohne eine gewisse Willkürlichkeit der Festlegung nicht auszumachen.

Wenn ein Teil der Metaphysik den Namen „spezielle Metaphysik" führt, so darf dies nicht so verstanden werden, dass in diesem Teil Bestimmungen und Verhältnisse betrachtet werden, die keine allgemeinsten sind. Vielmehr hat auch die spezielle Metaphysik einen gewissermaßen formalen Charakter wie die allgemeine. Der Unterschied zur allgemeinen Metaphysik besteht allein darin, dass in der speziellen Metaphysik *unter dem Gesichtspunkt des besonderen Interesses für uns Menschen* gewisse einzelne Seiende hervorgehoben betrachtet werden (aber immer noch nach ihren allgemeinsten Bestimmungen und Verhältnissen), als da sind: *ich* und *andere Personen, die Welt* und *andere Welten*, und nicht zuletzt *Gott*. In der allgemeinen Metaphysik hingegen wird von dem Gesichtspunkt des besonderen Interesses für uns Menschen abgesehen und die genannten „Singularitäten" treten dementsprechend nicht hervor, sondern verbleiben „im Glied". Die allgemeine Metaphysik betrachtet (1) die ontologischen Kategorien (zu denen z. B. *Individuum* und *Eigenschaft* gehören) in ihrer systematischen Anordnung zu einem idealerweise vollständigen Kategoriensystem mit mehrerer Klassifikationsebenen; (2) die global (oder annähernd global) kategorienübergreifenden Transzendentalien (z. B. *Wirklichsein* und *Möglichsein*) und daneben lokal kategorienübergreifende Begriffe (z. B. *Intension*); (3) die innerkategorialen und transkategorialen ontologischen Beziehungsbegriffe (wie z. B. *Identität* und *Exemplifikation*); (4) die ontologischen Gesetze, die sich unter Verwendung der ontologische Begriffe formulieren lassen (wie z. B. „Eine Eigenschaft ist nur dann etwas Wirkliches, wenn sie durch etwas exemplifiziert wird").[1] Ohne die allgemeine Metaphysik ist die spezielle nicht möglich.

Statt Metaphysik in die allgemeine und die (auf die allgemeine aufbauende) spezielle Metaphysik einzuteilen, könnte man auch „Ontologie" als Ausgangswort wählen – aber genau in demselben Verständnis, in dem gerade das Wort „Metaphysik" verwendet wurde – und dementsprechend von allgemeiner und spezieller Ontologie sprechen. Bei dieser Vorgehensweise wären „Ontologie" und „Metaphysik" synonyme, austauschbare Ausdrücke. Ob man nun Ontologie mit einem Teil der Metaphysik identifiziert (nämlich mit der allgemeinen) oder aber mit der Metaphysik insgesamt (und sie in allgemeine und spezielle Ontologie einteilt) – es ist gleichgültig vom philosophischen Standpunkt und gleich gut, wenn nur das, was man *da* inhaltlich betreibt, so gefasst wird, wie ich es eben umrissen habe. Es ist das, was Philosophen als Metaphysiker und Ontologen schon immer betrieben haben.

Zu vermeiden sind sowohl Engführungen des Ontologiebegriffs als auch Assoziationen des wissenschaftlich Unseriösen, die sich insbesondere im deutschen Sprachraum immer noch mit dem Wort „Metaphysik" verbinden (sei es als Wirkung der nach wie vor gegebenen Autorität Immanuel Kants oder als Nachwirkung des logischen Empirismus bzw. kritischen Rationalismus). Das Wort „Ontologie" wird mittlerweile vielfach in einem nichtphilosophischen Sinn verwendet (nämlich in der

---

1 Siehe zu alledem des Näheren: Meixner (2011).

Informatik). Davon sehe ich hier ganz ab; es bleibt zu hoffen, dass der neue, nichtphilosophische Sinn des Wortes den alten, philosophischen nicht irgendwann aus dem Felde schlägt. Es ist zudem die kuriose Situation entstanden, dass die *einen* neuerdings wieder etwas von „Ontologie" halten, während sie die Beschäftigung mit „Metaphysik" immer noch schlicht als eines (rationalen) Philosophen unwürdig erachten; dass dagegen bei *anderen* „Ontologie" ähnlich allergische Reaktionen hervorruft wie dereinst „Logistik" und „Positivismus". Des Rätsels Lösung ist, dass unter „Ontologie" von beiden Seiten die sogenannte *Analytische Ontologie* verstanden wird, also diejenige Gestalt der allgemeinen Metaphysik, die diese in den Händen von Vertretern der Analytischen Philosophie annimmt. Und dazu ist zu sagen, dass die Analytische Ontologie einerseits unzweifelhaft *Metaphysik* ist (dass man also nicht von der Ersteren etwas halten und die Letztere rundweg ablehnen kann) und dass die Analytische Ontologie andererseits *keineswegs* eine logisch reglementierte, manchmal formalisierte, Gestalt haben oder naturalistisch ausgerichtet sein muss (dass also das, wogegen man allergisch reagiert, nicht die Analytische Ontologie als solche ist).

Ist Metaphysik eine Wissenschaft? Wie so oft muss man auch hier sagen: Es kommt darauf an, was man darunter versteht, nämlich unter dem Wort „Wissenschaft", aber auch unter dem Wort „Metaphysik". Der Sinn des letzteren Wortes gelte nach dem Gesagten als hinreichend umrissen, als hinreichend *expliziert*. Was das erstere Wort betrifft, so ist zu sagen: Wenn eine *Wissenschaft* ein menschliches Unternehmen ist, das im weiten Kreise und lange Zeit intersubjektiv als sicher wahr geltende Aussagen produziert, dann ist die Metaphysik – aber auch die übrige Philosophie (mit Ausnahme der Logik) – zweifellos keine Wissenschaft (während die Naturwissenschaften und die Mathematik in diesem Sinne gewiss Wissenschaften sind). Wenn aber eine Wissenschaft schlicht ein menschliches Unternehmen ist, das im systematisch-logischen Zusammenhang stehende wahre Aussagen, also eine *wahre Theorie* produziert, so ist die Metaphysik eine Wissenschaft – wenigstens meiner Auffassung nach (und nicht nur meiner). Ist Metaphysik eine Wissenschaft, wie ich meine, so zweifellos eine *interessante*, in dem prägnanten Sinn, dass ihre Thematik für uns Menschen von tiefstem Interesse ist. Dieses Interesse – es ist allerdings ein philosophisches – bewahrt Metaphysik (und mit ihr Ontologie) davor, bedeutungslos zu werden und für uns Menschen keine Rolle mehr zu spielen, sollten auch diejenigen, die ihr das Güte-Etikett „Wissenschaft" nur allzu gern verweigern, sich eines Tages mit diesem Ansinnen allgemein durchsetzen.

2. Metaphysik und Idealismus

Metaphysik ist nicht auf einen ontologischen Realismus verpflichtet. Der irrige Glaube, der ontologische Realismus gehöre zur Metaphysik per se dazu, erklärt – im Sinne einer zugrundeliegenden Haltung – den antimetaphysischen, antiontologischen Affekt mancher Theoretiker (der allerdings *so* motiviert heute eher selten geworden ist): Sie sehen den ontologischen Realismus als, seit Kant, erkenntnistheoretisch diskreditiert an[2] – und mit dem ontologischen Realismus auch Metaphysik und Ontologie. Demgegenüber ist darauf hinzuweisen, dass Edmund Husserl die Erstellung einer formalen und materialen Ontologie als eine Zentralaufgabe der durch die *Phänomenologie* begründeten Philosophie ansah (Hua 3, 10–38; Hua 17, 76–93; Hua 17, 110–154); die Phänomenologie aber bettete er – woran kein Zweifel bestehen kann – in den Rahmen eines ontologischen Idealismus ein (Hua 3, 56–121; Hua 17, 239–273, insb. 239–244; Hua 36). Ersichtlicherweise erachtete Husserl Ontologie und Metaphysik nicht als unvereinbar mit dem ontologischen Idealismus. Und er hatte Recht.

Was die Stellung des *Geistigen* im Sein sei, ist eine zentrale Frage der Metaphysik, und im Laufe ihrer langen Geschichte sind auf diese Frage unterschiedliche Antworten gegeben worden: von der Behauptung, dass es nichts Geistiges gebe (das wäre etwa die Behauptung eines neben allem Mentalen auch alles Ideale leugnenden eliminativen Materialismus), bis hin zu der These, *dass alles geistig sei*. Diese letztere These ist nun die These jedes ontologischen Idealismus, also des ontologischen Idealismus *überhaupt*, der in verschiedene – auch in entgegengesetzte – Richtungen gehend philosophisch-theoretisch entwickelt werden kann. In Bezug auf die genannte These stellen sich drei Aufgaben: *erstens*, zu klären, wie sie zu verstehen ist; *zweitens*, aufzuzeigen, was für sie (und sie explizierende weitere Thesen) spricht und was gegen sie; *drittens*, wenn es möglich ist, zu entscheiden, ob sie wahr ist oder nicht.

---

2 Zwar hielt Kant bekanntlich an den „Dingen an sich" fest, behauptete aber zugleich, dass sie – jedenfalls vom rein theoretischen (betrachtenden) Standpunkt aus: ohne Heranziehung praktischer Postulate – völlig unerkennbar sind; was nun nichts anderes besagt, als dass man keinen vernünftigen rein theoretischen Grund hat, ihre Existenz anzunehmen.

3. Die Natur des Geistigen und der Idealismus

Das deutsche Wort „Geist" und die davon abgeleiteten Ausdrücke „geistig" und „das Geistige" haben in der deutschen philosophischen Tradition einen Sinn angenommen, der sich in anderen Sprachen nur schwer abbilden lässt. Das gilt insbesondere für das Englische, wo „ghost" und „ghostly" im gegenwärtigen Sprachgebrauch eigentlich nur noch so viel bedeuten wie „Gespenst" und „gespensterhaft" und wo „spirit" und „spiritual" weitgehend auf den religiösen Kontext eingeschränkt sind. Demgegenüber ist die folgende Aussage bislang noch ein Satz der deutschen philosophischen Alltagssprache: Das Geistige hat zweierlei Gestalt: das *Ideale* oder *objektiv Geistige*, und das *Mentale* oder *subjektiv Geistige*.

Den unkontroversen Kernbereich des *Idealen* bilden die sprachbezogenen Sinngehalte: Propositionen (Satzbedeutungen), Begriffe (Prädikatsbedeutungen) und Individualbegriffe (Bedeutungen von Kennzeichnungsnamen, wie z. B. von „der Präsident der USA im Jahre 2010") – besser gesagt, alle diese Entitäten sind *in ihrer Idealität* unkontrovers; *in ihrer Existenz*, ihrem Status als Entitäten, sind sie hingegen sehr wohl kontrovers. Kontrovers *sowohl* hinsichtlich der Existenz *als auch* der Idealität sind die Universalien – die Eigenschaften und Relationen, und die Typenobjekte wie z. B. der Buchstabe „A", der ja etwas anderes ist als seine unzähligen Vorkommnisse – sowie die Sachverhalte. So erkennt der in Kreisen der Analytischen Ontologie einflussreiche australische Philosoph David Armstrong (1978, 1997) zwar die Existenz von Universalien und Sachverhalten an, leugnet aber (als Materialist) deren Idealität – und in beiden Punkten ist ihm widersprochen worden (auch in beiden Punkten zugleich: Nicht wenige sagen, Universalien und Sachverhalte seien nun einmal ideal[3] *und*, qua ideal, nichtexistent). Kontrovers ist zudem, ob es *ideale Individuen* gibt. Wenn aber Zahlen ideale Entitäten sind – und so scheint es in der Tat – und sie bei den Universalien und Typenobjekten nicht unterkommen können (nämlich wenn sich definitiv herausstellen sollte, dass sie solche *nicht* sind), dann müsste man sie wohl als *ideale Individuen* ansehen. Doch folgt die Existenz idealer Individuen auch dann, wenn Zahlen ideal und Individuen sein sollten, erst dann, wenn Zahlen *existieren* – was wiederum nicht wenige bestritten haben.

Zum objektiv Geistigen zählt man auch musikalische und literarische Kunstwerke (Musikstücke und Texte). Dies stellt für die Identifikation des objektiv Geistigen mit dem Idealen kein Problem dar, sofern man solche Kunstwerke als Typenobjekte auf-

---

3 Der Alltagssinn von „ideal", wonach es so viel bedeutet wie „optimal", ist hier selbstverständlich auszuschalten.

fasst – sie also ihren vielen „Instanzen" und „Verkörperungen" gegenüberstellt – *und Typenobjekte als Idealitäten ansieht*. Gemälde, Statuen, Gebäude hingegen wird man als Nichtidealist *nicht* zum objektiv Geistigen zählen, sondern vielmehr zu den materiellen Individuen, die als solche (für den Nichtidealisten) nichts objektiv Geistiges sind, wenn auch manche von ihnen objektiv Geistiges „inkarnieren". *Jedoch*, wie sehr bald deutlich werden wird, kann sich im Prinzip der Bereich des objektiv Geistigen, des Idealen, noch weiter – viel weiter – erstrecken als aus den bisherigen Ausführungen hervorgeht. Es wird auch deutlich werden, dass ein ontologischer Idealist *in seinem eigenen Interesse* gut daran tut, davon auszugehen, dass der Bereich des objektiv Geistigen diesen sehr weiten Umfang tatsächlich hat.

Die These, *dass es keine Idealitäten gibt* (m.a.W., dass nichts objektiv Geistiges existiert), ist die These des Nominalismus. Eine alternative, historisch besser belegte Deutung des Nominalismus ist diejenige, wonach er in der These besteht, *dass es keine Nichtindividuen* – insbesondere keine Universalien – *gebe*. Aber die untergründige Motivation für die Leugnung der Nichtindividuen in dieser letzteren Deutung des Nominalismus ist unverkennbar die *Ablehnung des Idealen*. Die stillschweigende (nicht unproblematische) Voraussetzung dabei ist, dass alle Nichtindividuen – insbesondere alle Universalien – Idealitäten sind, dass folglich, wenn es keine Idealitäten gibt, auch keine Nichtindividuen existieren. Eine weitere, in jüngster Zeit sehr beliebte Deutung des Nominalismus ist demgegenüber diejenige, wonach er in der These besteht, dass es *keine abstrakten Entitäten gebe*. Und wiederum: Die untergründige Motivation für die Leugnung abstrakter Entitäten in dieser gegenwärtig gängigsten Deutung des Nominalismus ist unverkennbar die *Ablehnung des Idealen*; denn alle Abstrakta sind Idealitäten,[4] auf welcher Grundlage dann, wenn es keine Idealitäten gibt, folgt, dass auch keine Abstrakta existieren.

Es ist vom logischen Standpunkt aus möglich, den ontologischen Idealismus (*überhaupt* genommen) mit dem Nominalismus zu verbinden. Zwischen der These des ontologischen Idealismus, dass alles geistig sei, und der These des Nominalismus, dass nichts objektiv Geistiges existiere, besteht kein logischer Widerspruch, sondern es folgt mit beiden Thesen bloß, dass alles *subjektiv geistig* sei, d. h. *mental*, und zwar *rein* subjektiv geistig (*rein* mental).[5] Die Metaphysik von David Hume – ja, auch dieser große Skeptiker hatte eine; sie steht im *Treatise of Human Nature* – ist

---

4 Dass alle Abstrakta Idealitäten sind, ist unkontrovers. Die Umkehrung davon ist es nicht. Es wäre im Sinne Platons und im Sinne Husserls, manche Idealitäten als nichtabstrakt, also als konkret anzunehmen und sie, als solche, nicht nur des Gedachtseins, sondern auch des *Angeschautseins* fähig zu erachten.

5 „Alles ist geistig" besagt dasselbe wie „Alles ist subjektiv geistig oder objektiv geistig." Existiert nun nichts objektiv Geistiges, so ist wahr: „Nichts ist objektiv geistig." Es folgt also dann aus

das bestbekannte historische Beispiel eines nominalistischen ontologischen Idealismus. Sie ist auch das abschreckende Beispiel einer Metaphysik, in der *der Welt*, der Totalität des Seins, alles Objektive und damit auch alles objektiv Geistige – auch *das Subjekt*, Träger des Subjektiven – abgesprochen wird und sie zu einer objektlosen Absurdität mutiert. Mit den Augen der Vernunft ist in diesem (philosophisch illusionären) Resultat allerdings nichts anderes zu sehen als eine *reductio ad absurdum* der humeschen Metaphysik.

Übrigens wird im philosophischen Vulgärverständnis der (ontologische) *Idealismus* im Effekt mit seiner nominalistischen Schwundform – der These, dass alles *rein mental* (d. h. *rein subjektiv geistig*) sei – identifiziert und damit gewissermaßen der allgemeinen Lächerlichkeit preisgegeben *(lachen* wird einer freilich nur so lange, wie er sich den *common sense* bewahrt und nicht in die Fänge eines philosophischen Ameisenlöwens, eines David Hume, gerät). Dem Einwand, Propositionen beispielsweise und Begriffe – und Sachverhalte, Eigenschaften, Zahlen usw. – seien doch offensichtlich nichts Mentales,[6] also auch nichts *rein* Mentales, kann man als Idealist à la Hume nicht ganz unplausibel – insbesondere gemäß der Auffassung der „großen Menge" – noch entgegenhalten, dass Idealitäten (man fasse den Begriff der Idealität so weit auf wie nur möglich) ja gar nicht existieren, sodass mit Propositionen und anderen Idealitäten zu der These, alles sei rein mental, keine Gegenbeispiele gegeben werden können. Aber nun nicht von der Hand zu weisen ist – wiederum insbesondere gemäß der Auffassung der „großen Menge" – der Einwand, dass eine Hand, ein Tisch, ein Baum existieren und offensichtlich nichts Mentales sind.[7]

Daran, dass manches nicht mental ist, lässt sich schwerlich zweifeln. Da hat die „große Menge" recht. Der ontologische Idealismus („Alles ist geistig") wird jedoch dadurch, dass manches nicht mental ist, *nicht* widerlegt – im Gegensatz zu seiner mit ihm gemeinhin, aber fälschlich, identifizierten nominalistischen Schwundform („Alles ist rein subjektiv geistig, d. h. rein mental"). Es folgt nur, dass auch Hände,

---

„Alles ist geistig": „Alles ist subjektiv (aber nicht objektiv) geistig" – was offensichtlich „Alles ist geistig" nicht widerspricht, sondern es widerspruchsfrei logisch beinhaltet.

6 Diesen Einwand haben im Effekt gegen Ende des 19., zu Beginn des 20. Jahrhunderts zuerst Gottlob Frege und dann Edmund Husserl mit ausgezeichneten Argumenten gegen den damals herrschenden *Psychologismus* vorgebracht, der daraufhin von der philosophischen Bühne verschwand, nur um in unserer Zeit im neuen Kostüm erneut dort aufzutreten: als *Neurophysiologismus*. Begriffe, Propositionen usw. sind aber in der Zeit des hegemonial herrschenden Materialismus ebenso wenig etwas Neurophysiologisches, wie sie in der Zeit des hegemonial herrschenden (psychophysischen) Dualismus etwas subjektiv Geistiges waren.

7 Vgl. die „Widerlegung" des Idealismus durch George E. Moore (1959, 127–150). Sein Argument wird diskutiert in Meixner (2012, 40–43).

Tische, Bäume usw. – wie Begriffe, Propositionen, Zahlen, aber gewiss in anderer Weise als diese – Idealitäten, m.a.W.: etwas objektiv Geistiges sind.[8]

Der rein subjektive ontologische Idealismus („Alles ist rein mental") ist nicht wahr. Ist dafür der rein objektive ontologische Idealismus („Alles ist rein eine Idealität") wahr? In unserer Zeit, in der eine eliminative Haltung gegenüber dem Mentalen – verkörpert in der These „Nichts ist mental" – von nicht wenigen philosophisch ernstgenommen wird und der unbedingte Wille, das Mentale zu etwas anderem zu machen, als es ist – verkörpert in der These „Alles Mentale ist in Wahrheit etwas Physisches" –, den meisten als sehr vernünftig gilt, mag der *rein objektive* ontologische Idealismus eine gewisse *prima facie* Attraktivität entfalten. Aber wahr ist er nicht[9] (wenn sich auch die Sprache, mit der wir über die Welt sprechen, unter Wahrung der Wahrheitswerte aller Sätze – mithin *salva veritate* – so uminterpretieren lässt, dass sie nur noch über natürliche Zahlen spricht (Quine 2004, 115–116)). Im Sinne eines ontologischen Idealismus, der die höchste Reflexionsstufe erreicht hat, wie im Werk von Husserl, gilt vielmehr: Objektiv Geistiges, Idealitäten, gibt es nur *durch* das subjektiv Geistige, und *im* subjektiv Geistigen. Im Sinne des *reifen* ontologischen Idealismus ist es demnach kein Zufall, dass Idealitäten „objektiv Geistiges" heißen. Die diesem Sprachgebrauch zugrundeliegende Auffassung ist gemäß jenem Idealismus die folgende: Das Prädikat „geistig" kommt den Idealitäten in sekundärer, analogischer Weise zu, und zwar deshalb, weil Idealitäten *hervorgehend aus dem subjektiv Geistigen* – also aus dem Geistigen im primären, eigentlichen Sinn, dessen Totalität eben „der Geist" heißt – *im subjektiv Geistigen enthalten* sind. Die Weise dieses Hervorgehens nennt Husserl „Konstitution", und die Weise dieses Enthaltenseins „Intentionalität".[10]

Ein ontologischer Idealismus, der „zur Vernunft", zur philosophischen Reife gekommen ist, kann demnach durch die folgenden Thesen charakterisiert werden:

(I) Alles ist geistig, d. h.: Alles ist subjektiv geistig oder objektiv geistig; d. h.: Alles ist mental (m.a.W.: etwas Mentales) oder ideal (m.a.W.: etwas Ideales, eine Idealität).

(II) Manches ist subjektiv geistig und manches ist nicht subjektiv geistig.

8   „Alles ist geistig" besagt dasselbe wie „Alles ist subjektiv geistig oder objektiv geistig". Es ergibt sich also aus „Alles ist geistig" logisch: „Alles, was nicht subjektiv geistig ist, ist objektiv geistig" (aber auch „Alles, was nicht objektiv geistig ist, ist subjektiv geistig").

9   Der Unterschied zwischen (a) „Alles ist *rein* eine Idealität" („Alles ist objektiv geistig, aber nicht subjektiv geistig", woraus folgt: „Nichts ist subjektiv geistig") und (b) „Alles ist eine Idealität" („Alles ist objektiv geistig", woraus *nicht* folgt: „Nichts ist subjektiv geistig") ist wichtig: (a) ist aus idealistischer Sicht unbedingt falsch, aber (b) mag wahr sein (siehe Abschn. 5).

10 Eine ausführliche Explikation der husserlschen Intentionalitätsauffassung kann hier nicht geboten werden. Siehe zu diesem Thema beispielsweise: Meixner (2006; 2014, 247–350).

(III) Alles objektiv Geistige wird aus dem subjektiv Geistigen konstituiert und ist, konstituiert, intentional im subjektiv Geistigen enthalten.

Diese drei Thesen, insbesondere aber die dritte, legen eine vierte These unwiderstehlich nahe:

(IV) Das subjektiv Geistige, das Mentale, ist das *Bewusstsein*.

Das Bewusstsein ist das, was ontologische Idealisten unter dem subjektiv Geistigen, dem Mentalen, verstehen – eine Identifikation, die möglich, aber nicht zwingend ist. Gewöhnlich versteht man eben unter dem Mentalen nicht nur das Bewusstsein, sondern auch einen Komplex von Dispositionen und Fähigkeiten, zu welchen insbesondere das Sprachvermögen zählt. Gewiss aber ist das Mentale *im engeren Sinn* das Bewusstsein, und Dispositionen und Fähigkeiten, die sich im Verhalten manifestieren, erhalten den Titel „mental" nur deshalb, weil sie mit dem Bewusstsein zusammenhängen – mitunter in verschlungener Weise, aber immer unabdingbar (etwas, was Gilbert Ryle in *The Concept of Mind* nicht klar war).

Damit jedoch einigermaßen plausibel wird, dass das subjektiv Geistige die *welttragende* Rolle auch ausfüllen kann, die ihm der reife ontologische Idealismus zugedenkt (angesichts der Thesen (I) – (III)), sind zwei Entgrenzungen vorzunehmen:

(1) Das subjektive Geistige darf nicht bloß das aktuale Bewusstsein umfassen, sondern muss sich auch auf das bloß mögliche Bewusstsein erstrecken; anders lässt sich die Potentialität nicht einfangen, die insbesondere mit dem Materiellen verbunden ist (welches aus idealistischer Sicht samt seiner Potentialitäten etwas *objektiv Geistiges* ist). Unter *Bewusstsein* (im idealismustauglichen Sinn) ist also aktuales *und* bloß mögliches Bewusstsein zu verstehen (man wird aber daran festhalten, dass alles, was *bewusst* ist, per se *aktual* und zudem *aktuell* – nicht nur *wirklich*, sondern auch *gegenwärtig* – bewusst ist).

(2) Das subjektiv Geistige darf nicht bloß das subjektiv Geistige eines einzelnen Subjekts (beispielsweise das subjektiv Geistige *von mir*) sein. Unter *Bewusstsein* (im idealismustauglichen Sinn) ist also *mehr* als *dieses individuelle Bewusstsein* zu verstehen. Wie jenes „mehr" aber genau aufzufassen ist, ist die erste Schwierigkeit des reifen ontologischen Idealismus – und sie ist alles andere als leicht zu überwinden.

4. Zur ersten Schwierigkeit des reifen ontologischen Idealismus

Was ein individuelles Bewusstsein ist, ist dagegen relativ leicht zu sagen. Nehmen wir *mein Bewusstsein* als Beispiel. Mein Bewusstsein ist die Totalität meiner (Bewusstseins-) Erlebnisse; ihnen allen ist intrinsisch ein und dasselbe Subjekt: *ich* (nicht qua Mensch, sondern qua Erlebnissubjekt). Von *seinem* Bewusstsein hatte René Descartes die Einsicht (eine Einsicht mit großer philosophiehistorischer, nämlich idealismusmotivierender Wirkung, da sie in Europa in einer bestimmten geistesgeschichtlichen Epoche von vielen Denkenden problemlos nachvollziehbar war), dass dieses *im Prinzip* – aus logisch-metaphysischer Warte – ohne etwas ihm Äußerliches (m.a.W.: ohne etwas ihm nicht Intrinsisches) existieren *könnte*. Von *meinem* Bewusstsein ist dasselbe wahr. Eine *welttragende* Rolle kann aber weder Descartes' noch mein Bewusstsein spielen, da Descartes' Bewusstsein – ein Teil der Welt – dem meinen nicht signifikant immanent ist (nämlich nicht annähernd in seinem Reichtum), und mein Bewusstsein (auch ein Teil der Welt) nicht Descartes' Im Hinblick auf diese Sachlage (es ist unerheblich, dass sie Descartes und mich involviert) lautet die fünfte These des reifen ontologischen Idealismus – indem dieser die gerade erwähnte cartesianische Einsicht aufnimmt, sie aber in zweierlei Hinsicht modifiziert, nämlich erstens den Bewusstseinsbegriff *entgrenzt* (zweifach, wie oben beschrieben) und zweitens *von der prinzipiellen Möglichkeit zur Wirklichkeit übergeht* – wie folgt:

(V) Das Bewusstsein existiert ohne etwas ihm Äußerliches (ihm nicht Intrinsisches).

Daraus folgt *nicht* die These des Solipsismus:

(V*) *Mein Bewusstsein* existiert ohne etwas ihm Äußerliches.

Dass der Idealismus[11] den Solipsismus impliziere und daher jener so absurd sei wie dieser, ist ein gern erhobener Einwand. Aber (V*) würde aus (V) nur folgen, wenn *das Bewusstsein mein* Bewusstsein wäre, was nun aber – nach der Entgrenzung des Begriffs – nicht der Fall ist. *Wessen* Bewusstsein ist aber dann *das Bewusstsein*? Oder kann es ein Bewusstsein *ohne* Subjekt sein? Oder ein Bewusstsein mit einem *pluralen* (aus abermilliarden Teilsubjekten bestehenden) Subjekt? In welchem Verhältnis steht *das Bewusstsein* zu *meinem* (und zu *deinem, seinem, ihrem*) Bewusstsein? Mit der Entgrenzung des Bewusstseinsbegriffs, die es dem Idealismus ermöglicht, an der Skylla des Solipsismus vorbeizusegeln, ist offenbar eine große Verunklarung jenes Begriffs verbunden – die Charybdis, die den Idealismus zu verschlingen droht.

Die wohl beste Weise, der Gefahr zu begegnen, ist die folgende: Das Bewusstsein *ohne Subjekt* – ob man es homogen als Strom von subjektlosen mentalen Atomen auffasst wie bei Hume, oder als bloße Summe (als verteiltes Kollektiv) aller Einzelbewusstseine und ihrer Subjekte, *ohne* einendes Subjekt: mein Bewusstsein + dein Bewusstsein + ... + Kleopatras Bewusstsein + ... + das Bewusstsein dieser Fliege + ... – ist ein Unding, ein Absurdum; und ebenso das Bewusstsein *mit einem pluralen*

---

11 Unter „Idealismus" ist im Weiteren der reife ontologische Idealismus zu verstehen.

Subjekt. Denn jedes Bewusstseinserlebnis – und *das Bewusstsein* besteht aus nichts anderem als Bewusstseinserlebnissen – ist intrinsisch auf *je ein einziges individuelles teilloses* Subjekt bezogen, und erst aufgrund der Subjektgemeinsamkeit lassen sich Bewusstseinserlebnisse zu *Bewusstseinen*, zu totalen Bewusstseinserlebnissen *eines* Subjekts – zum Bewusstsein dieses Subjekts, zum Bewusstsein jenes Subjekts, zu *dem Bewusstsein* – zusammenfassen; darin besteht die *einende* Funktion des Subjekts, die zum Subjektsein per se dazugehört. Bei *dem Bewusstsein* nun ist das (einende) Subjekt dasjenige teillose Individuum, das unter dem Namen „das transzendentale Subjekt" bekannt ist.

Jedes der abermilliarden aktualen oder bloß möglichen Subjekte der Bewusstseine ist dann eine Manifestation von – und ein einziges von ihnen ist identisch mit – *dem transzendentalen Subjekt*; jedes der zu den Bewusstseinssubjekten genau gleichzahligen aktualen oder bloß möglichen Bewusstseine ist eine Manifestation von – und ein einziges von ihnen ist identisch mit – *dem Bewusstsein*. Kein Bewusstsein ist *dem Bewusstsein* nicht immanent; jedes ist in *dem Bewusstsein* als Teil (als etwas Aktuales oder als etwas bloß Mögliches, aber *nicht* als ein Bewusstseinserlebnis des transzendentalen Subjekts)[12] enthalten und zugleich auch vollständig enthalten als intentionales Objekt in vollständiger Transparenz. Der Idealismus operiert also – in den Seinsdimensionen des Aktualen und des bloß Möglichen – mit dem Superbewusstsein eines Supersubjekts. Er muss das tun; denn in jeder „bescheideneren" Auffassung ist (V) kaum weniger unhaltbar als (V*).

Inwieweit ist das transzendentale Subjekt und dessen Bewusstsein – *das Bewusstsein* – uns menschlichen Subjekten in unseren Bewusstseinen zugänglich? Nur höchst unvollkommen und nur in der höchsten Anstrengung der Reflexion: Wenn wir in bewusstseinsreflexiver Haltung den „view from nowhere"[13] (der eben doch nicht von „nowhere" ist) zu haben uns bemühen, die Perspektive der „absoluten Objektivität" (die eben doch nicht *subjektlos*, *nicht* in diesem Sinne „absolut objektiv" ist), dann nähern wir uns in unseren Bewusstseinen dem transzendentalen Subjekt und seinem Bewusstsein ein wenig an (was Husserl als *Epoché* bezeichnete,[14] ist ein unerlässlicher Schritt in dieser bescheidenen Annäherung). Subjekte, die nichtmenschlich, aber auch nicht übermenschlich sind, haben dagegen keinerlei Zugang zum transzendentalen Subjekt und seinem Bewusstsein.

---

12 Sonst hätte ein Bewusstseinserlebnis ja mehr als ein Subjekt. Das transzendentale Subjekt *nimmt Teil* an meinen Bewusstseinserlebnissen und damit an meinem Bewusstsein, aber es ist nicht deren/dessen Subjekt (denn es ist nicht *ich*, es manifestiert sich nur in mir).
13 Vgl. den Titel von Thomas Nagels berühmten Buch.
14 Zur *Epoché* siehe beispielsweise: Meixner (2014, 247–248).

Der Idealismus entgeht nicht dem Schicksal, eine in höchstem Maße metaphysische Position zu sein. Von der Gestalt her – formal – entspricht er einem *Panentheismus*. Fraglich ist dann dies: Ist, kann das transzendentale Subjekt eine Person und sein Bewusstsein ein personales sein, wenigstens im weitesten Sinne? Es ist nicht mehr Sache der Philosophie, sondern eventuell des Glaubens, die zweifellos vorhandene *Gottesstelle* im Idealismus mit personalem Gehalt zu füllen.

5. Zur zweiten Schwierigkeit des reifen ontologischen Idealismus

Gemäß (III) wird alles objektiv Geistige aus dem subjektiv Geistigen konstituiert und ist, konstituiert, intentional im subjektiv Geistigen enthalten. Es ist schon deutlich geworden, *wie weit* das objektiv Geistige vom Idealismus gefasst werden muss, damit (I) richtig wird: Materielle Gegenstände müssen als etwas objektiv Geistiges aufgefasst werden. Die zweite Schwierigkeit des reifen Idealismus besteht nun darin, entgegen dem extremen Widerstreben eines Teils der metaphysischen Intuition (nämlich entgegen dem ontologischen Realismus, der uns natürlich ist) begreiflich zu machen, wie ein materieller Gegenstand – auch in seiner vollen Objektivität und Aktualität genommen – aus dem Bewusstsein, aus dem subjektiv (nämlich transzendental-subjektiv) Geistigen konstituiert und in ihm intentional enthalten sein kann, und zwar ohne dass der Gegenstand auch außerhalb des Bewusstseins gesetzt wird (was (V) widersprechen würde, zu welchem Setzen wir allerdings – ganz natürlicherweise – gar sehr neigen).

Einige grundsätzliche Bemerkungen sind hier notwendig, um die Begriffe des subjektiv Geistigen und des objektiv Geistigen aus idealistischer Sicht noch näher zu erläutern – und damit auch den Unterschied, im Sinne des Idealismus, zwischen Objektivität und Subjektivität: Gemäß (I) ist nichts weder subjektiv geistig noch objektiv geistig. Aber drei Möglichkeiten sind dadurch offengelassen: (1) etwas ist subjektiv geistig, aber nicht objektiv geistig; (2) etwas ist objektiv geistig, aber nicht subjektiv geistig; (3) etwas ist sowohl subjektiv geistig als auch objektiv geistig. Zum objektiv Geistigen, das nicht subjektiv geistig ist (wenngleich es, obwohl es nicht subjektiv geistig ist, aus dem subjektiv Geistigen konstituiert und in ihm intentional enthalten ist), zählen beispielsweise materielle Gegenstände, aber auch Zahlen und Propositionen (also Entitäten ganz anderer Art, als materielle Gegenstände es sind). Zum subjektiv Geistigen, das auch objektiv geistig ist, zählen alle Bewusstseinsstücke, alle Bewusstseinsmomente, alle (unmittelbaren) Bewusstseinsträger, die *für ein Subjekt* zum intentionalen Objekt geworden sind (aber dabei nicht unbedingt vollständig und gänzlich transparent dazu geworden sein müssen). Zum subjektiv

Geistigen, das *nicht* auch objektiv geistig ist, zählen alle Bewusstseinsstücke, alle Bewusstseinsmomente, alle Bewusstseinsträger, die *für kein Subjekt* zum intentionalen Objekt geworden sind (nicht einmal partiell oder in partiell intransparenter Weise). Dass es Letztere gibt, ist aber ausgeschlossen, wenn dem nichtmundanen, dem transzendentalen Subjekt nicht nur die Bewusstseine aller anderen (nämlich aller mundanen) Subjekte, sondern auch das eigene Bewusstsein vollständig und in aller Klarheit intentional erschlossen ist (etwas, was mundane Subjekte bzgl. ihrer jeweiligen Bewusstseine *nicht* erlangen können). Geht man davon aus, dass das transzendentale Subjekt d*era*rt verfasst ist – im Sinne eines *theistischen* Idealismus *wäre* davon auszugehen –, dann folgt, dass alles subjektiv Geistige auch objektiv geistig ist, woraus mit (I) prädikatenlogisch folgt: *Alles ist objektiv geistig.*

Aber es folgt natürlich nicht, dass alles *rein* objektiv geistig (*rein* eine Idealität) ist, dass also nichts subjektiv geistig ist.[15] Vielmehr steht, ganz allgemein gesagt, gemäß der Auffassung des Idealismus alles Objektive (= das objektiv Geistige) in der Intentionalität des Subjektiven (des subjektiv Geistigen). Die große Aufgabe der Phänomenologie, so wie Husserl sie verstand, war es, den verschiedenen Weisen und Konstitutionsweisen *unserer* Intentionalität nachzugehen, und damit *in Näherung* den verschiedenen (aber miteinander verbundenen) Seiten der Konstitution der objektiven Welt im Bewusstsein des transzendentalen Subjekts. Die objektive Welt ist zu einem großen und prominenten Teil *die reale physische Welt* – inklusive der realen materiellen Gegenstände und ihrer wirklichen Eigenschaften und Beziehungen. Nirgends ist es so ins Auge springend wie hier, dass das intentionale Enthaltensein des Objektiven, *wenn es nicht zugleich Subjektives ist*, im Bewusstsein nicht bedeuten kann, dass das Objektive ein Teil, ein Stück, ein Moment des Bewusstseins ist (auch dann nicht, wenn dieses Bewusstsein nun das Bewusstsein des transzendentalen Subjekts ist). Und doch ist, wenn der Idealismus recht hat, auch die reale physische Welt *intentional* im Bewusstsein enthalten. Aber was besagt das? Welcher Art ist dieses *andere* In-sein?

Die allgemeine Antwort auf diese Frage, die Husserl durch sein Werk nahelegt, ist die, dass die reale physische Welt über dem Bewusstsein *essentiell superveniert* (Meixner 2010a), m.a.W.: dass all das, was im eigentlichen Sinn Teil, Stück, qualitatives bzw. relationales Moment des Bewusstseins ist und seinen *noetischen* Teil ausmacht, in seiner Gesamtheit *per se ipsum* eine bestimmte, gleichsam darin schwebende Objektauffassung (neben Auffassungen von Objekten anderer als physischer Art), also ein bestimmtes *noematisches* Bewusstsein *essentiell determiniert*: die physische (d. h.: Physisches meinende) Objektauffassung, mit den dazugehörigen

---

15 Siehe Abschn. 3 und dort Fußnote 9.

Ordnungssystemen des objektiven Raumes und der objektiven Zeit, samt den zugehörigen Gesetzmäßigkeiten und Potentialitäten. Der Charakter *der Wirklichkeit, der Realität*, an dem intentional Physischen, das durch die physische Objektauffassung im Bewusstsein zustande kommt, ist dann aus gewissen Konstanz- und Regularitätserscheinungen im Bewusstseinsfluss konstituiert. Und die Realität des Physischen ist, als im Bewusstsein konstituierte, stets unvollständig und reversibel: „Die Wahrheit ist und bleibt ewig auf dem Marsche", hat Husserl einmal gesagt (sich dabei auf die Wahrheit über Physisches beziehend (Hua 8, 47)).[16] Wie den Charakter der Realität gewinnt das Physische den ihm wesenhaften Charakter der Bewusstseinstranzendenz (dieses: dass es auch dann existieren kann, und gewöhnlich existiert, wenn ich es nicht sehe, ja, wenn niemand es sieht; dieses: dass es von einem Bewusstseinserlebnis zum anderen *als numerisch ein und dasselbe* in den Erlebnissen präsent ist) nirgendwo anders als im Bewusstsein: aus ganz bestimmten noetischen Aspekten des Bewusstseins selbst.

Ansatzweise (aber nur ansatzweise, denn jedes menschliche Bewusstsein ist vom Bewusstsein des transzendentalen Subjekts weit entfernt) lässt sich der Aufbau der realen physischen Welt im menschlichen Bewusstsein nachverfolgen. Husserl hat hierzu wertvolle Arbeit geleistet (etwa in *Ding und Raum* und in *Ideen II*). Es bleibt aber dabei, dass der Nachvollzug der Gegenstandskonstitution weit davon entfernt ist, den lückenlosen Charakter einer Demonstration anzunehmen – eine Erkenntnisleistung, die Husserl von der *Phänomenologie* eigentlich erwartet hatte. Wird weitere phänomenologische Forschung daran etwas ändern? Es ist sehr fraglich. Ein Idealist wird freilich dennoch stets an dem festhalten, was durch die folgenden rhetorischen Fragen (indirekt) behauptet wird und was jedenfalls in seinen ersten beiden Teilen in der Tat schwer zu leugnen ist: Was gibt mir (in einer Weise, die ich wirklich verstehen, wirklich vernünftig begreifen kann) den materiellen Gegenstand in seiner physischen Objektivität und Bewusstseinstranzendenz und auch in seiner Realität, wenn nicht gewisse Aspekte *meines Bewusstseins* selbst? Woher soll denn ein Gegenstand das, was er *für mich ist*, anders herhaben als aus *meinem Bewusstsein*? Und woher soll er denn das, was er *ist*, anders herhaben als aus *dem Bewusstsein*?

---

16 Husserl ging freilich nicht soweit, aufgrund der wesenhaften Realitätsunvollständigkeit des Physischen das logische Prinzip *Tertium non datur* aufzugeben (Meixner 2014, 69 [Fußn.], 418 [Fußn.]). Auch durch die Annahme eines transzendentalen Subjekts wird dieser Schritt durchaus nicht ausgeschlossen.

6. *Pro* Idealismus?

Die Argumentation für den Idealismus nimmt ihren Ausgangspunkt von der oben schon erwähnten *cartesianischen Einsicht* (sie sei hier so genannt, sie ist aber tatsächlich sehr viel älter): Mein Bewusstsein (existiert und) könnte im Prinzip ohne etwas ihm Äußerliches existieren (womit ich die cartesianische Einsicht, die Descartes auf sich bezog, auf mich selbst beziehe). Mein Bewusstsein bildet einen geschlossenen Seinsraum, aus dem ich nicht herauskann. Von den Sachen darin kann ich nicht entscheiden, ob sie von selbst darin sind oder durch irgendetwas von außen hereingebracht wurden. Im Prinzip könnten sie ganz von selbst darin sein. Also in der Tat: Mein Bewusstsein – und ich mit ihm – könnte im Prinzip ohne etwas ihm Äußerliches existieren. Das gilt trotz der gewissen Lückenhaftigkeit, die mein Bewusstsein aufweist; denn diese Lückenhaftigkeit braucht man nicht als einen Verweis auf etwas ihm Äußerliches zu verstehen; sie könnte ganz von selbst in meinem Bewusstsein sein.

Dass die Dinge so sein *könnten*, bedeutet natürlich noch nicht, dass sie tatsächlich so *sind*. Nun setzt aber eine Überlegung der erkenntnistheoretisch begründeten ontologischen Sparsamkeit ein. Ich kann in keiner Weise feststellen, ob außerhalb meines Bewusstseins etwas ist – nämlich etwas, das *im eigentlichen Sinne außerhalb* meines Bewusstseins ist, und nicht in der bloß intentionalen Weise „außerhalb", die in Abschn. 5 beschrieben wurde, wo das Betreffende – ein materieller Gegenstand etwa – dann doch noch *in einem eigentlichen Sinne innerhalb* meines Bewusstseins ist (wenn auch sicherlich nicht als ein Teil, Stück oder Moment meines Bewusstseins); m.a.W., ich kann in keiner Weise feststellen, ob es Entitäten gibt, die *hinsichtlich meines Bewusstseins* Dinge an sich sind.[17] Wenn die Erkenntnislage dergestalt ist, dann verlangt das Gebot der ontologischen Sparsamkeit, dass ich *nicht annehme*, dass es Entitäten *gibt*, die hinsichtlich meines Bewusstseins Dinge an sich sind, ja sogar, dass ich *annehme*, dass es solche Entitäten *nicht gibt*. Auf diese Weise gelange ich zur oben schon präsentierten These (V*): „Mein Bewusstsein existiert ohne etwas ihm Äußerliches", zur These des Solipsismus (siehe Abschn. 4).

Der Solipsismus ist eine absurde These (wenn auch keine logisch absurde). Bei ihm kann man gewiss nicht stehenbleiben. Die weiterführende Überlegung ist dann diese: Die zum Solipsismus führende, eben dargelegte Argumentation ist eine – frei-

---

17 Descartes wusste – in derselben Situation – keinen anderen Ausweg als (unhaltbare) Argumente anzugeben, die die Existenz einer Außenwelt mittels der Existenz eines die Wahrheit seines Außenweltglaubens garantierenden *guten* Gottes beweisen wollen.

lich sehr naheliegende, sehr sich aufdrängende – *ich*bezogene „mikroskopische Verkleinerung" der eigentlichen Argumentation, gewissermaßen eine Parodie von ihr. Dennoch kann diese „Verwinzigung" heuristischen Wert haben, denn die eigentliche Argumentation ist ihrer „Verwinzigung" sehr ähnlich; nur hat sie eben gegenüber dieser *die richtige Größe*:

Das Bewusstsein (existiert und) könnte im Prinzip ohne etwas ihm Äußerliches existieren. Niemand und nichts kann in irgendeiner Weise feststellen, ob es Entitäten gibt, die *hinsichtlich des Bewusstseins* Dinge an sich sind. Es ist also vernünftig, anzunehmen, dass es keine Entitäten gibt, die hinsichtlich des Bewusstseins Dinge an sich sind. Also: *Das Bewusstsein* existiert ohne etwas ihm Äußerliches.

Diese Argumentation ist, salopp gesagt, wacklig – aber nicht wackliger als andere metaphysische Argumentationen, die mit „Ockhams Rasiermesser" operieren, also mit dem in der Metaphysik unerhört beliebten, aber kaum schlechthin vernünftigen Prinzip, wonach auf Entitäten, die für die Zwecke der Erkenntnis und der Praxis nicht nötig sind, auch wirklich Verzicht geleistet werden muss. Entitäten, die hinsichtlich des Bewusstseins an sich sind, sind für die Zwecke der Erkenntnis und der Praxis nicht nötig. Also ist gemäß Ockhams Rasiermesser anzunehmen: *Es gibt sie nicht*. Das Problematische hieran ist, dass zwar sehr gut rational nachvollziehbar ist, dass man nicht die Existenz von etwas annehmen darf, dessen Existenz anzunehmen man keinen Grund hat; dass aber bei weitem nicht so gut rational nachvollziehbar ist, dass man die Nichtexistenz von etwas annehmen muss, dessen Existenz anzunehmen man keinen Grund hat.

Dass die Argumentation für eine These wacklig ist, bedeutet nicht per se, dass die fragliche These falsch oder die Argumentation wertlos ist. Der Idealismus steht hier nicht schlechter da als die Alternativen zu ihm (als da sind: (a) der neutrale Monismus, (b) der monistische ontologische Realismus – also der Materialismus bzw. Physikalismus – und (c) der dualistische ontologische Realismus, oft schlicht als „Dualismus" bezeichnet): *Auf der Ebene fundamentaler metaphysischer Stellungnahmen sind nur motivierende Erwägungen, nicht zwingende Argumentationen zu erwarten*. Es ist eine wohlmotivierte (aber keine rational zwingende und darum auch nicht allgemeinverbindliche) metaphysische Stellungnahme, zu behaupten, dass das Bewusstsein ohne etwas ihm Äußerliches existiert, also dass These (V) richtig ist. Dann ergibt die phänomenologische Analyse des Bewusstseins, die von der Richtigkeit von (V) ausgeht (niemand hat in solcher Analyse mehr geleistet als Husserl), die Thesen (I) bis (III) (während (IV) schlicht eine begriffliche Festlegung trifft, die durch die drei anderen Thesen motiviert ist). Nicht vergessen werden darf aber bei alledem, dass die phänomenologische Analyse *des Bewusstseins* betrieben wird durch die

Extrapolation ins Absolute – durch die Projektion auf das absolute Bewusstsein – von Erkenntnissen, die über *menschliche* Bewusstseine gewonnen wurden; dass jene Analyse *nur so* von uns Menschen betrieben werden kann. Dass menschliche Bewusstseine als hinreichend repräsentativ für *das Bewusstsein* erachtet werden, verbleibt ein signifikantes erkenntnistheoretisches Problem des Idealismus.

7. *Contra* Idealismus?

Was gegen den Idealismus zu sprechen scheint, ist sein verborgener Anthropozentrismus. Die Eierschalen des (anthropoiden) Solipsismus, aus dem er geschlüpft ist, wird der Idealismus offenbar nicht ganz los. Die Kraft dieses Einwandes lässt sich vielleicht am besten anhand eines ausgedehnten Gleichnisses, anhand einer Parabel deutlich machen:

Unter den Spinnen – Tieren mit Bewusstsein, wenn auch mit einem sehr beschränkten (sie haben kein Bewusstsein von Sternen, von Bergen, Flüssen und Meeren, vom Aufbau der Materie, von der Zahl π; sie haben keine religiösen Empfindungen, kein Gefühl der Wehmut, keine Zahnschmerzen; usw. usf.) – möge es eine Philosophin geben, eine Spinne mit Selbstbewusstsein, die, während sie nächtelang in der Mitte ihres Netzes sitzt, ins Nachdenken kommt. Zunächst ist diese Philosophenspinne – kurz: *die Spinnerin* – Solipsistin. Aber sie wandelt sich zur nichtsolipsistischen Idealistin angesichts dessen, dass es ihr angesichts der ihr zuweilen über den Weg laufenden Mitspinnen gar zu lächerlich erscheint, Bewusstsein nur sich selbst zuzuerkennen. Freilich bleibt es dabei – und das durchaus nicht unbemerkt von der Spinnerin –, dass ihrem Bewusstsein jedes fremde Bewusstsein und dessen Subjekt so gut wie gar nicht immanent ist. „Meinem Bewusstsein", sagt sich da die Spinnerin, „ist also wohl vieles absolut äußerlich, ich habe kein Allbewusstsein. Aber es gibt ein transzendentales Subjekt, dessen Bewusstsein nun wirklich *nichts* äußerlich ist, in dem vielmehr alles vollständig und vollständig transparent enthalten ist (ob intentional oder aber „reell", wie Husserl sagen würde) und das sich u. a. auch in mir und meinem Bewusstsein manifestiert." Könnte die Spinnerin damit recht haben (natürlich vorausgesetzt, dass man – mittels einer sehr großzügigen „willing suspension of disbelief", wie Coleridge es nannte – von der kompletten Absurdität des Settings dieser Story absieht)?

Was dies sagen will, ist klarerweise, dass die Unterstellung eines transzendentalen Subjekts mit zugehörigem Bewusstsein *durch mich* (oder durch einen anderen Philosophen) ebenso abwegig ist wie die Unterstellung eines transzendentalen Subjekts mit zugehörigem Bewusstsein *durch die Spinnerin* (oder durch eine andere philosophische Spinne). Solange irgendwelche inhaltliche Vorstellungen damit verbunden sind, wird „das transzendentale Subjekt", das die Spinnerin postuliert, doch nichts anderes sein als ein aufgeblasenes *Spinnen*subjekt; und „das transzendentale Subjekt", das *ich* postuliere, nichts anderes als ein aufgeblasenes *Menschen*subjekt – eine lächerliche Parodie dessen, was ein transzendentales Subjekt eigentlich sein müsste. Wenn man aber darauf verzichtet, mit der Idee eines transzendentalen Subjekts inhaltliche Vorstellungen zu verbinden, dann wird diese Idee gänzlich leer, so leer, dass sich der Gedanke mächtig aufdrängt, dass das angebliche Bewusstsein des transzendentalen Subjekts – *das Bewusstsein* – gar kein Bewusstsein eines Subjekts ist, sondern vielmehr einfach die physische Welt *plus* die vielen mit lebenden Körpern verbundenen Bewusstseine und deren Subjekte – was bedeutet, dass der Idealismus in den dualistischen ontologischen Realismus kollabiert.

Dem ist entgegenzuhalten, dass der Idealismus als von Menschen vertretene metaphysische Position in der Tat nicht anders sein kann als *anthropoid und anthropozentrisch*; so wie der Idealismus als von Spinnen vertretene metaphysische Position, wenn das möglich wäre, nicht anders sein kann als *arachnoid und arachnozentrisch*. Jedes Subjekt, das einen Idealismus vertritt, muss von seinem eigenen Bewusstsein und dessen Gestalt ausgehen, auch dann noch, wenn es den seinem jeweiligen Bewusstsein entsprechenden Solipsismus – diese Vorstufe des Idealismus – hinter sich gelassen hat. Diese Sachlage hindert aber für sich genommen nicht, dass sowohl ein menschliches Subjekt als auch ein nichtmenschliches Subjekt (wie *die Spinnerin*) tatsächlich dasselbe transzendentale Subjekt, „das Subjekt jenseits aller [anderen] Subjekte", samt seinem Bewusstsein *meinen*, wenn sie denn in ihrer metaphysischen Spekulation ausgehend von ihrem je eigenen Bewusstsein die dazu notwendige Entgrenzung über *alle* Partikularsubjekte und Partikularbewusstseine hinweg vornehmen (über die für sie denkbaren Partikularsubjekte und Partikularbewusstseine hinweg und, summarisch leer, auch über die nicht für sie denkbaren hinweg). Das transzendentale Subjekt und sein Bewusstsein kann von ihnen *gemeint* sein, mag auch ihre Vorstellung vom transzendentalen Subjekt und dessen Bewusstsein noch so leer sein. Unerlässliche Voraussetzung dafür, dass es gemeint ist, ist freilich, dass das transzendentale Subjekt und sein Bewusstsein *existieren*. Dies anzunehmen ist ohne Zweifel eine kühne Annahme – aber keine, die kühner wäre als die relevanten Alternativannahmen.

8. Ist der Idealismus wahr?

Das ist eine Frage, die nicht so einfach zu beantworten ist, auch nicht, nachdem halbwegs geklärt ist, was der Idealismus ist – oder was er sein sollte. Es gibt Bedenken gegen ihn (sie sind deutlich geworden), aber die Bedenken lassen sich relativieren. Es gibt kein durchschlagendes Einzelargument für oder gegen den Idealismus.

Am plausibelsten kann der Idealismus erscheinen, wenn man ihn im Kontext einer Diskussion, die von vornherein metaphysisch ausgerichtet ist – also innerhalb der Unsicherheit noch das relativ Sicherste ausmachen will – mit seinen Konkurrenten vergleicht: mit den metaphysischen Positionen des neutralen Monismus, des Materialismus (des monistischen ontologischen Realismus) und des Dualismus. Neutrale Monisten nehmen als die gemeinsame Wurzel des Mentalen und des Physischen etwas an, das weder das eine noch das andere ist, also etwas, dessen Natur sich der Erkenntnis gänzlich entzieht; Idealisten tun dergleichen Unvernünftiges *nicht*. Materialisten erklären das Bewusstsein für nichtexistent bzw. machen es zu etwas anderem, als es ist; derart Unvernünftiges tun Idealisten *nicht*. Mag auch der Materialismus in der westlichen Philosophie gegenwärtig Triumphe feiern – die Gründe, die dahinter stehen, sind aus erkenntnistheoretischer Sicht *nicht rational*. Der einzige rational ernstzunehmende Konkurrent des Idealismus ist vielmehr der Dualismus, m.a.W., der dualistische ontologische Realismus.

Nun wird als ein Zentralproblem der Metaphysik oft die Leibniz'sche *Frage* angesehen: „Warum ist etwas und nicht vielmehr *nichts*?" Und diese Frage *ist* metaphysisch bedeutsam, wenn man sie richtig versteht.[18] Mindestens ebenso metaphysisch bedeutsam ist aber eine weiterreichende, die Leibnizsche Frage mitumfassende Frage: „Warum sind die Dinge so, wie sie sind, und nicht vielmehr *anders*?" Der ontologische Idealismus steht in der Beantwortung dieser Frage – in der Lösung des *Kontingenzproblems* – nicht schlechter, vielleicht sogar besser da als der Dualismus, sein einziger rational verbleibender Konkurrent.

Die (Details der) Faktizität des Bewusstseins kann der Dualismus im Prinzip *psycho-physisch kausal* erklären durch die (Details der) Faktizität der physischen Welt – bei deren Faktizität dann erst das eigentliche Rätsel beginnt: Warum ist die *physische Faktizität* so, wie sie ist? Man beachte hier, dass die Gesetze der Physik nichts zur Lösung des Problems beitragen, sondern ein Teil von ihm sind. Das Rätsel steht. Umgekehrt: Die (Details der) Faktizität der physischen Welt kann der Idealis-

---

18 Man kann sie auch so verstehen, dass die Antwort auf sie lautet: „Es kann *aus logischen Gründen* gar nicht anders sein, als dass etwas ist." Angenommen man verstünde die Frage wörtlich so, wie sie dasteht, also völlig generell. Angenommen dann (zum Zwecke einer *reductio ad absurdum*): Nichts ist. Dann *ist* doch zumindest der Sachverhalt, dass nichts ist – und ist nicht nur etwas, sondern auch noch *etwas Wirkliches*: ein *bestehender Sachverhalt*, eine *Tatsache*. Es ist also logisch unmöglich, dass nichts ist, und zudem logisch unmöglich, dass nichts *etwas Wirkliches* ist. Metaphysisch interessant wird die Leibniz'sche Frage erst dann, wenn man sie spezifischer versteht, beispielsweise so: „Warum ist mancher materielle Gegenstand etwas Wirkliches und nicht vielmehr keiner?" Es ist sicher nicht schon aus logischen Gründen so, dass mancher materielle Gegenstand etwas Wirkliches ist.

mus im Prinzip *intentional* (genauer: *intentional-konstitutiv*) erklären durch die (Details der) Faktizität des Bewusstseins – bei dessen Faktizität dann erst das eigentliche Rätsel beginnt: Warum ist die *Bewusstseinsfaktizität* so, wie sie ist? Ganz gewiss kann dem Idealismus hier nicht der vulgäre Einwand gemacht werden, dass wenn er richtig wäre, die Welt ja so sein müsste, wie ich sie will, oder wir sie wollen. Aber das Rätsel steht.

Soweit herrscht also Gleichstand zwischen Dualismus und Idealismus. Nun ist aber die intentionale Beziehung im idealistischen Verständnis eine essentielle Beziehung und bedarf nicht ihrerseits einer Erklärung, während die psycho-physische kausale Beziehung im dualistischen Verständnis nichts anderes ist als ein weiteres, Erklärung heischendes Faktum.[19] Und sie ist im letzteren Verständnis zudem ein Faktum, von dem in all den Jahrhunderten seit Descartes gebetsmühlenartig behauptet wird, es sei unmöglich zu verstehen – was dann als Grund dafür angesehen wird, jenes Faktum zu bestreiten, ja, sich vom Dualismus abzuwenden. Ich bin nicht der Auffassung, dass die psycho-physische Kausalität im dualistischen Verständnis unverständlich sei, und wenn sie es wäre, folgt daraus nicht ihre Nichtexistenz und schon gar nicht die Falschheit des Dualismus. Dennoch ist zuzugeben, dass der Idealismus gegenüber dem Dualismus *beim Kontingenzproblem* die Nase ein klein wenig vorn hat – womöglich aber nicht definitiv, denn erst weitere metaphysische Spekulation kann zeigen, wie das Rätsel der Welt – „Warum sind die Dinge so, wie sie sind, und nicht vielmehr *anders*?" – am besten zu lösen wäre.[20] Im umfassenderen Vergleich zwischen beiden Positionen könnte sich das transzendentale Subjekt (so, wie es der Idealismus braucht) möglicherweise als eine größere metaphysische Hypothek herausstellen als die psycho-physische Kausalität (so, wie der Dualismus sie braucht).

---

19 Der Idealismus akzeptiert die psycho-physische Kausalität, aber fasst sie *in seinem Licht* auf: als auf einer hohen Konstitutionsebene intentional konstituiert (*nach* der Konstitution des Physischen). Der Dualismus wiederum akzeptiert die Intentionalität, aber fasst sie *in seinem Licht* auf: als begrifflich abhängig von der psycho-physischen Kausalität. Siehe hierzu paradigmatisch John Searle (1983).
20 Es ist, radikal verstanden, eine *metaphysische* Frage, und nur Metaphysik hat hierzu etwas zu sagen, mit aller zugehöriger Unsicherheit (siehe Meixner 1997; 2010). Wenn man von Metaphysik nichts hält, dann tut man gut daran, diese Frage, als eine radikal verstandene, schlicht zu vergessen.

Zur Konvergenz zwischen einem geistmetaphysischen Idealismus und christlicher Theologie im Kontext der gegenwärtigen Realismus-Antirealismus-Debatte

Markus Enders

1. Einführung in den Aufbau der folgenden Überlegungen

Die Frage, welche Form einer philosophischen Metaphysik sowie einer mit dieser verknüpften Erkenntnistheorie dem christlichen Glauben für die rationale Explikation seines Gottes-, Welt- und Menschenbildes am angemessensten ist, ist fast so alt wie die christliche Theologie selbst. Dieser Umstand lässt sich exemplarisch an der theologischen Auslegungsgeschichte des Prologs zum Johannes-Evangelium als einer Magna Charta des Christentums aufweisen (Enders und Kühn 2011). Im Folgenden soll diese Frage aber nicht an einem historischen Beispiel, sondern in direktem systematischen Zugriff behandelt werden, und zwar im Ausgang von dem grundsätzlichen Gottes-, Welt- und Menschenbild des christlichen Glaubens, das daher in einem ersten Schritt unserer Überlegungen in Grundzügen entfaltet werden muss (2).

In einem zweiten Schritt (3) soll gezeigt werden, dass und aus welchen Gründen der in der abendländischen Philosophie entwickelte Typ eines metaphysischen Idealismus diesem Selbstverständnis des christlichen Glaubens inhaltlich am nächsten kommt und daher als dessen angemessene rationale Explikation betrachtet werden kann.

Dann soll in einem dritten Schritt (4) gezeigt werden, dass und inwiefern aus dem geistmetaphysischen Idealismus ein mit diesem daher vereinbarer metaphysischer Realismus folgt. Dabei können diese beiden philosophischen Richtungen im eng begrenzten Rahmen dieses Beitrags nur relativ allgemein bestimmt und umrissen, nicht aber mehr im einzelnen und detailliert gekennzeichnet werden.

In einem vierten und letzten Schritt sollen einige Anmerkungen zur gegenwärtigen Realismus-Antirealismus-Debatte formuliert und dabei vor allem auf zwei für unsere Fragestellung relevante, voneinander aber sehr verschiedene erkenntnisrealistische Positionen in der gegenwärtigen Realismus-Antirealismus-Debatte eingegangen werden, und zwar zuerst auf diejenige des französischen Philosophen Quentin Meillassoux (5.2–5.7) und abschließend auf diejenige des sog. Neuen Realismus, die im deutschen Sprachraum am prominentesten von dem Bonner Philosophen Markus Gabriel vertreten wird (6).

2. Grundzüge des Gottes-, Welt- und Menschenbildes des christlichen Glaubens

Der christliche Glaube nimmt an, dass es ein einziges, absolutes, göttliches, d. h. wesenhaft einfaches, und zugleich dreipersonales, trinitarisches Prinzip der gesamten Welt raumzeitlich erscheinender Vielheit und darüber hinaus sogar auch einer rein geistigen, d. h. immateriellen, Welt gebe. Der dreieine Gott bringt gemäß allgemein christlichem Glauben diese beiden Welten als seine Schöpfung nicht nur hervor (in einer *creatio ex nihilo*), sondern er erhält (in einer *creatio continua*) diese beiden Welten auch in ihrem Bestand einschließlich der Gesamtheit ihrer Existenzbedingungen so lange, bis er diese zu sich, d. h. in eine unmittelbare Anwesenheit bei sich, führt. Dabei können die Christen aufgrund der von ihnen geglaubten geschichtlichen, insbesondere neutestamentlich bezeugten, Offenbarung dieses Prinzips nur wissen, dass diese Vollendung der Schöpfung durch ihre Neuschöpfung von Gott her in Christus einmal der Fall sein wird und welche erschütternden Ereignisse im Allgemeinen dem Ende der bisherigen Menschheitsgeschichte vorausgehen werden; sie können jedoch nicht im Voraus wissen, wann genau dieses Ende eintreten wird. Dies weiß nicht einmal der inkarnierte Sohn Gottes, wie die christliche Offenbarung lehrt, sondern einzig und alleine der göttliche Vater (Mk, 13,32).

Der christliche Glaube besitzt ein konsistentes, d. h. in sich widerspruchsfreies und damit logisch mögliches, monotheistisches Gottesverständnis. Er nimmt daher an, dass das göttliche Prinzip in seinem Wesen vollkommen einfach, in seinem Sein schlechthin unübertrefflich und daher einzig ist. Schlechthin, d. h. in jeder möglichen Hinsicht, unübertrefflich ist aber nur dasjenige Wesen, welches die Gesamtheit aller möglichen, d. h. widerspruchsfrei denkbaren, vollkommenen Eigenschaften als seine wirklichen Eigenschaften notwendigerweise besitzt. Zu diesen denk- und seinsnotwendigen vollkommenen Eigenschaften eines unübertrefflichen Wesens gehören auch und sachlogisch sogar an erster Stelle die drei Eigenschaften der Allmacht, der Allwissenheit und der vollkommenen Güte des Willens, d. h. die drei Grundeigenschaften von Macht, Wissen und Willen einer geistigen Entität, und zwar in ihrer unübertrefflichen Perfektion. Zu ihnen gehört ferner auch die Eigenschaft der Unveränderlichkeit, d. h. der Kontingenzfreiheit, und damit der Notwendigkeit der realen Existenz dieses Wesens. Denn eine reale Zustandsveränderung seines Seins wäre notwendigerweise dessen Verschlechterung, weil sie unvermeidlicherweise nicht verwirklichte Potentialität, mithin Nichtsein, einschließen würde. Ein unübertreffliches Sein kann daher keine unverwirklichte Möglichkeit, keinen noch so geringen Schatten an Nichtsein in sich tragen.

3. Zur Konvergenz zwischen einem geistmetaphysischen Idealismus und dem Selbstverständnis des christlichen Glaubens

Diesen beiden Grundzügen des christlichen Glaubens, seinem Gottesverständnis und seinem Schöpfungsglauben, können wir für die Beantwortung der Frage, welche Form einer philosophischen Metaphysik sowie einer mit dieser verknüpften Erkenntnistheorie dem christlichen Glauben für die rationale Explikation seines Gottes-, Welt- und Menschenbildes am angemessensten ist, bereits erste Hinweise entnehmen: Weil das Christentum an die Existenz eines im Vollkommenheitsgrad seines Seins schlechthin unübertrefflichen Gottes glaubt, kann ihm als Pendant im metaphysischen Denken der abendländischen Philosophie nur ein geistmetaphysischer Idealismus entsprechen. Denn dieser nimmt die Existenz eines absoluten, in seinem Sein schlechthin unübertrefflichen Geistes an, der erstes und einziges Prinzip der gesamten Welt der erscheinenden Vielheit, d. h. allbegründend bzw. die notwendige und hinreichende Voraussetzung aller Entitäten überhaupt, und als solche für den endlichen Geist auch prinzipiell erkennbar ist.[1] Dieser absolute, d. h. von nichts anderem bedingte bzw. abhängige, sondern aus und durch sich selbst heraus immer schon bzw. anfangslos, mithin notwendigerweise und damit kontingenzfrei existierende Geist, muss nicht nur ein vollkommenes Selbstbewusstsein, sondern zugleich auch und darin enthalten ein vollkommenes Wissen von allem Wiss- und Erkennbaren überhaupt besitzen. Denn

---

1 Zu den im Begriff absoluter Unübertrefflichkeit enthaltenen Bestimmungen bzw. Eigenschaften eines unübertrefflichen Geistes und dessen religiöser und interreligiöser Relevanz vgl. Markus Enders (2014, 187–261; 2012, 241–287; 2008, 71–99 wiederabgedruckt in 2008, 205–238; 2002, 50–86).

diese Eigenschaften müssen einem schlechthin unübertrefflichen Geist, müssen einer absoluten Subjektivität zukommen, von deren realer Existenz der geistmetaphysische Idealismus ausgeht. Darüber hinaus kann der geistmetaphysische Idealismus unter dieser Voraussetzung auch erkennen, dass der absolute Geist nicht gleichsam bei sich selbst bleiben, sondern eine von ihm notwendigerweise wesensverschiedene Welt der erscheinenden Vielheit hervorbringen will und in seiner Allmacht auch hervorgebracht hat. Es handelt sich dabei um eine Einsicht in den inneren Seinsgehalt eines schlechthin unübertrefflichen Wesens. Denn eine von ihm zwar notwendigerweise wesensverschiedene, zugleich aber auch ihm als seiner Seinsursache ähnliche Welt hervorzubringen, stellt deshalb eine widerspruchsfrei denkbare und daher logisch mögliche perfekte Eigenschaft eines unübertrefflichen Wesens dar, weil die Hervorbringung anderer Entitäten in größtmöglicher Vielfalt und Verschiedenheit ein Vermögen darstellt, das einem unübertrefflichen Wesen nicht fehlen kann. Denn in von ihm wesensverschiedenen Entitäten als in seinem real Anderen drückt sich der unübertreffliche Geist in allerdings gestufter und unterschiedlicher Weise selbst aus, gelangt er zur Fülle seiner Darstellung und seiner Erscheinung. Geist und zumal absoluter Geist aber ist wesenhaft für den Geist, d. h. er strebt danach, sich zu manifestieren, für Anderes zu sein. Daher muss zu demjenigen, was der absolute Geist aus seiner eigenen Machtvollkommenheit aus sich selbst hervorbringt, auch der andere, wesensverschiedene, mithin endliche Geist gehören, und zwar in seiner größtmöglichen Vielheit und Verschiedenheit.

Die reale Existenz des endlichen Geistes ist daher für den metaphysischen Idealismus sogar ein Implikat seiner Einsicht in die Wirklichkeit eines absoluten, unübertrefflichen Geistes.

Ein weiteres Implikat dieser Einsicht ist das Wissen um die reale Existenz nicht nur des endlichen Geistes, sondern aller endlichen Entitäten, d. h. der Welt der erscheinenden Vielheit im Ganzen. Denn dieses Wissen folgt einerseits aus der geistmetaphysischen Einsicht in die Notwendigkeit der Manifestation eines absoluten Geistes im Medium des real Anderen und Verschiedenen. Es folgt andererseits aber auch aus der Unübertrefflichkeit des absoluten Geistes: Denn wenn es einen absoluten, unübertrefflichen Geist gibt, dann muss – im Sinne einer durch die Unübertrefflichkeit seines Wesens bedingten, nicht einer unbedingten, sein Handeln determinierenden Notwendigkeit – dieser auch den Charakter einer Seinsursache für eine von ihm wesensverschiedene, mithin endliche Welt besitzen bzw., in theologischer Formulierung, dann muss dieser auch Schöpfer einer Welt endlicher Kreaturen sein. Denn ihm als dem Unübertrefflichen muss ein vollkommen guter, ein perfekter Wille eignen, der daher möglichst viele andere Entitäten um ihres eigenen Wohlergehens willen an der Fülle und Vollkommenheit seines eigenen Seins teilhaben lässt.

Genau dies aber, dass die Welt der erscheinenden Vielheit den Charakter einer Schöpfung durch ein erstes, absolutes (Geist-) Prinzip besitzt, lehrt auch der christliche Glaube. Insofern konvergieren sowohl das christliche Gottesverständnis als auch der christliche Schöpfungsglaube inhaltlich mit einem geistmetaphysischen Idealismus.

Als deren Wirkung aber muss die endliche Welt ihrer göttlichen Seinsursache ähnlich sein, nach deren Ur- oder Vorbild sie hervorgebracht bzw. geschaffen ist; sie muss daher ein analoges Entsprechungsverhältnis zu ihrer absoluten und unübertrefflichen Seinsursache besitzen.

Die endliche Welt als die in ihrer Grundverfassung von dem absoluten Geist selbst gewirkte Erscheinungsform seiner selbst außerhalb seiner aber muss nicht nur ihrem Prinzip ähnlich, sondern auch die beste aller möglichen Welten, d. h. sie muss in ihrer Art und damit relativ unübertrefflich sein, weil sie ein schlechthin und absolut unübertreffliches Prinzip besitzt. Auch diese Einsicht lässt sich aus der Annahme des Gegebenseins eines schlechthin unübertrefflichen Geistes mit notwendigen Vernunftgründen ableiten.

Eine Konvergenz zwischen dem Selbstverständnis des christlichen Glaubens und einem geistmetaphysischen Idealismus besteht auch in Bezug auf jene Grundbestimmung des Verhältnisses zwischen Gott und seiner Schöpfung, die von dem sog. christlichen Exemplarismus durch seine Lehre von einer Präexistenz der Schöpfung im Geist Gottes vorgenommen wird. Was ist damit genau gemeint?

Wir haben gesehen: Wenn es einen absoluten, unübertrefflichen Geist gibt, dann muss dieser alle möglichen Vollkommenheitsprädikate als wirkliche Eigenschaften in sich vereinigen. Ein logisch und real mögliches Vollkommenheitsprädikat aber ist auch die Unveränderlichkeit des eigenen Seins, die daher einem unübertrefflichen, absoluten Geist als dessen reale Eigenschaft zukommen muss.

Ein absoluter Geist muss daher bereits einen geistigen (Vor-) Entwurf von der gesamten endlichen Welt und ihrer Evolution von Anfang an bzw. von Ewigkeit her in sich tragen; er muss das Geflecht seiner für die Weltentstehung form- bzw. exemplarursächlich wirkenden Ideen, d. h., theologisch gesprochen, der ewigen Schöpfungsgründe als seiner eigenen Gedanken, von Anfang an bzw. von Ewigkeit her in sich besitzen, bevor[2] er aus ihnen die Schöpfung als seine Erscheinungsform außerhalb seiner bzw. als das Andere seiner selbst gleichsam entlässt. Daher können wir auch in Bezug auf die von herausragenden christlichen Theologen wie Augustinus, Tho-

---

2   Dabei handelt es sich ausschließlich um eine sachlogische Priorität und nicht um eine zeitliche Sukzession zwischen dem innergöttlichen Vorentwurf der Welt der erscheinenden Vielheit und ihrer Hervorbringung durch den absoluten Geist, denn die Zeit gehört zu dieser Welt.

mas von Aquin und Bonaventura vertretene Lehre von der Präexistenz der exemplarursächlich wirkenden Schöpfungsideen im Geiste Gottes eine inhaltliche Konvergenz mit dem geistmetaphysischen Idealismus feststellen.

Der absolute Geist bringt die endliche Welt der erscheinenden Vielheit alleine aus sich selbst und nicht etwa aus einer ihm vorgegebenen Materie, d. h. in Form einer creatio ex nihilo, hervor. Denn seine Weltverursachung ist umso mächtiger und daher vollkommener, je mehr er sie aus sich selbst, aus seinem eigenen Vermögen heraus, ins Werk setzt. Unübertrefflich ist seine Weltverursachung folglich erst dann, wenn er eine real existierende endliche Welt der erscheinenden Vielheit einzig und alleine aus sich selbst bzw. aus seinen eigenen Gedanken heraus hervorbringt. Daher ist die christliche Lehre von der göttlichen Weltschöpfung ex nihilo inhaltlich mit der Weltentstehungslehre einer idealistischen Geistmetaphysik durchaus vereinbar.

4. Zum metaphysischen Realismus als Konsequenz eines geistmetaphysischen Idealismus

Mit dieser geistmetaphysisch-idealistischen Einsicht in die reale Existenz einer endlichen Welt als des Erscheinungsraumes eines absoluten, unübertrefflichen Geistes gewinnt aber zugleich auch ein metaphysischer Realismus als rationale Explikation des christlichen Glaubens seine partielle Berechtigung. Inwiefern? Die Existenz der endlichen Welt der erscheinenden Vielheit ist auch und vor allem für den metaphysischen Realismus eine objektive Realität. Dieser Grundüberzeugung des metaphysischen Realismus entspricht daher eine Erkenntnistheorie, die davon ausgeht, dass das menschliche Erkennen sich auf die Wirklichkeit selbst bezieht und von ihr zumindest mitbestimmt wird; dass also das menschliche Erkennen objektiv bestehenden Sachverhalten und Tatsachen entspricht und diese als solche zu erfassen vermag. Worauf kann sich diese erkenntnistheoretische Annahme stützen? Denn es könnte doch zumindest theoretisch so sein, dass wir zwar mit Hilfe der idealistischen Geistmetaphysik wissen können, dass es eine von einem absoluten Geist hervorgebrachte endliche Welt der erscheinenden Vielheit wirklich gibt; dass wir aber deren objektiv bestehende Grundstrukturen nicht zu erfassen vermögen, dass unser Erkenntnisvermögen nicht die Fähigkeit besitzt, diese Grundstrukturen zu erkennen und uns zu vergegenwärtigen.

5. Anmerkungen zur Realismus-Antirealismus-Debatte in der Gegenwart

5.1. Gründe für einen erkenntnistheoretischen Realismus

Einer solchen antirealistischen, skeptizistischen Annahme widerspricht allerdings deutlich unsere gemeinsame alltägliche Wahrnehmung und Erfahrung von Wirklichkeit: Denn wir machen ständig die Erfahrung, dass unsere Sinneswahrnehmungen zumindest im Wesentlichen übereinstimmen, und zwar aufgrund der kategorial bestimmten Erfassung, Strukturierung und Auswertung unserer Sinneswahrnehmungsdaten durch unseren, d. h. den allgemein menschlichen Verstand, der in seinem epistemischen Bezug auf die Gehalte unserer Sinneswahrnehmungen diese nach festen Anschauungsmustern, kantisch formuliert: nach Schematismen organisiert bzw. konfiguriert. Für einen erkenntnistheoretischen Realismus spricht aber vor allem die Tatsache, dass wir die physikalischen Gesetze als in ihrem jeweiligen Bezugssystem nachweislich gültig einsehen und erkennen können.

5.2. Gründe gegen einen naiven erkenntnistheoretischen Realismus – das antirealistische Argument des korrelationalen Zirkels zwischen Denken und Sein nach Meillassoux

Die antiskeptizistische Einsicht in die weitgehende Allgemeinheit unserer empirischen Erkenntnisse zeigt zugleich aber auch die Unangemessenheit eines naiven erkenntnistheoretischen Realismus auf, indem sie die wirklichkeitskonstituierenden und -strukturierenden Anteile unserer empirischen Erkenntnis sichtbar macht (Kraschl 2013). Damit verbürgt sie zwar den Allgemeinheitscharakter unserer *empirischen* Erkenntnisse, nicht jedoch bereits deren objektiven, subjektunabhängig bestehenden Realitätscharakter. Denn nach Immanuel Kant lässt sich ein allgemeingültiges Wissen nur von den Phänomenen, d. h. den Erscheinungsformen der Noumena oder Dinge, nicht jedoch von diesen selbst gewinnen (KrV, A 109, 169). Kants transzendentale Erkenntnistheorie muss folglich „das metaphysische Denken auf die apriorischen Bedingungen der möglichen Erfahrung beschränken" (Avanessian 2013, 11). Dabei wird die von Kant behauptete Relation zwischen einem letztlich, d. h. auf noumenaler Ebene, „un-objektivierbaren Denken" und einem letztlich, d. h. auf noumenaler Ebene, „un-repräsentierbaren" Sein von Quentin Meillassoux als ein korrelationaler Zirkel verstanden, „der das Denken der Substanz oder des metaphysischen Substrats durch das Denken der Korrelation ersetzt" (Avanessian 2013, 10 f.). Dieses Denken der Korrelation bezeichnet Meillassoux als einen „Korrelationismus". Darunter versteht er expressis verbis

„in einer ersten Annäherung jede Position, der zufolge es keinen Sinn hat, Zugang zu einem Ding unabhängig vom Denken erlangen zu wollen, da wir uns der wesentlichen Korrelation des Denkens und des Seins, in der wir uns immer schon befinden, nicht entziehen können. Auf diese Weise versuchen wir, jeden Anti-Realismus zu charakterisieren – ob er sich nun als Idealismus definiert oder nicht, sei er transzendental, phänomenologisch oder postmodern."[3]

Der „korrelationale Zirkel" ist nach Meillassoux ein vitiöser Zirkel, der „im Wesentlichen pragmatisch und jedem Realismus inhärent ist (wenn ich angeblich ein vom Denken unabhängiges Ansich denke, denke ich es ja schon, sprich, ich widerspreche mir)" (2013, 27). Er besteht in dem performativ widersprüchlichen Akt, eine vom Denken unabhängige bzw. an sich bestehende Realität denken zu wollen.[4] Dieses einfache korrelationalistische Argument scheint prima facie unwiderlegbar zu sein, sodass eine antirealistische Erkenntnistheorie welcher Spielart auch immer unausweichlich zu sein scheint. Es kann daher nicht verwundern, dass, wie Meillassoux konstatiert (2013, 27 f.), der Korrelationismus zur beherrschenden Erkenntnistheorie zumindest in der zeitgenössischen kontinentalen Philosophie geworden ist.

5.3. „Korrelationismus" als „Entabsolutierung" des Denkens

Darüber hinaus bezeichnet Meillassoux jedes Unterfangen einer „Entabsolutierung" des Denkens als einen „Korrelationalismus":

„Das heißt, ‚korrelationalistisch' wird eine Philosophie genannt, die nicht nur behauptet, dass wir allein mit Hilfe des Begriffs nichts über ein realistisches Absolutes sagen können – weder etwas darüber, was es sein kann, noch, ob es überhaupt eines gibt –, sondern die auch verlangt, dass die *Korrelation selbst* ausnahmslos verabsolutiert wird. Der Korrelationalismus schließt uns in der Tat unabänderlich in unsere Relation zur Welt ein, ohne uns die Mittel – zum Beispiel in Form eines spekulativen Idealismus – zu geben, um sagen zu können, dass diese Relation selbst die Grundlage eines wahrhaftigen Absoluten enthält (...) Wir sind immer schon in einer Korrelation, die uns vom Absoluten trennt, ohne dass sie dafür selbst ein Absolutes bilden könnte" (2013, 28).

---

3 Quentin Meillassoux, „Metaphysik, Spekulation, Korrelation", in: A. Avanessian (2013, 26 f.).
4 „Es scheint, dass dieses Argument der elementare Riegel ist, der sich stets vor jeden Realismus schiebt: Wie kann man auch dann, wenn es kein Denken gibt, das denken wollen, was es gibt, ohne den handfesten Widerspruch zu sehen, der diesem Vorhaben innewohnt?" (2013, 27).

Doch wie könnte man dem beschriebenen korrelationalen Zirkel überhaupt entgehen? Scheint er nicht vielmehr unhintergehbar zu sein? Meillassoux hat einen Versuch vorgelegt, diesen Zirkel gleichsam zu unterlaufen, und zwar mit Hilfe des Arguments sogenannter anzestraler Aussagen. Was ist damit gemeint?

5.4. Die „Antinomie der Anzestralität" und ihre Bedeutung für die erkenntnistheoretische Realismus-Antirealismus-Debatte nach Meillassoux

Die sog. Datierungswissenschaften stellen zumindest überprüfbare Hypothesen über Ereignisse auf, „die vor der Entstehung von Leben auf der Erde liegen" (2013, 25). Welche Bedeutung aber besitzt nun diese wissenschaftsgeschichtlich interessante Tatsache anzestraler wissenschaftlicher[5] Aussagen über anzestrale Ereignisse[6] in einer anzestralen Zeit[7] für die Realismus-Antirealismus-Debatte in der zeitgenössischen philosophischen Erkenntnistheorie? Das Anzestrale, so lautet die These von Meillassoux, führt im Rahmen einer transzendentalen bzw. genauer korrelationalen Begründung wissenschaftlicher Aussagen zu Paradoxen, die den Sinn dieser wissenschaftlichen Aussagen aufheben bzw. zerstören. Wie begründet er diese These? Eine anzestrale Vergangenheit, auf die sich wissenschaftliche Datierungsaussagen beziehen, soll eine Vergangenheit sein, „die jedem Menschentum und somit jeder nachweisbaren Subjektivität vorausgeht" (2013, 32). Wenn man nun unter Zugrundelegung der Gültigkeit des korrelationalen Zirkels annimmt, „dass die Raumzeit der anzestralen Ereignisse nur in Korrelation mit einem transzendentalen oder konstituierenden (um wie ein Phänomenologe zu sprechen) Subjekt existiert, ist die anzestrale Vergangenheit – im Gegensatz zur subjektivierten Vergangenheit (die meine oder die der vergangenen Menschen) – eine Vergangenheit, *die nie eine Gegenwart gehabt hat*. Das heißt, dass die anzestrale Vergangenheit eine Vergangenheit ist, die *ursprünglich* eine Vergangenheit ist: Das Anzestrale ist ursprünglich eine

---

5   Hierzu: „Wie soll man diese relativ neue Tatsache denken, die nicht die Tatsache ist, dass die Menschen von dem sprechen, was ihnen vorausgegangen ist (das tun sie immer schon), sondern die Tatsache, dass sie den anzestralen Diskurs ins Feld des *wissenschaftlichen Experiments* und nicht mehr das des Mysthos, der Erzählung oder der folgenlosen Hypothese eingeschrieben haben?" (2013, 25 f.).
6   Zur Definition von „anzestralen Ereignissen": „Nennen wir ‚anzestrale Ereignisse' alle Ereignisse, deren Datierung angeblich vor der Entstehung von Leben auf der Erde liegt" (2013, 25).
7   Als „anzestrale Zeit" definiert Meillassoux genau jene Zeit, „deren wissenschaftlich erstellte Chronologie anzestrale Ereignisse umfasst" (2013, 25).

Vergangenheit für uns (rekonstituiert durch uns), die nie eine Gegenwart an sich oder für einen anderen gewesen ist" (2013, 32 f.). Es ist sogar *„seine eigene Zukunft gewesen* (das heißt unsere Gegenwart, die es umgekehrt rekonstituiert), bevor es eine Vergangenheit ist; denn als Vergangenheit ist es voll und ganz *konstituiert* – und nicht *rekonstituiert* – durch unser aktuelles Zurückgehen zu ihr" (2013, 33).[8] So ergibt sich bei einer korrelationalen Deutung wissenschaftlicher Aussagen eine paradoxe Zeitlichkeitsstruktur der anzestralen Vergangenheit:

„Die anzestrale Vergangenheit wird in der Tat zu einer Vergangenheit, *die nie vorbeigegangen ist, die nie gegenwärtig war, die von der Zukunft zu sich selbst zurückgeht, statt von sich aus zur Zukunft voranzuschreiten*" (2013, 33).

Daraus folgt ein entsprechend paradoxer Sinngehalt für wissenschaftliche Aussagen über anzestrale Ereignisse: „Die Wissenschaft offenbart uns auf objektive Weise die vergangene Existenz eines Ereignisses, das in der Epoche, auf die es datiert wird, nie stattgefunden hat" (2013, 34).[9]

Diese Paradoxie führt den korrelationalen Zirkel in der Begründung der Möglichkeit wissenschaftlicher Aussagen ad absurdum. Daher scheint *„jeder Anti-Realismus eine Destruktion des Sinns der Wissenschaft zu beinhalten,* da die Wissenschaft uns eine anzestrale Zeitlichkeit entdecken lässt, die im Licht des ‚Korrelationismus' sozusagen ‚verrückt' wird" (2013, 38). Auf der anderen Seite bleibt aber der gekennzeichnete pragmatische bzw. performative Widerspruch bestehen, den *„jeder Realismus (...) unvermeidlich zu enthalten scheint"* (2013, 38). Meillassoux begnügt sich jedoch nicht mit der Konstatierung dieses erkenntnistheoretischen Dilemmas, sondern er will dessen Auflösung erreichen.

---

8 Vgl. auch: „Die anzestrale Vergangenheit wird nicht konstituiert durch ein Voranschreiten der Zeit von der Gegenwart – der ihren – zur Zukunft, sondern durch ein Zurückschreiten von der Gegenwart – der unseren – zu einer Vergangenheit, die nicht vor dieser Regression liegt. Wichtig ist, zu begreifen, dass diese Retrojektion der Vergangenheit im Ausgang von unserer Gegenwart nicht nur unsere Sichtweise auf eine anzestrale Vergangenheit ist, die an sich existiert hat, sondern dass die anzestrale Vergangenheit im Gegensatz zur subjektivierten Vergangenheit keinen anderen Sinn hat als unsere Regression zu ihr, dass sie keinen anderen Sinn als diese Umkehr von der heutigen Zeit zu einer Zeit ohne Menschheit" (2013, 33).

9 Hierzu: „Das sind Paradoxe, die aus dem Anzestralen in einem transzendentalen Umfeld einen Begriff machen, der den Sinn der Zeitlichkeit selbst und den der wissenschaftlichen Aussagen, die sich auf sie beziehen, in Gefahr bringt" (2013, 34).

5.5. Meillassoux' Theorie eines materiellen bzw. realistischen Absoluten als Auflösung der Aporie des Realismus

Die Auflösung dieses Dilemmas in Gestalt einer zweifachen Aporie – der Aporie des Realismus, eine vom Denken unabhängige bzw. an sich bestehende Realität denken zu wollen, und der Aporie bzw. Antinomie der Anzestralität, dass innerhalb des korrelationalen Zirkels wissenschaftliche Aussagen über anzestrale Ereignisse einen paradoxen Sinngehalt besitzen müssen – versucht Meillassoux dadurch herbeizuführen, dass er für die zuerst genannte Aporie des Realismus die folgende Lösung vorschlägt: „dass *man auch dann, wenn es kein Denken gibt, ohne Inkonsistenz das denken kann, was es gibt*, dass man also eine bestimmte Form von Absolutem denken kann, das nicht von unseren mentalen Kategorien abhängt, da es an sich besteht, ob wir nun existieren, um es zu begreifen, oder nicht" (2013, 38). In dieser Möglichkeit unseres Denkens, etwas, genauer ein Absolutes, als real existent vor und unabhängig von unserer Existenz und damit auch der unseres Denkens annehmen zu können, sieht Meillassoux eine Lösung der Aporie des Realismus. Dieses Absolute müsse

„die Form *einer Zeit radikaler Unmenschlichkeit* annehmen, da es ihm möglich ist, unserer Menschheit insgesamt vorauszugehen und sie hervorzubringen, oder sie auch zu zerstören, ohne selber davon betroffen zu sein. Eine Zeit, die keine Form des Denkens sein wird, sondern Hervorbringung und mögliche Vernichtung jedes Denkens, eine Zeit, die kein Bewusstseinsstrom sein wird, sondern der Strom, in dem Bewusstseinsformen auftauchen und untergehen. Es ist diese anzestrale und ‚grabstättenartige' Zeit (die jedem Leben im Allgemeinen vorausgehen oder auf es folgen kann, die nur tote Materie enthalten kann)" (2013, 39),

die Meillassoux mit dem Begriff eines materiellen oder realistischen Absoluten benennt, dessen Theorie er als einen *spekulativen Materialismus* bezeichnet.[10] Dieser spekulative Materialismus sucht der Möglichkeit „einer mathematisierten Beschreibung des anzestralen Universums einen Sinn zu geben" (2013, 39), sodass wissenschaftliche Theorien auf ein unmenschliches Universum zumindest angewandt werden, d. h. wahr sein können. Dass dieser spekulative Materialismus mit seiner Annahme eines materiellen bzw. realistischen Absoluten sich mit dem Gottesverständnis des christlichen Glaubens nicht vereinbaren lässt, bedarf keiner eingehenderen Begründung.

---

10 Vgl. hierzu: „Die Frage ist, wie man dahin (sc. zur Erkenntnis einer anzestralen Zeit) gelangt, ohne in die Aporien eines naiven Realismus zurückzufallen, sodass man vielmehr Zugang zu dem bekommt, was wir, mangels eines besseren Ausdrucks, *spekulativen Materialismus* nennen" (2013, 39).

5.6. Meillassoux' Versuch einer Widerlegung und Modifizierung des korrelationistischen Erkenntnismodells durch das Argument der Faktizität der Korrelation

Um das korrelationalistische Erkenntsnismodell mit seinem Argument eines pragmatischen Widerspruchs aller realistischen Erkenntnistheorien widerlegen zu können, geht Meillassoux im Folgenden auf die beiden grundlegenden Argumente ein, die mit diesem Modell verbunden sind: Das bereits angesprochene Argument des korrelationalen Zirkels sowie das noch erläuterungsbedürftige Argument der Faktizität der Korrelation. Dabei geht er von einem Grundverständnis des Korrelationismus als jeder Philosophie aus, „der zufolge es unmöglich ist, durch das Denken Zugang zu einem Sein zu erlangen, das *unabhängig* vom Denken ist" (2013, 41).[11] Mit dem Argument des korrelationalen Zirkels könne der Korrelationismus, so Meillassoux, zwar die Annahme eines realistischen Absoluten disqualifizieren,[12] jedoch nicht jede Form von Absolutem. Denn gegenüber einem „subjektivistischen", nicht-realistischen Absoluten, das die Korrelation selbst zum Absoluten erhebt, sei das Argument des korrelativen Zirkels macht- und wirkungslos;[13] und zwar weil, so können wir ergänzen, in diesem Fall mithilfe des Denkens ein Zugang nicht zu einem denkunabhängigen Sein, sondern zu einem beidseitigen Bedingungsverhältnis zwischen Denken und Sein gesucht wird, das daher nicht denkunabhängig bestehen kann. Dabei geht die Annahme des Gegebenseins eines „subjektivistischen" Absoluten von der Überlegung aus, dass „wir nur das erkennen können, was dem Denken gegeben ist" (2013, 42 f.), weshalb „der Begriff eines vom Denken getrennten Ansich selbst ein inkonsistenter, leerer Begriff ist" (2013, 30), sodass „eine solche Möglichkeit – ein Ansich ohne Denken – also selber keinen Sinn hat" (2013, 43). „Man muss daher, so der subjektivistische Metaphysiker, davon ausgehen, dass allein die Korre-

---

11 Vgl.: „Der Korrelationismus setzt folglich jedem Realismus entgegen, dass das Denken niemals so weit *aus sich herauskommen* kann, dass es Zugang zu einer Welt erlangen würde, die noch nicht von den Auffassungsvermögen unserer Subjektivität beeinflusst wurde" (2013, 41 f.).
12 Hier stellt sich die Frage, ob Meillassoux auch seinen zuvor entwickelten Begriff eines materiellen oder realistischen Absoluten dieser Disqualifizierungsmacht des Arguments des korrelativen Zirkels unterwerfen und damit aufgeben will.
13 Vgl.: „Denn es gibt bekanntlich eine nicht-realistische Form des Absoluten, die wir diesmal ‚subjektivistisch' (statt idealistisch) nennen und deren Prinzip nicht mehr darin besteht, ein nicht-korrelationales Absolutes denken zu wollen, sondern die Korrelation selbst zum Absoluten als solchem zu machen. Der korrelationale Zirkel ist angesichts dieser zweiten Form von Absolutheit völlig wirkungslos (...)" (2013, 42).

lation denkbar ist, weil sie allein wirklich ist und weil es außerhalb von ihr nichts geben kann" (2013, 44).[14] Um nun auch das ‚subjektivistische Absolute' widerlegen zu können, mobilisiere der Korrelationismus daher ein anderes, ein zweites Argument, „das in der Lage ist, das Korrelat selbst zu entabsolutieren, das also in der Lage ist, dessen Notwendig-Werden als Struktur alles Seienden zu unterbinden" (2013, 44). Dieses gegen das ‚subjektivistische' Absolute der Korrelation selbst gerichtete Argument des Korrelationismus nennt Meillassoux das Argument der „Faktizität der Korrelation". Was ist damit gemeint?

Meillassoux versteht den Korrelationismus grundsätzlich als den Versuch einer „Entabsolutierung des Denkens". Um eine solche „Entabsolutierung des Denkens" auch in Bezug auf das ‚subjektivistische Absolute' der Korrelation selbst durchführen zu können, muss der Korrelationismus „die These vertreten, dass die Korrelation nicht absolut notwendig ist und dass dieser Mangel an absoluter Notwendigkeit dem Denken zugänglich ist, dass man ihn begründen kann und nicht als einen Glaubensakt setzen muss. Diese denkbare Nicht-Notwendigkeit der Korrelation ist genau das, was wir die Faktizität der Korrelation nennen. Die These der korrelationalen Faktizität besagt also: Das Denken kann denken, dass es selbst keine Notwendigkeit besitzt, und zwar nicht nur als persönliches Bewusstsein, sondern auch als überindividuelle Struktur. Nur unter dieser Bedingung kann der Korrelationismus den Anspruch erheben, die schlichte *Möglichkeit* eines Ganz-Anderen der Korrelation zu denken" (2013, 44 f.).

Diese These der korrelationalen Faktizität bzw. der Faktizität der Korrelation begründet Meillassoux wie folgt:

Die Korrelation selbst besitze keinen notwendigen Grund; sie sei zwar in ihren Bestimmungen beschreibbar, nicht jedoch beweisbar. Wir können zwar aus ihr nicht heraustreten, wir können sie nicht auf ein bewusstseinstranszendentes Jenseits hin denkend überschreiten, ohne uns in einen pragmatischen bzw. performativen Widerspruch zu begeben; diese Undenkbarkeit des Nicht-Korrelierten verstehe der Subjektivist als dessen Unmöglichkeit und folgere aus letzterer die absolute Notwendigkeit der Korrelation. Gegen diese subjektivistische Deutung der Korrelation wende der Korrelationist jedoch ein, dass aus der Undenkbarkeit der Aufhebung der

---

14 Hierzu: „Diese Position ist nicht nur die des spekulativen Idealismus, sondern, in ganz verschiedenen Modalitäten, die verschiedener philosophischer ‚Vitalismen', die sich von Gottfried Wilhelm Leibniz bis Gilles Deleuze entfalten und deren Gemeinsamkeit darin besteht, in jeder Realität einen spezifischen Zug der Subjektivität herauszustellen (Wille, Wahrnehmung, Affekt usw.), die zum Seinsmodus jedes Seienden geworden ist. Deshalb sprechen wir lieber von ‚subjektivistischer Metaphysik' als von ‚idealistischer Metaphysik', trotz der ‚relativistischen' Konnotation, die der Ausdruck Subjektivismus hier und da mit sich bringt" (2013, 44).

Korrelation bzw. des Anderen der Korrelation nur folge, dass die Korrelation keine *Tatsache* sei wie die physikalischen Gesetze. Denn eine Tatsache sei ein Ereignis, „von dem ich mir vorstellen kann, dass es anders ist, aber von dem ich *nicht weiß*, ob es tatsächlich anders sein kann" (2013, 45). Von der Korrelation aber könne ich mir nicht vorstellen, dass sie auch anders sein könne – insofern sei sie keine Tatsache. Man könne aber „das angeblich notwendige Sein der Korrelation nicht noch weiter begründen. Ich kann die Korrelation nur beschreiben, und die Beschreibung ist immer nur auf das bezogen, was als reines *Faktum* gegeben ist. Deshalb ist auch die Korrelation eine bestimmte Art von Tatsache: eine Tatsache, deren Anderes undenkbar ist, und dennoch eine Tatsache, deren Anderes nicht als absolut unmöglich gesetzt werden kann. In diesem Sinne ist die Korrelation eine Archi-Tatsache" (2013, 47). Unter einer „Archi-Tatsache" versteht Meillassoux ausdrücklich „jede Tatsache, von der ich mir in keiner Weise ihr Anders-Sein oder Nicht-Sein vorstellen kann und deren Notwendigkeit ich nicht beweisen kann, weshalb man auch sagen muss, dass es sich um eine Tatsache im weiteren Sinne handelt" (2013, 46). Eine ‚Archi-Tatsache' ist daher durch die Abwesenheit eines Grundes gegeben, „der ihre Dauerhaftigkeit begründen könnte" (2013, 47). Dass die Korrelation eine ‚Archi-Tatsache' in dem erläuterten Sinne dieses Wortes darstellt, liegt in der Gegebenheit der Grenzen unseres Denkens begründet, das zu einem ganz Anderen seiner selbst bzw. der Korrelation nicht gelangen und nicht einmal wissen kann, ob es ein solches Anderes überhaupt gibt und wie es beschaffen sein könnte (2013, 47). Auf dem Hintergrund dieser begrifflichen Klärungen kann Meillassoux die von ihm vertretene Position des sog. Korrelationismus nun wie folgt präzisieren:

„Das Undenkbare ist für uns nicht das Unmögliche an sich; es kann sein, dass es etwas Ganz-Anderes gibt, das sich jenseits unserer Beziehung zur Welt befindet – Gott oder das Nichts. Es kann sein, dass, wie der Subjektivist glaubt, alles ein Phänomen ist – aber es kann auch nicht so sein, sondern vielmehr so, dass das Undenkbare jeden begrifflichen Diskurs transzendiert" (2013, 47).[15]

Was hat die Argumentation von Meillassoux nun erreicht? Sie hat die Faktizität bzw. die Nicht-Notwendigkeit der Korrelation aufgewiesen, d. h. gezeigt, dass unser Denken (als überindividuelle Struktur) widerspruchsfrei annehmen kann, dass der

---

15 Hierzu vgl. auch: „Deshalb manifestiert sich der zeitgenössische Korrelationismus oft durch ein ‚Umschwenken' des philosophischen Diskurses in einen Diskurs des Ganz-Anderen, der immer ein ganz-anderer Diskurs sein wird als der philosophische – ein religiöser, theologischer oder poetischer Diskurs. Dieser Diskurs wird nicht als wahr bewiesen, sondern als möglich eingeschätzt und für unzugänglich für die Arbeit des Begriffs erklärt: geschützt, in diesem Sinne, vor dem Werk des Denkens und offen für die milden Gaben der Frömmigkeit" (2013, 47 f.).

korrelationale Zirkel zwischen ihm und dem Sein zwar für es (sc. unser Denken) unausweichlich, nicht jedoch schlechthin, d. h. in jeder möglichen Hinsicht, notwendig ist. Damit hat die korrelationalistische Position Meillassoux' die Möglichkeit des Gegebenseins eines Ganz-Anderen der Korrelation und somit implizit auch die Möglichkeit der realen Existenz des christlichen Gottes erwiesen. Dieses Argument für die ‚Faktizität' der Korrelation verdient nach unserer Überzeugung uneingeschränkte Zustimmung.

5.7. Meillassoux' Prinzip der Faktualität als eine Verabsolutierung der Faktizität der Kontingenz

Nachdem er die logische Möglichkeit, d. h. die Widerspruchsfreiheit, der realen Existenz eines Ganz-Anderen der Korrelation aufgewiesen hat, fragt Meillassoux im Folgenden nach der (realen) Möglichkeit, ein Absolutes zu entdecken, „das die Korrelation nicht verabsolutiert und unabhängig von ihr ist" (2013, 48), wobei er kurioserweise an ein materielles Absolutes denkt.[16]

Zunächst wirft Meillassoux dem spekulativen Idealismus (insbesondere Georg Wilhelm Friedrich Hegels) eine Verabsolutierung der Korrelation vor, d. h. die Korrelation nicht mehr als eine (transzendentale) Grenze des Denkens, sondern als den Prozess eines Absoluten gedeutet zu haben, das unserem Denken zugänglich sei. Dieser Verabsolutierung der Korrelation hält er deren Entabsolutierung durch das zweite Argument des Korrelationalismus entgegen, das nicht die Korrelation selbst, sondern deren Faktizität, d. h. ihren Charakter als eine ‚Archi-Tatsache', verabsolutiere. Er schlägt also vor, die Faktizität nicht zu einem „Indiz für eine Begrenzung des Denkens – für seine Unfähigkeit, den letzten Grund der Dinge zu entdecken – "(2013, 50), zu machen, sondern als „Indiz für eine Fähigkeit des Denkens (sc. zu halten), die *absolute* Grundlosigkeit jedes Dinges zu entdecken. Wir schlagen vor, die Grundlosigkeit (*irraison*) zu *ontologisieren* und sie somit zur Eigenschaft einer Zeit zu machen, deren chaotische Kraft (*puissance de chaos*) extrem ist, weil diese jedes mögliche Seiende berührt" (2013, 50). Diese chaotische Zeit, die sich aus der Verabsolutierung der Faktizität der Korrelation ergeben würde, bezeichnet Meillassoux auch als das „Über-Chaos" (2013, 50). Gegenüber dem Einwand, dass diese Verabsolutierung der Faktizi-

---

16 Vgl.: „Dies läuft auf die Frage hinaus, ob ein Materialismus konzipiert werden kann, der mit diesem Minimalprogramm gleichzusetzen wäre: Die Nicht-Notwendigkeit des Denkens denken und das denken, was bleibt, wenn das Denken aufhört zu sein. Ist ein solcher Materialismus ohne pragmatischen Widerspruch vorstellbar?" (2013, 48).

tät der Kontingenz zu einer unzulässigen Gleichsetzung von Kontingenz und Faktizität führen würde, weil Faktizität die Unkenntnis der Modalität der Korrelation bedeute, d. h. die „Unfähigkeit, zu erkennen, ob die Korrelation notwendig *oder* kontingent ist" (2013, 51), hebt Meillassoux hervor, dass die Faktizität als das vermeintliche Unwissen in Wahrheit ein Wissen sei, sodass die Faktizität (der Kontingenz) „in über-chaotische Kontingenz umgewandelt" werde (2013, 51). Diese über-chaotische Kontingenz der Korrelation sei in Wahrheit ein Absolutes, „weil sie, und sie allein, dem Unternehmen der Entabsolutierung des Korrelationismus entkommt" (2013, 51). Denn „wie das Argument des korrelationalen Zirkels implizit die Korrelation verabsolutieren musste, um den Realisten zurückzuweisen" (2013, 52), so müsse „das Argument der Faktizität der Korrelation implizit die Faktizität verabsolutieren (...), um den Subjektivisten zurückzuweisen" (2013, 52). Meillassoux erläutert und begründet diese These wie folgt: Wir sind erfahrungsgemäß in der Lage, an die Möglichkeit unseres eigenen Todes bzw. unserer eigenen Auslöschung zu denken, auch wenn wir uns unser Tot-Sein inhaltlich nicht vorstellen können. Aber wir können um unsere Sterblichkeit als eine ‚Archi-Tatsache' wissen, und zwar deshalb, weil „wir die *absolute* Möglichkeit denken können, dass wir nicht mehr sind – das heißt eine Möglichkeit, die unabhängig von unserem Denken ist, da sie gerade die Vernichtung dieses Denkens beinhaltet" (2013, 53). Daraus folgert Meillassoux, dass es „tatsächlich ein denkbares Absolutes" (2013, 53) gebe, und zwar „das mögliche Nicht-Sein jedes Dinges, einschließlich der Korrelation, das wir als Merkmal einer über-chaotischen Zeit bezeichnet haben" (2013, 53). Dieser Überlegung kann man allerdings entgegnen: Handelt es sich bei der Kontingenz als der Möglichkeit des Nicht-Seins jedes empirisch verifizierbaren Dinges bzw. Seienden einschließlich meiner eigenen physischen Existenz wirklich um etwas Absolutes? Diese Möglichkeit ist zwar, wie wir wissen, nicht nur eine bloß gedachte, sondern auch eine reale, die sogar sicher einmal verwirklicht werden wird; aber die relative Unabhängigkeit dieser Möglichkeit von meinem Denken macht sie noch längst nicht zu etwas Absolutem. Meillassoux bezeichnet diese „absolute Möglichkeit" auch als die absolute Notwendigkeit der Faktizität bzw. der Kontingenz und nennt diese terminologisch das „Faktualitätsprinzip" (2013, 53). Worin aber soll diese angeblich „absolute Notwendigkeit" der Faktizität begründet liegen? Es scheint so, dass Meillassoux mit dieser Notwendigkeit die bedingte Notwendigkeit des Faktischen meint, d. h. die Notwendigkeit, dass etwas – eine Entität oder ein Ereignis – faktisch (gegeben) ist, solange es faktisch ist, wenn er die Faktualität als die Eigenschaft der Faktizität erklärt, „selber nicht faktisch", sondern absolut notwendig zu sein.[17] Eine solche Notwendigkeit aber

---

17 Vgl.: „Die Faktualität bezeichnet die Nicht-Faktizität, das heißt die absolute Notwendigkeit der Faktizität und nur der Faktizität" (2013, 53).

wäre gerade nicht unbedingt bzw. absolut, sondern bedingt – bedingt durch die Faktizität selbst. Von der zweifellos gegebenen bedingten Notwendigkeit des Faktischen kann man allerdings nicht gültig auf dessen absolute Notwendigkeit schließen. Es erscheint zudem nicht als plausibel, inwiefern die Kontingenz aller endlichen Entitäten die notwendige Bedingung für ihre ontologische Widerspruchsfreiheit sein soll.[18] Ist es nicht vielmehr umgekehrt und entgegengesetzt so, dass das Kontradiktionsprinzip eine notwendige Voraussetzung für das Gegebensein kontingenter Entitäten darstellt? Denn „um nicht mehr sein zu können", d. h. um kontingent sein zu können, „darf ein Seiendes nicht *schon* sein, was es nicht ist" (2013, 56).

Weder Meillassoux' sog. Faktualitätsprinzip noch seine Verhältnisbestimmung zwischen dem Kontradiktionsprinzip, von dem es ohnehin strittig ist, ob es sich bei ihm auch um ein ontologisches Prinzip handelt, und der Kontingenz dürften sich als zustimmungswürdig und als überzeugend erweisen, weil eine absolute Notwendigkeit der Seinsmodalität der Kontingenz keine konsistente Annahme darstellt. Gleichwohl handelt es sich bei Meillassoux' spekulativem Materialismus um einen denkerisch anspruchsvollen Versuch, „die grundlegenden Kategorien eines auf das Absolute bezogenen, aber nicht metaphysischen Diskurses (...) zu entfalten" (2013, 56).

6. Der ‚Neue Realismus' Markus Gabriels

6.1. Das empirische Wissen als die erkenntnistheoretische Grundlage des ‚Neuen Realismus'

Einen neuen vielbeachteten und -diskutierten erkenntnistheoretischen und ontologischen Realismus hat in jüngster Zeit der Bonner Philosoph Markus Gabriel entwickelt. In seinem dafür bislang grundlegenden Buch *Warum es die Welt nicht gibt* (2013) hat Gabriel einen von ihm selbst und von seinem italienischen Kollegen Maurizio Ferraris so bezeichneten ‚Neuen Realismus' entwickelt, der das Zeitalter der

---

18 Vgl.: „*Gerade weil es notwendig ist, dass die Dinge ebenso wenig einen Daseinsgrund haben* wie einen Grund, das zu bleiben, was sie sind, *müssen sie notwendig widerspruchsfrei sein*, das heißt dem Einfluss der Logik unterworfen" (2013, 55). Vgl. auch: „Kurz, die Intuition, der ich gefolgt bin, bestand darin, die ewige Wahrheit des Prinzips der Widerspruchsfreiheit ontologisch so zu interpretieren, dass sie aus der ewigen Wahrheit der Kontingenz hervorgeht, deren Garantie dieses Prinzip ist. Um nicht mehr sein zu können, darf ein Seiendes nicht *schon* sein, was es nicht ist" (2013, 56).

Postmoderne ablöse.[19] Der Ausgangspunkt dieses Neuen Realismus sei die Annahme, „dass wir die Welt so erkennen, wie sie an sich ist" (2013, 13). Es handelt sich dabei um einen empirischen Realismus, der die Realität mit dem unmittelbar Manifesten der empirischen Erkenntnis einschließlich der eigenen Gedanken des empirischen Subjekts identifiziert (2013, 14 ff.). Während der „alte Realismus", d. h. nach Gabriel die Metaphysik bzw. der metaphysische Realismus, nur die Welt ohne Zuschauer und während die konstruktivistische Postmoderne ausschließlich die Welt der Zuschauer für real gehalten habe, vermeide der ‚Neue Realismus' diese irreführenden Extreme, indem er beide Welten, d. h. sowohl die objektiven Tatsachen als auch unsere subjektiven Empfindungen und Gedanken, für real hält (2013, 15 f.). Diese bewusst allgemein verständlich gehaltene, plakative, programmatische Beschreibung der ontologischen Position des ‚Neuen Realismus' klingt prima facie plausibel und überzeugend. Denn es erscheint unserer empirischen Erkenntnis als manifest, dass sowohl objektive Tatsachen als auch unsere subjektiven Empfindungen und Gedanken real existieren – wenn auch auf unterschiedliche Weise.

6.1. Warum es die Welt nicht geben soll – zu Gabriels Ontologie der ‚Sinnfelder'

Wenn aber diese beiden ‚Welten' nach Gabriels ‚Neuem Realismus' real existieren, warum soll es dann ‚die Welt' nicht geben? ‚Die Welt', verstanden als die Totalität dessen, was der Fall ist, bzw. richtiger und genauer als den alle anderen Bereiche umfassenden Bereich,[20] gibt es nach Gabriel nicht, weil es in Wirklichkeit nur „viele Gegenstandsbereiche, gleichsam kleine isolierte Welten (sc. gibt), die nebeneinander existieren, ohne dass sie wirklich zueinander finden. Es gibt also viele kleine Welten, aber nicht die eine Welt, zu der sie alle gehören" (2013, 19). Denn es sei falsch und sogar unmöglich, anzunehmen, „dass alles mit allem zusammenhängt" (2013, 20);

---

19 Vgl.: „Der Neue Realismus bezeichnet eine philosophische Haltung, die das Zeitalter nach der sog. ‚Postmoderne' kennzeichnen soll (das ich, streng autobiographisch gesprochen, im Sommer 2011 – genau genommen am 23. 6. 2011, gegen 13.30 Uhr – bei einem Mittagessen in Neapel zusammen mit dem italienischen Kollegen Maurizio Ferraris eingeläutet habe). Der Neue Realismus ist also zunächst einmal nichts weiter als der Name für das Zeitalter nach der Postmoderne" (2013, 9 f.). Zum sog. „Neuen Realismus" vgl. auch Gabriel (2014). Zur neueren Realismus-Debatte in der analytischen Philosophie vgl. Marcus Willaschek (2000).
20 Vgl.: „Die Welt ist weder die Gesamtheit der Dinge noch die Gesamtheit der Tatsachen, sondern sie ist derjenige Bereich, in dem alle Bereiche vorkommen, die es gibt. Alle Bereiche, die es gibt, gehören zur Welt" (2013, 63).

und zwar deshalb, weil es einen allumfassenden Zusammenhang gar nicht geben könne (2013, 18–21). Womit begründet Gabriel diese weitreichende These? Mit dem Argument, dass ein solcher alles umfassender Zusammenhang gar nicht in der Welt vorkomme, d. h. unserer empirischen Erkenntnis nicht zugänglich sei.[21] Unter Voraussetzung der Gültigkeit des bekannten erkenntnistheoretischen Axioms George Berkeleys „esse est percipi", d. h. Sein ist Erkanntwerden, wäre dieser Schluss gültig; diese Voraussetzung aber ist höchst zweifelhaft, weil sie die Grenzen der menschlichen Erkenntnisfähigkeit mit der Reichweite des Seins selbst bzw. mit der objektiven Wirklichkeit im Ganzen gleichsetzt.

An späterer Stelle seines Buches erläutert Gabriel seine bewusst provokative These der Nichtexistenz der Welt noch ausführlicher, nachdem er die Welt nun präziser und abschließend als *„das Sinnfeld aller Sinnfelder, das Sinnfeld, in dem alle anderen Sinnfelder erscheinen"* (2013, 97),[22] definiert hat. Dabei versteht Gabriel unter ‚Sinnfeldern' „Bereiche, in denen etwas, bestimmte Gegenstände, auf eine bestimmte Art erscheinen" (2013, 91). Weil ein alle anderen Sinnfelder umfassendes Sinnfeld wieder in einem Sinnfeld erscheinen müsste, um von uns als real existierend empirisch erkannt werden zu können,[23] kann die so verstandene Welt selbst nicht in der Welt vorkommen; m.a.W.: Die Welt kann nicht zugleich ein Teilbereich ihrer selbst sein. Dass es die Welt nicht gibt, dieser, so Gabriel, „HAUPTSATZ DER NEGATIVEN ONTOLOGIE" (2013, 102), dem *„der Erste Hauptsatz der Positiven Ontologie"* (ebd.), „dass es notwendigerweise unendlich viele Sinnfelder gibt" (ebd.), entspricht, ist nun im Sinne Gabriels präziser so zu verstehen, dass die Welt nicht in einem Sinnfeld existiert, weil sie selbst per definitionem das Sinnfeld wäre, in dem alle anderen Sinnfelder erscheinen würden, als solches aber selbst nicht in einem anderen Sinnfeld erscheinen könnte. Die *particula veri* dieses Gedankens dürfte die allerdings nicht neue, sondern in der Philosophiegeschichte öfters, am prominentesten von Kant, ausgesprochene Einsicht in den transzendentalen Charakter des Welt-Begriffs sein: Die Welt als der Inbegriff aller Gegenstände möglicher Erfahrung überhaupt (nach Kant) bzw., in Gabriels Terminologie, als das Sinnfeld, in dem alle anderen Sinnfelder erscheinen, kann kein möglicher Gegenstand von Erfahrung, d. h. unserer empirischen Erkenntnis sein, weil sie als solche für uns nicht erscheinen, sich uns nicht zeigen kann. Diese Einsicht ist zweifellos zutreffend, wenn auch nicht origi-

---

21 Vgl.: „Die Welt kann vielmehr prinzipiell nicht existieren, weil sie nicht in der Welt vorkommt" (2013, 22).

22 Unter ‚Sinnfeldern' versteht Gabriel „Bereiche, in denen etwas, bestimmte Gegenstände, auf eine bestimmte Art erscheinen" (2013, 91).

23 Markus Gabriel definiert „Existenz" dementsprechend als die „Eigenschaft von Sinnfeldern (…), dass etwas in ihnen erscheint."

nell. Die Behauptung jedoch, dass es „außerhalb der Welt (...) nichts" (2013, 97) gebe und geben könne, da Existenz stets die Zugehörigkeit zu einem Sinnfeld bedeute und damit immer eine Ortsangabe beinhalte (2013, 97), stellt eine Einschränkung des Existenz-Begriffs auf das raum-zeitliche Erscheinen bzw. Vorkommen von Entitäten oder Tatsachen dar, die keineswegs über jeden Zweifel erhaben ist. Denn es könnte durchaus etwas geben, das existiert, ohne in ein raum-zeitliches Sinnfeld eintreten zu müssen, d. h. ohne zum (Erkenntnis-) Gegenstand unseres empirischen Wissens zu werden. Diese für die Wahrheitsfähigkeit auch des christlichen Glaubens konstitutive Möglichkeit kann man vernünftigerweise zumindest nicht ausschließen. Daher kann man der These Gabriels, es gebe nur das Nichts und in diesem unendlich viele Sinnfelder (2013, 110), vernünftigerweise nicht folgen. Zudem stellt sich die Frage: Woher weiß Markus Gabriel, um einen paradoxen Ausdruck zu wählen, um die Existenz des Nichts?[24] Und woher weiß er um die – offensichtlich numerische – Unendlichkeit von Sinnfeldern? Denn dass man gemäß dem verstandeslogischen Verbot des infiniten Regresses im Endlichen nicht unendlich weit widerspruchsfrei voranschreiten kann, und zwar auch nicht bei Annahme einer extensionalen Hierarchie von Sinnfeldern, ist ihm sicher bewusst. Diese angeblich *„unendliche Sinnexplosion mitten im Nichts"* (2013, 110) erscheint daher eher wie ein schwacher Ersatz für das wesenhaft und aktual Unendliche im Endlichen.

6.2. Zu Gabriels Versuch einer Falsifizierung des absoluten Idealismus

Höchst verwunderlich ist auch Gabriels Falsifizierungsversuch des absoluten Idealismus: Dieser bestehe in der These, es gebe einen ‚Supergedanken', d. h. „die beste Idee, auf die man kommen kann, eben die absolute Idee" (2013, 105). Diese könne aber aus demselben Grund nicht existieren wie die Welt, weil „das Allumfassende nicht in sich selbst erscheinen kann" (2013, 106), m.a.W.: „weil es kein Sinnfeld gibt, in dem es erscheinen kann" (ebd.). Der absolute Geist kann in der Tat nicht in einem raum-zeitlichen Sinnfeld erscheinen; aber nicht, weil seine Existenz dafür zu schwach und daher nichtig wäre, sondern weil sie dafür viel zu stark, weil sie unendlich und unübertrefflich mächtig und stark und deshalb den einschränkenden Bedingungen raum-zeitlicher Existenz (in Sinnfeldern) nicht unterworfen ist.

---

24 Gabriel sieht allerdings durchaus das Problem der negativen Existenzaussagen (2013, 115).

6.3. Zu Gabriels Verständnis von Religion

Abschließend sei noch kurz auf das Religions-Verständnis Gabriels eingegangen: Nachdem es ‚die Welt' in der genannten Bedeutung dieses Ausdrucks für ihn nicht gibt und es infolge dessen auch keine ‚Welt-Bilder' geben könne,[25] schließt er, dass es auch Gott nicht geben könne, sofern wir unter ‚Gott' ein Prinzip verstehen, „das alles zusammenhält und organisiert" (2013, 133). Dieser Schluss aber ist nicht weniger ein Fehlschluss wie derjenige auf die Nichtexistenz der Welt: Denn aus dem Unvermögen unseres empirischen Wissens, die Existenz eines solchen Prinzips erkennen zu können, darf man keineswegs darauf schließen, dass dieses göttliche Prinzip nicht real existieren könne. Markus Gabriel erhebt das Erkenntnisvermögen des empirischen Wissens des Menschen zum maßgeblichen Entscheidungskriterium dafür, was zur Wirklichkeit gehört. Sein ‚Neuer Realismus' steht erkenntnistheoretisch und ontologisch auf genau diesem Fundament einer Verabsolutierung unseres empirischen Wissens. Dieses Fundament hat für Gabriels Verständnis von Religion nicht nur intellektuell, sondern auch existenziell die radikalsten Folgen: Weil die menschliche Selbstsuche unabschließbar und unerfüllbar sei, stelle jeder religiöse Gottesglaube „eine Form des Aberglaubens und des Selbstbetrugs" (2013, 133) dar. Auch hier verwundert den Leser die (Selbst-) Sicherheit und Apodiktizität dieser mit dem Anspruch auf Allgemeingültigkeit vorgetragenen These. Dabei folgt Gabriel im Kern der Religionskritik Ludwig Feuerbachs, die in dem religiösen Gottesglauben eine Selbstvergöttlichung des menschlichen (Gattungs-) Wesens sieht.[26] Dass ‚Religion' eine Form menschlicher Sinnsuche sei (2013, 203), darin wird man Gabriel unschwer zustimmen können. Dass aber „der Sinn der Religion die Einsicht ist, dass es Gott nicht gibt, dass Gott kein Objekt oder Supergegenstand ist, der den Sinn unseres Lebens garantiert" (2013, 211), stellt nicht den objektiven Sinn von ‚Religion', sondern nur die Quintessenz der Religionskritik Gabriels im Gefolge Feuerbachs dar, deren präsumierte Wahrheit er unbesehen und unkritisch voraussetzt bzw. übernimmt.

Diesem angeblich negativen Sinn von ‚Religion' korrespondiert nach Gabriel jedoch auch ein positiver Sinn von ‚Religion': Dieser bestehe „in der Anerkennung

---

25 Vgl.: „Wir können uns kein Bild von der Welt machen, weil wir nicht von außen auf die Welt blicken können" (2013, 133).
26 Vgl.: „Die erste Erfahrung dieser Distanz, die Erfahrung maximaler Distanz, wird als ‚Gott' oder ‚das Göttliche' erlebt. Der menschliche Geist beginnt deswegen damit, sich selbst in der Gestalt des Göttlichen zu untersuchen, ohne zu erkennen, dass das Göttliche, das er außer sich sucht, der menschliche Geist selbst ist" (2013, 198). Zur Auseinandersetzung mit der Religionskritik Feuerbachs vgl. Markus Enders (2004).

unserer Endlichkeit" (2013, 212). Mit dieser These berührt Gabriel immerhin den anthropologischen Entstehungsgrund von ‚Religion', der in dem expliziten oder implizit bleibenden Bewusstsein des umfassenden Mangels des eigenen, endlichen Seins an reiner, nicht übergänglicher Gegenwart bzw. Einheit liegt. Religiös wird dieses Bewusstsein jedoch erst dann, wenn es eine Instanz (absoluter Einheit) explizit oder implizit annimmt, die allein diesen Mangel zu tilgen vermag. Und zu einer genuin religiösen (Lebens-) Praxis führt dieses Bewusstsein wiederum erst dann, wenn es sich dieser Instanz durch eine Zurücknahme der Selbstbehauptung und sogar der Selbstbewegung des eigenen, menschlichen Willens anzunähern sucht.[27]

---

27 Zu dem hier vorausgesetzten Begriff von Religion vgl. M. Enders (2013).

System der idealen Logik

Bernd Braßel

Die idealistische Philosophie hat viele Facetten. Dies ist eine wesentliche Eigenschaft, die insbesondere auch durch den vorliegenden Band belegt und inhaltlich gefüllt wird. Es ist gleich, ob man sich aus naturphilosophischen, ästhetischen, religiösen, ethischen, politischen, ganzheitlichen oder noch ganz anderen Gesichtspunkten für idealistische Philosophie interessiert, jeder dieser Punkte gewährt einen Einstieg in die idealistische Gedankenwelt. Wesentlich ist aber ebenso die Aussicht, dass diese Richtung der Philosophie nicht nur ein Sammelsurium der verschiedensten Interessen darstellt, sondern dass all diese Gesichtspunkte auch zu einem einheitlichen Ganzen, einem *System*, zusammengefügt sind.

Für den Autor dieses Artikels liegt der Hauptgrund der Beschäftigung mit dem Idealismus nicht in der genannten Vielfältigkeit, sondern in einer meist im Gegensatz dazu gesehenen Eigenschaft: der stichhaltigen Begründbarkeit. Gegensätzlich ist diese Eigenschaft insofern, als in allen anderen wissenschaftlichen Bereichen die Beschäftigung mit einer möglichst sicheren Begründung mit einer starken Einengung des betrachteten Gebiets einhergeht. Weit gefehlt also, dass man sich mit der Begründung eines ganzheitlichen Systems zur Lösung sämtlicher philosophischer Grundfragen beschäftigte.

In der idealistischen Perspektive stellt sich die Frage nach der Begründung jedoch genau umgekehrt dar. Wenn man dieser Ansicht Glauben schenken darf, entwickelt eine befriedigende philosophische Begründung notwendig aus sich heraus immer größere Zusammenhänge. Diese Entwicklung führt systematisch zu immer umfassenderen Einsichten und die Grundthese dabei ist, dass das auf diese Weise entwickelte logische System für die Begründung des gesamten eingangs erwähnten idealistischen Systems der philosophischen Disziplinen hinreichend ist. In schönster

Tradition dialektischer Ironie kann man diese These daher so zusammenfassen: Wenn man überhaupt etwas stichhaltig begründen kann, dann nur das Ganze.

So beschrieben scheint die Begründbarkeit der idealistischen Position zunächst nur eine der vielen Facetten des Gesamtsystems zu sein. Bei der Betrachtung der idealistischen Logik geht es aber um weit mehr als das. Es ist nicht übertrieben zu sagen, dass der Idealismus mit der Logik steht und fällt. Die idealistische Logik soll dem Anspruch nach nichts anderes sein als die *Systematik* der idealistischen Philosophie selbst.

Doch gemeinhin kann man heute mit diesen weitgehenden Ansprüchen und Behauptungen der idealistischen Philosophie nicht mehr viel anfangen. Die Geschichte scheint ihr Urteil über diese Art und Weise des Philosophierens gesprochen zu haben und dieses Urteil fällt nicht sonderlich positiv aus. Umso wichtiger ist es für den Idealismus heute, noch einmal ganz von vorne die Frage nach der Begründung dieser Position zu stellen. Nur wenn die Antwort auf diese Frage positiv ausfällt, kann man die Hoffnung darauf aufrechterhalten, dass der Idealismus morgen wieder an Relevanz gewinnen wird.

Entsprechend behandelt dieser Artikel zwar auch den unvermeidlichen historischen Überblick über die idealistische Logik, dieser Überblick ist aber bewusst kurz gehalten. In etwas größerer Ausführlichkeit wird im Anschluss diskutiert, was gegenwärtig allein unter dem Begriff „Logik" verstanden wird. Dieser gegenwärtige Stand der Logik wird einer kritischen Untersuchung mit Hinblick auf seine Tauglichkeit für philosophische Überlegungen unterzogen. Diese Kritik beendet den einleitenden Teil des vorliegenden Artikels (1). Der Hauptteil beschäftigt sich dann mit einigen ausgesuchten Begründungen, wobei diese Beschäftigung, wie dort beschrieben, gleichzeitig mehreren Zielen dient (2). Der abschließende Abschnitt des Hauptteils vermittelt dann das Erreichte wiederum stärker mit der historischen Position des Idealismus, indem einige der Lösungen Hegels für aufgeworfene Grundprobleme beschrieben werden. Das letzte Kapitel fasst die gewonnenen Ergebnisse zusammen und schließt mit einem Ausblick auf das mögliche weitere Vorgehen im Bereich der idealistischen Logik (3).

1. Ein kurzer historischer Überblick

Warum eigentlich ein historischer Überblick, wenn es doch um den Idealismus *heute* geht? Wenn schon über wenig Einigkeit herrscht, so doch zumindest darüber, dass der Idealismus in seiner historischen Gestalt nicht stehenbleiben kann. Wenn die historische Darstellung einen wesentlich wahren Kern hat, so wie unter anderem die

Autoren dieses Bandes meinen, dann ist die Anforderung an unsere Zeit, diesen Kern in die Gegenwart zu transferieren. Bei aller Fokussierung auf diese Transferleistung ist es aber doch wichtig, das zu studieren, was es in unsere Zeit zu retten gilt. Manch einer mag sogar meinen, dass das Studium und Verständnis des Originals weitaus wichtiger ist, der Transfer dagegen nur eine kleinere Teilleistung. Vielleicht mag das sogar für einzelne Teilbereiche der Philosophie zutreffen, für die idealistische Logik gilt es nicht, wie wir im Anschluss an die kurze Historie sehen werden.

Das, was wir hier im engeren Sinne als idealistische Logik bezeichnen wollen, wird geboren mit Immanuel Kants *Kritik der reinen Vernunft* (1787). Entsprechend dem Grundanliegen Kants findet sich dort neben einer Theorie der Wahrnehmung (der transzendentalen Ästhetik) eine Theorie des (rein) vernünftigen Denkens (die transzendentale Logik). Die transzendentale Logik beinhaltet zum einen eine Sammlung von Grundlagen für das menschliche Urteilsvermögen, zum anderen unter der Bezeichnung „transzendentale Dialektik" eine Theorie, warum die reine Vernunft bei ihrem Bestreben, das Unbedingte zu erklären, notwendig scheitern muss. Dieser letzte Teil ist die eigentliche Kritik an der reinen Vernunft.

Die Einzelheiten der transzendentalen Logik sind an dieser Stelle nicht wichtig. Wichtig sind Kants Ziele,

1. eine Theorie der Grundlagen des Denkens zu liefern,
2. zu untersuchen, wie das Verhältnis des Denken und der sinnlichen Wahrnehmung beschaffen ist und
3. zu untersuchen, inwieweit das Denken in der Lage ist, unbedingte Wahrheit zu erkennen.

Schon kurz nachdem diese Lehre Kants große Verbreitung fand, wurde der Einwand geäußert, dass die Grundlagen des Denkens nicht einfach so aufgefunden und gesammelt werden dürften. Es sei im Gegenteil eine systematische Ableitung der Kategorien, Schemata und Grundsätze zu leisten. Besonders laut wurde diese Kritik von Fichte geäußert. Er legte dann auch den eigenen Versuch einer solchen Ableitung vor, die *Grundlage der gesamten Wissenschaftslehre* (1795 in 1971, 1.83–328). Dieses Werk hat er Zeit seines Lebens mehrfach überarbeitet.

Zunächst in Auseinandersetzung mit Johann Gottlieb Fichte nehmen sich Friedrich Schelling und Georg Wilhelm Friedrich Hegel des Themas an, wobei die Ausführungen Hegels das bei weitem systematischste Werk in dieser Richtung darstellen.

Hegel veröffentlicht insgesamt drei Werke, die für die idealistische Logik von Bedeutung sind. Sein Hauptwerk zu diesem Thema stellt die *Wissenschaft der Logik* dar (1831). In seiner Darstellung des Gesamtsystems, der *Enzyklopädie der philosophischen Wissenschaften* (1830), enthält der erste Teil eine Zusammenfassung der Wissenschaft der Logik. Für uns interessant ist aber auch noch sein erstes veröffentlichtes großes Buch, die *Phänomenologie des Geistes* (1807). In der *Phänomenologie* gibt Hegel eine Darstellung, wie sich das Denken selbst hinterfragt und weiter bildet, bis es auf dem Standpunkt angekommen ist, auf dem es die Systematik der idealistischen Logik nachvollziehen oder gar selbst entwickeln kann. Auf diesen hegelschen Gedankengang wird im letzten Kapitel dieses Artikels noch einmal zurückzukommen sein.

Insgesamt lässt sich für uns festhalten, dass die auf Kant folgenden deutschen Idealisten die oben genannten drei Ziele mit Kant teilen. Allerdings sind ihre Ergebnisse recht verschieden von denen Kants.

1. Wo Kant eine Sammlung von Kategorien, Schemata und Grundsätzen als Grundlage des Denkens angibt, fordern sie eine systematische Ableitung dieser Grundlagen.
2. Wo Kant die sinnliche Wahrnehmung als prinzipiell verschieden vom (rein) vernünftigen Denken behandelt, sehen seine Nachfolger in der sinnlichen Wahrnehmung einen Teil des Gesamtsystems der geistigen Fähigkeiten.
3. Wo Kant die Frage, ob die reine Vernunft unbedingte Wahrheit erkennen kann, negativ beantwortet, geben Fichte, Schelling und Hegel eine entschieden positive Antwort.

Die idealistische Logik ist von dieser historischen Seite als eine systematische Erschließung der Grundlagen des Denkens zu verstehen. Die systematische Entwicklung dieser Grundlagen umfasst insbesondere das Unbedingte, in dem Sinne, dass das Denken *die Wahrheit* über sich erkennt und nicht nur einen „dialektischen Schein", wie Kant meinte.

Dass in diesem historischen Überblick die genannten Philosophen herausgegriffen wurden, soll im Übrigen nicht heißen, dass nur in ihren Lehren Material für eine „Logik des Idealismus heute" zu finden wäre. Die hier erwähnte Grundüberzeugung, dass es ein System der Grundlagen des Denkens, des Sinnlichen und der Erkenntnis geben müsse, wurden auch z. B. von Platon und im Neuplatonismus vertreten. Und auch weitere Einzelvertreter ließen sich aufführen. Wer etwa im 20. Jahrhundert fündig werden will, ist gut damit beraten, die Werke Edmund Husserls zu studieren. Vollständigkeit dieser historischen Perspektive ist aber – wie bereits eingangs erwähnt – für das Thema der idealen Logik nicht so wichtig wie für andere Bereiche der Philosophie. Denn durch die Zielsetzung einer *systematischen* Entwicklung einer solchen Logik enthebt sich das Thema dem historischen Zusammenhang. Der Anspruch besteht gerade darin, dass die Systematik *nicht* von den historischen oder anderweitig zufälligen Gegebenheiten beeinflusst ist. Natürlich erwächst ihr Zustandekommen aus historischen Wurzeln, jedoch in ihrer Geltung hat sie sich als vollkommen unabhängig zu erweisen.

Indes ist das gegenwärtige Urteil über das skizzierte Vorhaben längst gefallen. Seit geraumer Zeit herrscht in der Wissenschaft die Meinung vor, dass „strenges" Beweisen und damit die höchste Form der stichhaltigen Begründung nur im Bereich der formalen Wissenschaften, insbesondere der mathematischen Logik, stattfinden könne. In unserer Zeit glaubt die überwältigende Mehrheit der Wissenschaftler nicht an die Möglichkeit einer systematischen Gesamtdarstellung des Logischen. Ja, ein solches Gebilde ist für die meisten nicht einmal eines Gedankens wert. Mit der grundlegenden Erforschung der formalen Logik im vergangenen Jahrhundert erscheint ihnen die Frage nach den Grundlagen des Denkens beantwortet. Wenn man sich darüber hinaus noch Gedanken über Begriffe wie „Wahrheit", „Logik" und das „Denken" macht, so fällt das in den Augen der meisten Wissenschaftler in den Bereich des „Philosophierens", einer Tätigkeit, der man nur dann nachgeht, wenn man zu viel Zeit und Muße hat, die aber mit Wissenschaft denkbar wenig zu tun hat. Den Anspruch einer echten Wissenschaft hat die Philosophie in den vergangenen eineinhalb Jahrhunderten in ihren Augen verspielt. Der allgemein herrschenden Meinung Rechnung tragend, betrachten wir als nächstes, wie weit es mit der Tauglichkeit der formalen Logik her ist, als Grundlage des Denkens zu fungieren.

1.1. Welche Logik darf es sein, bitte schön?

Wenn wir uns mit der formalen Logik als Grundlage des Denkens beschäftigen wollen, könnte ein erster Schritt sein, dass wir uns einen Experten auf dem entsprechenden Gebiet suchen. Von ihm lassen wir uns in den Bereich der Logik und des strengen Beweisens einführen. Nach kurzer Zeit wird uns der Experte Fragen wie die Folgende stellen. Hätten wir gerne Aussagenlogik, Prädikatenlogik, Modallogik? Und Aussagenlogik am besten intuitionistisch oder lieber klassisch? Und wenn Prädikatenlogik, möchten wir sie erster, zweiter oder zwölfter Stufe? Modallogik am liebsten à la B, D, K, T oder vielleicht lieber ... oder? Und serviert an einer deontischen, temporalen oder epistemischen Deutung? Oder darf es noch eine ganz andere Logik sein? In diesem Fall folgen sie mir bitte in den Keller.

Nach der ersten Verwirrung finden wir dann heraus, dass in der Gegenwart der Bereich der formalen Wissenschaften durch eine Art „Baukastenstimmung" geprägt ist. Jeder Ansatz hat Bereiche, in denen er fruchtbar angewendet werden kann. Man stellt sich die zu verwendende Logik je nach dem intendierten Anwendungsgebiet frei zusammen. Was ist dann also bitte schön die richtige Zusammenstellung, um damit Philosophie zu betreiben? Stellen wir den Experten des Bereichs diese Frage, stellen wir zuerst fest, dass wir einiges über unser Vorhaben zu erklären haben. Eine gewisse Vertrautheit mit philosophischen Begriffen und Denkweisen ist nicht vorhanden. Allesamt sind es zwar Wissenschaftler, mit denen wir reden, aber eine besonders ausgeprägte Liebe zum Wissen lässt sich kaum feststellen. Oder, anders herum gesprochen, Philosophie scheint in diesem Bereich gemeinhin nicht mehr als sonderlich wesentlicher Teil der Wissenschaft wahrgenommen zu werden.

Also fangen wir einfach an und sagen wir so etwas wie „Wir hätten gerne eine Logik, in der sich wahre Sätze beweisen lassen." „Wie ist denn definiert, was wahr ist oder falsch? Haben sie vielleicht ein Modell?" Ein Modell, das vorgibt, was wahr und was falsch ist? Nein, das haben wir nicht.

Und wir haben uns auch vorgenommen, die gesamte Sache von der anderen Seite anzugehen. Wir wollen eben nicht erst die Inhalte unserer favorisierten Philosophie angeben, und daraufhin eine passende Logik aussuchen. Wir wollen erst eine Logik und dann in ihr beweisen, was die richtige Art von Philosophie ist. Doch mit einer solchen Herangehensweise stoßen wir vollends auf Unverständnis. Zunächst einigt man sich auf den zu verwendenden Beweiskalkül, erst danach kann man beweisen. Für die Philosophie ist eine solche Auffassung nicht befriedigend. Es ist klar, dass diese Auffassung tiefer gehende Gründe hat. Was nämlich der „richtige" Kalkül ist, kann nicht bewiesen werden. Im Gegenteil ist man im Bereich der formalen Logik froh, diese Diskussion des „wahren Kalküls" seit langem hinter sich gelassen zu haben. Während es Anfang des vergangenen Jahrhunderts noch durchaus erbittert geführte Streitdiskussionen um das Thema gab, ob nun intuitionistisch oder klassisch zu folgern sei, werden diese Themen seit langem nicht mehr als Grundsatzfragen empfunden. Je nach Anwendung wird einmal intuitionistisch und ein anderes Mal klassisch gefolgert.

Es ist klar, dass diese Sichtweise für die Mathematik einen großen Fortschritt bedeutet, denn es hat sich herausgestellt, dass die Frage nach dem „richtigen Kalkül" sich mit den Mitteln der Mathematik nicht beantworten lässt. Es sollte ebenso klar sein, dass diese Sichtweise für die Philosophie nicht befriedigend ist.

Aber wie kann sich die Philosophie einbilden, in Hinsicht auf die Logik ein „besseres" Resultat zu erzielen, als es die Vollzeitlogiker im Bereich der mathematischen Logik in mehr als 100 Jahren vermochten? Und andererseits warum interessiert sich die Philosophie überhaupt für die Logik der Mathematiker?

Zunächst einmal ist zu konstatieren, dass der Bereich der Logik, formal oder nicht, angetreten ist, die folgenden grundlegenden Fragen zu klären:

- Was ist Wahrheit?
- Was ist ein Beweis?
- Wie findet man Beweise?

Diese Fragen wurden dann auch im Bereich der formalen Logik beantwortet. Ein Beweis ist eine syntaktische Umformung von einer Menge von Formeln (den Voraussetzungen) nach gewissen Regeln (die der entsprechende Kalkül definiert) bis die zu beweisende Aussage (die Behauptung) erreicht ist. „Wahr" ist dann all das, was auf diese Weise bewiesen werden kann. Die Frage, wie man Beweise findet, ist teilweise beantwortet worden: Je nach Mächtigkeit eines Kalküls gibt es ein berechenbares Verfahren, um in endlicher Zeit einen beliebigen Beweis zu finden (wenn der Kalkül vergleichsweise ausdrucksschwach ist) oder es gibt nur ein solches Verfahren, das in endlicher Zeit einen Beweis findet, wenn dieser Beweis auch existiert. Es kann dann nicht in endlicher Zeit festgestellt werden, ob ein gegebener Satz *nicht* aus den Annahmen folgt. Schließlich kann man auch Kalküle konstruieren, für die es kein vollständiges Beweisverfahren gibt.

Es ist wichtig festzuhalten, dass die Begriffe Wahrheit, Beweis und Beweismethodik nur *relativ zu einem Kalkül* definiert wurden. Das genau ist der Sinn der Behauptung, man müsse sich zunächst auf einen Kalkül einigen bevor es ans Beweisen geht. Vor der Einigung gibt es nach dieser Auffassung keinen sinnvollen Begriff von Wahrheit, Gültigkeit oder Beweis.

Diese Ansicht stellte, wie erwähnt, für den Bereich der Mathematik einen großen Fortschritt dar. Für die Philosophie ist sie aber unbefriedigend. Wir wollen einige Beispiele für Aussagen geben, deren Wahrheit oder gar Beweisbarkeit mit einer solchen Einstellung nicht befriedigend geklärt werden kann.

1. „Wahrheit existiert nur relativ zu einem Kalkül."
2. „Was der ‚richtige' Kalkül ist, kann nicht bewiesen werden."
3. „Bevor man beweisen kann, muss man sich auf ein Kalkül einigen."
4. „Alle gültigen Schlüsse sind Folgerungen aus einem Kalkül, oder kurz gesagt *deduktiv*."

Was ist nun das Problem dieser Aussagen?

Nehmen wir zum Beispiel die erste Behauptung und fragen uns, ob sie wahr oder falsch ist. Sollte sie wahr sein, dürfte diese ihre Wahrheit nur relativ zu einem Kalkül gelten. Aber zu welchem Kalkül? Diese Frage bringt den entsprechenden Standpunkt in Verlegenheit, denn *gemeint* war, dass es mehrere Kalküle gibt, die je nach Anwendung gewählt werden. Von der Wahrheit der Behauptung „Wahrheit existiert nur relativ zu einem Kalkül" kann aber nur dann sinnvoll gesprochen werden, wenn sie entweder in jedem Kalkül gelten würde (was nicht der Fall ist) oder sich ein Kalkül als „der richtige" herausstellen ließe (dann würde die Aussage allerdings nicht mehr das aussagen, was ursprünglich *gemeint* war).

Die zweite Behauptung besagt dann auch explizit, dass sich kein Kalkül als „der richtige" auszeichnen lässt. Wiederum bringt dann aber die Frage, ob diese Aussage wahr ist, den Standpunkt in Verlegenheit. Denn je nach Kalkül kann sie Mal bewiesen, Mal widerlegt werden, was wir hier allerdings nicht im Detail zeigen wollen.

Damit kann diese Behauptung also jedenfalls nicht mit Hilfe eines berechenbaren Verfahrens bewiesen werden.

Vielleicht ist aber auch die dritte Aussage der Schlüssel zum Verständnis des Standpunkts? Aber dem geübten Skeptiker – und jeder ernsthafte Philosoph muss auch die Skepsis beherrschen – wird es ein leichtes sein, sich nur auf solche Kalküle zu einigen, in denen die dritte Behauptung nicht beweisbar ist oder in denen sie gar widerlegt werden kann.

Die vierte Behauptung schließlich, dass alle gültigen Schlüsse deduktiv sind und dass einzig und allein die deduktive Methode zu einem gültigen Schließen führt, ist bereits durch die Betrachtung der ersten drei Aussagen recht fraglich geworden. Sie führt uns aber dennoch auf einen weiteren Punkt in Bezug auf die formale Sichtweise: Ist die eigentliche Wahrheit vielleicht gar nicht im Kalkül zu suchen, sondern ausschließlich in der Tatsache, *dass* ein bestimmter Satz aus einem bestimmten Kalkül folgt? Machen vielleicht Satz und Kalkül erst *zusammen* die Wahrheit aus, eine Wahrheit, die dann nicht mehr relativ sondern zum guten Ende doch absolut wäre (im Sinne von „nicht relativ")? Wir unterziehen diese Ansicht einer traditionell radikal skeptischen Betrachtung.

Es ist durchaus fraglich, ob eine solche Folgerungsbeziehung überhaupt zweifelsfrei festgestellt werden kann. Denn wenn ich am Ende der Folgerung angekommen bin, ist der Anfang meines Nachvollziehens der Folgerung vielleicht schon Tage her. Wenn ich dem Beweis des Wohlordnungssatzes aus den zugehörigen Axiomen verfolgen will, kann das einige Zeit dauern. Wie sicher kann ich sein, dass dieses Nachvollziehen wirklich fehlerfrei war bzw. überhaupt stattgefunden hat? Auch die „Tatsache", dass ein Beweis dieses Satzes schon von vielen Mathematikern erfolgreich nachvollzogen wurde, kann mir einfach nur erzählt worden sein – ich war nicht dabei und selbst wenn ich dabei gewesen wäre, würde das auch nichts Grundlegendes ändern.

Und was ist mit automatischen Theorembeweisern? Wie sicher kann ich sein, dass sie korrekt programmiert sind, dass der Prozessor, der für den Durchlauf verwendet wurde, korrekt funktioniert, dass während ihres Laufs nicht durch kosmische Strahlen ein Bit gekippt ist? Welchen Wert hat es dabei, dass der Theorembeweiser sich womöglich selbst als korrekt bewiesen hat?

Vor der radikalen Skepsis, mit der wir Philosophen stets zu kämpfen haben, schrumpft die behauptete Gültigkeit des deduktiven Schließens auf die sinnliche Erfahrung des Nachvollziehens der Folgerung, der Erinnerung und des Hörensagens zusammen.

Diese Argumentation über die Länge deduktiver Ableitungen fällt gegenüber den Betrachtungen der drei anderen Sätze ab. Während dort die jeweilige Behauptung auf sich selbst angewendet wurde und sich bereits so *immanent* deren Unzulänglichkeit zeigte, ist das Anbringen der Ableitungslänge dagegen eher eine äußerliche und damit weniger zwingende Betrachtung. Wir haben diese Betrachtung nur deswegen an dieser Stelle gemacht, weil wir später darauf zurückkommen werden. Aber auch diese vierte Behauptung lässt sich leicht immanent widerlegen. Wie nämlich könnte die Aussage „Alle gültigen Schlüsse sind deduktiv" als gültig bewiesen werden? Laut des Inhalts der Behauptung nur deduktiv. Aber auch hier dürfte es dem Verfechter dieser Aussage schwer fallen, sich mit dem Zweifler auf einen solchen Kalkül zu einigen, in dem diese Aussage dann auch bewiesen werden kann. Denn es ist auch hier nicht so, dass sie unter beliebiger Voraussetzung gültig wäre.

Insgesamt hat sich also gezeigt, dass die Grundstellung der formalen Wissenschaften zur Wahrheit die Wahrheit dieser Grundstellung selbst nicht begründen kann. Es ist so gesehen erstaunlich, dass die Philosophie und nicht die Mathematik und das formale Folgern als überflüssig und nur bei Laune und Muße außerhalb der Wissenschaft zu betreibendes Spiel betrachtet werden, so wie vielleicht das Lösen eines Sudoku-Rätsels. Es gibt in der Gegenwart zwei Gründe, warum dem nicht so ist.

Der erste Grund für den Status der formalen Wissenschaften liegt in ihrer Nützlichkeit für die anderen Bereiche des Lebens. Diese Nützlichkeit kann sich die Mathematik und formale Logik selbst nicht erklären und sie ist ihr sogar zuwider. Sie möchte sich von dieser schnöden weltlichen Nützlichkeit distanziert sehen. Und diese Distanzierung hängt mit dem zweiten Grund für den Status der formalen Wissenschaften zusammen.

Der zweite Grund für den Status der formalen Wissenschaften liegt darin, dass sie es in den vergangenen 200 Jahren geschafft haben, den Eindruck zu erwecken, dass sie allein die natürlichen Bedürfnisse der Vernunft nach Wahrheit und sicherem Wissen befriedigen können. Die formale Logik war angetreten, Begriffe wie „Wahrheit" oder „Beweis" und die dazu gehörende „Beweismethodik" ein für alle Mal zu klären. Dieses Vorhaben ist aber nicht gelungen, auch wenn die erarbeiteten Erkenntnisse zweifelsohne von großem und überzeitlichem Wert sind. Es ist dennoch die Täuschung, dass dieses Unterfangen gelungen wäre, welches der formalen Methode ihren unberechtigten Ruf eingebracht hat.

1.2. Schlussfolgerungen für die ideale Logik

Als Fazit dieses einleitenden Kapitels können wir daher festhalten, dass die folgenden Begriffe weiterhin auseinander zu halten sind.

a) „Wahrheit" und „Folgerichtigkeit"
b) „Beweis" und „Folgerung"
c) „Beweissystematik" und „Folgerungsverfahren"
d) „Logik" und „Formale Logik"

Wenn es also heißt „Welche Logik darf es sein, bitte schön?" werden wir sagen müssen: „Wir hätten dann gerne die eine Logik und, wenn es geht, nicht rein formal."

2. Wahrheit, Beweis, Logik

Wir haben im vorangegangenen Kapitel gesehen, dass die grundlegenden Begriffe der Logik wie *Wahrheit, Beweis* und auch der Begriff der *Logik* selbst noch als ungeklärt angesehen werden müssen. Wir werden zunächst den ersten der Begriffe untersuchen: den Begriff der Wahrheit. Dabei werden wir zwei Ziele verfolgen. Zum einen geht es darum, wesentliche Eigenschaften dieses Begriffs zu erkunden und festzuhalten. Zum anderen wollen wir am Beispiel der Untersuchung aufzeigen, wie sich auch außerhalb eines formalen Rahmens stringent argumentieren lässt. Die so gewonnenen Argumentationsbeispiele werden uns dann im nächsten Kapitel nützlich sein, wenn es um den Begriff der Logik geht.

2.1. Der Begriff der Wahrheit

Wenn wir uns also nun dem Begriff der Wahrheit zuwenden, ist eine erste legitime Frage, ob man den entsprechenden Begriff überhaupt braucht. Eine extrem skeptische Ansicht könnte die Meinung vertreten, dass nichts Wahres existiert, und der Begriff der Wahrheit daher gegenstandslos und überflüssig ist. Wie kann man stringent gegen eine solche Ansicht argumentieren? Die formale Herangehensweise ist hierzu wenig geeignet, denn es ist kaum anzunehmen, dass der entsprechende Skeptiker sich darauf einlassen wird, sich auf einen gemeinsamen Kalkül oder gar auf gemeinsame Grundannahmen zu einigen. Wenn man aber keine andere Grundlage annehmen kann, dann bleibt als einziger Ansatzpunkt die Behauptung selbst. Betrachten wir also die Behauptung „Es gibt keine Wahrheit" selbst, so zeigt sich, dass diese als Behauptung implizit mit einem Wahrheitsanspruch auftritt. Diesen impliziten Anspruch bringt der Behauptende selbst mit, indem er seine Behauptung aufstellt. Es zeigt sich aber sogleich, dass die Behauptung wohl schlichtweg nicht wahr sein kann. Nimmt man nämlich an, dass sie wahr wäre, so gäbe es keine Wahrheit, insbesondere wäre also die Behauptung selbst nicht wahr. Um den zukünftigen Bezug zu ermöglichen und auch, um Zwischenergebnisse festzuhalten, wird die Argumentation hier noch einmal in aller Kürze wiedergegeben.

Behauptung 1

Es gibt keine Wahrheit.

Selbstanwendung

Dann ist auch die Behauptung nicht wahr.

Schluss

Es gibt Wahrheit.

Diese Argumentation ist ein erstes – zugegebenermaßen trivial anmutendes – Beispiel für eine stringente Argumentation, die sich außerhalb des formalen Rahmens bewegt. Es wäre verfehlt, die Gültigkeit des Arguments erst durch eine weitere Auseinanderlegung zu begründen. So zum Beispiel könnte man syllogistisch wiedergeben:

Obersatz:

Alle Aussagen sind falsch.

Untersatz:

„Alle Aussagen sind falsch" ist eine Aussage.

Konklusion:

Also ist „Alle Aussagen sind falsch" falsch.

Man könnte meinen, dass die Behauptung widerlegt sei, *weil* diese Form des Syllogismus gültig ist. Die Aussage „Es gibt Wahrheit" ist aber hingegen schon vor allem syllogistischen Schließen wahr und die gegebene Argumentation deckt auf, dass sie auch schon bei jedem Zweifel implizit vorausgesetzt wird. Das Vorhaben eines Zweifels kann nur gelingen, wenn es Wahrheit gibt. Oder anders ausgedrückt: Der Begriff der Wahrheit ist eine Argumentations- sogar eine Denknotwendigkeit. Sich seiner zu bedienen, ist unhintergehbar.

Mithin gibt es also Wahrheit. Doch von welchem Wahrheitsbegriff sprechen wir hier? Es ist klar, dass über diesen Begriff in der Philosophie keine Einigkeit herrscht. Er ist vielleicht einer der umstrittensten Begriffe der Philosophie überhaupt. Sollte dies nicht ein wesentliches Problem für jegliches philosophische Vorhaben darstellen? In Argumentationen kommt es häufig vor, dass ein im Mittelpunkt stehender Begriff nicht klar umrissen ist. Stellen die Argumentationsteilnehmer ein solches Problem fest, so tun sie meist gut daran, den fraglichen Begriff zu *klären*. Das heißt, sie sollten zuerst versuchen, einen Konsens über die Bedeutung des Begriffs zu erzielen, bevor sie mit der ursprünglichen Debatte fortfahren. Andernfalls droht die Diskussion darunter zu leiden, dass die Teilnehmer stets „aneinander vorbei" reden. In diesem Sinne könnte man auch fordern, der Begriff der Wahrheit sei klar zu definieren, bevor man weiter über Themen wie Erkenntnis, Logik, stichhaltige Argumentationen reden kann. Wie sich aber zeigt, kann diese Forderung für den Begriff der Wahrheit nicht aufrechterhalten werden. Denn zum einen stellt sich heraus, dass immer schon ein wesentlich gemeinsames Verständnis von Wahrheit vorliegen muss, damit diese Forderung überhaupt verstanden werden kann. Zum anderen zeigt sich, dass Versuche, den Wahrheitsbegriff zu definieren, aus prinzipiellen Gründen scheitern müssen.

Untersuchen wir also die Forderung, Wahrheit sei zu definieren bevor logisch geschlossen wird. Dabei ist es wichtig zu verstehen, dass diese Forderung hier als harter Einwand gedacht wird; also in diesem extremen Sinne, dass „das Unternehmen Logik" auf Eis zu legen ist, bis dieser Begriff definiert ist. So etwa könnte ein Vertreter der formalen Logik sprechen, in deren Rahmen der Begriff „Wahrheit" durchaus eine klare Definition besitzt – nur eben je nach gewähltem Kalkül ggf. eine andere. Explizit kann man diese Forderung so ausdrücken: „Der Begriff der Wahrheit muss erst definiert sein, bevor man von wahren Aussagen sprechen oder stringent argumentieren kann." Die Forderung hat hier die Form einer Aussage. Es ist daher legitim zu fragen, ob diese Aussage selbst wahr ist oder nicht. Nehmen wir an, sie wäre tatsächlich wahr, so lässt sich die Frage, ob sie wahr ist oder nicht, ihrem eigenen Inhalt nach nicht legitim beantworten. Damit aber ist der Anspruch, der mit der Forderung verbunden ist, untergraben. Man kann so prinzipiell keine guten Gründe für diese Forderung mehr angeben, jeglicher Versuch der Legitimation oder argumentativen Durchsetzung dieser Forderung hat sich so selbst vereitelt. Das Problem, aus dem heraus die Forderung entstand, kann nicht länger sinnvoll mitgeteilt werden, wenn die Forderung in dieser extremen Form beibehalten wird. Ignoriert man hingegen den Einwand, so ergibt sich kein logisches Problem. Und auch, wenn man die Form der Forderung so ändert, dass es sich um ein Gebot und nicht um eine Aussage handelt, stellt sich die Frage nach der Begründung dieses Gebots. Diese Begründung ist dann selbst entweder stichhaltig oder eben nicht. Sie muss aber insbesondere überzeugen können, *bevor* die Definition der Wahrheit vorliegt. Insgesamt kann die Wahrheit der Forderung nur dann sinnvoll behauptet werden, wenn sie falsch ist. Und es kann nur dann der Versuch einer Begründung gemacht werden, wenn sie unbegründet ist.

Behauptung 2
Der Begriff der Wahrheit muss erst definiert werden, bevor man von wahren Aussagen sprechen oder stringent argumentieren kann.

Selbstanwendung
Ist die Behauptung wahr? Wenn ja, darf man nicht behaupten, dass sie wahr ist. Ist die Forderung begründet? Wenn sie gültig ist, dann kann sie nicht stichhaltig begründet sein.

Schluss
Es kann auch ohne eine Klärung des Wahrheitsbegriffs von wahren Aussagen gesprochen und es kann stringent argumentiert werden.

Nimmt man die beiden bisherigen Überlegungen zusammen, so ergibt sich Folgendes. Schon zu Beginn einer jeden Argumentation haben wir ein Vorverständnis von der Wahrheit. Dieses Vorverständnis lässt sich einerseits nicht leugnen, es ist aber andererseits auch hinreichend für den Beginn des Argumentierens. Diese Einsicht ist wichtiger als es die vielleicht bis hierher doch recht künstlich scheinende Überlegung vermuten lässt. Der Ansatz, eine klare Definition der Wahrheit suchen zu müssen, *bevor* man logisch schließen kann, führt unweigerlich zu einer Vorentscheidung des Problems. Der Ansatz entstammt selbst einer bestimmten, eingeschränkten Denkweise, nämlich der deduktiven. Eine feste Definition der Wahrheit an den Anfang zu setzen kann deswegen zu nichts anderem führen als zu einer deduktiven Logik.

Die bisher gegebenen Argumentationen haben sich eine besondere Möglichkeit der Sprache zu Nutze gemacht: Die Möglichkeit einer Aussage, auf sich selbst bezogen zu werden. In den Kurzzusammenfassungen ist dies bereits durch den Ausdruck „Selbstanwendung" dokumentiert worden. Dabei ist die Selbstanwendung keine zufällige oder willkürliche Zutat der gezeigten Argumentationen. Sie entspringt direkt dem Anliegen, keine weiteren Grundannahmen als nur die jeweils betrachtete Behauptung in Anspruch nehmen zu müssen. Wer sich schon einmal mit der Logik selbstbezüglicher Strukturen befasst hat, wird wissen, dass diese geradezu synonym für logische Grundprobleme sind. Deswegen ist es einer eigenen Betrachtung wert, ob Selbstanwendung und Selbstbezug überhaupt legitime Beziehungen im Bereich des gültigen Argumentierens sind beziehungsweise sein sollten. Betrachten wir also die Behauptung, dass keine Aussage auf sich selbst bezogen ist. Für diese Behauptung gibt es zwei Möglichkeiten. Erstens könnte der Satz auch für sich selbst gelten. Das würde aber zu einem Widerspruch führen, denn es gäbe – entgegen der Behauptung – einen Satz der auf sich selbst bezogen ist. Zweitens könnte der Satz auch nicht für sich selbst gelten. Auch wenn man auf diese Weise dem Inhalt des Satzes gerecht wird, ergibt sich ein Widerspruch. Denn wenn der Satz nicht für sich selbst gilt, so ist das Verbot des Selbstbezugs nur auf alle anderen Aussagen nicht aber auf den Satz selbst zu beziehen. Das bedeutet aber nichts anderes, als dass der Satz auf sich selbst bezogen sein muss – und sich dadurch wiederum selbst widerlegt.

Behauptung 3

Keine Aussage ist auf sich selbst bezogen.

Selbstbezug

Ist die Behauptung auf sich selbst bezogen?
5. Nein, sie bezieht sich nicht auf sich. Dann ist sie gemäß ihrem Inhalt, *keine* der Aussagen, die sich *nicht* auf sich beziehen. Es gilt also:
6. Ja, sie bezieht sich auf sich selbst. Damit gibt es aber eine selbstbezügliche Aussage und sie widerspricht sich selbst.

Schluss

Es gibt Aussagen, die auf sich selbst bezogen sind.

Zurück zur Betrachtung des Wahrheitsbegriffs. Das bisher Gesagte bedeutet nicht, dass es keinen Sinn macht, sich um die Klärung der Bedeutung des Wahrheitsbegriffs zu bemühen (eine Untersuchung mit diesem Ergebnis widerspräche sich offensichtlich selbst). Es ist im Gegenteil gerade aus ideallogischer Sicht wesentlich, diesen Begriff zu untersuchen. Von daher sind die Versuche einer Definition des Wahrheitsbegriffs nicht schon im Grundsatz als falsch zu betrachten. Wir werden deswegen einige solcher Versuche näher anschauen.

Eine besonders naive Klärung des Begriffs könnte darin bestehen, die *Gesamtheit* der wahren Sätze anzugeben, und zum Beispiel ein „Buch der Wahrheit" schreiben zu wollen. In diesem Buch sollen alle wahren und nur die wahren Sätze enthalten sein. Großzügig gehen wir darüber hinweg, dass ein solches Buch womöglich unendlichen Umfangs sein müsste. Wichtig ist hingegen, dass es stets möglich ist, in Aussagen auf dieses Buch Bezug zu nehmen. Ist diese Bezugnahme aber möglich, so lässt sich auch ein Satz bilden wie: „Dieser Satz steht nicht im Buch der Wahrheit." Das im Prinzip schon antike logische Problem, das mit diesem Satz verbunden ist, zeigt sich in der Frage, ob der Satz wahr ist oder nicht. Ist er wahr, dann steht er nicht im Buch der Wahrheit, das Buch enthält somit nicht alle wahren Sätze. Ist er hingegen falsch, so steht er doch im Buch der Wahrheit. Das Buch enthält also nicht nur wahre Sätze.

Behauptung 4

Es gibt ein Buch, das die wahren und nur die wahren Sätze enthält.

Selbstanwendung

Betrachte den Satz „Dieser Satz steht nicht im Buch der Wahrheit". Ist der Satz wahr, enthält das Buch nicht alle wahren Sätze. Ist der Satz falsch, steht er also im Buch und das Buch enthält nicht nur wahre Sätze.

Schluss

Es gibt kein Buch, das alle wahren und nur die wahren Sätze enthält.

Mit anderen Worten ist die Form eines Buches, einer Menge oder einer sonstigen Sammlung dem Begriff der Wahrheit nicht angemessen. Es ist prinzipiell unmöglich, auf diese Weise eine Wahrheitsdefinition zu erlangen. So unscheinbar diese Einsicht anmuten mag, es ist eine wichtige Konsequenz mit ihr verbunden. Denn bis zu diesem Punkt kann man der Meinung sein, dass so etwas wie der *Begriff der Wahrheit* überflüssig ist und dass die Rede von „wahren Aussagen" hinreichend ist. Der Schluss zu Behauptung 4 legt hingegen nahe, dass „das Wahre" sich nicht in der Menge der wahren Aussagen erschöpft. Wahrheit ist wesentlich Prinzip und damit unsere Rede vom Wahrheits*begriff* gerechtfertigt.

War der Versuch einer vollständigen Aufzählung vielleicht noch naiv, so ist der nächste zu untersuchende Ansatz historisch ernsthaft verfolgt worden. Umso interessanter erscheint es dann, dass ihn im Prinzip dasselbe Argument trifft. Anstelle eines Buches der Wahrheit tritt nun ein „Kalkül der Wahrheit". Dieser Kalkül erlaubt es, alle wahren und nur die wahren Sätze abzuleiten. Sollte dieses Unterfangen gelingen, könnte man diesen Kalkül als Definition des Wahrheitsbegriffs bezeichnen. In diesem Kalkül müssten einige interessante Aussagen ableitbar sein: erstens die Axiome des Kalküls selbst, die ja per Grundannahme wahr sind; des Weiteren aber auch die Aussage, *dass* sich alle Wahrheit aus ihm herleiten lässt, denn dies wäre eine wahre Aussage; auch über jede ableitbare Aussage die Aussage, *dass* sie ableitbar ist. Denn auch diese gehört zu den wahren Aussagen. Und außerdem ließen sich auch Aussagen über die Nichtableitbarkeit machen. Dass eine bestimmte Aussage sich *nicht* ableiten lässt, wäre ebenfalls wahr. Auch selbstbezügliche Aussagen müssen möglich sein, wie oben gezeigt. Wir können außerdem über den Kalkül als Ganzes reden, denn Aussagen wie „Diese Aussage gehört zu den Grundannahmen des Kalküls der Wahrheit" sind laut Annahme wahr und müssen somit ableitbar sein. Können wir aber im Kalkül solche weitreichenden Aussagen behandeln, dann lässt sich auch ausdrücken: „Diese Aussage ist nicht aus dem Kalkül der Wahrheit ableitbar." Und nun zeigt sich das analoge Problem zum Buch der Wahrheit. Ist diese Aussage wahr, so ist sie nicht ableitbar und nicht alle wahren Aussagen folgen aus dem Kalkül. Ist die Aussage falsch, so ist sie dann doch ableitbar – aber um den Preis, dass aus dem Kalkül eine falsche Aussage abgeleitet wird.

Behauptung 5
Es gibt einen Kalkül der Wahrheit, aus dem alle wahren und nur die wahren Sätze abgeleitet werden können.

Selbstanwendung
Betrachte den Satz: „Dieser Satz folgt nicht aus dem Kalkül der Wahrheit." Ist der Satz wahr, ist er nicht ableitbar und aus dem Kalkül lassen sich nicht alle wahren Sätze ableiten. Ist der Satz

falsch, dann ist er ableitbar und es lassen sich aus dem Kalkül der Wahrheit falsche Sätze ableiten.

Schluss

Es gibt keinen Kalkül, der alle wahren und nur die wahren Sätze enthält.[1]

2.2. Begriffsbestimmung und die Vollständigkeit unseres Denkens

Was haben wir bis hierher geleistet? Wir haben zunächst festgestellt, dass es Wahrheit gibt. Dann auch, dass es nicht zwingend problematisch ist, dass wir nicht genau wissen, was Wahrheit eigentlich ist. Wir haben trotzdem zwei Ansätze untersucht, Wahrheit zu definieren und beide auf prinzipieller Grundlage ausgeschlossen. Aber wie kann man überhaupt einen Beweis angeben, dass eine gegebene Wahrheits*definition* falsch ist? Widerspricht das nicht dem Grundverständnis der Definition? Es herrscht die Ansicht, dass eine Definition als solche gar *nicht richtig oder falsch sein kann*. Mit ihr wird ein neuer Begriff erfunden, gesetzt. Diese Setzung kann allenfalls einer gegebenen Menge von Phänomenen nicht in einer Weise gerecht werden, die unserer Intuition entspricht, sie kann aber nicht falsch sein. Soweit die gängige Meinung. In diesem Fall handelt es sich aber nicht um beliebige Phänomene und noch weniger geht es um einen beliebigen Begriff. Wahrheit ist eben nicht etwas, das man so oder so definieren kann. Um diese Behauptung zu stützen, wollen wir uns als nächstes dem Verständnis von Begriffen und deren Definition zuwenden.

Als erstes geht es um das skizzierte Verständnis, dass Definitionen reine Setzungen sind, als solche also weder richtig noch falsch sein können.

Behauptung 6
Die Definition des Wahrheitsbegriffs kann selbst nicht richtig oder falsch sein.

Selbstanwendung
Ist diese Behauptung selbst richtig oder falsch? Ist die Aussage wahr, wäre die Antwort auf diese Frage abhängig von der Definition von richtig und falsch, oder – anders gesagt – von der

---

[1] An dieser Stelle ist eine Bemerkung in Bezug auf die berühmte Arbeit Kurt Gödels angebracht (Gödel 1931). Gödel beweist eine sehr viel konkretere Aussage. Er zeigt, dass ein Kalkül, der über die Ausdrucksstärke verfügt, die Gesetze der Arithmetik natürlicher Zahlen auszudrücken, entweder widersprüchlich oder unvollständig ist. Die Grundidee gleicht der hier vorgetragenen. Ein großer Teil der Argumentation besteht darin zu zeigen, dass die selbstbezügliche Aussage mit der intendierten Bedeutung überhaupt gebildet werden kann.

Definition des Wahrheitsbegriffs. Laut der Aussage ist diese Definition aber beliebig, und dasselbe gilt also auch für den Wahrheitsgehalt der Aussage.

Schluss
Eine Definition des Wahrheitsbegriffs ist selbst Gegenstand des zu definierenden Begriffs. Insbesondere darf sie sich nicht selbst als falsch auszeichnen.

Eine Definition der Wahrheit darf sich nicht selbst als falsch einstufen. Genauso wenig sollten philosophische Thesen im allgemeinen sich selbst als unwahr oder auch prinzipiell unhaltbar bestimmen. Dies sind in ihrer Essenz überaus simple Einsichten. Es ist deswegen verwunderlich, wie viele Ansätze in der Geschichte der Philosophie und auch in der Gegenwart gegen diese Einsichten verstoßen.[2]

Das Verständnis von Begriffsdefinition als Setzung ist also für grundlegende Begriffe wie den Begriff der Wahrheit unzureichend. Wenn Definieren ein willkürliches Setzen ist, so ist es unmöglich, eine Definition der Wahrheit anzugeben. Die Idee einer Definition als Setzung, aus der dann gefolgert werden kann, gemäß der Triade „Definition – Satz – Beweis", stammt selbst aus dem Bereich der Deduktion. Es ist also besser, nicht länger von einer „Definition des Wahrheitsbegriffs" zu sprechen, sondern eher von einer *Begriffsbestimmung*. Aber wenn nicht mit einer Definition, wie lässt sich überhaupt angeben, was Wahrheit ist?

Mit der Fragestellung, wie der Begriff der Wahrheit *in seiner Gesamtheit* zu bestimmen ist, machen wir einen wesentlichen Schritt in unseren Überlegungen. Denn mit dieser Frage geht es nicht länger nur um einzelne Einsichten in die Beschaffenheit eines besonderen Begriffs, sondern um dessen ganzheitliche Bedeutung. Und doch ist die Frage für den Wahrheitsbegriff im Prinzip bereits beantwortet worden. Denn wir haben schon mehrere Eigenschaften des Wahrheitsbegriffs angegeben und uns so ein besseres Verständnis dieses Begriffs erarbeitet. Es wurden dabei jeweils *Beweise* dafür gegeben, dass die entsprechende Eigenschaft auch wirklich vorliegt. Dies scheint also ein gangbarer Weg zu sein, aber ist es auch der „richtige" Weg? Ist es z. B. notwendig, einen Beweis zu haben oder sind vielleicht die als „Schluss" gegebenen Aussagen ausreichend, den Begriff zu bestimmen?

Wenn man die Argumentationen nachvollzogen hat, wird man zu der Vermutung neigen, dass diese wesentlich mit zur Begriffsbestimmung hinzugehören. Diese Ver-

---

[2] Im Prinzip steht hinter jeder der hier betrachteten Behauptungen eine solche philosophische Ansicht, die gegen eine dieser simplen Grundeinsichten verstößt. So haben wir gesehen, dass ein extremer Formalismus („Alle gültigen Schlüsse sind deduktiv") sich selbst als unhaltbar erweist, genauso wie ein extremer Relativismus (wie mit Behauptung 1 ausgedrückt). Doch die Liste der Verstöße gegen diese Grundeinsichten ist wesentlich länger als im Rahmen des vorliegenden Artikels gezeigt werden kann.

mutung hat es aber in sich, wie wir nun sehen werden. Die Ansicht nämlich, dass der Nachvollzug der Argumentation tatsächlich wesentlich zur Begriffsbestimmung gehört, führt zu der folgenden grundlegenden Behauptung: Zu jeder Bestimmung des Wahrheitsbegriffs gehört auch eine entsprechende Argumentation, dass diese Bestimmung auch wirklich zutreffend ist. Mit anderen Worten behaupten wir damit aber, dass von jeder wesentlichen Eigenschaft des Wahrheitsbegriff *auch bewiesen werden kann*, dass es sich um eine Eigenschaft des Wahrheitsbegriffs handelt. Dabei ist es gut, dass wir uns so ausführlich in der Selbstanwendung philosophischer Aussagen geübt haben. Denn bei näherer Betrachtung stellt sich heraus, dass auch die gerade gemachte Behauptung *selbst eine wesentliche Eigenschaft des Wahrheitsbegriffs behauptet*. Soll sie sich nicht widersprechen, so muss also auch sie beweisbar sein. Damit sind wir aber in nur wenigen Schritten bei einem logischen Kernproblem angekommen. Denn zu den wesentlichen Eigenschaften des Wahrheitsbegriffs gehört eben auch, ob er in einem gegebenen Fall korrekt verwendet wurde oder nicht. Damit wäre aber eine der Konsequenzen der Beweisbarkeitsbehauptung, *dass alle wahren Aussagen auch als wahr bewiesen werden können*.[3]

Dass diese Behauptung problematisch ist, dürfte spätestens seit dem oben bereits erwähnten Befund Gödels klar sein (Gödel 1931). Wir werden nun zeigen, dass die Gödelsche Grundüberlegung zwar formale Systeme betrifft, auf die Betrachtung *unseres Denkens* jedoch nicht übertragbar ist. Dazu vergegenwärtigen wir uns den Gödelschen Grundansatz. Der Ansatz besteht darin, eine Aussage mit diesen Eigenschaften zu konstruieren:

e) Die Aussage ist *für uns* nachweislich wahr.
f) Die Aussage kann im betrachteten Axiomensystem nicht nachgewiesen werden, wenn die Axiome konsistent sind (also nicht beliebige Folgerungen zulassen). Mit anderen Worten: *Für den betrachteten Gegenstand*, nämlich das Axiomensystem, *ist die Aussage unbestimmt*.

Bei der Übertragung auf unser Denken tritt jedoch der wichtige Aspekt hinzu, dass die beiden Perspektiven, „für uns" und „für den betrachteten Gegenstand", in eins zusammenfallen. Es müsste bei dieser Übertragung eine Aussage gefunden werden, die

g) *für uns* nachweisbar wahr ist, aber gleichzeitig
h) *für uns* nicht nachweisbar ist.

---

3 Es ist wichtig, diesen Übergang über *die Verwendung* des Wahrheitsbegriffs im Hinterkopf zu behalten. Es kann sich so z. B. herausstellen, dass der Wahrheitsbegriff in bestimmten Zusammenhängen gar nicht korrekt verwendet werden kann. Ob z. B. in einer Straßenverkehrsordnung Rechts- oder Linksverkehr vorzuziehen ist, könnte eine nicht wahrheitsfähige Fragestellung sein.

Eine solche Aussage zu finden, ist offensichtlich unmöglich. Auch diese Überlegung fassen wir wie gewohnt zusammen.

Behauptung 7
Wir können direkt beweisen, dass unser Denken unvollständig ist.

Selbstanwendung:
Ein solcher direkter Beweis müsste darin bestehen, dass eine Aussage angegeben wird, die für uns bewiesenermaßen wahr aber gleichzeitig für unser Denken unbeweisbar ist.

Schluss
Unsere eigene Unvollständigkeit ist nicht direkt beweisbar.

Die Tatsache, dass man keine nachweislichen Beispiele für die eigene Unvollständigkeit angeben kann, muss uns aber nicht zwingend davon abhalten, diese Unvollständigkeit trotzdem zu behaupten. So könnte also jemand die Meinung vertreten: „Es gibt wahre Aussagen, die wir prinzipiell nicht als wahr nachweisen können." Wir haben gesehen, dass diese Aussage nicht direkt bewiesen werden kann. Es bleiben aber noch die Möglichkeiten, dass sie entweder indirekt oder aber gar nicht beweisbar ist. Wir wollen hier als Letztes die Möglichkeit untersuchen, dass diese Aussage gar nicht bewiesen werden kann. Nehmen wir entsprechend an, dass *diese Behauptung selbst* wahr aber für uns prinzipiell nicht beweisbar ist. Könnten wir unter dieser zusätzlichen Annahme nicht doch einen Beweis für die Annahme geben? Bei näherer Betrachtung fällt es uns sogar sehr leicht, einen solchen Beweis zu geben. Denn für den Beweis einer solchen Existenzaussage reicht es aus, ein Beispiel für die entsprechende Behauptung anzugeben. Nun ist aber laut Annahme die Behauptung selbst ein solches Beispiel und sie würde sich *unter diesen Annahmen* also somit selbst beweisen. Wer also behauptet, dass die Behauptung selbst ein Beispiel für eine wahre aber unbeweisbare Aussage ist, der widerspricht sich unmittelbar selbst.

Behauptung 8
Die Behauptung „Es gibt wahre Aussagen, die wir prinzipiell nicht als wahr beweisen können" ist wahr, aber prinzipiell unbeweisbar.

Selbstanwendung:
Wenn die Gesamtbehauptung wahr ist, so ist die Behauptung ein Beispiel für ihren eigenen Inhalt. Damit ist sie *unter diesen Annahmen* aber beweisbar im direkten Widerspruch zur Behauptung ihrer Unbeweisbarkeit.

Schluss
Wenn die Behauptung „Es gibt wahre Aussagen, die wir prinzipiell nicht als wahr nachweisen können" wahr ist, dann muss sie auch beweisbar sein.

Mit Behauptung 7 müsste dieser Nachweis aber *indirekt* erfolgen, also ohne ein Beispiel anzugeben.

Wie wir sehen, hat die Annahme, unser eigenes Denken sei prinzipiell unvollständig, einige Schwierigkeiten. Und dabei haben wir hier erst angefangen, die mit dieser philosophischen Ansicht verbundenen Probleme zu explizieren. Umso verwunderlicher auch hier, dass es sich um eine in der Gegenwart mit großer Selbstverständlichkeit geäußerte Meinung handelt.

Wie sieht es mit der gegenteiligen Meinung aus? Kann man, ohne sich selbst zu widersprechen, behaupten, dass alle wahren Aussagen auch für unser Denken als wahr beweisbar sein müssen? Es ist klar, dass ein Vertreter dieser Meinung in Konsequenz auch die Behauptung vertreten muss, dass ein Beweis für diese seine Behauptung möglich sein muss. *Die Frage nach der Vollständigkeit unseres Denkens muss demnach so oder so durch einen Beweis entschieden werden.*

Mit dieser letzten Einsicht haben wir den Bogen zurück zum anfänglichen historischen Überblick geschlagen. Denn wir haben anfangs als wesentlichen Inhalt der idealistischen Logik *die Forderung nach einer systematischen Erschließung der Grundlagen des Denkens* dargestellt. Diese Forderung ist aber gleichbedeutend mit der Forderung nach dem Beweis der Vollständigkeit unseres Denkens. Es verbleibt uns als letztes noch, auf Basis der historischen Vorarbeiten zumindest eine ungefähre Ahnung davon zu vermitteln, *welche Form* dieser Vollständigkeitsbeweis haben könnte.

2.3. Die systematische Entwicklung der Logik

Als ein zentrales Problem der formalen Logik haben wir oben ausgeführt, dass formale Ableitungen schon allein deshalb nicht letztlich sichere Wahrheit erreichen können, weil sie Gedankengänge von beliebiger Länge aneinander reihen. Es ist für uns heute schwer vorstellbar, wie dieses Problem umgangen werden könnte. Aus diesem Grund soll hier eine kurze Darstellung erfolgen, wie Hegel dieses Problem des Auseinanderfallens in vielfache Einzelbetrachtungen für sein philosophisches System gelöst hat.

Bei Hegel besteht das Ergebnis einer logischen Betrachtung nicht nur in einer einzelnen Aussage oder Einsicht. Er führt in regelmäßigen Abständen *neue Begriffe* in die Betrachtung ein. Diese Einführung darf man sich nicht so vorstellen, wie in einer mathematischen Betrachtung auch immer einmal wieder eine neue Definition auftauchen mag. Der neue Begriff ist selbst das *wesentliche Ergebnis* der logischen Untersuchung.

Um eine ungefähre Ahnung von diesem „logischen Phänomen" zu vermitteln, möge man sich in Erinnerung rufen, wie man die erste Einsicht in eine Argumentation, wie die zu Behauptung 1 gegebene, erlebt hat. Wenn man den entsprechenden Schluss, dass es Wahrheit gibt, wirklich nachvollzogen hat, so erkennt man hier einen Zusammenhang, der im Gegensatz steht zu den zuvor durchdachten philosophischen Positionen. Eben dadurch, dass eine Gegenposition *sich schon durch ihre Formulierung selbst ad absurdum führt*, ist eine prinzipielle Geltung gegeben, die man zuvor nicht kennengelernt haben wird. Indem man dieses erste Nachvollziehen der entsprechenden Argumentation leistet, manifestiert sich ein neuer, in sich einfacher Gedanke. Dieser Gedanke wird mit dem Begriff „Unhintergehbarkeit" bezeichnet. Es ist gut möglich, dass man diesen Begriff noch nicht gehört hat, bevor man zum ersten Mal eine entsprechende logische Betrachtung nachvollzog. Ganz gewiss wird man den entsprechenden Begriff zuvor nicht verstanden haben. Denn erst das Nachvollziehen der Argumentation zeigt uns, was eigentlich mit „Unhintergehbarkeit" gemeint ist. Nur wer diese Argumentation versteht, versteht auch die zusätzliche Bestimmung des Wahrheitsbegriffs, wenn dieser als *unhintergehbar* bezeichnet wird.

Diese Bestimmung des Wahrheitsbegriffs als unhintergehbar wäre erlernbar und könnte auswendig wiedergegeben werden. Doch erst der Nachvollzug der Argumentationen macht uns diesen Begriff gegenwärtig. Dieses Phänomen der sich erst in der logischen Betrachtung zeigenden Begriffe ist gemeint, wenn davon die Rede ist, dass ein Begriff *Resultat einer logischen Betrachtung* ist.

Es kann sich bei solchen Resultaten durchaus auch um solche Begriffe handeln, von denen zuvor bereits ein Vorverständnis vorhanden war, wie Wahrheit, Notwendigkeit, Widerspruch. Dass diese Begriffe nicht nur ein Vorverständnis haben, sondern dass es auch eine mit einem Wahrheitsanspruch verbundene weitergehende Bestimmung solcher Begriffe gibt, wurde in den vorangegangenen Abschnitten ausführlich diskutiert. Eine wesentliche Eigenschaft solcher logisch notwendigen Begriffe ist nach Hegel deren *Einfachheit für das Denken*. Die Wahrheit, die Notwendigkeit, der Widerspruch und auch die Unhintergehbarkeit[4] sind wesentliche Grundgedanken, deren man sich in der logischen Betrachtung in ihrer direkten Bedeutung bedienen kann, ohne sie jedes Mal in so etwas wie eine „Definition" auflösen zu müssen. Wegen dieser Einfachheit der logischen Grundbegriffe ist das Grundproblem länglicher Ableitungen für Hegel gelöst. Bei jedem neuen Begriff beginnt eine neue logische Betrachtung, die auf dem neuen Begriff aufbaut und deswegen nicht stän-

---

4 Unhintergehbarkeit ist ein Ausdruck, den Hegel nie verwendet hat, und dem vermutlich sein Begriff der absoluten Notwendigkeit am nächsten kommt.

dig auf die Gesamtheit des Vorherigen zurückgreifen muss. Die Gesamtheit der zuvor geleisteten Überlegung ist dennoch notwendig und kann nicht weggelassen werden. Der resultierende Begriff hat sie, um im hegelschen Jargon zu sprechen, „aufgehoben". So ist die Unhintergehbarkeit nun auch ohne die entsprechenden Beweise präsent in unserem Denken und doch nicht völlig von diesen Beweisen getrennt.

Nach Hegel ist die Logik entsprechend wesentlich *Begriffslogik*. Im Laufe der logischen Entwicklung werden immer wieder logische Grundbegriffe eingeführt, sie sind die wesentlichen Resultate der Betrachtungen. Aber nicht nur das Problem der länglichen Ableitung wäre mit dem Ansatz Hegels gelöst, sondern auch das Problem des systematischen Zusammenhangs aller Betrachtungen. Für Hegel stehen die logischen Grundbegriffe nämlich nicht nur am Ende einer Betrachtung. Jede logische Betrachtung *beginnt* auch mit einem Grundbegriff, dessen logischer Inhalt in systematischer Weise untersucht wird. Mit dieser Konstruktion tritt für Hegel an die Stelle einzelner Einsichten eine *systematische Entwicklung*. Hegel spricht deswegen nicht von einer Begriffsbestimmung, sondern der *Begriffsentwicklung*. Die vollständige Begriffsentwicklung – die Wahrheit des Begriffs, wie Hegel sagen würde – ist dadurch gegeben, einerseits Resultat und andererseits Ausgang der logischen Betrachtung zu sein. Auf diese Weise kann Hegel seine logische Entwicklungen zu einer Einheit, einem logischen Gesamtsystem zusammenbringen. Wenn man Hegel glauben darf, ist das Ergebnis eindeutig, die gesuchte *eine Logik*.

3. Die Logik des Idealismus heute, gestern und morgen

Wir haben nun insgesamt einen Umriss der Inhalte und Ziele der idealistischen Logik gegeben. So haben wir gesehen, dass das historische Programm der idealen Logik darin besteht, eine systematische Herleitung der Grundlagen des Denkens zu geben. Wir haben dann untersucht, inwiefern die heutzutage alleinig als „Logik" bezeichnete Disziplin, nämlich die formale Logik, zur Erreichung dieses Ziels geeignet ist. Wir haben im Anschluss als Gegenposition zur formalen Logik gezeigt, wie man auch außerhalb von formalen Kontexten stringent argumentiert, und gleichzeitig auch inhaltlich bewiesen, dass ein solches Argumentieren möglich sein muss. Unsere Betrachtung gipfelte in der Einsicht, dass das historische Vorhaben der systematischen Entwicklung der Grundlagen des Denkens entgegen der gegenwärtig vorherrschenden Meinung nicht bereits als undurchführbar anzusehen ist. Abschließend haben wir einen wesentlichen Aspekt des hegelschen Ansatzes zur systematischen Entwicklung der idealen Logik beleuchtet. Dies geschah nur zum Teil, um eine Brücke zurück zum historischen Standpunkt des deutschen Idealismus zu schlagen. Mindestens ebenso wichtig war der Hinweis, dass es in den historischen Vorarbeiten Ansätze gibt, deren geltungstheoretische Bedeutung heutzutage noch nicht vollständig eingeholt ist. Zu diesem Zweck wurde der für Hegel zentrale Aspekt beschrieben, dass die systematische Entwicklung der idealistischen Logik die Form einer *Begriffs*logik hat und es wurde ausgeführt, welche geltungstheoretische Bewandtnis dieser Aspekt besitzen könnte.

Es bleibt in diesem letzten Abschnitt nur noch, einen Überblick über den gegenwärtigen Stand der systematischen Entwicklung der Logik des Idealismus zu geben sowie einen Ausblick darauf, dass es in diesem Bereich auch morgen noch einiges zu erforschen geben wird. Denn derzeit ist nur in Ansätzen bekannt, wie die systematische Entwicklung der idealistischen Logik so durchzuführen wäre, dass sie auch in der Gegenwart durchgängig überzeugen könnte.

Die zu Beginn angeführten Werke Hegels sind für das Unterfangen nur von begrenztem Wert. Wenn man seine Schriften zur logischen Entwicklung studiert, kommt es einem meist so vor, als würde jemand nur etwas beschreiben, das ihm selbst völlig klar erscheint. Diese für ihn selbst anscheinend vorliegende Klarheit aber auch zu kommunizieren oder gar einen stichhaltigen Beweis zu liefern und den Leser zum „Verstehen zu zwingen", wie es z. B. häufig Fichtes Anspruch war, steht für Hegel nicht im Vordergrund. Dies mag nur ein Teilaspekt dessen sein, was Vittorio Hösle in ausführlicher Auseinandersetzung mit Hegels System konstatierte: dass die Kategorie der Intersubjektivität gleichsam ein blinder Fleck in Hegels systematischer Perspektive ist (Hösle 1998). Dennoch sind Hegels vielfach durchscheinenden Grundüberlegungen, die dann auch argumentativ sehr gut durchdacht sind, für das heutige Unterfangen überaus wertvoll. Diese Argumente können und sollten rekonstruiert, transformiert und auf ihren logischen Gehalt hin untersucht werden. Mit Hilfe dieser Rekonstruktionen und natürlich mit dem Beweis neuerer philosophischer Einsichten und der Auseinandersetzung mit skeptischen Überlegungen kann das Vorhaben einer systematischen Erschließung der Logik vorangetrieben werden. Als weitestgehender Versuch in diese Richtung kann nach wie vor das Werk von Dieter Wandschneider (1995) gelten.

Wenn wir für den Augenblick annehmen, dass die Grundarchitektur des hegelschen Systems zutreffend ist, können wir den heute erreichten Standpunkt mit diesem System vergleichen. Es ergibt sich dabei, dass wir uns gegenwärtig noch *vor* dem ersten von Hegel veröffentlichten großen Werk, der *Phänomenologie des Geistes*, befinden. Noch geht es darum, einzelne philosophische Grundüberlegungen argumentativ einzuholen und dabei das eigene Denken und das der Dialogpartner zu schulen und sich und anderen die Gesamtheit der unverzichtbaren Grundbegriffe bekannt zu machen. So wie man den Begriff der Unhintergehbarkeit nur aus einer entsprechenden Argumentation gewinnen kann, so gilt dies im Prinzip für jeden dieser Begriffe. Manche werden uns schon aus unserem kulturellen Zusammenhang zuteil, aber auch deren klareres Verständnis muss erst erarbeitet werden, wie wir am Beispiel des Wahrheitsbegriffs gesehen haben.

Diese Aneignung der Grundbegriffe ist im Kontext des hegelschen Systems das Ziel der *Phänomenologie des Geistes*. Es wurde jedoch gesagt, dass unser gegenwärtiger Standpunkt sich noch *vor* diesem ersten Werk Hegels befindet. Der Grund dafür ist, dass auch dieses Werk bereits eine *systematische Grundstruktur* besitzt, die dem gegenwärtigen Stand der Untersuchung noch abgeht. Es ist auch nicht ganz klar und in der Literatur umstritten, wie diese Systematik vor dem eigentlichen System zustande kommt. Denn wenn die Aufgabe dieser „Vorschule des Denkens" darin besteht, das eigene Denken und das der Dialogpartner logisch zu schulen und zu entwickeln, dann entspricht diese Aufgabe einem Herauslösen aus der jeweiligen zeitlichen und kulturellen Kontingenz.[5] Dass diese Herauslösung aber *systematisch* erfolgen kann, scheint entsprechend zumindest teilweise fraglich und vom kontingenten Zustand des Zeitgeistes abhängig. Wenn der grundsätzliche Ansatz Hegels jedoch richtig sein sollte und auch diese Propädeutik zumindest in groben Zügen bereits systematisch erfolgen kann, so ist daran erkennbar, wie weit wir derzeit noch von der Rekonstruktion der einen Logik entfernt sind. Wir haben es dann gegenwärtig noch nicht mit der idealen Logik selbst, sondern immer noch mit *dem Programm der idealen Logik* zu tun. Als umfassendste Darstellung des aktuellen Stands der argumentativen Vorarbeiten darf derzeit noch das *Programm der idealen Logik* (Braßel 2005) genannt werden.

Nachdem wir das Heute der einen Logik mit ihrem Gestern verglichen haben, bleibt uns zuletzt noch der Ausblick auf das Morgen. Wie ist weiter fortzufahren im Bereich der idealen Logik? Die Hauptaufgaben der Gegenwart scheinen zu sein,

7. eine möglichst umfängliche Sammlung von Beweisen durch Selbstbezug anzulegen,
8. eine (selbst noch unsystematische) Sammlung unverzichtbarer Begriffe zu erarbeiten,
9. Fragmente, Herangehensweisen und Kritiken für die Systematisierung der einen Logik zu sammeln.

Der erste Punkt entspricht dem gegenwärtigen Stand der Vorarbeiten, der zweite könnte sich zu einer in die Gegenwart transformierten Entsprechung der Hegelschen

---

5 So kann es dann auch sein, dass in Hegels *Phänomenologie* Themen wie zum Beispiel die „Schädellehre" behandelt werden, die man sich heutzutage nur schwerlich als notwendigen Teil des Gedankengangs vorstellen kann.

Phänomenologie des Geistes entwickeln, denn er ist insofern propädeutisch, als die gesammelten Begriffe noch nicht in einen durchgängig systematischen Zusammenhang gebracht wurden. Der dritte Punkt könnte schließlich hin zu einer systematischen Entwicklung der einen Logik führen. Für alle drei Punkte erscheint mir wesentlich, dass die modernen Mittel der globalen Kommunikation und Zusammenarbeit genutzt werden. Dies ist nicht länger das Projekt eines Einzelnen, sondern ein wesentlich intersubjektives Unterfangen. Auf diese Weise könnte das System der idealen Logik als *der Logik des Idealismus* **heute** entstehen.

Philosophie der Mathematik

Klaus J. Schmidt

Die Mathematik kommt von der Erfahrung her. Im Laufe der Geschichte löst sie sich jedoch von der Erfahrung, durch die sie ihre ersten Gegenstände erhält, um ihre *eigenen* Gegenstände, Regeln und Gesetze zu produzieren. Ihre Emanzipation von der Erfahrung vollzieht sich, indem sie „idealisierte Objekte" kreiert. Durch Abstraktion „verwandelt" sie in der Natur gegebene Gegenstände, um sie zu kombinieren. Mathematik kann daher als „ideale Technik" aufgefasst werden (Alexandrow 1974, 47 f., 54).

Einen ersten Höhepunkt erreichen die idealisierten Objekte der Mathematik mit dem Beweis der Unendlichkeit der Primzahlen (Euklid IX § 20) sowie mit der Entdeckung des Irrationalen. Die Entdeckung des Irrationalen ergab sich *nicht* aus einem *empirischen* Experiment, *nicht* aus der *Beobachtung*, sondern als „Schlussfolgerung aus dem Satz des Pythagoras"[1], indem man ein rechtwinkliges Dreieck mit den Katheten der Länge 1 *konstruierte*. Die auf diese Weise konstruierte Hypotenuse besitzt die Länge $\sqrt{2}$.

Mit der Notwendigkeit, Behauptungen über die idealisierten Objekte zu beweisen, und der Erkenntnis, dass die bewiesenen Sätze in einem „logischen Zusammenhang" stehen, verwandeln sich die zunächst empirischen Disziplinen Arithmetik und Geometrie in mathematische Wissenschaften. Das spezifisch Idealistische der Mathematik zeigt sich in der Konstruktion nichtempirischer Objekte und den logi-

---

1 Zum Beweis, dass $\sqrt{2}$ nicht rational sein kann, vgl. Euklid X § 115a sowie Fritz Reinhardt und Heinrich Soeder (1974, 1.58). Euklids Darstellung entspricht vermutlich nicht dem ursprünglichen Beweis. Der wurde wahrscheinlich anhand des regulären Pentagons durch Wechselwegnahme vollzogen (briefliche Mitteilung von Vittorio Hösle unter Hinweis auf Kurt von Fritz (1965, 242–264)).

schen Schlussfolgerungen aus ihnen, wodurch die Mathematik „unausweichlich" zu einer deduktiven Theorie heranreifte (Alexandrow 1974, 47 f.).

Aus der Existenz idealisierter Objekte wurden entgegengesetzte Schlüsse gezogen. Unter Rückgriff auf Platon formiert sich der Platonismus in der Mathematik. Für ihn sind die idealisierten Objekte unabhängig vom menschlichen Subjekt vorhanden (Bernays 1976, 63). Sie müssen lediglich vom Menschen entdeckt und erforscht werden (Laugwitz 1986, 233). Diesem objektiven Idealismus steht der subjektive Idealismus Immanuel Kants gegenüber, für den die idealisierten Objekte vom menschlichen Bewusstsein a priori erzeugt oder konstruiert werden (KrV, B 203 f.).

Dem Nachweis der Unabhängigkeit der Mathematik von aller Erfahrung und damit dem Nachweis der Erzeugung idealisierter Objekte hat insbesondere Kants Transzendentalphilosophie anhand von Geometrie und Arithmetik ihre ganze Aufmerksamkeit gewidmet. Denn in diesen ältesten Disziplinen der Mathematik, Geometrie und Arithmetik, erblickt Kant nichts Geringeres als Modelle seiner Erkenntnistheorie. Weil ein Modell die Widerspruchsfreiheit einer Theorie garantiert, ist die Mathematik für Kants kritische Erkenntnistheorie von unschätzbarem Wert.

Die Möglichkeit der Mathematik wird bei Kant durch die transzendentale Deduktion geklärt (KrV, B 761), dem Nachweis der Rechtmäßigkeit, das Mannigfaltige der sinnlichen Wahrnehmung vermittelst der a priori im Bewusstsein liegenden Anschauungsformen Raum und Zeit zu ordnen (B 156), um es dem Verstand zu unterstellen. Das bedeutet: Der Verstand schreibt den Anschauungsformen Raum und Zeit die Gesetze vor (B 118 f.).

Der Raum verweist auf die Geometrie. Der Verstand legt, „indem er nach seinen Begriffen" eine geometrische „Figur (...) konstruiert", das mathematische Gesetz „in dieselbe hinein". Geht „man den Beweisen" mathematischer Gesetze nach, so entdeckt man, dass sie „allein von der Bedingung, die der Verstand der Konstruktion" einer „Figur zum Grunde legte", „abgeleitet werden". Die geometrischen Gesetze besitzen daher ihren Ursprung nicht im Raum, sondern im Verstand. Denn der „Raum ist etwas so Gleichförmiges und in Ansehung aller besondern Eigenschaften so Unbestimmtes", dass ihm Differenzierungen, die gerade durch Gesetze konstatiert werden, versagt bleiben. Nur der Verstand bestimmt den „Raum zur Zirkelgestalt", die „Figur des Kegels und der Kugel", er allein enthält den „Grund der Einheit der Konstruktion". Dagegen nimmt sich der Raum lediglich als „allgemeine Form der Anschauung" aus, als Substrat aller besonderen Anschauungen (Pr, 4.320–322).

Allerdings ergibt sich das erforderliche Zusammenwirken von Verstand und Sinnlichkeit, von Begriff und Anschauung, nicht unmittelbar, denn Gegenstände der Sinne oder Erscheinungen können nicht unter die reinen Verstandesbegriffe oder die Kategorien, „sondern nur unter ihre Schemate subsumiert werden". Schemata machen Produkte der Einbildungskraft, dem Vermögen der Anschauung, aus. Sie erweisen sich als „Schlüssel" der Anwendung der Kategorien auf Erscheinungen (KrV, B 224). Das „Schema" ist der „sinnliche Begriff eines Gegenstandes in Übereinstimmung mit der Kategorie" (B 186), die Darstellung des Begriffs. Daher bedarf der Verstand zur Anwendung der Kategorien auf die Sinnlichkeit der Einbildungskraft.

Das Schema entstammt einem „Verfahren der Einbildungskraft", „einem Begriff sein Bild zu verschaffen". Das Bild einer Zahl lässt sich durch Punkte herstellen. Setzt man „fünf Punkte hinter einander", so erhält man ein „Bild (...) der Zahl fünf". Diese Methode der Einbildungskraft, als „Regel" die Anschauung zu bestimmen, operiert in Raum und Zeit. Die fünf Punkte werden im Raum dargestellt, doch das Erzeugen dieses Bildes ist auf die Zeit angewiesen: auf die „sukzessive Addition von Einem zu Einem" (KrV, B 179–183), auf die „sukzessive Wiederholung, mithin auf die Zeit" (B 300). Um eventuellen Missverständnissen vorzubeugen, ist zu betonen: Die Methode oder die Regel der Einbildungskraft unterliegt dem Begriff. Durch die Zahl, dem Schema der Größe, erhält die Kategorie der Quantität Bedeutung, die Zahl wiederum nimmt ihre Bedeutung aus der Anschauung, aus dem Bild.

Neben Punkten zur Veranschaulichung oder Darstellung der Zahl benutzt Kant Finger, „Korallen des Rechenbretts", Striche sowie – abstrakt – „vielmal Eines" (KrV, B 299 ff.). Kant verwendet zwar den Begriff der Menge. Er spricht sogar von der „Erzeugung der Menge durch sukzessive Hinzutuung" des Gleichartigen (A 103). Er verfügte aber nicht über das moderne mathematische Konzept einer Menge und darauf aufbauend über die Konzepte der bijektiven Abbildung und der Äquivalenzklasse, mit denen man die Kardinalzahl oder die natürliche Zahl als Klasse äquivalenter, d. h. eineindeutig auf einander abbildbarer Mengen definiert. Inhaltlich jedoch kommt er der auf Georg Cantor und Richard Dedekind zurückgehenden modernen Definition der natürlichen Zahl – als beliebiger Repräsentant einer Äquivalenzklasse gleichmächtiger Mengen – durchaus nahe. Denn die „korrespondierende Anschauung", die Kant zum Begriff einer bestimmten Zahl einfordert, präsentiert er als gleichmächtige Mengen von Punkten, Fingern, Korallen des Rechenbretts, Strichen, von vielen Eins. Diese Mengen liefern Bilder, die einander entsprechen, weil sie alle unter dasselbe *sinnlich Allgemeine*, das *Schema*, fallen.

Doch Kant nähert sich nicht nur der kardinalen Auffassung der natürlichen Zahlen, er ist auch an ihrer ordinalen Darstellung interessiert. Ordinalzahlen sind – modern gesprochen – „Stellenanzeiger". Sie zeigen die erste, zweite, dritte etc. Stelle in einer Aufeinanderfolge oder einer Ordnung an. Paul Bernays stellt die Aufeinanderfolge von Gleichartigen auf zweifache Weise dar: entweder durch 1, 11, 111, 1111 oder durch 0, 0', 0'', 0''', 0'''' (Bernays 1976, 30–32). Bei Kant kommt die ordinale Darstellung wie folgt zum Ausdruck: „Vergesse ich im Zählen, daß die Einheiten (...) nach und nach zu einander von mir hinzugetan worden sind, so würde ich (...) auch nicht die Zahl erkennen" (A 103).

Der Arithmetik legt Kant die Zeitordnung zugrunde. Die Zeit bildet jedoch nicht nur die Basis der Arithmetik, sondern auch das „Substrat" aller Erscheinungen, denn in der Zeit findet der „Wechsel der Erscheinungen" statt, sie selbst aber bleibt und wechselt nicht (KrV, B 219). Der Wechsel der Erscheinungen aber wird vom „Zugleichsein oder Aufeinanderfolgen" beherrscht (B 46).

Symbolisiert man zwei Zeitpunkte oder konkreter zwei Erscheinungen mit a und b, so liefert Kants umgangssprachliche Formulierung für alle a, b genau eine der drei nachstehenden Relationen:

a = b, a < b, b < a.

Nicht nur für die moderne Arithmetik, sondern auch für Kant sind die natürlichen Zahlen durch diese drei Relationen *linear geordnet*. Anschaulich bedeutet das: Zahlen lassen sich auf der Zahlgeraden anordnen.

Eine der zentralen Fragen der Philosophie der Mathematik lautet: Warum lässt sich die Mathematik so erfolgreich in den Naturwissenschaften anwenden? Kant beantwortet diese Frage quantitativ, durch „Zahlgrößen" (KrV, B 221). Der erste „Grundsatz der Mathematik" weist jede Anschauung als extensive Größe aus (B 206), der zweite erfasst das Reale einer Wahrnehmung als intensive Größe (B 207). Wahrnehmung untersteht der Anschauung, diese aber dem Verstand. Geometrie und Arithmetik entfalten die dem menschlichen Bewusstsein zugrundeliegenden *reinen* Formen der sinnlichen Anschauung, in welche der Mensch die Wahrnehmungen einordnet. Da die dem Verstand untergeordneten reinen Formen „aller empirischen Anschauung (...) vorhergehen" (Pr, 4.282 f.), sind Empirie und Natur durch die Gesetze des Verstandes und der Mathematik geprägt. „Die empirische Anschauung ist nur durch die reine (...) möglich". Was die Mathematik von der reinen Anschauung konstatiert, trifft mit Notwendigkeit auf die empirische zu (B 206). Aus diesem Fundierungsverhältnis, das die Anwendbarkeit der Mathematik auf Erfahrung begründet, resultiert für Kant zugleich, dass die Mathematik keine Erfahrungswissenschaft sein kann.

Kant wurde immer wieder unterstellt, er habe apodiktisch Geometrie als euklidisch angesehen. Häufig ist diese Unterstellung an den Vorwurf gekoppelt: Mit seiner apodiktischen Verabsolutierung der Geometrie als euklidisch habe Kant die Erforschung anderer Geometrien unterdrückt. Beides geht insofern an seiner kritischen Philosophie vorbei, als er nichteuklidische Geometrien keineswegs ausschloss, wie die nachfolgende Analyse des Ausdrucks „sinnliche Anschauung" zeigt.

Kategorien agieren nach Kant generell. Wegen ihrer Allgemeinheit sind sie „bloße

Gedankenformen". Sie lassen sich nicht nur auf die *menschliche*, sinnliche Anschauung, sondern auf „Anschauung überhaupt" anwenden. Diese Bemerkung Kants darf man insofern nicht unterschätzen, als er mit ihr *mehrere* Arten *sinnlicher* Anschauung für möglich erklärt. Denn der Ausdruck Anschauung überhaupt umschließt die „unsrige oder irgendeine andere, doch sinnliche". Kategorien beziehen sich auf Anschauung, „sie mag der unsrigen ähnlich sein oder nicht, wenn sie nur sinnlich und nicht intellektuell ist". Kant schließt also eine andere, wenngleich ihm unbekannte, *sinnliche* Anschauung keineswegs aus. Da ihm nur die euklidische Anschauung bekannt war, schließt er also eine nichteuklidische Anschauung nicht aus.

Allerdings führt die „Ausdehnung" der Kategorien „über unsere sinnliche Anschauung hinaus" nicht weiter, solange „keine andere Anschauung zur Verfügung steht, auf welche die Kategorien angewandt werden" könnten (KrV, B 148). Dass die Mathematik nichteuklidische Geometrien entwerfen würde, die sie durch adäquate sinnliche Modelle überdies in der Anschauung darzustellen vermag, konnte Kant nicht ahnen.

Ein solches Modell bildet die Kugel. Ihre Geraden sind „Großkreise, das heißt Kreise, deren Mittelpunkt der Kugelmittelpunkt" ist. Großkreise sind die geodätischen Linien auf der Kugel. Mit der Kugel liegt ein Modell einer nichteuklidischen Geometrie vor: die elliptische Geometrie. In ihr beträgt die Winkelsumme eines Dreiecks – eines sogenannten Polardreiecks – nicht wie im euklidischen Dreieck 180°, sondern mehr als 180°. Drei Großkreise können sich sogar so schneiden, dass die Winkelsumme des von ihnen gebildeten Dreiecks 270° ausmacht (Reinhardt und Soeder 1974, 1.137).

Vor dem Hintergrund der Ausführungen zur sinnlichen Anschauung verraten die Beispiele euklidisches Dreieck und Polardreiseit, dass Kant durchaus ein positives Verhältnis zur elliptischen Geometrie gewonnen hätte, denn sie zeigen: Aus dem *Begriff* des Dreiecks folgt noch nicht, dass die Summe seiner Winkel 180° ergibt, vielmehr entscheidet die zugrundegelegte Anschauung – Ebene oder Kugeloberfläche – darüber. Diese Beispiele unterstreichen eher Kants Behauptungen als sie zu widerlegen. Überdies argumentiert Kant selbst mit sphärischen Dreiecken (Pr, 4.285). Die sphärische Geometrie aber steht in engstem Zusammenhang mit der elliptischen. Doch Kant äußert sich meines Wissens nicht über die Winkelsumme eines sphärischen Dreiecks. Erst Carl Friedrich Gauss zieht das Polardreieck heran, um zu zeigen, dass dessen Winkelsumme größer als 180° ist (Gauss 1927, 129).

Mathematiker wie auch Philosophen machen nach Kant von der Vernunft Gebrauch, wenn auch auf unterschiedliche Weise (KrV, B 751). Durch diese Aussage sieht er sich mit der Notwendigkeit konfrontiert, Mathematik von Metaphysik abzugrenzen, eine Aufgabe, die bereits Platon und Aristoteles in Angriff genommen hatten. Die Aufgabe stellt sich umso mehr, als die Mathematik durch ihre glänzenden

Erfolge die Philosophie zur Nachahmung anregen könnte, unabhängig von aller Erfahrung Erkenntnisse zu gewinnen. Kants Abgrenzungskriterium lautet: Philosophie konstituiert sich als „Vernunfterkenntnis aus Begriffen", Mathematik dagegen durch „Konstruktion der Begriffe", d. h. durch Darstellung ihrer Begriffe in der Anschauung (B 740 f.).

Während der Mathematiker seinen Begriffen durch „Einbildung", d. h. durch die produktive Einbildungskraft (KrV, B 271), stets eine reine Anschauung zu verschaffen vermag (B 741 f.), weshalb er zu reiner, d. h. nichtempirischer Erkenntnis gelangt, ist der Philosoph dazu nicht in der Lage. Transzendentale Begriffe wie „Realität, Substanz, Kraft" gestatten keine korrespondierende Anschauung, sondern nur eine korrespondierende „Empfindung", aus der lediglich empirische Erkenntnisse hervorgehen können (B 751).

Da die Mathematik über die reine Form verfügt, der die empirische untergeordnet ist, besitzt sie die Berechtigung, ihre Erkenntnisse „auf Erscheinungen anzuwenden" (KrV, B 206). In der Anwendung wird sie zum „Meister über die Natur". Für den Philosophen hingegen gilt, dass er „mit diskursiven Begriffen *a priori* in der Natur herum pfuscht", weil er ihre „Realität" nicht „*a priori* anschauend (...) machen" kann (B 753).

Der mathematische Gegenstand macht als Anschauung zwar ein „einzelnes Objekt" aus, als „Konstruktion eines Begriffs" aber kommt ihm „Allgemeingültigkeit" (KrV, B 741), also objektive Gültigkeit zu.[2] Weil der Begriff, der „seiner Form nach (...) etwas Allgemeines" ist (A 106), in der Mathematik auf Anschauungen – dem Besonderen, Einzelnen – operiert, entfaltet mathematisches Erkennen das „Allgemeine im Besonderen, ja gar im Einzelnen", im Gegensatz zur Philosophie, die das „Besondere nur im Allgemeinen" betrachtet. Damit wurde der „wesentliche Unterschied dieser beiden Arten der Vernunfterkenntnis" umrissen (B 742).

Wegen ihrer grundsätzlichen Unterschiedenheit verschafft eine Anwendung der „mathematischen Methode" – sie wurde von Baruch de Spinoza und Friedrich Schelling versucht – der Philosophie keinen Vorteil. Die Methode der Mathematik „beruht

---

2 Bernard Bolzanos Vorwurf an Kant, die Gültigkeit eines Urteils auf das Einzelne zurückzuführen, ist daher unberechtigt (1926, 81 ff.). Bolzano (1926, 16) stützt sich auf Johann Andreas Christian Michelsen, der Kant vorwirft, in der Anschauung sei „mehr enthalten (...) als in dem Begriffe" (vgl. Michelsen 1790). Möglicherweise hat Kant Michelsens Vorwurf vorausgeahnt, denn er bemerkt: Die Anschauung „kann sicher nicht mehr noch weniger enthalten als der Begriff" (KrV, B 757 f.), da Einbildungskraft und Verstand dieselbe Spontaneität besitzen. Diese Spontaneität agiert im anschaulichen Fall *figürlich*, im begrifflichen *intellektuell*. Dabei lässt Kant keinen Zweifel daran, dass die figürliche der intellektuellen Spontaneität *untersteht* (B 151 ff.).

auf Definitionen, Axiomen, Demonstrationen". Die Philosophie scheitert nach Kant notwendig, wenn sie sich auf diesen Boden begibt (KrV, B 754 f.).

Definieren heißt bei Kant: den „ausführlichen Begriff eines Dinges innerhalb seiner Grenzen" darzustellen, ohne dass noch ein Beweis ausstünde. Nach dieser Definition der Definition lässt sich weder ein empirischer noch ein „a priori gegebener" Begriff definieren, sondern nur ein mathematischer. Wenn sich aber die Philosophie nicht zur Definition aufschwingen kann, sondern allenfalls zur Erklärung oder zur Exposition, dann ist sie auch nicht in der Lage, ihren Ausführungen „Definitionen voranzuschicken". Aus dieser Überlegung ergibt sich, „dass in der Philosophie die Definition (...) das Werk eher schließen als anfangen müsse", im Gegensatz zur Mathematik, die mit der Definition zu beginnen hat (KrV, B 755–757).

Der entsprechende Sachverhalt gilt nach Kant für die Axiome. Axiome begreift er als synthetische Grundsätze a priori, die unmittelbar gewiss sind. Synthetische Grundsätze a priori gewinnt die Mathematik, indem sie über ihre Begriffe zur Anschauung hinausgeht. Unmittelbare Gewissheit erlangt sie, weil sie „in der Anschauung des Gegenstandes" dessen „Prädikate (...) unmittelbar verknüpfen kann". Die Philosophie dagegen geht nicht mit Hilfe der Anschauung über ihre Begriffe hinaus, sie gelangt deshalb auch nicht zu Axiomen (KrV, B 760 f.).

Beweise erfolgen bei Kant – wie bei Aristoteles – auf der Basis eines Vorwissens durch Schlüsse. Aufgrund seines Vorwissens legt der Mathematiker seine Konstruktionen zweckmäßig, d. h. am Beweisziel orientiert an. Durch seine Konstruktion „sieht" er den Sachverhalt anschaulich, aber er muss das Gesehene durch eine „Schlussfolge", die in der Regel über eine unmittelbare Konsequenz, über einen „Verstandesschluss", hinausgeht, rechtfertigen. So gelingt ihm „durch eine Kette von Schlüssen, immer von der Anschauung geleitet" ein Beweis (KrV, B 744 f.).

Bei den mathematischen Beweisen übernimmt die Anschauung jedoch nicht nur eine heuristische Funktion, vielmehr bewahrt sie die Ableitung auch vor Irrtümern. Die Anschauung „sichert (...) alle Schlüsse vor Fehlern dadurch (...), dass jeder derselben vor Augen gestellt wird". Auf diesem Wege wird „jeder Fehltritt sichtbar" (KrV, B 762 f.).

Über Kants Betonung der Anschauung wie auch der Quantität ist die moderne Mathematik hinweggeschritten. Stattdessen haben sich in ihr qualitative Gesichtspunkte – algebraische und topologische Strukturen sowie lineare und partielle Ordnungsstrukturen – etabliert.

Die fundamentale Bedeutung, welche die ältesten Disziplinen der Mathematik, Geometrie und Arithmetik in Kants kritischer Philosophie erlangen, geht ihnen in Georg Wilhelm Friedrich Hegels Wissenschaft der Logik verloren. Denn Arithmetik und Geometrie betrachten, so Hegel, nur „endliche" Bestimmtheiten (1990, 276_{17-29}).

Hegels Sichtweise der Mathematik ist durch seine dialektische Methode geprägt. Bereits in der Phänomenologie des Geistes moniert er: Sowohl mit dem „Raum" als Grundlage der Geometrie als auch mit dem „Eins" als Grundlage der Arithmetik verfahre die Mathematik undialektisch. In der Geometrie abstrahiere sie davon, dass der absolute Begriff – das objektive Denken, der „Verstand des Daseins" – den „Raum in seine Dimensionen entzweit", ihm „seine Unterschiede einschreibt". In der Arithmetik gelange sie mit den inversen Operationen Addition und Subtraktion sowie Multiplikation und Division nicht zur „wesentlichen Entgegensetzung" (3.45).

Daher bleibe in der Geometrie wie auch in der Arithmetik der *Übergang* des „Entgegengesetzten in das Entgegengesetzte" und damit die „Selbstbewegung" des absoluten Begriffs aus (3.45). Bereits Kant hatte Raum und Zeit als Gegensätze gefasst (KrV, B 47). Hegel sprengt Kants subjektiven Idealismus, indem er den Übergang der Entgegengesetzten ineinander denkt, um auf dialektischem Weg zu einer objektiven, vierdimensionalen Raum-Zeit-Struktur zu gelangen (9.47–55), zu der er möglicherweise von Joseph Louis Lagrange angeregt wurde (Meschkowski 1973, 163 f.).

Ein weiterer Übergang des Entgegengesetzten in das Entgegengesetzte wird, wenn auch nicht der Form, sondern nur dem Inhalt nach, in der Analysis durchgeführt. Hegel würdigt die Analysis, weil ihr der „Begriff des wahrhaften Unendlichen zu Grunde liegt", welches „viel höher steht als das gewöhnlich so genannte metaphysische Unendliche" (1990, 260_{14-18}).

Die Annahme, Hegel ersetze mit seiner Kritik an Arithmetik und Geometrie das Endliche durch das Unendliche, wäre falsch. Denn in der Philosophie Hegels kann weder das Unendliche ohne das Endliche noch das Endliche ohne das Unendliche gedacht werden. Für Hegel ist das Unendliche im Endlichen anwesend (1990, 157_{2-7}). Im Zuge dieser Feststellung charakterisiert Hegel jede Philosophie als Idealismus (1990, 149_{1-7}).

Hegel kritisiert Kants subjektiven Idealismus, nach welchem die Dinge „nur" durch das menschliche Bewusstsein gesetzt seien. Kant habe zwar korrekt die endlichen Dinge als Erscheinungen ausgegeben. Erscheinungen aber sind die endlichen Dinge nicht, weil ihr wahres Ansichsein dem Bewusstsein verschlossen bliebe, sondern weil sie den Grund ihres Seins nicht in sich selbst, sondern im Unendlichen besitzen (8.122 f.). In seiner höchsten Form bildet das Unendliche die absolute Idee, die sich in sich entzweit, um sich als ihr Anderes, als Natur oder Welt, frei zu entlassen (6.572 f.). Mit dieser Konzeption muss Hegels absoluter Idealismus einerseits Endliches und Unendliches voneinander abgrenzen, andererseits aber ihre Untrennbarkeit aufzeigen.

In seiner Philosophie der Mathematik fasst Hegel das Endliche quantitativ, als veränderliche Größe. Als veränderlich „muss" das Quantum beständig über sich hinausgehen. Das Quantum „*kontinuiert* sich" in sein Anderssein (1990, 240$_{16-17}$). In dieser Fixierung auf Anderes besteht das Charakteristikum des Quantums. Im unendlichen Prozess des Hinausgehens des Quantums über sich etabliert sich zwar die Unendlichkeit, aber nur die „schlechte". Sie verhält sich in keiner Weise anders als das endliche Quantum. Beide sind für sich bestimmt, aber beide zeigen sich als Veränderliche gleichgültig gegen ihre Größe (1990, 241$_{18}$–242$_{16}$).

Aus der Natur des Quantums, sich notwendig in sein Anderes zu kontinuieren, folgert Hegel die Existenz des „Unendlichgroßen oder Unendlichkleinen". Weil beide „noch" Quanta sind, „bleiben sie Veränderliche". Mit dem Unendlichgroßen bzw. Unendlichkleinen liegt zwar das „erweiterte Quantum" vor, doch dem eigentlich Unendlichen ist mit ihm „nichts abgewonnen". Eine noch so umfangreiche „Vergrößerung des Quantums" bedeutet „keine *Näherung* zum Unendlichen" (1990, 243$_{28}$–244$_{8}$).

Das Unendlichgroße verkörpert für Hegel einen Widerspruch, denn einerseits soll es ein „*Großes*, d.i. ein Quantum", andererseits „*unendlich*, d.i. kein Quantum sein". Entsprechendes gilt für das Unendlichkleine (1990, 244$_{9-14}$). Aufgrund dieses Widerspruchs fungieren für Hegel das Unendlichgroße und das Unendlichkleine als „Bilder der Vorstellung" (1990, 256$_{25-31}$), deren affirmativer Sinn durch die Philosophie herauszuarbeiten ist (1990, 348$_{21\,\text{ff.}}$).

Das Quantum als intensive Größe ist „einfach". Durch die „Einfachheit" ist das „Anderssein (...) ihm äußerlich". Kontinuiert es sich als veränderlich in „sein Äußerlichsein", so folgt: Das Äußerliche ist „selbst Quantum". Das veränderliche Quantum ist „hiermit in seiner Negation bei sich selbst". Damit ist der „*Begriff* des Quantums gesetzt" (1990, 257$_{1-14}$).

Im Begriff des Quantums artikuliert sich das „*Aufheben des Quantums*" *und* seines Äußerlichen, mithin die „*Negation des Quantums*" und die „*Negation dieser Negation*". Der Begriff des Quantums besteht in der „Einheit", in der die beiden Negierten „als Momente" sind. Diese Einheit der Momente bedeutet die „Auflösung des Widerspruchs" (1990, 257$_{18-26}$).

In dieser Einheit ist die Äußerlichkeit, in welche das Quantum sich kontinuiert, „als Moment der *Größe*" gesetzt. Das Quantum hat als Veränderliches „in einem anderen Quantum seine Bestimmtheit". Damit besteht die „Eigentümlichkeit, Qualität" des Quantums darin, sich „in seiner Äußerlichkeit" auf sich selbst zu beziehen. Auf diese Weise zeigt sich das Quantum als *wahrhaft* unendlich. In dieser Wahrheit „verschwindet" das schlecht Unendliche (1990, 257$_{34}$–258$_{27}$).

Bezieht sich das Quantum in seiner Äußerlichkeit auf *sich selbst*, d. h. auf ein anderes *Quantum*, so stehen „zwei Quanta (...), jedoch als Momente *einer Einheit*" in Beziehung. Hegel nennt diese Einheit das „quantitative Verhältnis". Im quantitativen Verhältnis gilt jedes der beiden Quanta nur durch seine „Beziehung auf sein Anderes". In dieser gegenseitigen Beziehung besteht die „qualitative" Struktur des quantitativen Verhältnisses (1990, 259_{14-28}; Bonsiepen 1990, 103–108, 125–128).

Die Notwendigkeit, den rein quantitativen Standpunkt zu verlassen, unterstreicht Hegel, indem er die „gewöhnliche Bestimmung" des Unendlichgroßen, als Größe, *„über welche es (...) keine größere (...) gebe"*, untersucht. Als „Konsequenz" erhält er: Wenn man das mathematisch Unendliche weder vermehren noch vermindern kann, so ist es „kein Quantum als solches mehr" (1990, 262_{27}–263_4).

Den durch qualitative Gesichtspunkte im dialektischen Denken vertieften Begriff des Unendlichen bringt Hegel erneut mit dem mathematisch Unendlichen in Verbindung, wenn er konstatiert: „daß die Bestimmung des mathematischen Unendlichen (...) wie es in der höheren Analysis gebraucht wird, dem Begriffe des wahrhaften Unendlichen entspricht" (1990, 264_{29-32}).

Allerdings stellt Hegel diesem höchsten Lob auch harsche Kritik gegenüber. Zum einen vermisst er beim „Gebrauch des Unendlichen" eine methodische Begründung, eine „Rechtfertigung" seitens der Mathematik. Die Rechtfertigung der Analysis bestehe in der „Richtigkeit" ihrer glänzenden Resultate sowie in ihrem „Erfolg". Zum anderen widerspreche die Analysis sich, indem sie „ihre unendlichen Größen wie endliche" behandle und zugleich bei dem Umgang mit dem Unendlichen Verfahrensweisen zulasse, die sie „bei Operationen mit endlichen Größen" verwerfe (1990, 259_{31}–261_{32}).

Um die von ihm behauptete Affinität zwischen dem Unendlichen der Wissenschaft der Logik und dem der Analysis zu erhärten, präsentiert Hegel das qualitative Verhältnis *zweier Quanta* in drei Stufen. Auf der untersten Stufe stehen Brüche. Die moderne Mathematik definiert einen Bruch oder eine rationale Zahl als Äquivalenzklasse geordneter Zahlenpaare. Zwei Paare (a,b) und (c,d) stehen im Verhältnis oder gehören in dieselbe Äquivalenzklasse, wenn a·d = b·c. Genau diesen Weg beschreitet Hegel auch. Er definiert den Bruch 2/7 durch die Äquivalenzklasse {(2,7), (4,14), (6,21), ... }. In ihr zeigt sich das Unendliche „noch unvollkommen" (1990, 265_{24}–266_{35}).

Die rationalen Zahlen lassen – wie eingangs dargelegt wurde – Lücken auf der Zahlengeraden: Sie sind *unvollständig*. Um diesen Defekt zu beheben, kennt die moderne Mathematik verschiedene Möglichkeiten: Fundamentalfolgen, Dedekindsche Schnitte, Intervallschachtelung, das Prinzip der oberen Grenze oder Dezimalbruchentwicklung. Mit jeder dieser Möglichkeiten kann die Analysis die rationalen Zahlen *vervollständigen*, d. h. sie kann den Übergang von den rationalen zu den reellen Zahlen vollziehen.

Mit einer dieser Möglichkeiten, der Dezimalbruchentwicklung, betritt Hegel die zweite Stufe der Unendlichkeit. Er wählt wieder den Bruch 2/7, um zu demonstrieren, dass man ihm eine höhere Bedeutung der Unendlichkeit abgewinnen kann. Der

Bruch 2/7 lässt sich als Dezimalbruch schreiben. Hegel rechnet die ersten 6 Stellen nach dem Komma aus: 0,285714... Diesem Wert kann man sich mit Hilfe der unendlichen, geometrischen Reihe, $1/(1-a) = 1 + a + a^2 + ...$, annähern.

Aus dialektischer Sicht ist eine konvergente unendliche Reihe deshalb interessanter als eine Äquivalenzklasse, weil sie ein unmittelbares Quantum ausmacht, das einen „qualitativen Gegensatz an ihm hat". Der Gegensatz setzt sich aus einem endlichen und einem unendlichen Ausdruck zusammen (1990, 267_{17-32}), weshalb Hegel die unendliche Reihe auch als „Widerspruch" kennzeichnet. Genauer besteht der Widerspruch darin, das Verhältnis $1/(1-a)$, das *qualitativer* Natur ist, als „Verhältnisloses, als (...) bloßes *Quantum* (...) darzustellen" (1990, 268_{14-32}). Der unendliche Ausdruck, $1 + a + a^2 + ...$ repräsentiert die schlechte Unendlichkeit, da „immer etwas fehlt". Sie ist daher mit einem „Sollen" behaftet. Weil der gesuchte Wert der Reihe nie erreicht wird, bleibt sie „unvollständig". Dagegen ist der „endliche Ausdruck (...) der Reihe", $1/(1-a)$, „ohne Mangel". Er ist „vollständig", enthält er doch das, wonach die schlechte Unendlichkeit nur „sucht": den „Wert", den Grenzwert der Summe. Sein und Sollen sind in ihm nicht getrennt, er ist, „was er sein soll". Daher muss der endliche Ausdruck, das Verhältnis $1/(1-a)$, als der „wahrhaft unendliche Ausdruck" angesehen werden (1990, 269_{8-38}).

Nach Hegel überwindet also die Analysis mit der konvergenten unendlichen Reihe die schlechte Unendlichkeit. Das Transzendieren der schlechten Unendlichkeit durch die Reihe vollzieht sich, indem sie einer unendlichen Summe einen endlichen Ausdruck zuordnet. Unendliches und Endliches sind in *einem* Ausdruck verbunden. Dadurch ist das „Jenseits (...) aus der Flucht zurückgerufen". Die konvergente unendliche Reihe repräsentiert das wahrhafte, *gegenwärtige* Unendliche, das „infinitum actu" (1990, 272_{4-26}).

Auf der letzten und höchsten Stufe befasst sich Hegel mit dem Unendlichkleinen, indem er nichtlineare Funktionen „veränderlicher Größen" betrachtet (1990, $275_{24\,\text{ff.}}$). Sie heißen differenzierbar, wenn sie sich linear approximieren lassen. Mit der linearen Approximation erfasst die Analysis eine „Bestimmung in *Identität mit ihrer entgegengesetzten*". Das geschieht bei dem Problem der Tangente, wenn die Analysis von den „sogenannten *unendlich kleinen Differenzen*" zum Differentialquotienten übergeht, wenn sie „eine krumme Linie zu einer geraden macht", wenn sie einen „Bogen als (...) Tangente (...) und somit als gerade Linie behandelt". Entsprechend macht sie bei der Inhaltsberechnung eines Kreises „den Kreis zu einem Polygon". Als Konsequenz ergibt sich für Hegel jedoch: Da die Analysis bei der Quantität „bleibt", ist eine Rechtfertigung ihrer Methoden nur durch den absoluten Begriff seiner Philosophie möglich, denn einzig und allein dieser Begriff artikuliert sich als Identität Entgegengesetzter (1990, 275_{24}–276_{29}).

Hegel interpretiert den Übergang vom Differenzen- zum Differentialquotienten dialektisch. Das „Positive in seinem Negativen, den Inhalt der Voraussetzung, im Resultate festzuhalten, dies ist das Wichtigste im vernünftigen Erkennen" (6.561). Das Negative des Quantums – das im Differenzenquotienten ausgedrückte Quantitätsverhältnis mit den Unendlichkleinen als „verschwindenden Größen" – wird „in seiner positiven Bedeutung", dem Differentialquotienten dy/dx als *qualitatives* Quantitätsverhältnis, erfasst (1990, 278_{29-37}).

Eine „einwandfreie strenge Erklärung des unendlich Kleinen durch einen Grenzübergang" und auf ihr aufbauend eine Definition der Stetigkeit erhält die Analysis erst 1821 durch Augustin-Louis Cauchy (Klein 1979, 83). Karl Weierstraß ersetzt – Cauchy interpretierend – in seiner Fundierung der Analysis das Unendlichkleine durch Nullfolgen (Folgen, die gegen Null konvergieren). Damit war die Grundlagenkrise der Analysis beendet. Doch weder Hegel noch Cauchy noch Weierstraß konnten ahnen, dass im 20. Jahrhundert das Unendlichkleine in der so genannten Non-Standard Analysis wieder zu Ehren kam.

Eine Möglichkeit Non-Standard Analysis zu betreiben besteht in der Adjunktion eines idealisierten Elementes zu den reellen Zahlen: das Unendlichgroße, symbolisiert durch Ω. Mit ihm ergibt sich $1/\Omega$: das Unendlichkleine. Die Non-Standard Analysis stützt sich auf große Mathematiker, insbesondere auf Leibniz, der mit dem Unendlichen wie mit gewöhnlichen Zahlen rechnete (Laugwitz 1986, 83–85, 212).

Zwei wichtige Fundamente der Hegelschen Logik bilden Kant und Platon. Auf Kant zurückgehend argumentiert Hegel: Die Aneignung eines Gegenstandes im Erkennen durch das Selbstbewusstsein kann nicht ohne „Veränderung" des Objekts vollzogen werden. Diese „Verwandlung" aber will Hegel platonisch gedeutet wissen, denn er lehnt eine Veränderung des Gegenstandes „an seiner Wesentlichkeit" ab, vielmehr wird das Objekt im idealistischen Erkennen aus seiner sinnlichen Einzelheit, aus seiner zufälligen Erscheinung in seine Wesenlichkeit, in seinen Begriff, in die Allgemeinheit transformiert (6.262 f.), indem das Objekt in seine logischen Bestimmungen übersetzt wird (6.503 f.). Doch Hegels Logik gestattet nicht nur eine Vereinigung von Kant und Platon, sondern auch eine Vereinigung von Konstruktivismus und Platonismus.

Vittorio Hösle gelingt der Nachweis der Kompatibilität von Konstruktivismus und Platonismus auf der Basis von Nicolaus Cusanus. Der Mathematiker konstruiert, indem er „Strukturen, die er in sich findet" entfaltet. Nach Cusanus aber sind diese Strukturen vom Absoluten „geschaffen". Der Forscher produziert somit das vom Absoluten Geschaffene (Hösle 1996, 126–128). Eine ähnliche Position vertritt in der Moderne der Mathematiker Ernst-Eduard Kummer. Kummer bewertet Mathematik nicht nur als Menschenwerk, „sondern ebenso als Gottes Schöpfung", die „uns objektiv entgegentritt wie die äußere Natur" (Meschkowski 1973, 161).

Aufgrund der starken Affinität von Hegel zu Cusanus – den er durch Johannes Kepler gekannt haben dürfte – lassen sich in Hegels objektivem Idealismus ähnliche Strukturen vermuten. Problemlos kann man die Denkweise von Cusanus/Kummer in Hegels Ästhetik erkennen. Zentrum der klassischen Kunst ist nach Hegel die menschliche Gestalt. Sie aber geht auf das Absolute zurück. „Der *ursprüngliche* Begriff", der absolute Geist „selber muss es sein, der die [menschliche] Gestalt (...) *erfunden* hat, so daß jetzt der *subjektive* Begriff", der Künstler, „sie nur *gefunden*" hat (13.110).

In Hegels Philosophie der Mathematik gibt es meines Wissens keine direkte Parallele zu dieser Stelle der Ästhetik. Da sich aber nach Hegel die in der Wissenschaft der Logik explizierte absolute Idee in der Kultur- und Geistesgeschichte realisiert und zwar so, dass sich ein und derselbe Inhalt in verschiedenen Formen des geistigen Lebens gestaltet, ähnlich einem Dom, der sich in verschiedene Gänge verzweigt (18.73), wird man diese Parallele annehmen müssen.

Natur und endlicher Geist machen die beiden Offenbarungen des absoluten Geistes aus, „in denen er gegenwärtig ist" (9.23), wenn auch die Produkte des Geistes in „höherer Weise dem Wesen Gottes gemäß" sind als die Produkte der Natur (13.49 f.). Die Erforschung der Natur betrachtet Hegel als eine Möglichkeit, durch welche der Mensch als geistiges Wesen „zum Verstehen und zum Vernehmen" des Geistes und damit zum Verstehen „seiner selbst" gelangt (9.21), weil er sich über die Natur auf den absoluten Geist bezieht. Die Mathematik als Schöpfung des Geistes ist auf die Natur anwendbar, weil die Natur Schöpfung des Geistes ist. Die Mathematik produziert auf nichtempirischem Weg diejenigen Strukturen, die der Forscher durch Beobachtung in der Natur vorfindet (9.77).

Nicht nur Hegel plädiert dafür, den subjektiven Idealismus Kants preiszugeben, sondern auch Gauss . Das Verhältnis von Gauss zu Kant lässt sich anhand der im Jahre 1831 von Gauss selbst verfassten „Anzeige" seiner Darstellung der komplexen Zahlen beleuchten.

In dieser Anzeige will Gauss den komplexen Zahlen durch eine *anschauliche* Darstellung ihre „geheimnisvolle Dunkelheit" nehmen, die ihnen zu dieser Zeit unter den Mathematikern anhaftete. Gerade wegen dieser Dunkelheit bezeichnete man die komplexen Zahlen als imaginäre Größen. Die imaginären Größen „i und -i" stellt Gauss mit den reellen Zahlen 1 und −1 auf eine Stufe, indem er sie als gleichartig bewertet. „Zur Anschauung lassen sich diese Verhältnisse nur durch eine Darstellung im Raume bringen." Dazu legt Gauss die ganzzahlige x-y-Ebene zugrunde, in der er allerdings y durch iy ersetzt. Die Größe i ermittelt Gauss als „mittlere Proportionalgröße zwischen 1 und −1". Sie „entspricht dem Zeichen $\sqrt{-1}$".

Mit zwei Feststellungen verdeutlicht Gauss sein Verhältnis zu Kant. Erstens: Die

„benachbarten" Punkte bestimmen sich gegenseitig „von selbst". Zwar ist es willkürlich, ob man die Einheit 1 rechts oder oben, die Einheit i oben oder links einträgt. Hat man sich aber einmal festgelegt, so ist der „Unterschied zwischen rechts und links (...), oben und unten (...) *in sich* völlig bestimmt". Zweitens kann man die „Anschauung dieses Unterschiedes anderen *nur* durch Nachweisung an wirklich vorhandenen materiellen Dingen mitteilen". „Beide Bemerkungen hat schon" der „scharfsinnige Philosoph" Kant „gemacht" (Gauss 1831, 637).

Auf die Problematik des *in sich* völlig *bestimmten Unterschiedes* zwischen rechts und links war Kant bei der Untersuchung der sinnlichen Anschauung anhand von sphärischen Dreiecken gestoßen. Ausgangspunkt für Kant war die Erkenntnis, dass man von zwei sphärischen Dreiecken, die in verschiedenen Hemisphären untergebracht sind, die aber einen Bogen des Äquators als gemeinschaftliche Basis besitzen und auch in den Seiten und Winkeln völlig übereinstimmen, nicht das eine an die Stelle des anderen setzen kann. Was mit „ebenen Figuren in der Geometrie" möglich ist, versagt im sphärischen Fall. Um den Sachverhalt zu verdeutlichen, wählt Kant materielle Beispiele. Trotz aller „Gleichheit und Ähnlichkeit" kann man die „linke Hand mit der rechten" nicht vertauschen, kann man das linke nicht an die Stelle des „rechten Ohres" setzen. Sphärische Dreiecke, Hände und Ohren besitzen eine „innere Verschiedenheit". Kant bewertet diese *inneren* Unterschiede als Beleg für seinen *subjektiven Idealismus* (Pr, 4.285 f.).

Trotz seines Lobes verschont Gauss Kant nicht mit Kritik. Sie richtet sich gegen dessen subjektiven Idealismus, gegen die Auffassung, „dass der Raum *nur* Form unserer äußeren Anschauungen sei" (1831, 637). Diese Kritik an Kant mit exakt derselben Formulierung von 1831 wiederholt Gauss im Brief vom 6. 3. 1832 an Wolfgang Bolyai (1899, 112). Für Gauss steht fest: Der Raum „muss" „unabhängig von unserer Anschauungsart eine reelle Bedeutung haben" (1831, 637). Damit fordert Gauss nichts Geringeres, als den *subjektiven Idealismus Kants* um eine *objektive* Komponente zu ergänzen.

Während Bolzanos Kritik Kant total negiert, läuft die Kritik von Gauss eher auf das hinaus, was Hegel „bestimmte Negation" nennt. Die bestimmte Negation resultiert nach Hegels Phänomenologie des Geistes zwar aus „einem nicht wahrhaften Wissen", aber sie bewahrt in ihrem Resultat genau das, welches das „vorhergehende Wissen Wahres an ihm hat" (3.73 f.). Der kritisierte Sachverhalt wird nicht völlig preisgegeben, er artikuliert sich auf einer höheren Ebene neu (3.79 f.).

Für Gauss macht Kants *Kritik der reinen Vernunft* einen Anlass aus, über die „ersten Gründe der Geometrie" zu reflektieren. Dabei gewinnt er im Laufe der Jahrzehnte mehr und mehr die „Überzeugung, dass wir die Geometrie nicht a priori begründen können" (1899, 193). Doch Gauss setzt sich *nicht nur mit der Philosophie Kants* über die *ersten Gründe der Geometrie* auseinander, sondern auch *mit der axiomatischen Begründung der Geometrie durch Euklid*. Euklid bietet einen *weiteren* Anlass (Gericke 1981, 124 f.), die „Geometrie vom Anfange an ordentlich zu behandeln" (1899, 112). Die explizite Kritik von Gauss an Euklid setzt an zwei Stellen ein. Zum einen erblickt Gauss in der Definition der Ebene eine „Lücke in Euklids Geometrie", zum anderen entdeckt er einen Mangel in der Definition der Fläche (1899, 194).

Mit der Lücke in Euklids Geometrie, der Definition der Ebene, spielt Gauss auf das Parallelenpostulat an. Das Parallelenpostulat stellte für die Mathematiker 2000 Jahre lang eine Herausforderung dar, da man sehr früh vermutete, es aus den restlichen Axiomen ableiten zu können. Diese Vermutung erwies sich zwar als falsch, dennoch wurden die Bemühungen der Mathematiker belohnt. In der ersten Hälfte des 19. Jahrhunderts entdeckten Gauss, Johann Bolyai und Nikolai Lobatschewski, dass eine widerspruchsfreie Geometrie ohne das Parallelenpostulat denkbar ist: die hyperbolische Geometrie. Damit lagen zwei Geometrien vor: die euklidische und die hyperbolische. Die Entdeckung der Letzteren beinhaltet nichts Geringeres als die Geburt der nichteuklidischen Geometrie. Das Befremdliche, das dieser Geometrie zunächst anhaftete, konnte durch Angabe eines Modells abgestreift werden.

Das Beheben des Mangels in der Definition der Fläche nimmt Gauss in seiner 1827 publizierten „Flächentheorie" in Angriff. In ihr kreiert er das für die Differentialgeometrie grundlegende Konzept des Krümmungsmaßes einer Fläche. Leitende Frage ist: Lässt sich Euklids Konzept der ebenen Flächen zu einer Theorie der krummen Flächen *verallgemeinern*? Gauss beantwortet die Frage, indem er Stücke der Ebene – in der Terminologie der Differentialgeometrie gesprochen – verbiegt. Durch den Vergleich eines nicht verbogenen Stücks mit dem verbogenen gelangt er zu einer eineindeutigen und differenzierbaren Abbildung einer Teilmenge der zweidimensionalen Ebene in den dreidimensionalen Raum, ein Verfahren, das Gauss aus der Astronomie bekannt war. Den mathematischen Ausdruck der Abbildung gewinnt Gauss mit Hilfe einer Parameterdarstellung, die er auf der Ebene mit den Koordinaten p und q definiert.

Als entscheidendes Resultat leitet Gauss ab, dass das Krümmungsmaß eines Flächenstücks unabhängig vom „umgebenden Raum" existiert, da es allein durch die *inneren Eigenschaften* des Flächenstücks, durch seine *innere Geometrie*, bestimmt ist. Als Krümmungsmaß für das Linien- oder Bogenelement ds des Flächenstücks ermittelt er:

(1) $ds = \sqrt{Edp^2 + 2Fdpdq + Gdq^2}$

Flächen definiert Gauss als „Körper", deren dritte „Dimension verschwindend klein ist". Geometrische Körper bieten ein breites Spektrum höchst unterschiedlicher Flächen. Kegel-, Kugel- sowie Zylinderoberfläche bilden nur drei Beispiele. Wie ist es möglich, sich über dieses Spektrum einen Überblick zu verschaffen? Um diese Frage zu beantworten, führt Gauss den Begriff der Abwicklung einer krummen Fläche auf eine andere ein, gleichgültig, ob diese „gekrümmt oder eben" ist. Da er die betrachteten Flächen „als biegsam, aber nicht als dehnbar" voraussetzt, liegt mit der Abwicklung eine eineindeutige längentreue Abbildung zweier Flächen aufeinander vor.

Mit diesem Konzept beweist er den Satz: „Wenn eine krumme Fläche auf irgendeine andere Fläche abgewickelt wird, so bleibt dabei das Krümmungsmaß in den einzelnen Punkten ungeändert." Dieser Satz ermöglicht Gauss, die „Theorie der krummen Flächen aus einem neuen Gesichtspunkt zu betrachten" (Böhm und Reichardt 1984, 9–11), denn er gestattet einen Überblick über das breite Spektrum der Flächen, indem man Zylinder- und Kegelfläche „als wesentlich identisch" ansehen kann.

Speziell erlaubt der Satz die Folgerung, dass die „auf die Ebene abwickelbaren Flächen" einen „besonderen Fall" ausmachen, denn das „Krümmungsmaß derartiger Flächen" beträgt „in jedem Punkte... 0" (1984, 38 f.). Zu den anderen Fällen äußert sich Gauss in seiner *Allgemeinen Flächentheorie* nur sporadisch. Aus seinem Nachlass weiß man jedoch, dass er von Flächen Kenntnis besaß, die nicht auf die Ebene abwickelbar sind, deren Krümmungsmaß also von 0 verschieden ist, wie z. B. die Sattelfläche.

Um die Grundlagen der Geometrie geht es auch Bernhard Riemann in seinem Habilitationsvortrag: *Über die Hypothesen, die der Geometrie zugrunde liegen* (1867). In diesem Vortrag bezieht sich Riemann zum einen explizit auf Gauss. Zum anderen geht er – direkt oder indirekt – auf Kant zurück. Denn Riemanns Ausführungen sind, wie er selbst formuliert, „philosophischer Natur". Die Schwierigkeiten philosophischer Arbeiten liegen „mehr in den Begriffen als in der Konstruktion". Dieser Aussage entspricht ziemlich genau die Abgrenzung der Philosophie von Mathematik, die Kant in der Kritik der reinen Vernunft vornimmt.

An der traditionellen Geometrie bemängelt Riemann, dass der Oberbegriff des Raumes, der „allgemeine Begriff mehrfach ausgedehnter Größen", nicht konstruiert worden sei. Mit der von Riemann vorgeschlagenen Konstruktion lassen sich Räume von n+1 Dimensionen erzeugen. Die „Erzeugung" beschreibt er wie folgt. Eine „einfach ausgedehnte Mannigfaltigkeit" erschöpft sich darin, „dass in ihr von einem Punkte nur nach zwei Seiten, vorwärts oder rückwärts, ein stetiger Fortgang möglich ist". Wendet man das Prinzip des stetigen Fortgangs nach zwei Seiten auf die einfach ausgedehnte Mannigfaltigkeit an, so erhält man „eine zweifach ausgedehnte Mannigfaltigkeit". Analog transformiert der stetige Fortgang nach zwei Seiten eine zweifach in eine dreifach und eine n-fach in eine (n+1)-fach ausgedehnte Mannigfaltigkeit (1984, 68–71).

Wesentliches Kennzeichen einer „n-fach ausgedehnten Mannigfaltigkeit" ist die *Bestimmbarkeit ihrer Orte* durch Punkte $P(x_1,...,x_n)$ mit den Variablen x_i. Auf der Basis dieser Charakteristik widmet Riemann sich der weiteren „Aufgabe (...), für jeden Punkt" eine Formel „des von ihm ausgehenden Linienelements ds aufzustellen". Modern gesprochen handelt es sich darum, eine *Metrik* für eine n-dimensionale Mannigfaltigkeit zu entwickeln. Bei der Entwicklung von Formeln für eine Metrik setzt Riemann die Unabhängigkeit der „Länge der Linien (...) von der Lage" voraus (1984, 73). Gestützt auf die Infinitesimalrechnung gewinnt er unter Zugrundelegung von rechtwinkligen Koordinaten für das Linienelement ds den Ausdruck einer quadratischen Form:

(2) $ds = \sqrt{\Sigma(dx_i)^2}$

Führt man statt der x_i neue Variable ein, so wird das Linienelement ds nicht immer eine quadratische Form darstellen. Aufgrund dieses Faktums schließt Riemann: Die Mannigfaltigkeiten, bei denen das Linienelement ds eine quadratische Form annimmt, „bilden (...) nur einen besonderen Fall". Riemann nennt sie *ebene* Mannigfaltigkeiten (1984, 74).

Bei der Explikation dieses besonderen Falls orientiert sich Riemann, obgleich er n-dimensional vorgeht, sichtbar an Gaussens Ansatz der Biegung von Flächen. Ebene Mannigfaltigkeiten gelten Riemann als „gleichartig" zu zylindrischen oder konischen Flächen, weil sie durch bloße Biegung ineinander überführt werden können (1984, 76). Dennoch existiert ein gravierender Unterschied zu Gauss. Während Gauss in seinen Veröffentlichungen zur Flächentheorie nicht wesentlich über den genannten Spezialfall hinausging, sucht Riemann zu dem besonderen Fall das Allgemeine.

Die Suche wird durch einen Schluss eröffnet. Ebenen Mannigfaltigkeiten kommt das Krümmungsmaß 0 zu. 0 ist eine Konstante, die weder positiv noch negativ ist. Gibt es Mannigfaltigkeiten, deren Krümmungsmaß K eine positive oder eine negative Konstante ausmacht, so wären damit weitere Klassen von Mannigfaltigkeiten gefunden. Tatsächlich gelingt es Riemann, die gesuchten Mannigfaltigkeiten zu konstruieren und durch einen rechnerischen Ausdruck für das Linienelement zu charakterisieren. Dieser rechnerische Ausdruck, durch den *alle* Mannigfaltigkeiten mit *konstantem* Krümmungsmaß K erfasst werden, umschließt nicht nur die euklidische Geometrie mit K=0 und die hyperbolische mit K<0, sondern eine weitere Nichteuklidische Geometrie: die bereits oben genannte elliptische mit K>0 (1984, 8 f.).

Als Resultat erhält Riemann, „dass eine mehrfach ausgedehnte Größe verschiedener Maßverhältnisse fähig ist und" dass der den Menschen umgebende „Raum einen besonderen Fall einer dreifachen ausgedehnten Größe bildet". Die Maßverhältnisse des menschlichen Raumes können einzig und allein der „Erfahrung entnommen werden" (1984, 68 f.).

Riemann verallgemeinert Gauss nicht nur, indem er alle Mannigfaltigkeiten mit konstantem Krümmungsmaß erfasst, vielmehr verallgemeinert er Gauss auch hinsichtlich des Linienelementes. Denn (2) lässt sich umformen in:

(3) $ds = \sqrt{\Sigma g_{ik} dx^i dx^k}$

(3) aber enthält den Ausdruck (1).

Damit vollendet Riemann die Kritik, die Gauss an Kants subjektivem Idealismus vorgenommen hatte (Pulte 1999, 1279 f.; 2005, 377–384), indem er zeigt: „die Geometrie ist nicht im Ganzen eine reine Schöpfung des menschlichen Geistes. Eine reine Schöpfung des menschlichen Geistes oder eine reine Anschauung a priori im Sinne Kants ist der Begriff der n-dimensionalen Mannigfaltigkeit mit einer Maßbestimmung. Die Koeffizienten der Maßbestimmung, die g_{ik}, sind der Erfahrung zu entnehmen" (Gericke 1981, 136).

Die Mannigfaltigkeiten mit konstantem Krümmungsmaß bilden nur Spezialfälle der Riemannschen Geometrie. Mit ihr waren die mathematischen Voraussetzungen der Relativitätstheorie geschaffen. Die verschiedenen Geometrien behandelt David Hilbert analog zu den Kategorien Kants als Gedankenformen. Erst mit Hilfe der Relativitätstheorie kann entschieden werden, welche von ihnen in der physikalischen „Wirklichkeit Gültigkeit besitzt" (Hilbert 1970, 278).

Auf der Basis der Relativitätstheorie stimmt Hilbert Kants These der *besonderen Naturgesetze* zu. Nach Kants kritischer Erkenntnistheorie schreibt der menschliche Verstand durch seine Kategorien der Natur die „Gesetze a priori" vor, wenn auch nur *im allgemeinen*. Die *besonderen* Naturgesetze stehen zwar unter den allgemeinen, doch müssen sie empirisch aufgespürt werden (KrV, B 163 ff.). Entsprechend können die „Weltgesetze" nach Hilbert nur aus der Erfahrung gewonnen werden, wenn auch an der Konstruktion der physikalischen Begriffe, mit denen die Weltgesetze formuliert werden, Denken *und* Erfahrung beteiligt sind. Aufbauend auf den Erfolgen der mathematischen Physik modifiziert Hilbert Kants Erkenntnistheorie, indem er das Paar Anschauung und Begriff durch das Paar Experiment und Theorie verallgemeinert. „Bald eilt die Theorie, bald das Experiment voraus." Sie bestätigen „sich gegenseitig", ergänzen sich, regen einander an. Damit bekräftigt Hilbert die Resultate von Gauss und Riemann: Man muss die Grenze zwischen a priori und Erfahrung „anders ziehen als Kant" (1970, 378 f., 383).

Überblickt man die Kritik von Gauss und Riemann an Euklid, so sieht man: Die Mathematik ist imstande, ihre Mängel zu erkennen und sie durch neue, sicherere Theorien zu beheben, auch wenn die Behebung, wie im Falle des Euklid, mehr als

2000 Jahre später erfolgt. In der Reflexion über sich selbst überwindet sie ihre speziellen Ansätze, indem sie zum Allgemeinen vordringt. In dieser Hinsicht zeigt sie eine gewisse Affinität zur Philosophie. Kant betont, dass die Philosophie erst am Ende zur Definition gelangen könne. Dieses Phänomen trifft auch auf das Aufstellen der Axiome in der Mathematik zu. In der jeweiligen *ausgereiften*, d. h. axiomatisierten Theorie stehen die Axiome zwar am Anfang, in der Entstehungsgeschichte dieser Theorie aber am Ende. Da die Axiome das Fundament einer Theorie ausmachen, aus dem ihre Sätze abgeleitet werden, dringt die Mathematik erst am Ende zu ihrem Anfang – zu ihren Fundamenten – vor. In diesem Sinne charakterisiert Hilbert die Entstehungsgeschichte einer mathematischen Disziplin als „Tieferlegung ihrer Fundamente" (1970, 147 f.).

Doch die Mathematik erschöpft sich nicht im Tieferlegen ihrer Fundamente. Aus der Menge ihrer weiteren Charakteristika können an dieser Stelle nur vier gestreift werden. Erstens: Die Mathematik lotet ihre eigenen Grenzen aus wie die Vielzahl ihrer Unmöglichkeitsbeweise unterstreicht. An dieser Stelle kann nur auf einige Unmöglichkeitsbeweise verwiesen werden. Aus der Geometrie seien die drei klassischen Probleme der Antike angeführt: Quadratur des Kreises, Würfelverdopplung und Dreiteilung des Winkels – Konstruktionen, die mit Zirkel und Lineal allein nicht durchführbar sind. In der Algebra beweist man die Unmöglichkeit, Gleichungen höher als vierten Grades durch Wurzelziehen aufzulösen. Beides zeigt man mit der im 19. Jahrhundert entstandenen Galois-Theorie. In der Arithmetik sind die Gödelschen Unvollständigkeitssätze hervorzuheben.

Zweitens: Obwohl die Sätze der Mathematik apodiktisch gewiss sind, wandelt sie sich beständig. Der Wandel geht – wie die Ausführungen zu Gauss und Riemann unterstreichen – auf die permanente Einführung neuer idealisierter Objekte, aber auch auf die Verallgemeinerung alter zurück. Aus diesen Faktoren resultiert, dass die Mathematik nicht nur Zahlen addiert oder multipliziert, sondern auch Vektoren, Matrizen, Determinanten, Klassen, Funktionen – um nur einige Objekte zu nennen. Im Zuge der Verallgemeinerung bemächtigen sich Arithmetik, Analysis und Algebra der Geometrie und zwar auf mehrfache Weise: mittels Anwendung von Koordinaten auf den Raum oder mittels Anwendung infinitesimaler Methoden auf Kurven und Flächen. Dadurch entstehen analytische Geometrie, Analysis und Differentialgeometrie. Die Bemächtigung der Geometrie durch die Algebra führt zur algebraischen Geometrie.

Mit dieser Erkenntnis, dass sich Methoden einer Disziplin erfolgreich in einer anderen anwenden lassen, kristallisiert sich trotz der grundlegenden Verschiedenheit der einzelnen mathematischen Disziplinen ihre starke *Verwobenheit* heraus (Behnke 1956, 27 f.). Die Verwobenheit der Disziplinen geht – dialektisch gesprochen – darauf zurück, dass eine *Allgemeinheit* wie zum Beispiel Arithmetik, Analysis oder Algebra *auf ihr Anderes*, die Geometrie, *übergreift*.

Drittens: Die Kraft des übergreifenden Allgemeinen wirkt jedoch nicht nur innerhalb der Mathematik, zwischen ihren Disziplinen, vielmehr wirkt diese Kraft auch nach außen, sie macht sich in den Naturwissenschaften geltend. Nach Kant bildet die Mathematik den Stolz der menschlichen Vernunft. Sie leitet aus Prinzipien, den Axiomen, ab (KrV, B 356). Ihre „eigentliche Würde" jedoch ruht daher, dass sie die „Natur im Großen sowohl als im Kleinen in ihrer Ordnung und Regelmäßigkeit (...) einzusehen" lehrt. Dadurch vermittelt die Mathematik einen Anblick der „bewundernswürdigen Einheit der (...) bewegenden Kräfte" der Natur (KrV, B 492).

Viertens: In der Dialektik, für sich zu sein *und zugleich* eine genuine Beziehung zu Anderem, zu den Naturwissenschaften, aufzuweisen, behauptet sich die Mathematik als freie, kreative Wissenschaft, in der auch *ästhetische* Bewertungskriterien eine Rolle spielen. Von einem Mathematiker erwartet man nicht nur Lösungen, die heterogene Ansätze, die nicht ohne weiteres vereinbar erscheinen, in ein allgemeines, umfassendes Konzept integrieren, sondern auch Eleganz, gekoppelt an eine „überraschende Wendung". Aufgrund dieser Analyse spricht John von Neumann von der Mathematik als einer „schöpferischen Kunst" (1974, 45).

Naturbegriff und elementare Naturbestimmungen in Hegels Naturphilosophie

Dieter Wandschneider

1. Der objektiv-idealistische Naturbegriff

1.1. Warum eine idealistische Naturphilosophie?

Kann von einem idealistischen Denkansatz eine relevante Philosophie der Natur erwartet werden? Die positivistischen, empiristischen, analytischen und postmodernen Philosophien des vorigen Jahrhunderts haben nicht nur dies entschieden verneint, sondern schon den Sinn einer Naturphilosophie überhaupt. Erkenntnis der Natur – so das auf Ludwig Wittgenstein zurückgehende Verdikt – ist allein Sache der empirischen Naturwissenschaft, während die Philosophie lediglich Wissenschaftstheorie der Naturwissenschaft sein kann.

Aber gerade in wissenschaftstheoretischer Perspektive wird deutlich, dass die Naturwissenschaft fundamentale Voraussetzungen enthält, über die sie sich keineswegs immer im Klaren ist, geschweige denn Rechenschaft gibt (Wandschneider 1985b) – allen voran die Gesetzmäßigkeit der Natur. Denn wäre diese nicht gesetzmäßig verfasst, wäre alle vermeintliche naturwissenschaftliche Erkenntnis Makulatur. Sie enthielte keinerlei Aussagen über das zukünftige Verhalten der Natur und wäre deshalb epistemologisch wie technisch absolut nutzlos. Wer aber das, was von der Naturwissenschaft nur vorausgesetzt wird, begreifen möchte, sieht sich an philosophische Überlegungen verwiesen. In diesem Sinn ist eine Philosophie der Natur unverzichtbar. Selbst der Urvater des neuzeitlichen Empirismus, David Hume, sah sich genötigt, der Frage der Gesetzmäßigkeit der Natur philosophisch nachzugehen, worauf sich bis heute sein Ruhm gründet.

Nun sind die Naturgesetze offenbar von ganz anderer Seinsweise als die faktische Naturrealität. Das Fallgesetz etwa ist selbst nicht etwas, das fallen könnte. Die Maxwellschen Gleichungen der Elektrodynamik sind selbst nicht elektrisch. Als Gesetzmäßigkeiten haben sie vielmehr den Charakter einer der Natur zugrunde liegenden Logik, und das heißt, sie selbst besitzen nicht energetisch-materielle, sondern logisch-ideelle Seinsweise. Und da die Naturgesetze ja nichts der Natur Fremdes, nichts ihr nur äußerlich Angeheftetes sind, sondern ihr eigentliches inneres Wesen, muss dem Natursein selbst in einem wesentlichen Sinn Idealität zugesprochen werden.

Eine idealistische Naturphilosophie erscheint so gesehen nicht mehr abwegig, im Gegenteil: Wenn es darum geht, jene immanente Idealität des Naturseins zu begründen, dann wohl nur so. Dies soll im Folgenden, und zwar auf der Grundlage von Georg Wilhelm Friedrich Hegels Naturphilosophie, näher erörtert werden.

1.2. „Die Natur muss bewiesen werden"

Zur Abgrenzung vom subjektiven Idealismus Johann Gottlieb Fichtes und von Friedrich Schellings idealistischen Spekulationen wird Hegels Philosophie als objektiver Idealismus charakterisiert.[1] Basis ist die objektive Verbindlichkeit einer fundamentalen, dialektischen Logik (Wandschneider 2013b). „Fundamental" und „dialektisch" markieren hierbei den Unterschied zu den Systemen formaler Logiken. Diesen liegen Axiome zugrunde, also Annahmen, die als solche auch anders gewählt werden könnten und insofern ein willkürliches Element enthalten. Demgegenüber ist Hegels Logik als die allen solchen Logiken vorausliegende Logik zu begreifen (denn um eine formale Logik einzuführen, bedarf es ja schon der Logik) – also einer fundamentalen Logik, die durch die Einbeziehung dialektischer Strukturen konventionelle Festlegungen vermeidet. In diesem Sinn ist das umfassende System der Fundamentallogik als unhintergehbarer Grund des hegelschen philosophischen Entwurfs zu verstehen. Seine Unhintergehbarkeit oder Letztbegründbarkeit, wie wir heute sagen würden, ergibt sich daraus, dass die Fundamentallogik nur durch sich selbst begründet werden kann, denn Begründen ist selbst ein logischer Akt, setzt die Logik also schon voraus. Die Fundamentallogik hat somit den Charakter eines unhintergehbaren Absoluten.

Die Absolutheit der Logik, oder in Hegels Diktion der absoluten Idee, ist nun Hegel zufolge auch der Grund für die Existenz der Natur (Wandschneider 1985). Hegels Aus-

---

1 Erhellend und klärend zu Grundlagenfragen des objektiven Idealismus: Hösle (1987b).

führungen dazu – am Ende der Wissenschaft der Logik sowie der enzyklopädischen Logik – sind außerordentlich knapp und daher Gegenstand von Interpretationen, auf die näher einzugehen hier nicht der Ort ist. Ein plakatives Argument findet sich in Hegels Vorlesungen über die Philosophie der Religion. Hegel greift dort auf die Dialektik des Unendlichen und Endlichen zurück: Werden Unendliches und Endliches als einander gegenüberstehend gedacht, erscheint das Unendliche dadurch als begrenzt durch das Endliche und damit gleichfalls als endlich. Das wahre Unendliche, so Hegel, könne deshalb nicht als dem Endlichen gegenüberstehend gedacht werden, sondern schließe dieses mit ein und sei somit „die untrennbare Einheit beider" (16.190). Das Endliche selbst ist so als ein „wesentliches Moment des Unendlichen" verstanden (16.191). Auf das Gottesverständnis bezogen heißt das für Hegel: Gott und Welt bilden eine untrennbare Einheit, oder mit andern Worten: Gott muss sich verendlichen in der Form einer endlichen Welt. „Ohne Welt ist Gott nicht Gott" (16.192). Steht „Gott" hier für „absolute Idee" und „Welt" für „Natur", so heißt das für die Beziehung beider, dass die Natur ein wesentliches Moment der Idee selbst ist.

Entscheidend ist hier die Bestimmung des Unendlichen, Göttlichen, also des Absolutheitscharakters der Idee. In äußerster Abstraktion kann das Argument etwa so gefasst werden: Absolutheit, Un-Bedingtheit der Idee bedeutet, dass sie „von außen", von einer nicht-absoluten, nicht-ideellen Instanz her nicht begründet werden kann. Der Absolutheitscharakter der Idee schließt so unumgänglich den impliziten (negativen) Bezug auf ein ihr „Äußeres", Nicht-Ideelles, Nicht-Absolutes dialektisch mit ein,[2] gleichsam, so Hegel, als ihr „Anderssein", als ihren „Widerschein" (8.393) oder etwa auch als ihren Schatten, der sie immer begleitet. Mit dem Ideellen ist das Nicht-Ideelle dialektisch „mitgesetzt" als ewiges Begleitphänomen des Ideellen.[3]

Was ist unter dem Nicht-Ideellen zu verstehen? Seine Seinsweise ergibt sich aus der dialektischen Entgegensetzung gegen das Ideelle: Ist dieses durch begrifflichen Zusammenhang bestimmt, ist das Nicht-Ideelle als Getrenntsein, Auseinander-

---

2 „Entscheidend ist wohl, im Absoluten selbst so etwas wie innere Negativität auszumachen, eine innere Negativität, deren Explikation, deren Bild die konkrete natürliche Welt ist" (Hösle 1987b, 265).

3 Bernd Braßel hat dem übrigens einen „leicht veränderten Sinn" gegeben (Braßel 2004, 102): In einer bedenkenswerten Kritik Hegels und seines Diktums, dass die vollendete Idee die Natur frei aus sich entlasse, argumentiert Braßel dafür, Natur und Geist als *Momente* der Idee selbst zu begreifen (d. h. nicht als deren Konsequenzen); nur so könne die Idee wirklich die *Vollendung* des Systems sein. Er greift dazu auf Hegels Aussage zurück, dass die erste und dritte Bestimmung eines dialektischen Zyklus die Idee in ihrer Absolutheit, die zweite hingegen in ihrer Endlichkeit charakterisieren und damit, wie er es deutet, Formen der Natur und des endlichen Geistes repräsentieren (Braßel 2004, 97 f.). Doch auch und gerade hier bleibt das Nicht-Ideelle – die Natur – ein Begleitphänomen der Idee.

sein[4] – die elementare Erscheinungsweise der Natur – zu fassen. Auch die Natur, so Hegel, ist „eine der Weisen der Idee (...), sich zu manifestieren" (9.25 Zus.), aber als „die Idee in der Form des Andersseins" (9.24). Sie ist danach ebenfalls die Idee, aber eben in „nicht-ideeller" Form.

Hegels Formulierung am Ende der enzyklopädischen Logik, dass die absolute Idee „sich entschließt, (...) die unmittelbare Idee als ihren Widerschein, sich als Natur frei aus sich zu entlassen" (8.393), gewinnt in dialektischer Perspektive einen nachvollziehbaren Sinn: Indem die Idee sich – im Sinn der Unhintergehbarkeit der Logik (Wandschneider 1985, 336 ff.; Hösle 1987b, 245 ff.) – als absolut bestimmt, muss sie das Nicht-Absolute mit einschließen derart, dass sie sich selbst, ihrer eigenen dialektischen Natur entsprechend, gleichsam ent-zweit und sich als äußerliche Natur setzt. Indem sie sich zum System schließt, ent-schließt sie sich zugleich in die Vereinzelung der Natur – „ent-schließen" hier nicht im Sinn von „einen Entschluss fassen", sondern einer dialektisch verstandenen Entäußerung. Die Frage, die bei Fichte und bei Schelling wesentlich offenbleibt, warum ein Absolutes überhaupt aus sich herausgehen und sich in die Endlichkeit der Natur entäußern sollte, findet im Rahmen des Hegelschen Systementwurfs also eine Antwort, die, wie es sein muss, aus dem Begriff des Absoluten selbst geschöpft ist.[5] Die Idee, das ist recht verstanden die Idee in dreifacher Gestalt, d. h. die logische Idee selbst, ihr Anderes – die Natur – sowie, hier nicht thematisch, die Synthese beider – Geist (Wandschneider und Hösle 1983, 176 ff.; Wandschneider 1985, 344 ff.).

Unter systematischem Aspekt ist bemerkenswert, dass Hegel eine philosophische Begründung für die Existenz der Natur gibt – was für Immanuel Kant beispielsweise gar kein Thema ist. Natürlich wissen wir, dass es die Natur gibt, aber philosophisch kann das nicht befriedigen. In diesem Sinn fordert Hegel den „Beweis (...), dass notwendig eine Natur sei" (9.10 Zus.); „die Natur muss bewiesen werden" (Hegel 1823–1824, 61).[6]

---

4   Hegel spricht vom *Außereinander* der Natur oder auch von ihrem *Außersichsein* (9.41 Zus.), gelegentlich auch nur von einem *Auseinandersein* (9.55 f.). Ich verwende hier einfachheitshalber durchgängig den letzteren, umgangssprachlich vertrauten Ausdruck (womit keineswegs Synonymität der genannten Begriffe behauptet sein soll).
5   „Das Absolute, als Prinzip jeder Wahrheit, ist absolut gewiss; problematisch ist das Sein des Nicht-Absoluten. Dennoch ist die Forderung unabweisbar, dieses letztere Sein zu begründen" (Hösle 1987b, 265).
6   Im Rahmen dieser Argumentation hat Wolfgang Neuser (mündliche Mitteilung 1983) den naheliegenden Einwand einer illegitimen μετάβασις εἰς ἄλλο γένος gemacht. Denn die dialektische Begriffsentwicklung findet *innerlogisch* statt, während die prätendierte dialektische Opposition von logischer Idee auf der einen Seite und Nicht-Ideellem, Natur auf der andern Seite *ontologisch differente* Sphären dialektisch zusammenspannt. Indes, „Nicht-Ideelles" ist

1.3. Essentials des Naturseins in objektiv-idealistischer Perspektive

Die Natur ist als das Nicht-Ideelle, als „die Idee in der Form des Andersseins" und damit zunächst einmal als ein Auseinander bestimmt. Aber als Nicht-Ideelles bleibt es auf das Ideelle bezogen. Kennzeichnend für das Natursein ist damit eine fundamentale Ambivalenz: Als das Nicht-Ideelle erscheint es als ein Auseinandersein, aber als Nicht-Ideelles bleibt es gleichwohl durch das Ideelle bestimmt – in der Form der Gesetzmäßigkeit des Naturseins. Wie schon erwähnt, sind die Naturgesetze, die das Natursein durchgängig bestimmen, ihrerseits keine realen Naturdinge, sondern Ideelles. Sie sind nicht fest, flüssig oder gasförmig, sie brennen nicht, sind nicht elektrisch, man kann sich nicht an ihnen stoßen, denn sie sind Funktionsbeziehungen, die als solche ideellen Charakter haben. Die Dehnung eines Gummibands etwa ist eine Funktion der Zugkraft, die darauf wirkt. Eine bestimmte Kraft hat eine ganz bestimmte Dehnung zur Folge. Das entsprechende Naturgesetz („Hookesches Gesetz") aber macht eine Aussage über sämtliche möglichen Fälle von Kräften und die durch sie bewirkten Dehnungen; es verklammert alle diese Möglichkeiten zur Einheit eines Gesetzeszusammenhangs. Faktisch realisiert kann immer nur einer dieser möglichen Zustände sein,[7] aber der Gesetzcharakter des Naturgesetzes reicht weit darüber hinaus. Im Fall des Gummibands ist dadurch die Disposition zu unterschiedlichen Dehnungen in Abhängigkeit von unterschiedlichen Zugkräften bestimmt, also das, was wir als seine Elastizität kennen: ein Funktionsgesetz, das als solches ideellen Charakter besitzt.

Eine weitere Konsequenz des wesenhaft ideellen Charakters der Natur ist ihre Erkennbarkeit. Kants Gedanke, dass wir grundsätzlich nicht wissen können, wie die Natur „an sich selbst" beschaffen sein möge, dass die Fundamentalgesetze der Natur vielmehr aus der Formtätigkeit des transzendentalen Subjekts stammen – gemäß Kants berühmtem Diktum: „Der Verstand schöpft seine Gesetze (a priori) nicht aus

---

hier nicht das nicht-ideelle *Sein*, sondern der *Begriff* nicht-ideellen Seins, denn was dialektisch miteinander verbandelt ist, sind natürlich Begriffe. Von einer *Metabasis* kann deshalb *nicht* die Rede sein. Aber haben wir dann nicht lediglich den bloßen *Begriff* des Nicht-Ideellen? Nun ist dieser aus der Dialektik der Absolutheit der absoluten *Idee* hervorgegangen. Wenn aber Hegel zufolge „alles Wirkliche nur insofern *ist*, als es die Idee in sich hat und sie ausdrückt" (6.464), dann *ist* auch das Nicht-Ideelle, insofern es gleichfalls aus der Idee hervorgeht. Das Nicht-Ideelle hat so ebenfalls *Existenz*, wie gesagt: als die äußerliche Idee, als Auseinandersein, als Natur, als das *ewige Begleitphänomen der Idee*.

7 Auf der durch die Quantentheorie bestimmten mikro-physikalischen Ebene können auch mehrere Möglichkeiten gleichzeitig realisiert sein.

der Natur, sondern schreibt sie dieser vor" (1978, Pr § 36) – ist in objektiv-idealistischer Perspektive abwegig. Die Naturgesetze, so Hegel, sind „nicht ein Subjektives, das uns zukäme, sondern vielmehr (...) das Wahre, Objektive, Wirkliche der Dinge selbst, wie die Platonischen Ideen, die nicht irgendwo in der Ferne sondern als die substantiellen Gattungen in den einzelnen Dingen existieren" (9.19): In Hegels Deutung ist die Natur eine *von sich her gesetzmäßige Natur*.

Und weiter: Die Gesetzmäßigkeit der Natur ist ihre ideelle Seite, ihr faktisches Auseinandersein ist ihre reale Erscheinungsform, die als solche eine essentielle Kontingenz impliziert: Repräsentiert das Naturgesetz eine Form von Notwendigkeit,[8] kann die faktische Konstellation hier und jetzt demgegenüber keine Notwendigkeit im logisch-begrifflichen Sinn beanspruchen. Zwar unterliegt das Faktische den Naturgesetzen, aber zu seiner Realisierung müssen bekanntlich Anfangs- und Randbedingungen hinzutreten, also wiederum Faktisches, und für dieses ebenfalls wieder usf. Solche endlosen Progressionen sind Ausdruck der Äußerlichkeit faktischen Naturseins, das eben nichts Absolutes und als solches, so Hegel, durch Zufälligkeit bestimmt ist: „Die Zufälligkeit und Bestimmbarkeit von außen hat in der Sphäre der Natur ihr Recht"; dies sei „die Ohnmacht der Natur" (9.34). Hegels Naturbegriff enthält so auch eine Theorie des Zufalls (Henrich 1975). Dieser wesenhaften Kontingenz des faktischen Naturseins entspricht ihre Veränderbarkeit (durch faktische Determinanten), wie sie etwa im Evolutionsprozess oder auch in der Möglichkeit von Technik in Erscheinung tritt.

Eine folgenreiche Konsequenz des objektiv-idealistischen Naturbegriffs ist schließlich, dass im faktischen Naturprozess so etwas wie ein intrinsischer Drive wirksam ist, der aus der erwähnten Ambivalenz von faktisch-realem Natursein und der ihm wesenhaft zugrunde liegenden ideellen Naturgesetzlichkeit resultiert, gleichsam eine im Natursein angelegte Idealisierungstendenz derart, dass das immanent ideelle Wesen der Natur zunehmend deutlicher zutage tritt (Wandschneider 2001) – ich kann dies in dem hier vorgegebenen Rahmen nur andeuten: Durch mannigfache Wechselwirkungen kommt es zur Formierung von materiellen Systemen. Im System ist das Vereinzelte zur Einheit eines neuartigen Funktionszusammenhangs verklammert, der als solcher ebenfalls gesetzmäßigen und damit ideellen Charakter besitzt. Auf der Basis solcher Systembildung kommt es weiter zur Entwicklung von Organismen. Damit sei, so Hegel, in der Form organismischer Artallgemeinheit, gleichsam schon „die Idee (...) zur Existenz gekommen" (9.337). Die weitere Evolution führt zum Auftreten von Formen psychischen und zuletzt geistigen Seins. Man denke etwa an die Befähigung zur

---

8   Näher zu klären wäre die Beziehung von formallogischer, dialektisch-logischer und nomologischer (naturgesetzlicher) Notwendigkeit – was hier Desiderat bleibt.

Wahrnehmung: Neuronale Kausalprozesse haben hier, über ihren rein energetischen Charakter hinaus, repräsentierende Funktion gewonnen. Sie sind Träger von Informationen, also Zeichen, die auf Bedeutungsgehalte – also Ideelles – verweisen, etwa Umweltsituationen oder auch Befindlichkeiten des organismischen Subjekts. Überschritten ist das Natursein schließlich mit dem Auftreten des Geistes, denn er kann die Natur technisch verändern – oder sich auch gegen sie wenden, sie zerstören. Indem der Geist das ideelle Wesen der Natur zu erfassen vermag, hebt er die naturale Entäußerung der Idee auf und kehrt zu dieser zurück – eine großartige Hegelsche Pointe, die ich hier auf sich beruhen lassen muss.

Diese im Naturprozess wirksame Idealisierungstendenz wird von Hegel eher bildhaft umschrieben: „Ziel der Natur" sei, „sich selbst zu töten und ihre Rinde des Unmittelbaren, Sinnlichen zu durchbrechen, sich als Phönix zu verbrennen, um aus dieser Äußerlichkeit verjüngt als Geist hervorzutreten" (9.538 Zus.). Der Gedanke einer Natur-Evolution wird von Hegel bekanntlich abgewiesen, aber, wie ich an anderer Stelle gezeigt habe (Wandschneider 2002), ist er dem Geist der Hegelschen Philosophie im Grund gemäßer als die Verneinung des Evolutionsprinzips.

1.4. Naturphilosophie und Naturwissenschaft

Damit ist deutlich, dass Hegel – lange Zeit als reiner „Geistphilosoph" verortet – einen außerordentlich erklärungsmächtigen Naturbegriff hat. Das auf die Absolutheit der Fundamentallogik gegründete Argument für die Existenz der Natur ist in der Geschichte der Philosophie ohne Parallele, ebenso wie die damit implizierte Folge, dass das Natursein durch eine intrinsische Logik bestimmt ist, die wir als Gesetzmäßigkeit der Natur kennen. Existenz und Gesetzmäßigkeit der Natur sind hier nicht einfach empirisch konstatiert, sondern philosophisch begründet. Konsequenzen daraus sind die Erkennbarkeit des Naturseins, seine Kontingenz sowie die im Naturprozess wirksame Idealisierungstendenz. Damit sind Essentials des Naturseins im Hegelschen Sinn „auf den Begriff gebracht".

Man hat Hegels Naturphilosophie vorgeworfen, dass sie mit der modernen Naturwissenschaft unvereinbar sei. Das beruht zweifellos auf einem Missverständnis: Eben jene Essentials – Existenz, Gesetzmäßigkeit, Erkennbarkeit, Kontingenz und damit Veränderbarkeit, Evolution von Ideellem – werden von der Naturwissenschaft beständig vorausgesetzt, aber begründbar sind sie erst auf der Basis des objektiv-idealistischen Naturbegriffs – und wohl nur so. Durch eben diese Naturphilosophie gewinnt die Naturwissenschaft somit überhaupt erst eine argumentative Fundierung und Rechtfertigung.

Demgegenüber impliziert die Berufung auf Erfahrung immer auch einen Erkenntnisverzicht, da uns Erfahrung, wie Kant treffend bemerkt, nur sagt, „was da sei, aber nicht, dass es notwendigerweise, so und nicht anders, sein müsse" (KrV, A1). Dass das Natursein beispielsweise räumlich strukturiert ist, ist ein empirisches Faktum, das die Naturphilosophie darüber hinaus auch zu begreifen sucht. In diesem Sinn charakterisiert Hegel die Naturphilosophie als „begreifende Betrachtung" der Natur, wobei das Erkenntniskriterium nicht die Erfahrung, sondern allein „die Notwendigkeit des Begriffs" sei (9.15). Natürlich ist das durch Erfahrung gewonnene Wissen keineswegs irrelevant, sondern für alle Lebensbereiche unendlich wichtig, weil es uns die Naturealität verfügbar macht. Begrifflich-begreifendes apriorisches Erkennen geht demgegenüber auf ein Wissen, das die dem Natursein zugrunde liegenden Prinzipien erschließt. Diese sehr unterschiedlichen Wissensformen können entsprechend als Verfügungswissen bzw. Prinzipienwissen charakterisiert werden (Wandschneider 2008, 31), wobei Letzteres typmäßig der Naturphilosophie zuzuordnen wäre.

Lassen sich aber naturphilosophische Fragen, die Prinzipien des Naturseins betreffend, ohne Rekurs auf die Erfahrung, also rein begrifflich klären? Ist eine apriorische Naturphilosophie überhaupt sinnvoll denkbar? Hier stellt sich die grundsätzliche Frage nach der Reichweite apriorischer Überlegungen: Sind in dieser Weise ausschließlich jene „Essentials" des Naturseins begründbar, oder sind auch konkretere Strukturen – etwa des Raums und der Zeit, der Bewegung, Gravitation, Thermodynamik, Relativitätstheorie, Quantentheorie etc. – apriorisch ableitbar? Im Folgenden soll gezeigt werden, dass zumindest elementare Strukturen des Naturseins in dieser Weise argumentativ erschlossen werden können.

Im Übrigen ist damit grundsätzlich – zumindest im Rahmen der Physik – ein erkenntnisleitendes Ideal wissenschaftlicher Theoriebildung bezeichnet, deren Ziel stets die noch umfassendere Theorie ist, zuletzt die „Weltformel", die „Grand Unified Theory", die „Theorie für Alles". Erinnert sei auch an Carl Friedrich von Weizsäckers Versuch, die Quantentheorie als Fundamentaltheorie der Physik rein apriorisch herzuleiten. Sollte dem – weiterhin verfolgten, sehr kontrovers beurteilten – Projekt Erfolg bestimmt sein, wäre das in eins ein Triumph in naturphilosophischer Hinsicht. Bezeichnend ist in diesem Zusammenhang ferner die Rolle, die Gedankenexperimente gerade in der modernen Physik spielen; man denke an Einsteins Überlegungen im Vorfeld der Relativitätstheorie oder auch an das Problem der „Schrödingerschen Katze" (gleichzeitig lebend und tot!) im Rahmen der Quantentheorie. In der Tat haben die grundstürzenden Entwicklungen der Relativitätstheorie, Quantentheorie, Elementarteilchenphysik, Astronomie etc. immer wieder auch zu naturphilosophischen Diskussionen und Deutungsversuchen Anlass gegeben.

Umgekehrt stellt sich die Frage, inwieweit die Naturphilosophie auch Resultate empirischer Forschung in ihre Argumentation einbeziehen kann oder vielleicht sogar muss. Hegel selbst – obwohl ihm notorisch das Gegenteil unterstellt wird – betont, dass die Naturphilosophie nicht nur „mit der Naturerfahrung übereinstimmend sein" müsse, sondern darüber hinaus „die empirische Physik zur Voraussetzung und Bedingung" habe (9.15). Ist also beides miteinander vereinbar: eine autonom argumentierende Naturphilosophie und der Rekurs auf Resultate empirischer Forschung?

Nun hat es die Naturphilosophie mit dem zu tun, was prinzipiell Gegenstand von Erfahrung sein kann. Was ihre Argumentation ergibt, muss somit – prinzipiell – eine empirische Entsprechung haben; wegen der Kontingenz der Empirie freilich nur „prinzipiell". Der faktische Erfahrungsstand kann deshalb kein Kriterium ihrer argumentativen Richtigkeit sein. Auf der andern Seite können die Resultate empirischer Forschung, nachdem sie einmal vorliegen, von der Naturphilosophie auch nicht ignoriert werden. Der Frage, ob die von ihr entwickelten Deutungen mit den gesicherten empirischen Tatbeständen kongruieren, muss sie sich deshalb immer wieder stellen.

2. Elementare Naturbestimmungen

Nach diesen Überlegungen zu Prinzipien des Naturseins im Rahmen der Hegelschen Naturphilosophie sollen nun konkretere Naturformen ins Auge gefasst werden. Primär wird es auch hier um die Frage gehen, welche Erklärungsmöglichkeiten die objektiv-idealistische Argumentation bietet. Eine fortlaufende Textinterpretation erscheint dabei nicht sinnvoll. Zum einen liegen solche Arbeiten bereits vor,[9] zum andern enthält Hegels Darstellung selbstverständlich auch manches Zeitbedingte, das in einer nichthistorischen, sondern eher systematisch orientierten Untersuchung wie dieser nicht im Zentrum steht. Stattdessen wird es darum gehen, schwerpunktmäßig Möglichkeiten objektiv-idealistischer Erklärung zu eruieren.

2.1. Die Dreidimensionalität des Anschauungsraums

Die elementarste Form der als Nicht-Ideelles charakterisierten Natur ist, wie dargelegt, ihre Bestimmung als ein reines Auseinandersein – wobei noch völlig offen ist, was das ist, das als auseinanderseiend bestimmt ist. Entsprechend formuliert Hegel,

---

9 Genannt seien hier nur diese Gesamtdarstellungen: Petry (1970, Introduction); Hösle (1987a, Bd. 2); Neuser (2000) und Wandschneider (2013a).

dass „dies Außereinander noch ganz abstrakt ist", somit „keinen bestimmten Unterschied in sich hat" (9.41). Doch auseinander kann etwas nur sein, wenn es voneinander unterschieden ist. Ein „unterschiedsloses" Auseinander ist somit vielmehr ein Nicht-Auseinander und kollabiert so gleichsam in den „Punkt" (9.44). Auseinander und Nicht-Auseinander, Raum und Punkt, gehören somit untrennbar zusammen.

Nun ist der Punkt offenbar die Negation von Räumlichkeit, dies aber eben doch im Raum. Dies findet seinen Ausdruck darin, dass der Punkt stets auf ein Außerhalb seiner verweist, das wegen seiner Unterschiedslosigkeit ebenfalls wieder Punkt ist und so fort. Durch diese „Punkt-zu-Punkt"-Verweisungsstruktur, die zur „Logik" des Punkts gehört, ist nun offenbar gerade die Struktur der Linie charakterisiert, die so als „das erste Anders-, d.i. Räumlichsein des Punktes" erscheint (9.44).

Hegels weitere, extrem knappe Argumentation lässt sich – ausführlicher – etwa so wiedergeben: Der Punkt, als die Negation von Räumlichkeit, hat als Linie also doch ein räumliches Sein, allerdings noch behaftet mit jener Negation bezüglich der Räumlichkeit. Im Vollsinn räumliches Sein bedeutet also, dass diese Negation ihrerseits negiert wird. Negation der Negation ist hier freilich nicht als Rückkehr zum Punkt möglich, denn der repräsentiert ja die einfache Negation von Räumlichkeit und geht unmittelbar in die Linie über. Negation der Negation bedeutet vielmehr Negation der Linie in dem Sinn, dass diese zur Fläche erweitert wird. Die Fläche sei so „die aufgehobene Negation des Raums (...), somit Wiederherstellung der räumlichen Totalität" (9.45).

Freilich ist damit erst eine flächenhafte, noch keine räumliche (im Sinn einer dreidimensionalen) Ausdehnung gegeben. Hegel ergänzt die zitierte Passage nun aber: Die Fläche habe „nunmehr das negative Moment an ihr (...), – umschließende Oberfläche, die einen einzelnen ganzen Raum absondert" (9.45). Die Fläche ist sonach auf die „volle", dreidimensionale Räumlichkeit bezogen, nämlich als strukturierendes Element, das als solches Teile des Raums voneinander sondert und damit die Bestimmung des Raumelements konstituiert: als eines einzelnen, dreidimensionalen Raumstücks.

Dass die Entwicklung nicht in gleicher Weise weitergeht zu einem vierdimensionalen und weiter zu beliebig n-dimensionalen Mannigfaltigkeiten, mit denen die Mathematik operiert, beruht nach dieser Argumentation also darauf, dass die Fläche Negation der Negation von Auseinandersein und damit dessen positive Wiederherstellung ist – allerdings einer Form des Auseinanderseins, das die durchlaufene Entwicklung zur Fläche noch enthält und somit ein von Flächen umschlossenes Auseinander sein muss.

Diese Beweisführung wirkt recht schematisch in ihrem Rückgriff auf die Figur der Negation der Negation. Überraschend ist zudem das Argument der „umschließenden

Oberfläche". Ich denke aber, die Argumentation kann weiter differenziert werden. Entsprechende Überlegungen habe ich an anderer Stelle ausgeführt (Wandschneider 2008, 80 ff.) und möchte mich hier deshalb mit einigen Hinweisen begnügen:

Der Übergang vom Punkt zur Linie lässt sich zwanglos als Synthesebildung deuten, begleitet von einer Dimensionserweiterung: Die Bestimmung reinen Auseinanderseins, so hatte sich gezeigt, „kollabiert" in die entgegengesetzte des Punkts. Die Synthese beider Bestimmungen ist die Linie – in ihrer Längsdimension repräsentiert sie ein Auseinandersein, quer dazu ist sie hingegen „punktdünn". Dadurch ist also zugleich eine Quer-Dimension konstituiert. Durch jeden Punkt der Linie lassen sich nun Querlinien ziehen, die insgesamt ein zweidimensionales Areal bilden. Ich habe diesen Begriff gewählt, um zum Ausdruck zu bringen, dass die damit bezeichnete Struktur zwar zweidimensional, aber zunächst noch nicht explizit als flach im Sinn einer punktdünnen Fläche bestimmt ist.[10] Dazu wird sie erst in einem weiteren Schritt bestimmt, was – analog zur Linie – erneut eine dimensionale Erweiterung, jetzt als Raumdimension, zur Folge hat. Die weitere Argumentation nötigt schließlich zur Synthese von zwei- und dreidimensionalem Areal, das als solches ein – durch eine zweidimensionale Oberfläche begrenztes – dreidimensionales Raumelement ist.

Das Resultat entspricht dem Hegels, hier aber mit einer modifizierten, dialektisch verfahrenden Argumentation (Wandschneider 2008, 80 ff.). Diese hat dabei abwechselnd den Charakter dimensionaler Erweiterung (Übergang von der Linie zur Querdimension bzw. von der Fläche zur Raumdimension) und symmetrisierender Erweiterung (das zweidimensionale Areal ermöglicht beispielsweise die Vertauschbarkeit und damit Äquivalenz von Querdimension und Längsdimension). Wesentlich ist ferner, dass das erhaltene Resultat nicht als Synthese von dreidimensionalem Areal und Fläche (= punktdünn) erscheint, weil die Entwicklung dann weitergehen müsste zu einer vierdimensionalen Mannigfaltigkeit; denn dreidimensional und punktdünn kann etwas – analog zu den vorherigen Übergängen – nur in einer vierten Dimension sein. In dieser Weise würde die Entwicklung also beständig neue Dimensionen generieren. Ausgeschlossen ist dies hier durch die Synthese von dreidimensionalem Areal und zweidimensionalem Areal, das als solches nicht flach im Sinn von punktdünn ist.

Diese – bei Hegel und hier nur angedeutete – Dreistufigkeit der kategorialen Entwicklung der Raumstruktur intendiert eine apriorische Deutung der Dreidimensionalität des Anschauungsraums. Philosophisch ist dieser Anspruch sicher unaufgebbar.

---

10 Die entwickelte Begrifflichkeit ist also von der mathematischen Begrifflichkeit unterschieden. Mathematisch ist eine zweidimensionale Mannigfaltigkeit natürlich eine *Fläche*, das zweidimensionale Areal hingegen ist zunächst einfach nur zweidimensional und nichts weiter.

Denn alle empirischen Argumente für die Dreidimensionalität laufen letztlich auf eine Petitio Principii hinaus, da Naturseiendes empirisch eben immer schon dreidimensional strukturiert ist. Dieses Verdikt trifft etwa Husserls Begründung, die eine Verbindung von „zweidimensionalem okulomotorischen Feld" und Raumtiefe geltend macht (Husserl 16.255), oder auch Hans Reichenbachs Argumentation mit dem Nahwirkungsprinzip der Physik (1928, 314 f., 319) oder Peter Janichs Ansinnen, wonach sich beim Schleifen realer Körper zeige, „dass nur drei Ebenen sich paarweise rechtwinklig schneiden können" (1989, 219). Die Dreidimensionalität des Raums ist dabei stets empirisch vorausgesetzt. Kant auf der andern Seite geht von einer dreidimensionalen Raumstruktur als a priori gegeben aus (KrV, A 25, B 40 f.), ohne dies zu begründen. Hegels Begriffsentwicklung – die allerdings detaillierter auszuarbeiten wäre – besitzt somit begründungstheoretisch ein Alleinstellungsmerkmal.

Das Ergebnis dieser Überlegungen lässt sich dahin zusammenfassen, dass die prinzipientheoretische Analyse so etwas wie eine „Logik des Raums" sichtbar macht, der zufolge, sofern wir von völlig unstrukturierten Mannigfaltigkeiten ausgehen, eine dreifache Entfaltung des Begriffs räumlichen Bestimmens vollzogen wird – gleichsam ein elementares Strukturprinzip „Raum", das uns nötigt, die Dreidimensionalität als die natürliche Struktur des Auseinanderseins anzusehen. Dem widerspricht offenbar nicht, dass auch vielfach andere Raumstrukturen in der Mathematik und in den empirischen Wissenschaften auftreten, denn dabei handelt es sich eben nicht um ein reines Auseinandersein, sondern um sachlich vorgeprägte Strukturen, die Abwandlungen jenes elementaren Strukturprinzips „Raum" repräsentieren. Und wenn etwa von der physikalischen „Superstring-Theorie" weitere sieben (oder auch acht) Dimensionen zusätzlich postuliert werden, die aber „aufgewickelt" seien, so ist zu sagen, dass diese ihre Bedeutung eben im Rahmen eines bestimmten theoretischen Modells haben, das zudem noch weitgehend hypothetischen Status hat (Greene 2000). Zweifellos ein weites Feld offener Fragen.[11]

2.2. Die Zeit als „Wahrheit" des Raums

Das Raumelement ist bestimmt durch Flächen, die es begrenzen, einschränken und somit eine Form von Negativität repräsentieren. Aber im Raum, so Hegel, kommt diese gar nicht als Negativität zur Geltung, da „selbst die Grenze die Weise eines

---

11 Vgl. hierzu besonders auch die differenzierte, kritische Analyse des Hegelschen Raumbegriffs in Hösle 1987c, insbesondere die interessanten Überlegungen zu euklidischen und nicht euklidischen Raumstrukturen.

Bestehens hat" (9.48 Zus.) und damit ebenfalls noch als etwas Positives erscheint. Aber was ist die Grenze per se? Offenbar das Übergehen von einem Raum in den angrenzenden. Räumlich gesehen ist die Grenze nur „punktdick", also ohne räumliche Ausdehnung. Aber als Übergehen ist sie nicht Nichts, sondern es ereignet sich etwas. Die Grenze – Hegel spricht stellvertretend vom „Punkt" (9.47, 9.47 Zus.) – ist recht verstanden nicht lediglich eine räumliche Entität, sondern eigentlicher ein Sich-Ereignen: zeitliches Sein also, das, als ein Anders-Werden, – in Hegels Formulierung – „indem es ist, nicht ist, und indem es nicht ist, ist" (9.48).

Das Phänomen der Zeit ist als Ausdruck von Endlichkeit und Begrenztheit zu verstehen. An der Grenze ist etwas zu Ende, negiert, und etwas Neues beginnt. Im Raum schlummert so gleichsam – in Form der in ihm enthaltenen, noch nicht zu ihrem Recht gekommenen Negativität (9.48 Zus.) – immer schon die Zeit, die im Geltendmachen dieser Negativität explizit wird. „Die Zeit", so Hegel, ist damit „die Wahrheit des [durch Grenzen bestimmten] Raumes" (9.48 Zus.). Raum und Zeit sind mithin nicht unabhängig voneinander, sondern gehören untrennbar zusammen – eine, unbeschadet der in der Relativitätstheorie vollzogenen physikalischen Vereinigung von Raum und Zeit, naturphilosophisch bedeutsame Einsicht.

Wie kann Zeit aber, als beständiges Übergehen, überhaupt fest-stellbar sein? Offenbar als Feststellung dessen, was anders geworden, vergangen ist. Mit einer Uhr messen wir etwa das räumliche Intervall, das der Zeiger von einer früheren Stellung an zwischenzeitlich zurückgelegt hat. Ist das aber nicht eine Verräumlichung der Zeit und diese damit in ihrer eigentümlichen Bewegtheit verfehlt – ein Vorwurf, der etwa von Henri Bergson erhoben worden ist? (1949, 78, 84, 86, 90, 93 f.) Veränderung findet jedoch stets im Raum statt, denn dieser ist ja die zugrunde liegende Totalität des Auseinanderseins. Zudem setzt die Zeit, wie dargelegt, den Raum voraus und bleibt so an ihn zurückgebunden, was sich auch darin zeigt, dass Veränderung nur im Vergleich mit einem koexistierenden Unveränderten sichtbar werden kann: etwa als Veränderung der Zeigerstellung auf der Uhrskala relativ zum Startpunkt. Zeigerstellung und Startpunkt müssen dafür koexistent, also räumlich verortet sein. Die Form qualitativer Veränderung – etwa von Grün nach Rot – scheint dem zu widersprechen. Soll der Farbwechsel jedoch als Veränderung feststellbar sein, müssen beide Zustände miteinander verglichen werden können. Dazu müssen sie ebenfalls, wie auch immer, koexistent, also räumlich bestimmt sein, hier mit der Kennzeichnung „vergangen" für den Grünzustand.

Wer diesen intrinsischen Raumbezug der Zeit als Verfälschung des Zeitcharakters kritisiert, verkennt die konstitutive Zusammengehörigkeit von Zeit und Raum.

2.3. Irreversibilität und Eindimensionalität der Zeit

Das Fortschreiten der Zeit lässt beständig Vergangenes zurück und ist in diesem Sinn gleichsam ausgerichtet: von der Vergangenheit hin in die Zukunft. Durch diese einsinnige Gerichtetheit des „Zeitflusses", seine Irreversibilität, ist die Zeit essentiell vom Raum unterschieden, für den kein derartiger Richtungssinn gegeben ist. Ein Ort, den ich verlassen habe, bleibt erhalten, und ich kann dorthin zurückkehren. Ein vergangener Zeitpunkt hingegen ist im Wortsinn vergangen; zu ihm zurückzukehren ist unmöglich. Könnte ich nämlich zu ihm zurückkehren, obwohl ich zwischenzeitlich den Ort gewechselt habe, wäre ich zu dem Zeitpunkt an verschiedenen Orten, was absurd ist – ein Argument, das auf Henry Margenau zurückgeht (1950, 159). Dass wir trotzdem den Begriff der Vergangenheit haben und verstehen, ist dem Zeit-Bewusstsein geschuldet, das uns gestattet, Vergangenes virtuell, also vorstellungsmäßig in der Erinnerung aufzusuchen (Hegel 9.52) – der Menschheitstraum einer Zeitmaschine hat darin seinen Ursprung und muss gleichwohl an der realen Macht der Zeit scheitern.

Aus der Irreversibilität der Zeit folgt deren Eindimensionalität. Denn schon im Zweidimensionalen kann eine Richtung durch stetige Drehung in eine beliebige andere Richtung überführt werden, also etwa auch in deren Umkehrung um 180°. Da dies für die Zeit qua Irreversibilität nicht möglich ist, muss sie eindimensional sein (Lucas 1973, 178 f.; Hösle 1987a, 275).

In physikalischer Perspektive ist der charakteristische Richtungssinn der Zeit nicht unmittelbar ersichtlich: Die Zeitkoordinate erscheint hier einfach als ein weiterer abstrakter Parameter zusätzlich zu den drei Raumkoordinaten. Hinzu kommt, dass die fundamentalen Naturgesetze – grundsätzlich – invariant sind gegenüber der Operation der „Zeitspiegelung", d. h. gegenüber einer Transformation $t \rightarrow -t$, wodurch in einem Naturgesetz die Zeitkoordinate t durch $-t$ ersetzt wird. Aber für die Beschreibung eines realen Prozesses sind die Naturgesetze, wie schon gesagt, allein nicht zureichend. Dazu ist zusätzlich die Angabe von Anfangs- und Randbedingungen nötig, also faktischen Zuständen, die so den Unterschied von Vergangenheit und Zukunft und damit die Irreversibilität der Zeit begründen (Weizsäcker 1971, 172–183; Bunge 1972).

2.4. Bewegung und Materie

Raum und Zeit, so hat Hegels Argumentation gezeigt, gehören in ihrem Gegensatz gleichwohl essentiell zusammen. Explizit greifbar wird das das in der synthetischen Einheit beider, die Hegel zufolge durch den Begriff des Orts gegeben ist. Dieser ist also räumlich-zeitlich bestimmt und schließt so von vornherein Ortsveränderung, Bewegung ein (9.55–60). Nun kann Bewegung aber nur durch den Bezug auf ein Ruhendes als Bewegung fassbar sein und setzt damit einen in der Bewegung identisch erhaltenen Ort als Bezugsinstanz voraus. Ein solcher Ort muss somit gleichsam substantiellen Charakter besitzen, wenn unter „Substanz" klassisch dasjenige verstanden wird, das von sich her Bestehen hat.

In der Logik des Bewegungsbegriffs ist so zugleich ein Argument für die Existenz der Materie enthalten. Der materielle Körper konstituiert „Ort", seinen Ort, der so als ruhende Bezugsinstanz möglicher Bewegung erscheint. Der Begriff des materiellen Körpers ist logisch-prinzipientheoretisch gefordert, wenn sinnvoll von „Bewegung" gesprochen werden soll. In diesem Sinn gehören Materie und Bewegung wesensmäßig zusammen (9.60 Zus.).

Diese Beziehung von „Ort", „Ruhe", „Bewegung", „Materie" hat eine prinzipientheoretisch bedeutsame Konsequenz: Ist ein Körper in Bezug auf einen andern Körper bewegt, so kann umgekehrt auch der bewegte Körper – eben als Körper – als ruhend betrachtet werden und somit Bezugsinstanz von Bewegung sein, und das heißt: Bezüglich der Bewegung materieller Körper ist die Bewegungsrelation umkehrbar. Indem beide, sowohl der bewegte Körper als auch derjenige, bezüglich dessen er bewegt ist, gleichermaßen materielle Körper sind, kann jeder der beiden mit gleichem Recht als ruhend oder als bewegt betrachtet werden. Dies ist das klassische Relativitätsprinzip der Bewegung, das gemäß der entwickelten Argumentation besagt, dass relative Bewegung äquivalent mit Körperbewegung ist. Damit ist eine prinzipientheoretische Begründung desselben gegeben, während sich z. B. selbst Kant damit begnügt, das Prinzip lediglich zu konstatieren (MA, 480 f., 487 f.), das seit Galilei zu den Grundprinzipien der neuzeitlichen Mechanik gehört. In der angegebenen Form ist es, wie sich zeigen wird, für eine philosophische Deutung der Relativitätstheorie von Belang.

2.5. Hegels Deutung der Gravitation und des Lichts

Nun ist durch die Bestimmung des materiellen Körpers als substantielles, d. h. als ein aus sich und für sich bestehendes Seiendes eine Dialektik induziert, die Hegel zufolge die Deutung der Gravitation (er nennt sie „Schwerkraft") ermöglicht: Hegel charakterisiert den Körper als ein „daseinde[s] Fürsichsein" (9.60 Zus.), als ein vereinzeltes Seiendes also. Entsprechend Hegels Dialektik des Fürsichseins (z. B. 8.203 ff.) ist mit Vereinzelung dialektisch Vielheit impliziert und damit ein Widerspruch: Die Vereinzelten sind als solche verschieden und gleichen sich doch auch, insofern alle gleichermaßen vereinzelt sind. Ausdruck dieses Widerspruchs nun, so Hegel, sei die Schwerkraft: als Tendenz zur Aufhebung des Widerspruchs, d. h. Überwindung der Vereinzelung und Streben nach Einheit – die in der faktischen Trennung materieller Körper freilich nur „ein Sollen, eine Sehnsucht, das unglückseligste Streben" bleibe (9.63). Der materielle Körper als ein fürsichseiendes Einzelnes ist danach gleichsam gegen anderes fürsichseiendes Einzelnes gespannt, das aber, als Fürsichsein, auch mit ihm gleichartig ist. In diesem Widerspruch existieren die Fürsichseienden – prinzipientheoretisch gesehen – also nicht in einem neutralen Raum, sondern bilden ein Spannungsfeld der Nichtidentität an sich identischer Entitäten, das wir empirisch als Gravitationsfeld kennen: eine aus der Dialektik des Fürsichseins entwickelte Deutung des *Feldbegriffs*.

Diese Dialektik von materieller Vereinzelung und Vielheit besitzt zugleich Schlüsselfunktion für Hegels Deutung des Lichts (Wandschneider 1986). Dieses sei zwar ebenfalls materiell, aber nicht mehr „trennbar in Massen" (9.117), also kein fürsichseiender materieller Körper, sondern ein „untrennbares und einfaches Außersichsein" (9.116), das als solches nicht mehr der Dialektik von Vereinzelung und Vielheit unterliegt, folglich, so Hegel weiter, nicht mehr körperhaft schwer, sondern vielmehr „das Absolutleichte" sei (9.116). Wie kommt Hegel dazu? Die Körper als Einzelne, hatten wir gesehen, sind nicht nur verschieden, sondern, als Vereinzelte, gleichen sie sich auch. Diese ihre immanente Identität ist – so die auf das Wesentliche verkürzte Argumentation Hegels (Wandschneider 1982, Kap. 6.2.) – ihr eigentliches, ideelles Wesen, das, im Sinn der Hegelschen Wesenslogik, in der Natur ebenfalls erscheinen muss. Dies nun sei das Licht, das, als „unkörperliche, ja immaterielle Materie" (9.119 Zus.), gewissermaßen das „existierende allgemeine Selbst der Materie" (9.111) repräsentiere und so Manifestation jener ideellen Identität sei, die materiellem Sein zugrunde liege.

Alle Vorstellungen, die dem Bereich konkreter Körperlichkeit entnommen sind, weist Hegel deshalb für das Licht ab und stellt sich damit nicht nur entschieden gegen Newtons Partikeltheorie, sondern auch gegen jede noch körperlichen Bildern verhaftete Wellentheorie des Lichts. Im Widerspruch zu herrschenden Auffassungen seiner Zeit hält Hegel an der strikten Differenz von Licht und körperhafter Materie fest. Hegels Charakterisierung des Lichts als nicht-körperhafte Materie ist heute, anders als in der mit ihm zeitgenössischen Wissenschaft, in bestem Einklang mit der Empirie, die dem Licht die Ruhmasse null zuschreibt. Hegel selbst ist zweifellos von Schellings Deutung des Lichts beeinflusst (4.162 ff., 4.169, 4.174 ff.; 7.358), die Hegel dann freilich in einen ganz anderen (von der Wissenschaft der Logik her konzipierten) ontologischen Rahmen stellt.

2.6. Zu einer Philosophie der ('speziellen') Relativitätstheorie

Aus der nicht körperhaften Natur des Lichts und dem Relativitätsprinzip der Bewegung ergibt sich die bemerkenswerte Konsequenz, dass die Lichtbewegung eine nicht-relative, d. h. vom jeweiligen Bezugssystem unabhängige und in diesem Sinn absolute Bewegung sein muss – dem Alltagsverständnis von „Bewegung" unbegreiflich; Einstein wurde durch diese auch empirisch gesicherte Eigenschaft des Lichts zur Entwicklung der „speziellen" Relativitätstheorie geführt.

Natürlich wäre es abwegig, Hegels Deutung als eine Vorwegnahme der Relativitätstheorie zu deklarieren, auch wenn sich im Hegeltext bezüglich des Lichts die Formulierung findet, dass „sein Sein die absolute Geschwindigkeit" sei (9.112 Zus.; 1819, 37) und John N. Findlay hier „a flavour of relativity-physics in some of the things Hegel says about Light" registriert (1964, 279). Doch Einsteins große Leistung besteht in der Konzeption einer Theorie, in deren Rahmen relative Körperbewegung und nicht-relative Lichtbewegung – also scheinbar unvereinbare Gegensätze – mathematisch vereinbar werden. Hegels Überlegungen haben demgegenüber nicht physikalischen, sondern, wie gesagt, prinzipientheoretischen Charakter und eröffnen damit eine naturphilosophische Perspektive der (speziellen) Relativitätstheorie, die in dieser selbst verdeckt bleibt:

Mit den genannten Prinzipien – (a) „relative Bewegung ist äquivalent mit Körperbewegung" und (b) „Licht ist nicht körperhafter Natur" – ergibt sich zwingend die Nicht-Relativität der Lichtgeschwindigkeit. Die von der Relativitätstheorie lediglich konstatierte Beziehung von relativer und absoluter Bewegung erhält dadurch eine prinzipientheoretische Begründung: Die Relativität der Körperbewegung und die Nicht-Relativität der Nicht-Körperbewegung sind sonach Ausdruck zweier strikt entgegengesetzter Formen von Materie – Körper und Licht –, die Hegel zufolge in der „Logik" des Bewegungs- bzw. Materiebegriffs impliziert sind (Wandschneider 1986).

Es ist bemerkenswert, wieviel sich durch sehr allgemeine Überlegungen weiter erschließen lässt:[12] Als ein Nicht-Körper kann das Licht nicht in Ruhe und somit nur bewegt sein (wobei die Bezugsinstanz dieser Bewegung natürlich ein Körper sein muss). Daraus ergibt sich unmittelbar die Konsequenz, dass die Lichtgeschwindigkeit unabhängig vom Bewegungszustand eines beliebig gewählten Bezugskörpers sein muss. Andernfalls könnte es nämlich einen Bezugskörper geben derart, dass das Licht relativ zu ihm die Geschwindigkeit null hat, also ruht – im Widerspruch zu

---

12 Im Folgenden (bis zum Kapitelende) übernehme ich eine zusammenhängende Passage meiner Ausführungen in Wandschneider (2008, 113 ff.).

dem genannten Umstand, dass das Licht als Nicht-Körper nur bewegt sein kann. Ist die Lichtgeschwindigkeit aber unabhängig vom allfälligen Bewegungszustand des Bezugskörpers, dann ist sie in Bezug auf jeden Körper identisch. Das bedeutet weiter, dass die Lichtgeschwindigkeit die größtmögliche Geschwindigkeit sein muss, denn hätte ein Körper die gleiche Geschwindigkeit wie das Licht, wäre das Licht – bezüglich dieses Körpers – eben doch als ruhend bestimmt. Die Lichtgeschwindigkeit ist damit die physikalisch nicht überschreitbare Grenzgeschwindigkeit.

Für die Absolutheit der Lichtbewegung lässt sich auch so argumentieren, dass zwar das Licht in Bezug auf einen Körper einen Bewegungszustand und damit eine bestimmte Geschwindigkeit besitzt, dass aber umgekehrt für den Körper kein Bewegungszustand und damit keine Geschwindigkeit relativ zum Licht definiert ist, insofern dieses als Nicht-Körper eben keine Bezugsinstanz möglicher Bewegung sein kann. Ist aber eine Geschwindigkeit des Körpers „relativ zum Licht" prinzipiell nicht definierbar, dann können sich verschiedene Körper diesbezüglich auch nicht unterscheiden, mit der Konsequenz, dass die Lichtbewegung in Bezug auf jeden Körper dieselbe Geschwindigkeit besitzen muss, damit unabhängig vom jeweiligen Bezugskörper ist und folglich absoluten Charakter hat.

Und weiter: Wenn das Licht nur bewegt sein kann, dann ist jeder Körper in der kinematischen Relation mit dem Licht als ruhend bestimmt (physikalisch präziser: jeder inertial bewegte Körper). Was somit jeder Körper zunächst nur für sich und unter Ausschluss der anderen Körper ist, tritt im Zusammenhang mit der Lichtbewegung nun auch als eine allen Körpern gemeinsame Eigenschaft in Erscheinung. Die reale Vereinzelung und Verschiedenheit der Körper wird in der Beziehung zum Licht somit völlig irrelevant. Das Licht erweist sich so gleichsam als der gemeinsame Nenner der Verschiedenen, wodurch deren ideelle Identität, über ihre körperhafte Vereinzelung und Verschiedenheit hinaus, manifest wird. In Übereinstimmung mit dem, was Hegel vom Licht prädiziert, manifestiert dieses in der Tat so etwas wie das der Materie zugrunde liegende Ideelle, das ideelle „Selbst der Materie" (9.111), „materielle Idealität" (9.116).

Grundsätzlich: Alle Körper sind, als vereinzelte, voneinander verschieden und gleichen sich doch auch wieder darin, dass sie alle gleichermaßen Einzelne sind. Sowohl ihre Verschiedenheit wie auch ihre Gleichheit erscheint so als Konsequenz ihrer Vereinzelung. Dieser in der Dialektik körperhafter Vereinzelung gründende Doppelaspekt der Materie ist als der tiefere Grund für das Auftreten von relativer und absoluter Bewegung zu begreifen: Relativ ist die Bewegung eines Körpers in Bezug auf einen anderen Körper (Moment der Verschiedenheit). Aber indem dies durchweg für alle Körper gilt, ist in dieser Relativität von vornherein auch schon der Hinblick auf Absolutheit, im Sinn eines generellen Sachverhalts, unabhängig vom je besonderen Körper, mit enthalten (Moment der Identität). Die Relativität der Bewegung verweist als solche immer schon auf einen absoluten Sinn von Bewegung, der in der Lichtbewegung, als einer Nicht-Körperbewegung, empirisch in Erscheinung tritt.

Die Relativität der Körperbewegung und die Absolutheit der Lichtgeschwindigkeit erweisen sich so als zwar differente, aber intrinsisch zusammengehörende Momente des Relativitätsprinzips der Bewegung. Im Rahmen einer aktuellen Naturphilosophie ist diese von Hegel her entwickelbare Einsicht, denke ich, als ein essentieller Beitrag zu einer Philosophie der speziellen Relativitätstheorie zu betrachten.

3. Triftigkeits- und Relevanz-Überlegungen

In dem hier vorgegebenen Rahmen mussten für die Interpretation Schwerpunkte gesetzt werden, Grundlagenfragen des objektiv-idealistischen Naturbegriffs und auf dieser Basis Deutungsmöglichkeiten elementarer Naturbestimmungen betreffend. Der hier einschlägige Hegeltext, der die unbelebte Natur zum Gegenstand hat, umfasst allerdings zahlreiche weitere Themen: etwa die Himmelsmechanik, die klassischen vier „Elemente" (Luft, Feuer, Wasser Erde), Festkörpereigenschaften, akustische und thermische Phänomene, Elektrizität und Magnetismus sowie den chemischen Prozess. Doch diese Aufzählung lässt schon vermuten, dass dieser Teil der Hegelschen Naturphilosophie manches Zeitbedingte enthält. Dies im Einzelnen darzulegen ist hier nicht der Ort.[13] Ich möchte abschließend vielmehr so etwas wie eine Selbstvergewisserung vornehmen, die Triftigkeit der hier entwickelten Argumentationen betreffend:

Die Absolutheit der Fundamentallogik kann schwerlich in Frage gestellt werden und definiert den begründungstheoretischen Vorzug des objektiven Idealismus vor anderen Positionen (Hösle 1987b; Wandschneider 1985a; 2013, 196 ff.). Die auf dieser Basis erschlossene Entäußerung der Idee zur Natur ist bei Hegel selbst argumentativ kaum ausgeführt, aber philosophisch wohl alternativlos: Auch die Existenz der Natur muss bewiesen werden, und dafür kommt als Begründung nur die Absolutheit des Logisch-Ideellen infrage. Die hier herangezogene Dialektik des Unendlichen und Endlichen bietet diesbezüglich zumindest ein Plausibilitätsargument. Der Natur liegt danach Logik zugrunde, woraus sich ihre Gesetzmäßigkeit und weiter ihre Erkennbarkeit, ihre Kontingenz und die gleichwohl in ihr wirksame Idealisierungsten-

---

13 Zu Hegels Verhältnis zu den Naturwissenschaften seiner Zeit vgl. z. B. Petry (1970, Introduction); Engelhardt (1972) und (2002); zur Wärmetheorie Posch (2002).

denz erklärt. Dass diese von der Naturwissenschaft permanent vorausgesetzten Essentials objektiv-idealistisch begründet werden können, ist philosophiehistorisch ohne Parallele und verschafft der Naturwissenschaft überhaupt erst die Fundierung, ohne die sie begründungstheoretisch in der Luft hinge.

Bezüglich der Elementarformen des Naturseins ist festzustellen: Der angeschaute Raum und insbesondere dessen Dreidimensionalität ist einerseits ein Urfaktum und andererseits eine Herausforderung für das naturphilosophische Erkennen. Die knappe, sehr schematische Argumentation zur Dreidimensionalität im Hegeltext selbst stützt sich allein auf die ganz allgemeine Figur der Negation der Negation. Daran anknüpfend habe ich eine spezifisch raumbezogene Dialektik skizziert, die weiter auszuarbeiten wäre. Dies gilt grundsätzlich auch für den Zeitbegriff. Bedeutsam ist Hegels Einsicht bezüglich der Rückbindung der Zeit an den Raum, wobei die Zeit umgekehrt als dessen Wahrheit erscheint.

Überraschend ist Hegels Übergang von der Raum-Zeit-Struktur zur Materie: Der synthetische, Raum und Zeit vereinigende Begriff des Orts und der ihm adjungierte Bewegungsbegriff fordern, wenn „Ort" und „Bewegung" sinnvolle Begriffe sein sollen, notwendig den Begriff eines substantiellen, aus sich existierenden Orts, d. h. des materiellen Körpers als möglicher Bezugsinstanz von Bewegung. Nicht, dass Philosophen Steine machen könnten, aber in der „Logik" des Orts- und Bewegungsbegriffs ist die Existenz der Materie zwingend impliziert – sicher ein interessanter Gedanke. Das Relativitätsprinzip der Bewegung – Körperbewegung ist äquivalent mit relativer Bewegung – ergibt sich als notwendige Konsequenz daraus.

Hegels eher lyrische Deutung der Gravitation als eines vergeblichen Strebens der vereinzelten Körper nach Einheit ist hier im Rückgriff auf die (in Hegels Logik entwickelte) Dialektik von fürsichseiender Einzelheit und Vielheit weiter ausgedeutet worden. Das hegelsche Argument, dass das Licht als Nicht-Körper die immanente Identität der körperhaft Vereinzelten repräsentiere, gewinnt so einen guten Sinn. Zusammen mit dem Relativitätsprinzip der Bewegung folgt weiter, dass das Licht nicht in Ruhe, sondern nur bewegt sein kann und seine Geschwindigkeit vom jeweiligen Bezugssystem unabhängig ist, also absoluten Charakter besitzt: ein bedeutsamer Ansatz zu einer Philosophie der („speziellen") Relativitätstheorie.

Die Relevanz dieser Naturphilosophie (hier für den Bereich der unbelebten Natur) ist grundsätzlich in der philosophischen Fundierung dessen, was die Naturwissenschaft lediglich voraussetzt, zu sehen. Einlösbar ist dieser Anspruch – aufgrund ihres begründungstheoretischen Vorzugs vor anderen Positionen – sicher nur im Rahmen einer objektiv-idealistischen Philosophie des Hegelschen Typs – was gegenwärtig freilich eher als Herausforderung denn als abgeschlossenes Projekt zu begreifen ist.

Idealismus und Biologie

Christian Spahn

1. Idealismus und Biologie: Ein Spannungsfeld?

Von den vielen Gründen, einem idealistischen Ansatz skeptisch gegenüberzustehen,[1] ist die vermutete *Gegensätzlichkeit* der darwinistisch-evolutionären Weltsicht zu einer idealistischen Philosophie oftmals Anlass genug, sich in biophilosophischen Debatten gar nicht erst mit dem Idealismus, und wenn, dann nur in abschätzig-polemischer Absicht zu beschäftigen.[2] Hat nicht der Idealist Georg Wilhelm Friedrich Hegel die Idee der Evolution als abwegig bezeichnet? (9.31–33) Postuliert nicht das idealistische aristotelisch-platonische Denken die Unwandelbarkeit der Arten?[3] Idealismus und – synonym verstanden – *Essentialismus* stehen anscheinend von Hause aus im Gegensatz zur umfassenden Betonung der Veränderung der darwinistischen Biologie. Zudem stehen Idealisten im Verdacht, eine „Sonderstellung" des Geistes zu betonen, ein Denkansatz, der durch den modernen reduktiven Naturalismus, der

---

1   Zu den gängigen Vorbehalten siehe Vittorio Hösle (1987b).
2   Allgemein versteht man heute unter *Philosophie der Biologie* oftmals eine zumeist *wissenschaftstheoretische Auseinandersetzung* mit der Biologie. Verwiesen sei etwa auf die Thesen von David Hull (1969), der zu Recht die anti-evolutionistische und wissenschaftlich mangelnd informierte Philosophie der Biologie attackiert. Im Artikel „*Philosophy of biology*" von Paul Griffiths der *Stanford Encyclopedia of Philosophy* taucht ebenso wenig das Wort Idealismus auf, als dass eine Philosophie der Biologie vor 1950 thematisiert würde. In der Einführung von Alexander Rosenberg und Daniel W. McShea (2008) werden ebenfalls dem Idealismus keine Seiten gewidmet. Bis auf das letzte Kapitel zur Ethik beziehen sich alle anderen Kapitel auf primär wissenschaftstheoretisch-epistemologische Überlegungen zur Biologie.
3   Aristoteles (*De part. an.*, II, 1, 646, 25 ff.).

sich wiederum auf den Darwinismus stützt, obsolet geworden sei. Jüngere Versuche, umgekehrt *systematisch* eine Nähe zwischen idealistischer Naturphilosophie und Darwinismus oder *historisch*, wie beiläufig auch immer, gar eine *Inspiration Charles Darwins* durch die idealistische naturphilosophische Tradition anzunehmen, werden entsprechend zumeist eifersüchtig zurückgewiesen.[4]

Welche Gründe sprechen für eine Ablehnung des Idealismus aufgrund seiner vermeintlichen Inkompatibilität mit der zeitgenössischen Biologie, und welche Argumente lassen sich finden, um jener Abgrenzung zum Trotz eine objektiv-idealistische Deutung des Darwinismus zu wagen? Der folgende Aufsatz will die These vertreten, dass Idealismus und Darwinismus nicht nur, oder etwa nur mit großer Mühe, in Einklang gebracht werden können, sondern dass umgekehrt vor dem Hintergrund bestehender alternativer Ansätze gerade der objektive Idealismus den Rahmen zu einer philosophisch besonders überzeugenden Interpretation des Darwinismus bietet.

Im Folgenden soll zunächst äußerst knapp geklärt werden, was in diesem Aufsatz unter Idealismus verstanden wird (1.1.). Sodann wird, ebenfalls äußerst knapp, auf die Genese der antagonistischen Fronstellung zwischen Darwinismus und Idealismus verwiesen und es werden die wesentlichen Spannungen benannt (1.2.). Im Hauptteil werden im Überblick die zumeist gängigen philosophischen Reaktionen auf den Darwinismus – optimistischer bzw. pessimistischer Naturalismus, Kulturalismus sowie kantianisierende Ethik – dargestellt und auf ihre Schwächen verwiesen (2.1. und 2.2.), sodass abschließend der wesentliche Vorteil einer objektiv-idealistischen Interpretation des Darwinismus benannt werden kann (3).[5]

---

4 Zu jener Inspirationsthese siehe etwa Richards (2002). Ebenso denke man an die polemische Auseinandersetzung um Thomas Nagels Buch *Mind and Cosmos. Why the Materialist Neo-Darwinian Conception of Nature Is Almost Certainly False* (2012), der sich dort einleitend zum „objektiven Idealismus" bekennt (2012, 17), als Atheist Intelligent Design Theorien ablehnt (2012, 12), aber nichtsdestoweniger den reduktionistischen Naturalismus angreift.

5 Einschlägig für die weiteren Ausführungen siehe Hösle (2001) sowie die Überlegungen zur Soziobiologie in Hösle (1997, Kap. 4.1). Gegen biologistisch inspirierte ethische Reduktionismen siehe Christian Illies (2006). Zur objektiv-idealistischen Naturphilosophie siehe ferner die bedeutenden Arbeiten von Dieter Wandschneider (insbes. 2008). Meine eigenen Überlegungen sind maßgeblich durch die jene Ansätze beeinflusst. Bedeutende zusätzliche Anregungen stellen die Überlegungen von Hans Jonas (1973), Evan Thompson (2007), sowie für Fragen der Epistemologie Tyler Burge (2010) und die evolutionäre Philosophie von Wolfgang Welsch (2012) dar.

1.1. Idealismus: Natur als Erscheinung

Die beiden Grundthesen des objektiven Idealisten bestehen in der Annahme, dass eine *Ontologie*, die sich ausschließlich am Paradigma faktischer Realität („Natur" im physikalistischen Sinne) orientiert, nicht vollständig sein kann, und dass entsprechend eine *Methodologie*, die nur logisch-empirisch-deduktive Erkenntnisweisen anerkennt, sich nicht selbst einholen kann. Idealist ist somit, könnte man anknüpfend an Moritz Schlick sagen, nicht jemand, der die Existenz der Realität oder ihre Erkennbarkeit leugnet, sondern wer eine *Abstufung des Realitätsbegriffs* einführen will,[6] und zwar dergestalt, dass letztlich der Bereich der sinnlich zugänglichen Natur als „Erscheinungswelt" angesehen wird (Schlick 1932–1933, 2 f.).[7]

Welche Intuition liegt einem so verstandenen Idealismus und einem entsprechenden Naturbild zugrunde? Anders gefragt: Wieso schreckt der Idealist vor der scheinbaren Selbstverständlichkeit zurück, die Begriffe „Wirklichkeit", „Natur" und „Existenz" gleichsam synonym zu verwenden? Da es hier nicht um eine argumentative Entfaltung jener Position gehen kann, sei lediglich ein für das Weitere ausschlaggebender Ansatzpunkt idealistischer Argumentation genannt: die Einsicht in den fundamentalen Unterschied normativ-begrifflicher und empirisch-deskriptiver Erkenntnisweisen.[8] Durchdenkt man das *Phänomen der Normativität*, so ergibt sich, dass objektiv verbindliche normative Aussagen nicht empirisch zu begründen sind, insofern genuine Normativität sich nicht in der Begrifflichkeit der Faktizität rekonstruieren lässt.[9] Jene Einsicht in den Sein-Sollen-Dualismus alleine vermag noch nicht, die Erarbeitung einer idealistischen Position zu motivieren. Sie bildet jedoch eine gemeinsame Hintergrundannahme, *von der ausgehend sich idealistische und anti idealistische Weltsichten scheiden*. Akzeptiert man jenen Dualismus, so ergeben sich, vereinfacht gesprochen, zwei radikal entgegengesetzte Grundoptionen. Im

---

6 Schlick definiert so den *Metaphysiker*, ich übernehme diese Definition für den *objektiven Idealisten*, vgl. Schlick (1932–1933, insbes. 1–5). Zur Unterscheidung zwischen subjektivem und objektivem Idealismus siehe die an Wilhelm Dilthey anknüpfenden Überlegungen in Hösle (1987b).

7 Hegel etwa spricht von der Natur als Idee in der Form des Andersseins (9.24), betrachtet also die Natur als „Erscheinung an sich".

8 Zu den weiteren Argumentationslinien siehe ausführlicher Hösle (1987b; 1990).

9 So mag es kein Zufall sein, dass Platons Idealismus ausgeht von Sokrates' Fragen nach den Definitionen *der Tugenden* und *des Guten*. Ebenfalls bezieht sich der Deutsche Idealismus auf Immanuel Kants *Vorrang der praktischen Vernunft*, der Kant selbst in der *Kritik der Urteilskraft* zu Überlegungen zum „übersinnlichen Substrat" der Natur (KdU, AA, B. LVI) und zum ethiko-theologischen Gottesargument (B 419–440) führt.

Namen der Beibehaltung eines empirischen Realitätsbegriffs und strikt empiristischer Methodologie ließe sich die „Wahrheitsfähigkeit" oder „Rationalität" normativer Aussagen bestreiten und ihr Geltungsanspruch relativieren.[10] Umgekehrt mag man im Namen der Verbindlichkeit und Irreduzibilität normativer Rationalität den restriktiven empiristischen Methoden- und Realitätsbegriff als fragwürdig, ja als gespenstische Fiktion zurückzuweisen: Der Begriff der Existenz ließe sich dann *nicht* einfach auf das sinnlich Gegebene reduzieren, und der Begriff der Natur wäre nicht deckungsgleich mit dem Begriff des Seins, so der Idealist.

Für jene Position soll und kann hier, wie gesagt, nicht argumentiert werden, pointiert sei jedoch festgehalten: In jenem Wunsch, genuine Normativität und Faktizität zu vereinen, ohne die Ansprüche und innere Logik der einen Seite zugunsten der anderen aufzugeben, besteht meines Erachtens die Grundintuition aller idealistischen Philosophie. Die Annahme also, dass jene Bereiche des Normativen, sozusagen der *Kern der Platonischen Sphäre der Ideen des Wahren, Guten und Schönen* (bei Hegel der Bereich der Logik), nicht von uns „fingiert" oder „gemacht" sind,[11] zugleich tatsächlich *nicht empirisch* „aufweisbar" oder sinnlich-dinglich „vorfindlich" sind, und *dennoch* unsere Wirklichkeit normieren oder ihr „zugrunde liegen" sollen, ist die den objektiven Idealismus kennzeichnende Ausgangsthese.

Es erhellt sofort, dass ein *so verstandener Idealismus* nicht mit dem biologischen Darwinismus, verstanden als Theorie der Transmutation der biologischen Arten durch den Prozess der natürlichen Selektion, in irgendeinem nennenswerten logischen Widerspruch steht. Allerdings steht eine idealistische Theorie durchaus im Widerspruch zu dem, was landläufig *reduktiver Naturalismus* genannt wird (Hösle 2001). Aber *impliziert* nicht der Darwinismus seinem Wesen nach einen Naturalismus, gar einen reduktiven Naturalismus, und ist er nicht *nur* vor diesem Hintergrund sinnvoll interpretierbar? Ist der Erfolg des Darwinismus nicht vielleicht sogar eines der besten Argumente *für den reduktiven Naturalismus,* und damit gegen den Idealismus? Werfen wir einen kurzen Blick auf die Genese jener heute oft üblichen antagonistischen Auffassung, um tatsächlich bestehende Spannungen von historisch gewachsenen Fehlinterpretationen zu unterscheiden.

---

10 Kritisch gegen reduktive Naturalisierungen der Ethik, die weder Rechtfertigungen leisten, noch dem „genuinen" Charakter normativer Rationalität gerecht werden, siehe treffend jüngst John McDowell (1998, 167–197).

11 Aus der Tatsache, dass bestimmte Sachverhalte *nur im Denken* (entsprechend nur in den Sinnen) auftreten, folgt nicht ihre *Irrealität,* insofern *begründetes Denken* von *Phantasie* genauso zu unterscheiden ist wie Wahrnehmung von Illusion.

1.2. Eine kurze historische Anmerkung: Idealismus und Evolutionismus

Sicherlich lässt sich bereits *vor* Darwins Zeit in Europa eine *Dynamisierung* und *Historisierung* der Weltsicht konstatieren. Jene Dynamisierung bezieht sich sowohl auf Modelle des Kosmos als auch auf Modelle der Kulturentwicklung. In der deutschen Philosophie beginnt jene Tendenz mit Immanuel Kants Überlegungen zur Genese des Himmelssystems, sowie mit Johann Gottfried Herders und Gotthold Ephraim Lessings prominenten Überlegungen zur Kulturentwicklung, und sie kulminiert in den prozesshaften Philosophien von Friedrich Schelling und Hegel, für die die These einer Entwicklung des Absoluten in sich, in der Natur und in der Kultur entscheidend wird (Spahn 2015). Es überrascht somit nicht, dass auch schon in der idealistischen Philosophie der Natur eine Dynamisierung vorherrscht, die durchaus einen *evolutionären Anstrich* hat. Schellings *Von der Weltseele* spricht etwa von einer vollumfänglichen Entwicklung und Verwandlung der Natur (1927–1959, 1.416–417), Johann Wolfgang Goethe sucht nach biologischen Zwischenformen und ideenhaften Urformen und spekuliert im Anschluss an Herder über evolutionäre Transformationen (Richards 2002, 369 f.).[12] Dass vor dem Hintergrund der hegelschen Dynamisierung selbst noch der logischen Kategorien die Ablehnung einer Evolution in der Natur eher überraschend als zu erwarten ist, hat nicht nur schon Friedrich Nietzsche gespürt, wenn er ausruft: „[O]hne Hegel kein Darwin!"[13]

Gleichwohl ist ebenso bekannt, dass sich Schelling und Hegel beide von einem *biologischen Evolutionismus* abgrenzen (vgl. Schelling 1927–1959, 2.62 f.). Wie ist dieses Schwanken zwischen Dynamisierungen der generellen Weltsicht und dem doch eher konservativen, den Wissenschaften ihrer Zeit folgenden Zögern in der Annahme einer biologischen Evolution einzuschätzen? Die deutsche romantisch-idealistische Naturphilosophie hat sicher ein Doppelgesicht: Sie ist einerseits klassisch *essentialistisch* auf der Suche nach Urbildern, ewigen *Ideen* in der Natur. Gleichzeitig betrachtet sie – ebenfalls just diesem idealistischen Naturverständnis folgend –

---

12 Dass, wie eingangs angedeutet, über den durch Goethe und die romantische Philosophie inspirierten Maler Carl Gustav Carus sowie die morphologischen Studien von Richard Owen und auch, vermittelt über Humboldt, das idealistisch-romantische Naturbild auch einen Einfluss auf Darwin gehabt haben könnte, wie Richards behauptet (ähnlich siehe Philip R. Sloan 2009, 21–43), ist zumindest diskussionswürdig. Kritisch gegen jene Deutung und zugunsten einer „britischen", d. h. vor allem „empiristischen" Deutung Darwins siehe Michael Ruse (2004, 3–23).

13 Nietzsche, *Die fröhliche Wissenschaft*, Fünftes Buch, Aph. 357. Zu diesen Fragen siehe Wandschneider (2002, 240–255) und Welsch (2008, 655–688).

nicht die Natur *als solche* in ihren „endlichen Erscheinungen" als ewig, sondern als ein *transitorisches Spiel* ewiger Formen und Gesetze, als sich wandelnden Ausdruck *hinter der Natur* liegender Ideen. Eine weitgehende Dynamisierung der Natur – und damit auch die Annahme einer biologischen Evolution – ist damit sicher *dem Wesen nach* just gerade nicht *anti*-idealistisch oder dem Idealismus fremd, trotz des Zögerns von Hegel und Schelling.

Es steht zu vermuten, dass der objektive Idealismus den Wissenschaften ohnehin weit näher steht als ein naiver Empirismus vermeint: Es sind just die angesprochene idealistische „Abstufung" des Realitätsbegriff und die *Gegenüberstellung* des Bereichs der sich wandelnden *Erscheinung* und des überzeitlichen *Ideellen*, die es erlauben, radikal „nicht-empirische" Entitäten, also logische und mathematische Gesetze, Prinzipien und Notwendigkeiten, in der Natur am Werk zu sehen, und diese dennoch für etwas Reales und Wirkendes, ja für realer als die transitorischen Dinge zu erachten.[14] Dies erlaubt – zumindest im Prinzip – eine viel weitergehende *Relativierung* und *Verendlichung der empirischen Natur*, bei gleichzeitigem Vertrauen, eine dem Wandel zugrundeliegende stabile Ordnung zu finden.[15] Dennoch, so sehr man für eine historisch bestehenden Nähe oder zumindest eine Kompatibilität zwischen Dynamisierung des Naturbildes und dem Idealismus argumentieren mag, so bleibt jedoch ein Gedanke jener idealistisch- romantischen Naturphilosophie der gängigen modernen Interpretation des Darwinismus fremd: Die *Entthronung der Teleologie* und ein *reduktionistisches Verständnis* von Geist, nicht die Einführung von Dynamik in das „endliche Naturgeschehen" ist es, was die spätere Auffassung der darwinistischen Natur prägt – und hier kann nun, auf den ersten Blick jedenfalls, in der Tat nicht mehr von einer Nähe beider Sichten gesprochen werden.[16]

Während jene Entwicklungsmodelle der Aufklärer und Idealisten allesamt zumeist *teleologische Fortschrittsmodelle* darstellen, wird vornehmlich erst nach dem „Deutschen Idealismus", von Arthur Schopenhauer über Nietzsche bis zu den Materialisten – und somit nach der *Rezeption Darwins* in Deutschland – das Modell einer *freien, nicht prädeterminierten, rein zufälligen und ziellosen* oder gar absteigenden Entwicklung dominant. Die philosophische Entwicklung folgt dabei dem Wechsel der Wortbedeutung von Evolution, eben als Begriff der „Entfaltung" vorgegebener

---

14 Durchaus platonisch sind so auch die klugen Erwägungen von Roger Penrose (2005, 14 f.).
15 So schreibt Hegel zu Recht: „Indem Denken als tätig in Beziehung auf Gegenstände genommen wird, das *Nachdenken über* etwas, so enthält das Allgemeine als solches Produkt seiner Tätigkeit den Wert der *Sache*, das *Wesentliche*, das *Innere*, das *Wahre*" (8.76). Hierzu siehe instruktiv Wandschneider (1985b, 200–213).
16 Die Kritik naiver teleologischer Denkweisen ist jedoch schon seit Kants Kritik des teleologischen Argumentierens en vogue.

Strukturen in der frühen Embryologie hin zum offenen, nicht prädeterministischen darwinistischen Verständnis (Töpfer 2011, 481). Zeitgleich vollzieht sich eine allmähliche, durchaus polemische Abkehr von den Philosophien Hegels und Schellings, einhergehend mit einer Hinwendung zu materialistischen Konzeptionen.[17] Die Rezeption Darwins in Deutschland verbindet sich daher mit anti-idealistischen Philosophieentwürfen; eine Grundhaltung, die auch den Neuanfang der „analytischen Philosophie" in Deutschland und England bestimmt. Es ist eher *jener neue Zeitgeist*, der allgemein dem Idealismus skeptisch gegenübersteht, als der Darwinismus selbst, der mit dem Idealismus im Widerspruch steht. Neben dem biologischen Darwinismus entsteht damit ein „philosophischer Darwinismus "oder „Evolutionismus", teilweise seriös, teilweise überschwänglich metaphysisch, d. h. eine materialistisch-reduktive dynamische Interpretation der gesamten Weltsicht,[18] die sich insbesondere in Deutschland mit einer antagonistischen Gegenüberstellung von *Geist und Natur* verbindet.[19] Sie findet ihren prominenten Ausdruck in der Rede von den drei Kränkungen des Menschen durch die modernen Wissenschaften bei Sigmund Freud (1917, 1–7). Der ehemals als frei erachtete Geist des Menschen muss sich als wesentlich abhängig vom als letztlich irrational angesehenen Naturgeschehen verstehen.

Kurz, ein *reduktiver oder pessimistischer Naturalismus* hat sich, so mag es scheinen, fortan bis heute als eine innerhalb und außerhalb der Philosophie dominante Interpretationsweise des Darwinismus etabliert. Ihn gilt es nun in seiner Gegensätzlichkeit zum Idealismus zu betrachten. Dabei soll zuerst die deskriptive Anwendung des Evolutionismus auf die Kultur und den Menschen, also auf die Geisteswissenschaften und die philosophische Anthropologie (2.1.) betrachtet werden, und sodann gesondert die Anwendung auf die *normativen Disziplinen* der Philosophie, d. h. auf Ethik, Epistemologie und Ästhetik (2.2.). Dabei werden zunächst die skeptischen „anti-idealistischen" Momente im Vordergrund stehen, wobei im zweiten Teil sowohl ein skeptischer als auch ein „optimistischer Naturalismus" zu Wort kommen soll.

17 Man denke etwa schon an Schopenhauers Überordnung des blinden Willens über den Intellekt. Die idealistische Idee, dass Vernunft oder Geist höher stünde als der blinde Trieb, wird von ihm als „Grundirrtum aller bisherigen Philosophen" bezeichnet, vgl. Schopenhauer (1986, 2, 259–316).
18 Ernst Haeckels monistisch-materialistische „Natürliche Schöpfungsgeschichte" mag modernen Darwinisten nicht „materialistisch" genug erscheinen, zumal Haeckel sich auch panpsychistischer und naturphilosophischer Ideen bedient. Gegen Haeckel siehe Bowler (1988), in dem nicht strikt mechanistisch-selektionistische evolutionäre Ansätze zugespitzt als „Pseudo-Darwinismen" bezeichnet werden.
19 Neben dem schon genannten Schopenhauer taucht jenes Motiv in unterschiedlichen Schattierungen prominent auf bei Ludwig Klages und Max Scheler sowie in vielen Werken Thomas Manns.

2.1. Deskriptiver reduktiv-naturalistischer Evolutionismus

Es scheint offenkundig, dass die vernunftzentrierte teleologische Ausrichtung des Idealismus zur These einer *zufälligen Evolution* im Widerspruch steht. Stephen Jay Gould und Richard Lewontin zufolge ergäbe ein „Zurückspulen und Wiederholen der Evolution" *ganz andere* Ergebnisse als die jetzigen: fast nichts wäre gleich. Ein Organismus mit einer segensbringenden Mutation mag sterben, bevor er seine besser angepassten Gene weitergeben kann, eine Mutation mag gar nicht erst eintreten, etc.. Zudem müsse allgemein vor einer „panglossischen" Interpretation der Natur gewarnt werden: Anpassung ist nicht der einzige Faktor in der Evolution. In der Morphologie einzelner Organismen finden wir (so schon Darwin mit Verweis auf die Atavismen, 1985, 227 f.) kein *perfektes* Design, sondern ebenfalls historische Zufälle, interne morphologische oder biochemische Zwänge, oder schlicht *genetischen Drift* usf. (Gould und Lewontin 1979).[20] Sicher werden Organismen nach wie vor als „zweckhaft" angesehen, und in jüngster Zeit hat der Begriff der *Teleonomie* eine Renaissance erfahren: Die „proper function" eines Organs ist jedoch nichts als seine innere *Funktionalität zum Selbsterhalt und zur Replikation* (Millikan 1984). Jener Begriff ist weder ethisch aufzuladen, noch ist das Evolutionsgeschehen jenen Ansätzen zufolge als auf ein Ziel hin angelegt zu verstehen. Dies berührt insbesondere auch die *Selbstdeutung des Menschen*, der sich jener Auffassung zufolge als einen (un-)glücklichen *Zufall*, ja gar als kuriose Ausnahme der Evolution, als „Zigeuner am Rande des Universums", anzusehen habe (Monod 1971).[21] Ferner sei es biologisch betrachtet unsinnig, von „höherem" oder „tieferem" Leben zu sprechen.[22] Zwar mag im Verlaufe der Evolution die Komplexität des Lebens zunehmen, doch bedeutet höhere Komplexität nicht notwendig bessere Anpassung oder Überlebenschancen, wie schon aus einem Blick auf Viren und Parasiten erhellt. Teleologisches und axiologisches Denken kann keine Fundierung in biologischer Theoriebildung finden.

Neben den komplexen *proximaten* Fragen, wie und auf welche Weise organische Prozesse ablaufen und gesteuert werden, verlangt es die *ultimate Frage*, nach

---

20 Gegen die Radikalisierung des Zufallsdenken siehe jüngst Simon Conway Morris (2003).
21 Gar nicht genug kriegen von den vielen Kränkungen der einst so stolzen Vernunft kann Gerhard Vollmer (1994), der in Anknüpfung an Freud gleich *zehn* Kränkungen einführt, von denen immerhin sechs mit den Biowissenschaften zu tun haben.
22 So ermahnt sich Darwin selbst daran, nie von „höher" und „tiefer" zu sprechen, denn selbst die Amöbe sei bereits gut an ihre Umwelt angepasst, siehe Stephen J. Gould (1977, 36 f.).

der evolutionären Genese, den möglichen Vorteilen, Selektionsbedingungen und Vorformen biologischer Phänomene zu forschen.²³ Der Darwinismus zielt somit darauf ab, im Sinne einer kontinuierlichen Entwicklung jede neue Form anhand des Modells des „*descent with modification*" zu verstehen. Dies legt einen *explanativen Reduktionismus* (mindestens historischer Art) nahe: Komplexeres ist aus Einfachem hervorgegangen, und die Pointe des Darwinismus im Unterschied zu älteren Evolutionsmodellen ist, dass ein *blinder kausaler Mechanismus* angegeben werden kann, der, wenn gewisse allgemeine Naturgesetze und Anfangsbedingungen gegeben sind, Anpassung und Entwicklung des Organischen erklären hilft. Treffend sagt Hans Jonas, dass für die alte Metaphysik die Ursache immer *größer* sein musste als die Wirkung – ein Erklärungsansatz, der im Darwinismus im Sinne moderner Kausalwissenschaft umgedreht wird. Ein essentialistischer Idealist antiker Schule würde weit eher die Eigenschaften eines einzelnen Lebewesen aus seiner Gattungszugehörigkeit ableiten wollen, wohingegen nun umgekehrt im Evolutionismus diese als eine mehr oder weniger zeitlich stabile *Funktion* des Einzelnen verstanden werden muss (Jonas 1973, 75–107; Hösle 2001). Jener historische Reduktionismus suggeriert ferner, dass auch das Bewusstsein per *Fulguration* (Lorenz 1973, 48 ff.) oder *Emergenz* aus einfacheren Phänomenen hervorgegangen ist und von diesen abhängt. Bewusstsein hat eine materielle Basis und ist zutiefst evolutionär geprägt, eventuell ist es gar nur als *Epiphänomen* zu betrachten. Der evolutionäre Kontinuitätsgedanke steht im Widerspruch zu naiven dualistischen Annahmen.²⁴

Eine so verstandene Auslegung der Evolutionstheorie mag dazu verleiten, schließlich die *gesamten Geisteswissenschaften* grundlegend naturalisieren zu wollen und auch menschliche Phänomene *primär* biologistisch zu verstehen, wie es etwa im unterschiedlichen Grade die *Ethologie*, die *Soziobiologie* und die *Evolutionäre Psychologie* fordern (Spahn 2010). Besonders wichtig ist hierbei, dass naturgemäß jene Einordnung oftmals nicht die gleichsam *proximaten* Fragestellungen der traditionellen Geisteswissenschaften in den Vordergrund rückt – welchen *Sinn* und welche *Bewertung* (um zwei Schlüsselkategorien der Geisteswissenschaften zu nennen) verbinden Individuen mit ihren Überzeugungen, Handlungen und Institutionen? – sondern: Welche *evolutionären Ursachen* haben dazu geführt, dass

---

23 Siehe mit Rückgriff auf Nikolaas Tinbergen Ernst Mayr (1997, 21 f.).
24 Dagegen versucht Karl Popper die Evolutionstheorie zugunsten eines Interaktionismus zu interpretieren: Kausal Ohnmächtiges hätte in der Evolution nicht selektiert werden können, vgl. Karl Popper und John C. Eccles (1977). Zur kausal-reduktiven Interpretation des Geistes siehe einschlägig Daniel Dennett (1991).

Menschen dazu neigen, jene Handlungen, Institutionen und Überzeugungen auszubilden? Der zu bestimmende *Überlebens- und Replikationsvorteil* einer Strategie mag dabei als heute noch vorteilhaft (eher in den spieltheoretischen Überlegungen der Soziobiologie)[25] oder vornehmlich als *vergangene Anpassungsleistung* (eher in der Evolutionären Psychologie)[26] angesehen werden, der Grundtenor ist der gleiche: Es ist das Überleben von Genen und Strategien in einer Konkurrenzsituation, das den eigentlich „ultimaten" Erklärungsrahmen menschlichen Verhaltens darstellt. Der reduktiv-naturalistische Evolutionismus kann so durchaus ein kritisch-entlarvendes Potential entfalten und stellt, mindestens in den deskriptiven Analysen der Soziobiologen, einen oft ernüchternden Blick auf die Phänomene der Kultur, insbesondere des Altruismus und der Kooperation, dar, die schlicht als ein Trick egoistischer Gene in ihrem Kampf um Replikation angesehen werden müssen. Hinter der Oberfläche nobler Sinnsuche und vernünftiger Argumentation verbirgt sich eine „tiefere" biologische Schicht. Der Mensch ist somit mit Nietzsche gesprochen „Mehr Affe als irgendein Affe"[27], und auch noch in seinem höchsten Bemühen ist nur *Organisches, All-zu-Organisches* zu sehen.

Man kann vermuten, dass trotz aller Beteuerung, den kartesischen Dualismus überwunden zu haben, eine alte, letztlich christliche axiologische Kontravalenz unterschwellig nach wirkt: *Just insofern* der Geist in Wahrheit „nur Natur" ist, so scheint es, ist seinen Sonderstellungswünschen gegenüber Skepsis angebracht. Spiegelbildlich können anti-biologistische Annahmen im Kulturalismus, die Skepsis gegen die Annahme einer universalen menschlichen Natur (Kroeber 1952; Geertz 1973; Sahlins 1976),[28] die Annahme einer *besonderen* Mangelhaftigkeit oder Weltoffenheit des Menschen in der Philosophischen Anthropologie (Plessner 1928; Gehlen 1993; Scheler 1928), die Ablehnung des Genzentrismus, die Betonung der kulturellen-biologischen Koevolution (Boyd und Richerson 1985; 2005), die Annahme einer besonderen menschlichen sozialen Kognition (Tomasello 1999) usf. verstanden werden als Versuche, ein positives Menschenbild unter anderem *just dadurch* aufrecht zu erhalten, dass der Mensch *aus der Reichweite der Gene und der Natur* entrückt wird. Er ist besonders ausgezeichnet, just insofern er seine

---

25 Die wichtigsten Bücher sind Edward O. Wilson (1975), Richard Dawkins (1976), Susan J. Blackmore (1999). Zum spieltheoretischen Ansatz vgl. Robert M. Axelrod (1984).
26 Zur Evolutionären Psychologie siehe John Tooby und Leda Cosmides (1992). Siehe ferner David M. Buss (2005).
27 Nietzsche (1954, 2.279). Zum Zusammenhang zwischen evolutionistischer Metaphysik und Nietzsche, siehe instruktiv Hösle und Illies (1999b, 46–73).
28 Zur Wiederkehr der Idee einer universalistischen Menschennatur siehe das wichtige Buch von Donald E. Brown (1991).

Natur *hinter sich lässt* und durch Kultur, also Geist und Vernunft, bestimmt wird. Somit liegt sowohl jenen reduktionistischen Entlarvungsthesen einerseits als auch den kulturalistischen Abwehrthesen andererseits *gleichermaßen* der eingangs thematisierte Dualismus von Sein und Sollen zugrunde, der hier jedoch mit dem Unterschied von *Natur und Kultur* identifiziert wird. Natur wird dabei implizit als Reich der Konkurrenz, des irrationalen Macht- und Überlebensstreben, und Kultur als Ort der ethischen Selbstdomestikation des Menschen verstanden. Jene dem Pessimismus und gewissen Anthropozentrismen zugrundeliegende unterschwellige Identifizierung des Seins-Sollens-Dualismus mit dem Natur-Geist-Dualismus spricht dafür, dass eher ein kartesisches als ein objektiv-idealistisches Naturbild und eine Verwechslung von Genese und Geltung am Werke sein könnten. Wir werden später darauf zurückkommen.

2.2. Evolution und Normativität

Es überrascht nicht, dass nicht nur diejenigen Disziplinen, die es immerhin selbst mit einer Kausalanalyse real existierender sozialer Phänomene zu tun haben, in deren Rahmen also auch die biologische Erklärung ihren Platz finden muss, sondern auch die *normativen* Disziplinen der Philosophie sich immer wieder biologistischen Ansätzen geöffnet haben: So haben sich eine *Evolutionäre Erkenntnistheorie*, eine *Evolutionäre Ethik* und eine *Evolutionäre Ästhetik* etabliert. In all diesen drei Gebieten werden Urteile über das Wahre, Gute und Schöne vor dem Hintergrund der evolutionären Genese des Bewusstseins betrachtet. Hierbei ist es interessant, dass sich zumeist jeweils zwei *gegensätzliche* naturalistische Interpretationen finden lassen, wie nun knapp anzudeuten ist.

Alles Leben ist der *Evolutionären Erkenntnistheorie* zufolge Informationsgewinn (Vollmer 1990). In der *positiven Variante* wird argumentiert, dass fehlerhafte Kognition in der Regel einen Überlebensnachteil darstelle, wir uns also zumindest auf unsere mesokosmische Kognition im Sinne eines *hypothetischen Realismus* verlassen können. In der *skeptischen Variante* wird der *Unterschied* zwischen Überleben, Viabilität und Wahrheit betont. Auch Verzerrungen in der Umweltwahrnehmung können einen Überlebensvorteil darstellen. Es gibt somit keinen Weg, aus dem Überleben des Beobachters einen Objektivitätsgehalt seiner Repräsentationen zu schlussfolgern, so Humberto Maturana und der radikale Konstruktivismus (Maturana und Varela 1980; Schmidt 1987). Beide Ansätze berufen sich auf die Evolutionstheorie, auch wenn ihre Konsequenzen *entgegengesetzt* ausfallen. Für die *Evolutionäre Ethik* lassen sich ebenfalls zwei Varianten finden. Sie kann deskriptiv „entlarvend" verstanden werden und hinter vermeintlich gutem Verhalten bloß Überlebensinstinkte von Organismen oder Genen sehen,[29] und so der „Error-theory" in die Hand spielen. Umgekehrt kann der Nachweis einer evolutionären Bewährung von Verhaltensstrategien neo-aristotelisch als eine *Fundierung* des Guten in der *menschlichen Natur* verstanden werden, indem man etwa darauf verweist, dass bewährte Handlungen nicht schon deswegen schlecht oder fragwürdig zu sein brauchen, weil sie im Überlebenskampf selektiert wurden und dem Organismus Vorteile bringen.[30] In der *Evolutionären Ästhetik* schließlich wird nach dem adaptiven Vorteil des Schönheitsempfinden gefragt, und Evolutionäre Kognitionsforschung, Psychologie und Kunstwissenschaft werden in einen Austausch gebracht.[31] Auch hier kann eher reduktiv argumentiert, oder umgekehrt das Evolutionsgeschehen auch als offen für die Entwicklung des Sinnes für Schönheitsempfinden betrachtet werden.[32]

Das doppelte Gesicht evolutionärer normativer Ansätze legt somit nahe, dass es nicht die Anwendung evolutionärer Biologie auf den Menschen selbst ist, die den Ton für die philosophische Interpretation vorgibt. Es steht auch hier zu vermuten, dass es jenes schon angesprochene implizite Bild von „Natur und Geist", „Sein und Sollen" ist, welches die Auslegung der empirischen Ergebnisse bestimmt. Trotz aller Sympathien für die eher optimistischen Varianten, die zumal in jüngerer Zeit zahlreicher werden,[33] scheint es dennoch, dass die *pessimistische Seite* mindestens in einem Punkt einen klaren Vorteil hat, der uns zur komplementären geltungstheoretischen

---

29 Dies ist etwa der Grundtenor bei Dawkins (1976) und in vielen Analysen bei Eckart Voland (2000), ähnlich Vollmer (1990, 189).
30 Zur Error-theory, also zur These, dass unser Glaube an die Wahrheit und Begründbarkeit von Werten illusorisch sei, siehe John L. Mackie (1977). In biologistischer Deutung wird aus dem „objektivistischen Schein" der Ethik ein Trick der Gene zur Verhaltenssteuerung der Organismen, siehe etwa Ruse (1986, 216, 255 ff., 277). Allerdings sagt Ruse dort auch, dass wir uns ja nicht das Auge ausreißen, wenn wir feststellen, dass es „nur" eine evolutionäre Anpassung sei. Vgl. kritisch Illies (2006, 225–236).
31 Im Überblick siehe Randy Thornhill (1998, 543–572), Denis Dutton (2009), Geoffrey F. Miller (2000). Schönheit kann zum Beispiel als in der Partnerselektion wichtiger Fitness-Indikator verstanden werden oder, bei der Bewertung der Umwelt, als Anzeichen guter Fruchtbarkeit, Sicherheit und Fülle.
32 So die kühne These, dass es Schönheit *als solche* ist, deren Erleben in der evolutionären Entwicklung möglich wird, in Frederick Turner (1999). Dies entspricht auch Darwins Auffassung zur Schönheit in *The Descent of Man* (1981).
33 Man denke an die Positive Psychologie, siehe Martin Seligman (2002), und die schon erwähnte Betonung sozialer Kognition bei Tomasello (1999), an die Ausführungen bei Elliott Sober (1998), und an die Betonung von Sozialität und Altruismus schon im Tierreich bei Frans de Waal (2012).

Gegenposition überzuleiten hilft (auf den Vorteil der optimistischen Seite wird weiter unten abschließend einzugehen sein).

Es ist in der Tat so, dass Darwins durch *allgegenwärtige Konkurrenz* geprägtes Naturbild Kooperation zwar nicht unmöglich macht, ihr aber doch einen engen Rahmen setzt. Nur eine Kooperation, die sich evolutionär durchsetzen kann, ist in ihr möglich. Darwin selbst sieht, dass *genuiner Universalismus* über die Natur hinausgeht, da sich in ihr eher umgekehrt zumeist klare anti-universalistische Tendenzen etablieren werden, d. h. asymmetrische Ethiken, die zumeist eine starke In-Outgroup-Differenz aufweisen. Darwin (1981, 72 ff., 94 ff., 100 ff., 162 ff.) und Dawkins (1976, 3) sind sich beide zu Recht einig darin, dass man eine menschliche Ethik *nicht* im Darwinismus fundieren, sondern der Mensch jene anti-universalistischen Grenzen hinter sich lassen sollte, selbst wenn dies über Naturdispositionen hinausgeht. Ebenso ist es klar, dass aus epistemologischer Perspektive der Begriff der *Wahrheit* unterschieden ist von dem Begriff des Überlebenserfolgs. Auch hier ist spätestens die den Mesokosmos überschreitende Wissenschaft auf eine andere Fundierung angewiesen.[34] Es gibt kein prinzipiell zwingendes Argument, dies ist den Konstruktivisten zuzugeben, warum Überlebenserfolg kognitive Wahrheit verbürgen sollte – insbesondere, wenn man die oben genannte anti-adaptionistische Lesart der Evolution betont. Für den Begriff des Schönen oder Ästhetischen sei nur angedeutet, dass auch hier Kunsttheoretiker weiter skeptisch sein werden, ob eine evolutionäre Theorie über das doch sehr eigentümliche Paradigma der Schönheit als Fitness-Signal hinauskommt.[35] Ferner lässt sich fragen, ob etwas tatsächlich als ästhetisch zu gelten hat, weil es evolutionäre Tendenzen gibt, es so zu betrachten. Die Frage von Sokrates an Euthyphron, die schon in der Antike den Übergang zum idealistischen Denken einleitet, bleibt auch heute die Gretchenfrage für alle normativen Begriffe: Folgt Wahrheit aus Überlebenserfolg, Gutsein aus dem Nützlich-Sein fürs Überleben, Schönheit aus dem Angenehmen, oder handelt es sich nicht vielmehr in allen drei Fällen um ein *grundsätzliches naturalistisches Verfehlen* normativer Konzepte, die in

---

34 Zur Kritik siehe Hösle (1999b, 74–103). Zu Recht schreibt Tyler Burge, dass die heute beliebte Reformulierung des Wahrheitsbegriffs (und man kann entsprechend ergänzen: des Begriffs des Guten) in rein biologischem Vokabular einen „root mismatch" darstellt (2010, 301). Auch Darwin verwehrt sich gegen sozialdarwinistische Anwendungen des Selektionsprinzips auf den Menschen (1981, 168 f.) und setzt damit voraus, dass was der Selektion der Gattung dient nicht identisch ist mit dem, was gut oder human ist.

35 Ausführlicher zur Evolutionären Ästhetik siehe Welsch (2004). Klärend zur Autonomie des Sinnes für Schönheit und zur Kontinuität und Differenz des Schönhnheitsempfinden bei Tier und Mensch siehe ferner Illies (2011).

ihrem Geltungsanspruch über kontingente faktische kognitive Akte organischer Akteure hinausgehen?

Der Verweis auf den Unterschied zwischen der *Geltungsfrage* und der *Genesefrage* mag jedoch auch einen Ansatzpunkt bieten, um sich gleich *aller biologisch-evolutionären Erwägungen* in der Philosophie zu enthalten. Somit – durchaus vergleichbar mit gewissen radikalen anthropozentrischen Kulturalismen – wäre jedoch von Vornherein ein Dialog mit evolutionär inspirierter Forschung abgeschnitten. Sosehr es wahr bleibt, dass normative Fragen einer anderen Logik angehören als deskriptive, so unzufriedenstellend wäre es doch, es gleichsam nur bei einer punktuellen Abwehr des Evolutionismus durch geltungstheoretische Argumente zu belassen. Philosophie, zumindest dem *idealistischen* Verständnis nach, hat es mit dem *Ganzen des Seins* zu tun und muss somit nicht nur Normatives und Deskriptives trennen, sondern beide Perspektiven, mindestens im Umriss, in eine nicht widersprüchliche Einheit bringen.

Halten wir das Bisherige fest: Ein reduktiver Naturalismus wird der genuinen Normativität ethischer, epistemischer und ästhetischer Argumentation nicht gerecht, zudem schwankt ein solcher Naturalismus, je nach Autor und Kontext, zwischen optimistischen Naturalismen und pessimistischen Entlarvungsphantasien. Dem Ersten liegt ein naives Vertrauen in die Güte der Natur, dem Zweiten ein dualistisches Misstrauen gegen eine nur auf Überlebenskampf angelegte Natur zugrunde. In beiden Fällen findet keine explizite philosophische Reflexion auf den Naturbegriff und auf die Fundierung von Geltungsansprüchen statt. Kulturalismus und geltungstheoretischer Transzendentalismus haben zwar gewichtige Argumente gegen einen Biozentrismus vorzubringen, doch erscheint es ebenso abwegig, die menschliche Vernunft als reines Kulturprodukt im luftleeren Raum der Geltung oder als weltfremde transzendentale Subjektivität zu konzipieren.[36] Vor dem Hintergrund jener Ansätze können nun die Vorteile einer objektiv-idealistischen Auseinandersetzung mit dem Darwinismus abschließend benannt werden.

3. Die Fragestellung einer objektiv-idealistischen Philosophie der Biologie

Der objektive Idealismus nimmt, wie eingangs skizziert, seinen Ausgang von der Erkenntnis der Differenz deskriptiver und normativer Fragestellungen. Dass das Erheben von normativen Wahrheitsansprüchen immer schon, auch im Versuch, die

---

36 Die Skepsis gegen eine *Abkoppelung* menschlicher Subjektivität von dem übrigen Natursein ist ein treibendes Motiv in Welsch (2012).

Möglichkeit verbindlicher Normativität zu leugnen, vorausgesetzt wird, ist eine Einsicht, die der objektive Idealismus mit den zuletzt genannten geltungstheoretischen Reflexionen teilt.[37] In der Debatte um *Wissenschaft* und *Lebenswelt* wird jedoch jene geltungsreflexive hermeneutisch-normative Vernunft, wie angedeutet, mitunter so verstanden, dass, weil sie dem Diskurs wissenschaftlicher Erkenntnis prinzipiell *vorausliegt*, dadurch eine schlichte *Zurückweisung* naturalistischer Ansätze gelingen kann.[38] Dies ist nicht überzeugend, will man nicht den Objektivitäts- und Wahrheitsanspruch der Wissenschaften leugnen.[39] Ebenso erweist es sich aus objektividealistischer Perspektive als abwegig, ausgehend von einer deskriptiven Theorie der Natur die genuinen Geltungsansprüche menschlichen Denkens zurückzuweisen. Der objektiv-idealistische Naturbegriff bietet hier eine gangbare Alternative zum reduktiven Naturalismus und zum antiwissenschaftlichen konstruktivistischen Kulturalismus, und genau darin liegt seine Stärke auch und gerade in der Auseinandersetzung mit dem Evolutionismus. Normative Reflexionen finden in der *tatsächlichen Welt* statt, die auch die Naturwissenschaften beschreiben; sie sind damit zwar *kategorial* unterschieden vom reinen Kausalgeschehen, aber *ontologisch* nicht „jenseits" der Natur.

Ein Idealist muss damit, erstens, einen komplexen *Natur- und Realitätsbegriff* erarbeiten, der fundamentale kategoriale Unterschiede inmitten ontologischer Kontinuität auszuweisen erlaubt, eine der wichtigsten Voraussetzungen zur *Aufhebung* und *Integration des Naturalismus* in einer normativen Theorie der Wirklichkeit. Somit ist die objektiv-idealistische Fragestellung der Philosophie der Biologie grundsätzlich zu unterscheiden von den Ansätzen der Evolutionären Ethik, Epistemologie und Ästhetik. Die Frage des Idealisten kann nicht lauten, *ob* unter Voraussetzung der evolutionären Genese menschlicher Kognition etwa das Erheben von Wahrheitsansprüchen oder das Einsehen und Umsetzen des Guten möglich sei, sondern, *da eine normative und wissenschaftliche Vernunft möglich und vorhanden ist*, es ist umgekehrt zu fragen, wie ein Übergang vom kausalen Geschehen anorganischer Art über ein organisches Geschehen, das sich an Überleben und Reproduktion orientiert, hin

---

37 Vgl. Hösle (1987b; 1999b, 104–124). Jeder Naturalismus setzt ferner natürlich die *Geltung der Wissenschaften* voraus, ja erhebt diese zum *normativen Maßstab* für das Wissen.

38 So etwa Jürgen Habermas gegen den Objektivismus der Wissenschaften (1971, 146–168, insbes. 165–167).

39 So jüngst Habermas selbstkritisch zu seiner bisherigen Argumentation. Der Wissenschaftler vermag zu Recht darauf zu verweisen, dass all jene unterschiedlichen Vernunftformen Teile derselben auch von ihm beschriebenen Wirklichkeit sind. Habermas argumentiert, dass zukünftige *naturphilosophische Reflexionen* erforderlich seien, um Einheit des Weltbildes und Pluralität der Vernunftformen zu verbinden (2008).

zum normativen Denken kategorial zu skizzieren und zu entfalten ist (Hösle 1999a). Hierin besteht das relative Recht des oben erwähnten *optimistischen Naturalismus*. Wenn ein transzendentallogischer Nachweis gelingt, dass normatives Denken faktisch möglich ist (Hösle 1987b; Illies 2003), so liegt eine entsprechende optimistische Sicht auf die Natur nahe, ohne jedoch die Natur glorifizieren zu wollen oder gar im Sinne eines naturalistischen Fehlschlusses Normativität in der Faktizität als solcher zu verwurzeln. Evolution könnte dann, in einer Reinterpretation der Evolutionären Erkenntnistheorie, Evolutionären Ethik und Evolutionären Ästhetik, nicht als Fundierung, sondern als sukzessive Annäherung der Natur an die drei platonisch-idealistischen Transzendentalien des Guten, Wahren und Schönen verstanden werden.[40]

Neben der Erarbeitung eines differenzierten Naturbegriffs, der über eine kontravalent-dualistische Gegenüberstellung von Natur und Geist sowie von Sein und Sollen hinausweist, sind damit, wenig überraschend, zweitens, prinzipientheoretische Überlegungen auch zum *Sein* (in alter Terminologie „Wesen") *des Lebens, der Natur* und *des Geistes* Voraussetzungen der objektiv-idealistischen Interpretation des Darwinismus. Hierin, nicht im Postulat unwandelbarer Arten, liegt das *relative Recht* des Essentialismus: Wer den Unterschied zwischen Genese und Geltung anerkennt, kann nicht nur für *normative Handlungen* des Menschen einen Geltungsanspruch ausweisen, sondern ebenso einsehen, dass insgesamt *typologische oder kategoriale Fragen* einer anderen Ebene angehören als empirisch-wissenschaftliche kausal-genetische Fragen. Dies bedeutet, dass die Frage, ob wir und wodurch wir einen Organismus strukturlogisch von *anorganischen Systemen* „nach unten", und von *bewusst und frei* handelnden Akteuren „nach oben" abgrenzen können, nicht nur eine rein empirische Frage nach vorfindlichen Strukturen darstellt. Die Frage, wie biochemisch oder evolutionär organische Aktivität zu verstehen ist, ist zu unterscheiden von der Frage, *ob und wann* wir etwa einen Organismus *einen „Akteur"*, seine Reiz-Reaktionen als *Verhalten,* seine gespeicherte Information *als Wissen* usf. bezeichnen sollten. Ebenso wäre es, um ein weiteres Beispiel anzuführen, ein Kategorienfehler, etwa gegen den Begriff der Humanität einzuwenden, es gäbe schlicht keine biologisch ewige Menschennatur. Der Begriff der Humanität, der hier verwendet wird, ist normativ, und die Frage, ob biotechnisch oder genetisch veränderte Menschen noch „genuin menschlich" (im normativen Sinne) wären, ist – aus idealistischer Perspektive jedenfalls – legitim.[41] All jene Fragen deuten auf die Ausarbeitung einer

---

40 Dies ist die Hauptpointe von Hösles Deutung des Darwinismus (2001). Illies stellt seinem Buch *Philosophische Anthropologie* das Motto von Kant voran: „Man thut am besten anzunehmen, daß die Natur im Menschen nach demselben Ziel hinwirkt wohin die Moralität treibt" (Kant, AA XXIII, *Vorarbeiten zum ewigen Friede*, 192).

41 Zu diesen Unterscheidungen siehe jüngst John McDowell, der gegen den „bald naturalism" be-

philosophisch-kategorialen Deutung des *Begriffs* des Lebens und des Organischen, Fragen, die sich mindestens ebenso auf die Sphäre begrifflicher Definitionen als auf die Frage materialer Wirklichkeit beziehen. Knapp angedeutet verwirklicht Leben eine *andere Art zu sein*, ein anderes kategoriales Verhältnis von Dauer und Zeitlichkeit, von innerer Allgemeinheit und äußerer Einzelheit, als dies zuvor im Anorganischen der Fall ist, und seine grundsätzliche Neuheit, seine Kontinuität und wesentlichen Eigenschaften, wären auch aus dieser Sicht philosophisch zu betrachten und zu entfalten.[42]

Bis hierhin mögen vor dem Hintergrund alternativer Deutungen, mindestens dem benevolenten Leser, das Desiderat und die Vorteile einer idealistischen Interpretation des Darwinismus in Umrissen deutlich geworden sein. Gegen jene hier vorgebrachte Werbung soll jedoch abschließend die schon angeklungene und wohl prominenteste kritische Anfrage nicht verhehlt werden: Ist und bleibt eine solche idealistische Interpretation nicht *teleologisch*, und mindestens in diesem Sinne „anti-darwinistisch"?

Gewiss bleibt es eine Herausforderung für einen heutigen Idealisten, sich der Frage zu stellen, ob und inwiefern das Auftreten genuin normativer Vernunft als ein kontingentes Faktum der Naturgeschichte betrachtet werden kann. Sollte der Mensch zum Fragen nach dem Guten und zum Handeln aus Einsicht in der Lage sein, zumindest in seinen besten Momenten, so verwirklicht Natur tatsächlich im Menschen etwas Werthaftes, vorausgesetzt der Begriff des Guten ist nicht eine menschliche Fiktion. Eine solche Auszeichnung kann, wie erwähnt, aus biologischer Perspektive selbstredend nicht in den Blick geraten, weil sie schlicht nicht die Anpassungs- und Überlebensfähigkeit des Menschen oder seine kausale Genese betrifft. Die aufgrund der Trennung von Genese und Geltung sicherlich nach wie vor plausibel zu verteidigende These einer Auszeichnung normativer Vernunft ist jedoch, so vermute ich, zu unterscheiden von der Frage, ob die kausale Entwicklung jener Fähigkeit auf unserem Planeten selbst *faktisch notwendig* war. Ich neige – viel-

---

tont, dass es *genuin* begriffliche Fragestellungen in der Philosophie gibt: Die Frage, wann und in welchen Begriffsrahmen wir von objektiver Repräsentation sprechen können, ist zu unterscheiden von der Frage „in engineering terms", wie ein Organismus gebaut sein muss, um objektive Repräsentationen zu haben (1994, xxi). Ähnlich Burge (2010, 8), der zu Recht „constitutive questions" (was konstituiert ein Verhalten des Typs A) von kausalwissenschaftlichen Fragen unterscheidet.

42 In diesem Zusammenhang wäre sicher auch an Hegels philosophische Deutung des Organischen in seiner Naturphilosophie zu denken. Zusammenfassend zu den auffallend ähnlichen typologischen Erwägungen zum Organischen bei Hegel, Jonas und Thompson siehe C. Spahn (2011), sowie ausführlich zu Hegels idealistischen Aussagen Spahn (2007, Kap. II und III).

leicht im Unterschied zu anderen Idealisten – zu der Auffassung, dass man dies nicht anzunehmen braucht, denn auch etwas *zufällig Werthaftes* wird durch jene Kontingenz nicht weniger werthaft, so wie eine nur zufällig entdeckte Wahrheit deswegen nicht weniger wahr sein wird. Just sofern der Idealist *Genese* und *Geltung* trennt, ohne sie einander entgegenzusetzen, mag eine zukünftige idealistische Philosophie der Biologie auch ohne vorschnelle teleologische Vermutungen auskommen.[43]

Aus jener Einordnung des Idealismus in das Panorama gegenwärtiger Ansätze erhellt abschließend, so hoffe ich, dass es dem Idealisten nicht darum gehen kann, aus der Philosophie heraus empirische Ergebnisse zu leugnen oder apriori Entscheidungen über das nur faktisch zu erfassende Sosein des Organischen zu fällen. Der Idealismus zielt vielmehr darauf ab, die von den Biowissenschaften und ihren Interpreten gewonnenen Fakten und Konklusionen aus einer anderen, *weder naturalistischen noch kulturalistischen Perspektive* zu untersuchen, um so einen Interpretationsrahmen zu bieten, der über die genannten gängigen Alternativen eines naiv-optimistischen Naturalismus (bloßer Glaube an die Vernünftigkeit der Natur), eines pessimistischen Reduktionismus („Natur ohne Vernunft") und eines anti-evolutionären Kulturalismus („Vernunft ohne Natur") hinausgeht.

---

[43] Zu diesen Fragen aus idealistischer Sicht siehe Wandschneider (2002) und stärker im Sinne teleologischer Argumentation Hösle (2013). Dass ohnehin die Begriffe der Notwendigkeit und Zufälligkeit auf komplexe Art miteinander zu vermitteln sind, ist schon Hegels Grundthese (6.200–216).

Was spricht für den Idealismus im Leib-Seele-Problem?

Christian Tewes

1. Das schwierige Problem des Bewusstseins

Geht es in der Philosophie des Geistes und den Kognitionswissenschaften um die Frage nach der explanatorischen Bestimmung des „Bewusstseins", ist der Sachverhalt in Betracht zu ziehen, dass in der Forschung unter diesem Begriff ganz unterschiedliche Phänomene und Aspekte untersucht und subsumiert werden. Beispielsweise ist David Chalmers der Auffassung, dass Bewusstseinsphänomene wie Schlafen und Wachen, die Fähigkeit, Umweltreize zu diskriminieren, wie auch das metakognitive Vermögen, über mentale Zustände berichten zu können, in die explanatorische Domäne der Neuro- und Kognitionswissenschaften fallen (Chalmers 1998, 223). Alle diese Phänomenbereiche gehören dabei nach Chalmers' Auffassung zu den „einfachen" Herausforderungen der Bewusstseinsforschung (Chalmers 1998, 223).

Worin besteht in diesen Fällen die explanatorische Kraft dieser Disziplinen bezüglich der genannten Bewusstseinseigenschaften? Chalmers' Antwort verweist auf den funktional-reduktiven Physikalismus, der zum Beispiel gemäß Jaegwon Kim auf die gesamten mentalen Vorgänge Anwendung finden soll. Anders als im klassischen nomologischen Reduktionismus, wie er sich prototypisch bei Ernest Nagel (1971) findet, werden die Explananda in diesem Ansatz in einem ersten Schritt funktional bestimmt und es wird dann nach Mechanismen gesucht, welche diese höherstufigen kognitiven Funktionen *realisieren*. Dabei ist es denkbar, dass entsprechende Funktionen n-ter Ordnung vielfältige Realisatoren haben können, die im Rahmen des reduktiven Naturalismus und im Kontext unserer Diskussion aber häufig auf der neuronalen Erklärungsebene gesucht werden (Kim 2003, 571–573).

Wie ist das Verhältnis zwischen den funktional-mentalen Zuständen und ihren multiplen Realisatoren genauer einzuschätzen? Jaegwon Kim verdeutlicht diesen Gesichtspunkt am Beispiel von Schmerzen: Letztere können seiner Einschätzung nach über keinerlei kausale Kapazitäten verfügen, die ihnen nicht aufgrund ihrer Realisatoren verliehen werden. Alles andere käme einem *magischen Sprung* oder *Vorgang* gleich, denn dass die Reizung von C-Fasern Schmerzen realisiert, bedeutet nichts anderes, als dass die Eigenschaftsinstanziierungen von Schmerzen mit den jeweiligen C-Fasern-Reizungen tokenidentisch sind (Kim 2003, 580).

An diese Überlegungen des reduktiven Physikalismus schließen sich vielfältige Fragen an, wie zum Beispiel, ob die disjunktive, heterogene Klasse möglicher Realisatoren bewusster mentaler Vorgänge es überhaupt noch erlaubt, von einheitlichen mentalen Eigenschaften, wie sie die Alltagspsychologie kennt, zu sprechen und wie das Verhältnis von Realisierung, Identität und reduktiver Erklärung weiter expliziert werden kann. Auf diese für die Evaluierung der möglichen Kohärenz des reduktiven Physikalismus zentralen Gesichtspunkte wird im Rahmen dieses Aufsatzes nicht weiter eingegangen werden.

Wichtig ist in unserem Zusammenhang vielmehr die Feststellung, dass Chalmers im Hinblick auf die explanatorisch „einfachen Probleme des Bewusstseins" die ontologischen Grundannahmen des reduktiven Naturalismus grundsätzlich teilt, aber im Falle des phänomenalen Bewusstseins und der mit ihm verbundenen Erlebnisqualitäten die Konstatierung der ontologischen Unzugänglichkeit des reduktiven Physikalismus für die gesamte Wirklichkeit als gerechtfertigt ansieht.

Worin besteht nach Chalmers das Fundamentalproblem, das letztendlich die Falschheit der reduktiv-physikalistischen Ontologie im Hinblick auf Qualia aufzeigen soll? Folgendes Zitat verdeutlicht die Stoßrichtung von Chalmers' Argumentation:

„Warum findet all diese Informationsverarbeitung nicht ‚im Dunkeln statt', ohne innere Empfindung? Elektromagnetische Wellen treffen auf die Retina, sie werden vom visuellen System diskriminiert und kategorisiert, warum aber wird diese Diskriminierung und Kategorisierung als eine Empfindung von leuchtendem Rot erlebt? Wir wissen, dass bewusstes Erleben *entsteht*, wenn diese Funktionen ausgeübt werden, aber genau die Tatsache, dass so etwas wie Erleben entsteht, ist das eigentliche Rätsel" (1998, 227).

Die Konstatierung dieser „Erklärungslücke" ist nicht neu (Levine 1983). Interessant ist deshalb insbesondere Chalmers' Begründung, warum die epistemische Lücke einen ontologischen Eigenschaftsdualismus rechtfertigen soll. Zur Beantwortung dieser Frage bezieht er sich auf unterschiedliche Gedankenexperimente wie das *Denkbarkeits-Argument*. So sieht Chalmers keinen Widerspruch in der Annahme, dass es „Zombies" geben könnte, die so definiert sind, dass es sich bei ihnen um Replikate von Personen handelt, die mit Letzteren auf physisch-funktionaler Ebene vollständig identisch (ununterscheidbar) sind und trotzdem nicht über phänomenales Bewusstsein verfügen.

Wie im Zitat bezieht sich das Gedankenexperiment somit auf die vermeintlich widerspruchslose Denkbarkeit, dass die gesamte funktional-spezifizierbare Informationsverarbeitung von Zombies mit derjenigen von Personen identisch sein könnte, die über phänomenales Bewusstsein verfügen, aber diese Vorgänge trotzdem „im Dunkeln stattfinden", wie Chalmers die Abwesenheit von phänomenalem Bewusstsein metaphorisch zum Ausdruck bringt.

Wie ist dieses Gedankenexperiment einzuschätzen? Chalmers geht davon aus, dass in unserer aktuellen Welt w^a die mentalen Zustände einer Person aufgrund ihrer Gehirnzustände vollständig determiniert sind und zwar derart, dass die Duplizierung dieser Zustände auch zur Duplizierung der damit einhergehenden mentalen Zustände führt. Dies würde bedeuten, dass das Bewusstsein von Personen aufgrund der in w^a herrschenden Naturgesetze auf den entsprechenden neuronalen Mustern superveniert (Chalmers 2006, 247). Das Denkbarkeits-Argument soll in diesem Zusammenhang nachweisen, dass es eine von w^a unterschiedene Welt w^* geben könnte, in der die genannten Personen-Replikate logisch möglich sind (Chalmers 1996, 97).

Warum ist das Zugeständnis einer solchen Denkmöglichkeit geeignet, die Falschheit des Physikalismus nachzuweisen? Der entscheidende Punkt ist, dass das Gedankenexperiment nach Chalmers aufzeigt, dass das Szenario in w^*, weil es widerspruchsfrei gedacht werden kann, auch *metaphysisch möglich* ist. Dies bedeutet, dass aus den physikalischen Zuständen P einschließlich ihrer basalen Gesetzmäßigkeiten in w^* die phänomenalen Erfahrungen Q einer Person S auch von einem Laplaceschen Dämon nicht deduziert werden könnten, also die metaphysische Möglichkeit von P und non-Q nicht ausgeschlossen ist. Da Q jedoch nach einer plausiblen Definition des Physikalismus zumindest für einen Laplaceschen Dämon vollständig aus P und den Gesetzen in w^* ableitbar sein müsste – also in diesem Fall notwendig aus P und den erwähnten basalen Gesetzen folgt – ist allein die metaphysische Möglichkeit von non-Q dazu geeignet, den Physikalismus zu widerlegen (Chalmers 2006, 248; Stoljar 2005, 473).

2. Der strikte Dualismus

Von den Anhängern des Materialismus sind in den letzten Jahrzehnten unterschiedliche Strategien entwickelt worden, um die antiphysikalistischen Implikationen derartiger Gedankenexperimente zu entkräften, auf deren Stichhaltigkeit und Voraussetzungen ich an anderer Stelle näher eingegangen bin (Tewes 2009). Für unseren Zusammenhang ist es aufschlussreich und insbesondere im Hinblick auf Chalmers auch auffällig, dass *strikt* ontologisch-dualistische Intuitionen (a) häufig erst aufgrund von impliziten oder auch expliziten naturalistischen Implikationen evoziert werden und (b) zu vielfältigen konzeptuellen Schwierigkeiten führen, eine derartige Position unter Vermeidung von Aporien auch tatsächlich widerspruchsfrei zu begründen.

Unter „striktem Dualismus" verstehe ich die These, dass (a) physische Eigenschaften *keinerlei* psychische und geistige Elemente enthalten oder durch sie konstituiert sind und (b) psychische Ereignisse nicht auf physische Ereignisse und Eigenschaften reduzierbar sind oder in ihren Wesensmerkmalen auf ihnen beruhen. Diese Unterscheidung ist, so vage sie zunächst auch sein mag, zentral – wie zum Beispiel Uwe Meixner völlig zu Recht herausgestellt hat –, um eine derartige inkommensurable dualistische Position zum Beispiel von denjenigen Positionen zu differenzieren, die psychische und physische Eigenschaften und Ereignisse zwar *nicht* miteinander identifizieren, aber partielle Überschneidungen zulassen (es gibt Vorgänge die psychischer und physischer Natur sind) (Meixner 2010b, 433) oder wie in manchen Positionen des Idealismus davon ausgehen, dass beiden regionalontologischen Bereichen grundlegende *allgemein-kategoriale Strukturen* als ihre Konstituenten zugrunde liegen (Smith 1999, 90–93). Darauf wird noch genauer einzugehen sein.

2.1. Der fühlende und sich bewegende Leib

Doch kehren wir zunächst zur Position des strikten Dualismus zurück, der Chalmers, so meine These, in seinen Erläuterungen und Hintergrundannahme zum Denkbarkeits-Argument sehr nahe kommt. Was (a) anbelangt, zeigen Chalmers' Ausführungen auf, dass er bereits der leiblichen Dimension des Bewusstseins im Hinblick auf die Erwägungen von Zombies (funktionalen Replikatoren von Menschen) keinerlei Beachtung schenkt, die in der phänomenologischen Tradition bis heute umfassenden Untersuchungen unterzogen wird (Sutton 2008; Behnke 1997; 2008). So ist der Leib durchaus auch ein physisches System, aber ein solches, das, wie Edmund Husserl es ausgeführt hat, „innerlich" mit Empfindungen und Beweglichkeit erfüllt ist. Bedeutsam zum Verständnis für den Unterschied zwischen *Leib* und *Körper* ist dabei Husserls Begriff der „Empfindnisse". Er unterscheidet ihn von allen anderen Empfindungen und versteht darunter die leibliche Wahrnehmung des Berührtwerdens, das bezüglich seiner Lokalisierung und ihres Intensitätsgrades unmittelbar präsent ist. Der Raum dieser Empfindnisse ist dabei nicht der Raum des Körpers bzw. fällt nicht einfach mit dessen Extension im physikalischen Raumzeitgefüge zusammen (Husserl 4.149–150).

Dass der fühlende Leib nicht einfach mit der physischen Ausdehnung des Körpers identisch ist, ergibt sich dabei nicht nur aus der Selbstbeobachtung, dass die Empfindung der Umgebung die eigene körperliche Grenze überschreiten kann – wie bei der häufig deutlichen Empfindung, dass hinter dem eigenen Rücken eine Person steht, die einen anblickt – sondern zum Beispiel auch aus den Erfahrungsberichten vom Umgang mit Prothesen. Diese können nämlich durchaus so in das leibliche Empfindungs- und Bewegungssystem *inkorporiert* werden, dass sich die Berührung einer Prothese für deren Träger so anfühlt, als wäre die Prothese selber ein Teil des empfindenden Körpers (Thompson und Stapleton 2009, 28; Preester 2008). Doch es ist nicht nur die fühlende Dimension des Leibes im Sinne von Empfindnissen, die in Chalmers' Überlegungen unberücksichtigt bleibt. Auch das Bewegungsvermögen des Leibes wird vom ihm nicht weiter beachtet. Für die gesamten habitualisierten Kinästhesen des Leibes gilt nämlich, dass es vielfältige Aspekte der (präreflexiven) Aufmerksamkeit gibt, die nicht nur für das Erlernen von Bewegungsmustern, sondern gerade auch für die Performanz und spontane Anpassung komplexer Bewegungsmuster an die konkrete Situation wie beim Sport, Tanz oder musikalischen Darbietungen erforderlich sind (Sutton 2011, 80).

Zieht man diese Gesichtspunkte in Betracht, dann gewinnt man den Eindruck, dass Chalmers mit seinem Denkbarkeits-Argument die fast schon materialistisch-eliminative Auffassung zu teilen scheint, dass es (begrifflich) möglich ist, dass alle Vollzüge und Wahrnehmungsleistungen des menschlichen Leibes vollkommen unabhängig von phänomenalen Bewusstseinsleistungen ablaufen könnten. Lässt sich dieser *prima facie* Eindruck weiter erhärten? Worum es in dem Denkbarkeits-Argument rein sachhaltig geht, ist lediglich ein Szenario in einer metaphysisch möglichen Welt w^*, aber es wird nicht behauptet, dass eine solche Welt nomologisch möglich ist oder Zombies gar in unserer aktuellen Welt w^a realisiert werden könnten. Die explanatorische Irrelevanz mentaler Ereignisse und Eigenschaften scheint in w^a somit in Chalmers Argument keinesfalls impliziert zu sein, wie man zunächst meinen könnte, worauf Meixner verwiesen hat (2004, 184–185).

Wie ist dieser Gesichtspunkt weitergehend zu bewerten? Was Chalmers *eigene* Voraussetzungen und Explikationen seiner Position anbelangt, kann meines Erachtens kein Zweifel daran bestehen, dass diese gemeinsam mit dem Denkbarkeits-Argument die expalantorische Irrelevanz des phänomenalen Bewusstseins auch in w^a aufzeigen. Dies verdeutlicht Chalmers' Charakterisierung des „einfachen Problems des Bewusstseins." Wenn Bewusstseinsphänomene wie Wachen und Schlafen, metakognitive Fähigkeiten oder auch visuelle Diskriminierungsleistungen einer funktional-analytischen Reduktion (zum Beispiel auf neuronale Zustände) prinzipiell zugänglich sind bzw. durch Letztere realisiert werden, dann ist nicht klar, worin die explanatorische Relevanz phänomenal-mentaler Eigenschaften und Ereignisse in w^a gegenüber w^* liegen könnte. Zumindest eine *kausal-explanatorische Rolle* scheint man phänomenalen Bewusstseinsvorkommnissen dann auch in w^a nicht mehr zusprechen zu können. Chalmers' Position ähnelt deshalb in diesem Punkt der Position des nicht-reduktiven Physikalismus, welcher die emergente Irreduzbilität des Bewusstseins betont und unter Zugrundelegung physikalistischer Theoreme – wie der kausalen Geschlossenheit des physischen Bereiches – Probleme hat, aufzuzeigen, dass mentale Eigenschaften und Ereignisse einen kausalen Unterschied in der Welt machen, also nicht mit dem Epiphänomenalismus als einer Spielart des Dualismus koinzidieren (Kim 1993, 208–209). Was sich an diesen Ausführungen grundsätzlich zeigt, ist die höchst problematische Dissoziation von phänomenalen Erlebnissen (Qualia) und funktionalen Zuständen, die im Physikalismus, aber eben auch im strikten Dualismus vorausgesetzt bzw. durch vielfältige materialistische Annahmen evoziert wird.

Allerdings könnte man darauf insistieren, dass die explanatorische Irrelevanz und Epiphänomenalität des Bewusstsein Chalmers *zusätzlichen* strikt dualistischen Annahmen geschuldet ist, aber keinesfalls dem Denkbarkeits-Argument selber. Denn das Zombie-Szenario muss keinesfalls so aufgefasst werden, dass es die explanatorische Irrelevanz des phänomenalen Bewusstseins in w^a aufzeigt, sondern lediglich, dass dies in w^* der Fall ist. Hier stellt sich allerdings die Frage, wie diese explanatorische Asymmetrie begründet werden kann und ob das Argument überhaupt das Argumentationsziel, nämlich die Begründung des Dualismus, erreicht. Dazu führt Meixner aus, dass das Zombie-Szenario in w^* und die explanatorische Asymmetrie dadurch verständlich werden, dass die Zombies in w^* als vollständige physische Replikatoren der Menschen in w^a durch ein Wunder zustande kommen. Warum handelt es sich diesbezüglich um ein Wunder? Der Grund ist, dass nach seiner Auffassung Bewusstseinsleistungen in unserer Welt durchaus explanatorisch relevant sind, also selber kausale funktionale Relevanz für die Konstitution und Handlungen von Personen haben (Meixner 2004, 185).

Mir scheint, dass die Stipulation der metaphysischen Möglichkeit von Zombies in w^* mit Bezug auf ein mögliches Wunder letztendlich einer Problemverschiebung gleichkommt. Dies wird aufgrund folgender von Evan Thompson vorgebrachten Überlegung zum Denkbarkeits-Argument deutlich:

„The zombie scenario requires the assumption that bodily experience is not necessary for or in any way constitutive of the relevant behaviour, that exactly the same behavior is possible without bodily sentience. This assumption is quite strong and needs to be argued for independently" (2007, 251).

Die Bezugnahme auf ein *Wunder* für das Zombie-Szenario w^* ersetzt somit keinesfalls das notwendige Argument für die Annahme, dass alle personalen Handlungen und Verhaltensweisen von Personen sich auch *ohne* notwendige Konstitutionsleistung des Bewusstseins in w^* replizieren lassen. Darauf verweisen die oben genannten leibphänomeno-logischen Untersuchungen, aber zum Beispiel auch Untersuchungen zur evolutionären Rolle und Entwicklung des Bewusstseins von Merlin Donald (2001). Deshalb lässt der Verweis auf ein *Wunder* die begründete Vermutung aufkommen, dass Letzteres zwar nicht aufgrund von formalen logischen Erwägungen unmöglich ist, aber eben doch im grundsätzlichen Widerspruch zu den material-kategorialen Konstitutionsbedingungen der Leiblichkeit steht.

2.2. Die Probleme des strikten Dualismus

Welche Schwierigkeiten ergeben sich aus diesen Gesichtspunkten für die Position des strikten Dualismus? Ich möchte in diesem Aufsatz zwei allgemeine Gesichtspunkte herausstellen, die es geboten erscheinen lassen, die berechtigte regionalontologische Differenz zwischen dem physischen und psychischen Bereich im Rahmen eines idealistischen Ansatzes einerseits ernst zu nehmen und andererseits ihre scheinbar *absolute Entgegensetzung* zu überwinden. Geht man im Rahmen des strikten Dualismus oder auch im Physikalismus davon aus, dass Bewusstsein (a) ein spätes Produkt der Evolution darstellt und (b) physischen oder anderen Vorgängen, Substanzen oder Eigenschaften in keinster Form inhärent ist, dann kommt die Emergenz von Bewusstsein ab einer bestimmten Komplexionsebene n tatsächlich einem *magischen Sprung* gleich, wie Kim den Sachverhalt gegenüber dem nicht-reduktiven Physikalismus formuliert hat. Diese Feststellung ist dabei sicherlich zunächst nur eine andere Beschreibungsform für die bereits explizierte Erklärungslücke. Doch die eigentliche Frage, die *diese* Beschreibung evoziert, besteht darin, ob der *magische Sprung* des dualistischen Szenarios überhaupt begrifflich konsistent explizierbar ist.

Die zentrale Prämisse ist im Fall des strikten Dualismus wie auch im Physikalismus, dass phänomenales Bewusstsein *vor* dessen Emergenz den physischen Prozessen *seinem qualitativen Gehalt nach* in der Welt insgesamt nicht zukommt (Vollmer 2000, 58–60). Doch wie sollte es dann zum Zeitpunkt *t* in einem System *S* der Komplexionsstufe *n* plötzlich emergieren? Einfach zu stipulieren, dass ein transphysikalisches Gesetz im Sinne Broads für die starke Emergenz des phänomenalen Bewusstseins bei Vorliegen der entsprechenden Antezedensbedingungen *n* instanziiert wird (2000, 490), ist nicht überzeugend. Denn es bleibt völlig unklar, wie sich aufgrund eines solchen Gesetzes phänomenales Bewusstsein in seinen unterschiedlichen Spielarten quasi *ex nihilo* manifestieren könnte.

Ich deutete diesen Punkt deshalb so, dass ein derartiges dualistisches Szenario den Satz vom zureichenden Grund verletzt und auch nicht konsistent begrifflich expliziert werden kann. Sowohl Chalmers selber als auch Galen Strawson haben aus derartigen Überlegungen in der einen oder anderen Form die Schlussfolgerung gezogen, dass der Panpsychismus sowohl gegenüber dem strikten Dualismus als auch dem Physikalismus die konsistentere Position darstellt. Strawson fasst den entscheidenden Punkt folgendermaßen zusammen:

„The intuition that drives people to dualism (...) is correct in holding that you can't get experiential phenomena from P phenomena, i.e. shape-size-mass-charge-etc. phenomena (...). So if experience like ours (or mouse experience, or sea snail experience) emerges from something that is not experience like ours (...), then that something must be already experiential in some sense" (2006, 24).

Damit ist natürlich noch nicht viel über das notorische Problem ausgesagt, was man sich unter diesen basalen psychischen Erfahrungen eigentlich vorstellen soll – eine Frage, die schon im Rahmen konkreter Untersuchungen zu den kognitiven Leistungen von Tieren eine besondere Herausforderung darstellt. Doch reicht für unseren Zusammenhang die Feststellung aus, dass die starke Emergenz des Bewusstseins aus nicht-bewussten materiellen Prozessen im Panpsychismus zu Recht aufgegeben wird.

Das zweite allgemeine Argument gegen den strikten Dualismus deutet bereits auf die Attraktivität einer objektiv-idealistischen Theorie und eines Forschungsprogramms zur Fundierung und Exploration des Verhältnisses des physischen und psychischen Bereiches hin. Bereits die *Gegenüberstellung* und der *Vergleich* der beiden regionalontologischen Bereiche zeigen auf, dass sie trotz ihrer Differenzen auf einen einheitlich-gemeinsamen Begriffs- und Bedeutungshorizont bezogen sein müssen. Dieser Verweis auf einen einheitlichen Begriffsrahmen beider Bereiche muss sich dabei auch keinesfalls, wie zum Beispiel bei Daniel D. Huttos Ausführungen zum absoluten Idealismus, mit einem Verweis auf die *begrifflich-ökonomischen* Vorzüge einer idealistisch-monistischen Ontologie begnügen (2000, 159).

Der entscheidende Gesichtspunkt ist vielmehr, dass das Konzept einer *absoluten Einheit* oder *Idee* als Kerngedanke des objektiven Idealismus einer transzendental-argumentativen Rechtfertigung zugänglich ist, auf die jegliche dualistische oder auch pluralistische Position notwendig rückbezogen bleibt. So setzt jede Feststellung einer strikten Dualität oder Pluralität immer schon einen einheitlichen begrifflichen Bezugsrahmen voraus, wie zum Beispiel Donald Davidson (1994) gegen unterschiedliche Spielarten des szientistischen oder auch kultur-anthropologisch begründeten Begriffsrelativismus überzeugend demonstriert hat.

Über Davidson hinausgehend lässt sich zeigen, dass man bei dem zunächst recht inhaltsleer anmutenden unhintergehbaren Begriffsmonismus- bzw. Holismusgedanken nicht einfach stehen bleiben muss, sondern durchaus in der Lage ist, ihn kategorienwissenschaftlich weiter zu explizieren (Tewes 2014). Dies ergibt sich aus der Erkenntnis, dass es grundlegende Kategorien wie „Qualität", „Quantität", „Dependenz", „Kausalität" oder auch „Eigenschaften" gibt, die unterschiedlichen ontologischen Bereichen wie physikalischen oder kulturellen Vorgängen und Prozessen gleichermaßen zukommen. Man kann in Anlehnung an David Smith und Husserl diesen kategorialen Typus auch als „formal" bezeichnen, wenn man ihn damit von materialen Kategorien wie etwa „Masse", „Ladung" oder „Quanten-Feldern" abgrenzen möchte, die für bestimmte regionalontologische Bereiche wie z. B. physikalische Vorgänge und Prozesse konstitutiv sind (Smith 1999, 87).

Die systematische Bestimmung und Spezifikation derartiger kategorialer Gehalte und ihrer Beziehungen zueinander lässt sich dabei auch als Explikation des unhintergehbaren Holismusgedankens bzw. der absoluten Idee verstehen (Hösle 1988, 50–52). Dieser kategorial-begriffliche Gehalt kann dabei u. a. unter Rekurs auf Hegels objektiv-idealistischen Ansatz so verstanden werden, dass er in seinem *essentiellen Charakter* allen Formen der Realität wie den physikalischen, biologischen, psychologischen und sozialen regional-ontologischen Bereichen zugrunde liegt (Siep 1991, 74). Dass dieser Ansatz somit auch einen anderen Naturbegriff als im Naturalismus nach sich zieht, ist einsichtig.

Die wesentliche Frage besteht für unseren Zusammenhang jedoch darin, wie dieser idealistisch-kategorienwissenschaftliche Ansatz bezüglich der oben beschriebenen Aporien und Dichotomien auch wissenschaftstheoretisch derart spezifiziert werden kann, dass er imstande ist, einen systematischen Beitrag zur Überwindung der absoluten Dichotomien, die bei der Erklärungslücke scheinbar sichtbar werden, zu leisten. Um aufzuzeigen, wie dies grundsätzlich möglich ist, werde ich im Folgenden (a) auf einige bedeutende Ansätze im *Enaktivismus* zur Überwindung der Erklärungslücke eingehen, wie auch (b) auf die im Enaktivismus operationalisierte und praktizierte Erforschung des Verhältnisses von phänomenalen und physischen Vorgängen. Bei diesen Erläuterungen werden insbesondere die formalen Kategorien des „Selbst" und der „Intentionalität" im Fokus der Betrachtung stehen. An ihren Bestimmungen kann letztendlich (c) aufgezeigt werden, dass die im Enaktivismus gewonnenen Einsichten und Methoden *einerseits* einen signifikanten Beitrag zum idealistisch-kategorienwissenschaftlichen Ansatz im Hinblick auf das Leib-Seele-Problem leisten und deshalb *andererseits* auch in einen derartigen ontologischen Rahmen integriert und weiter expliziert werden sollten.

3. Philosophische Voraussetzungen des enaktiven Forschungsprogramms

Der *enaktive Ansatz* wurde erstmalig von Varela, Thompson und Rosch (1991) entwickelt mit dem Ziel, unterschiedliche verwandte Konzepte miteinander in eine explanatorische Beziehung zu setzen und unter einen einheitlichen Begriff zu bringen (Thompson 2007, 13; 2011, 125–127). Bevor zwei dieser Konzepte, nämlich „Autonomie" und „Sinngebung", näher beleuchtet werden, ist zunächst auf die zentrale Grundüberzeugung einer besonderen Kontinuität von *Leben* und *Geist* im Enaktivismus genauer einzugehen, um dann in einem nächsten Schritt die Signifikanz des *Selbst*konzepts zur Überwindung der Erklärungslücke herauszuarbeiten.

Was dieses „Kontinuitätstheorem" für den Enaktivismus bedeutet, machen dessen Vertreter häufig unter Bezugnahme auf wichtige Aspekte von Hans Jonas' Philosophie des Organischen deutlich, dessen Kerngedanke im folgenden berühmten Zitat besonders gut zum Ausdruck kommt:

„Leben ist wesentlich Bezogenheit auf etwas, und Beziehung als solche impliziert ‚Transzendenz' ein Über-sich Hinausweisen seitens dessen, das diese Beziehung unterhält. Wenn es uns gelingt, die Anwesenheit einer solchen Transzendenz und der sie artikulierenden Polarität schon am Grunde des Lebens selbst aufzuweisen, wie rudimentär und vor-geistig ihre Form dort auch sei, so haben wir die Behauptung wahr gemacht, dass der Geist in der organischen Existenz als solcher präfiguriert ist" (1993, 16).

Die Auffassung, dass Geist bereits auf der basalen organismischen Ebene *anwesend* und *konstitutiv* ist – und nicht erst auf einer hohen Komplexionsstufe n des Nervensystems emergiert – gilt *a fortiori* für den menschlichen Geist. Demgemäß insistieren Vertreter des Enaktivismus darauf, dass auch für Letzteren gilt, dass er im *gesamten Organismus* verkörpert ist und (a) weder auf das Gehirn reduziert werden kann, noch (b) auf neuronalen Konfigurationen einfach superveniert oder emergiert. Wie besonders Thomas Fuchs herausgearbeitet hat, impliziert dies auch eine bedeutende Akzentverschiebung in der Gesamteinschätzung des Gehirns im Verhältnis zur Konstitution von Personalität. Denn die Person ist nicht einfach identisch mit dem Gehirn oder gar dessen opakes illusionäres Selbstkonzept (Metzinger 1996, 148–151). Vielmehr ist das Gehirn als ein in vielfältigen Relationen und Netzwerken stehendes Beziehungsorgan der Person selber zu bewerten (Fuchs 2013) und darf nicht als ein eigenständiger Akteur missverstanden werden (Tewes 2013).

Bereits diese Gesichtspunkte implizieren eine vollständig *andersartige* Konzeptualisierung des Verhältnisses von Geist, Bewusstsein und Leib, als dies in Chalmers' strikter Dichotomie des einfachen und schwierigen Problems des Bewusstseins wie auch in seinem Denkbarkeits-Argument nahe gelegt wird. Die mentale Aktivität und Grundlage des menschlichen Geistes wird dabei im Enaktivismus insbesondere auf drei unterschiedlichen Ebenen weitergehend untersucht und spezifiziert, um Jonas' These einer „Anwesenheit der Transzendenz des Geistes" in basalen organismischen Strukturen auch wissenschaftstheoretisch operationalisieren zu können und dadurch empirischer Forschung gezielt zugänglich zu machen (Paolo 2005, 432). Diese Ebenen betreffen (a) die organismische Selbstregulation, (b) die sensomotorische Kopplung mit der Umwelt wie auch (c) die intersubjektiv-basierten Interaktionen, welche die Bedeutung von Handlungen und der menschlichen Sprache mit umfassen (Thompson und Varela 2001, 427).

Schon die Ebene der organismischen Selbstregulation lässt sich gar nicht auf ein rein funktionales Verständnis im Sinne Chalmers' reduzieren. Denn diese selbstregulierende Tätigkeit ist gerade beim Säugetier mit emotionalen Systemen und Kreisläufen verbunden, denen eine starke affektive und fühlende Dimension inhärent ist (Damasio 1999, 54; Panksepp 1999, 114–115). Dass dem damit verbundenen primären Bewusstsein oder Kernbewusstsein, wie Damasio es genannt hat (1999, 187), keinerlei phänomenale Erlebnisqualität entsprechen sollte, widerspricht dabei nicht nur ganz eklatant der Wahrnehmung emotionaler Gehalte aus der Ersten-, sondern auch aus der Zweiten-Person-Perspektive, wobei auf letzteren Sachverhalt im Rahmen dieser Arbeit nur hingewiesen werden kann (Zahavi 2005, 177 ff.). Darüber hinaus lässt sich die Kontinuität von Leben, Kognition und Geist, welche eine idealistische Deutung nahe legt, an den zentralen Begriffen von *Autonomie* und *Sinnerzeugung* weiter erhärten, ein Gesichtspunkt, dem wir uns im Folgenden zuwenden werden.

3.1. Autonomie und Sinnerzeugung

Die Ausgangsfrage für den enaktiven Ansatz im Hinblick auf die Bestimmungen kognitiver Leistungen eines Systems besteht nicht darin, wie interne Vorgänge äußere Vorgänge repräsentieren und verarbeiten können. Entscheidend ist vielmehr für führende Enaktivisten wie Thompson die Beantwortung der Frage, wie ein System konstituiert sein muss, damit es seine eigenen Aktivitäten vollziehen und stabilisieren kann, und dadurch auch gleichzeitig seine eigene kognitive Domäne *aktiv* mit hervorbringt (Thompson und Stapleton 2009, 23–24).

Damit ein System als *autonom* in dem hier gemeinten Sinne bezeichnet werden kann, reicht es nicht aus, dass es in der Lage ist, sich auch im Rahmen bestimmter Umweltveränderungen (wie Temperaturunterschiede) zu stabilisieren und zu erhalten, was schon dissipative Systeme wie Rollenmuster in Strömungsflüssigkeiten (Bénard-Konvektionen) oder Kerzenflammen vermögen (Kelso 1995, 6; Campbell 2009, 465). Derartige Systeme zeichnen sich zwar dadurch aus, dass sie einen eigenen Beitrag zu ihrer Selbsterhaltung im thermodynamischen Ungleichgewicht leisten, aber sie können nicht die Randbedingungen ihrer prozessualen Existenz selber *aktiv* und *zielgerichtet* verändern. Genau dieses Vermögen zeichnet Lebewesen als adaptive *autopoietische* Systeme aus, welche im Enaktivismus auch als Prototypen autonomer Systeme angesehen werden.

Bereits Bakterien wie *Escherichia coli* sind zum Beispiel dazu fähig, aufgrund von taumelnden und schwimmenden Bewegungen auf chemische Konzentrationsunterschiede so zu reagieren, dass sie einem Attraktant wie Zucker folgen, um in das Gebiet mit der höchsten Zuckerkonzentration zu gelangen – ein Vorgang, der als Chemotaxis bezeichnet wird (Alon 1999, 169). Nach Campbell erfüllt *E. coli* schon auf dieser ganz basalen Stufe die allgemeinen Kriterien eines autonomen Systems, weil es aufgrund eigener Tätigkeit dazu in der Lage ist, auch bei alterierenden Randbedingungen der Umwelt mit unterschiedlichen Verhaltensweisen den eigenen Selbsterhalt rekursiv anzustreben (Campbell 2009, 466). Diese Kriterien für Autonomie sind auch dahingehend weiter präzisiert worden, dass die Prozesse eines Systems so bestimmt sein müssen, dass sie (a) rekursiv voneinander abhängen, (b) das System als eine Einheit konstituieren und schließlich (c) eine mögliche Domäne der Interaktion mit der Umwelt festlegen (Thompson und Stapleton 2009, 24).

Insbesondere letzterer Gesichtspunkt ist für unseren thematischen Zusammenhang zentral, denn wenn *E. coli* dem Zuckergradienten folgt, bedeutet dies nicht, dass es sich der Saccharose lediglich aufgrund deren molekular-physikochemischer Eigenschaften nähert. Vielmehr ist entscheidend, dass die Saccharose für das Bakterium als *Nahrung* bestimmt ist, ein Attribut, das nicht als atomistisch-intrinsische Eigenschaft der Zuckermoleküle zu bewerten ist, sondern *relational* aus den Bedürfnissen des Bakteriums und dessen struktureller Kopplung mit der Umwelt emergiert. Diesen Sachverhalt interpretiert Thompson unter Bezugnahme auf Varela wie folgt:

„Sucrose has significance or value, but only in the milieu that the organism itself brings into existence. Varela (...) summarizes this idea by saying that thanks to the organism's autonomy, its environment has a ‚surplus of significance' compared with the physicochemical world" (2007, 158).

Diese Ausführungen bedürfen einer sorgfältigen Interpretation, um potentiellen Missverständnissen vorzubeugen. Entscheidend ist aus meiner Sicht, dass aufgrund der sensomotorischen Wechselwirkung zwischen dem Bakterium und seiner Umwelt eine neue *Sinndimension* bzw. *Bedeutsamkeit* emergiert, die sich bereits auf dieser sehr basalen Ebene nicht mehr auf rein physikalische Vorgänge reduzieren lässt, worauf Varela mit dem Ausdruck „Surplus von Signifikanz" hingewiesen hat (1997, 79).

Allerdings evozieren die organismuszentrierten Beschreibungen in dem kurzen Zitat den Eindruck, dass die Aktivität des Organismus die biologische Bedeutsamkeit des eigenen Milieus *allein* erzeugt, was eine konstruktivistische Deutung des Gesamtvorgangs nahelegt. Ich denke, dass eine mehr wechselseitig akzentuierte Betrachtung des Vorgangs zu dem Ergebnis führt, dass die Aktivität des Bakteriums zwar *ko-konstitutiv* für die biologische Sinndimension des Gesamtvorganges ist, es aber trotzdem korrekt ist, den Sachverhalt zugleich so aufzufassen, dass *E. coli* die Saccharose in ihrer Funktion als Nahrungsmittel für den eigenen Selbsterhalt *entdeckt*. Dass sich Nahrung oder die Freund-Feind-Bewertung der Umwelt bei *E. coli* nur aus einer organismischen Perspektive erschließt, bedeutet nämlich nicht, dass die im aufgespannten biologischen Rahmen erschließbaren Phänomenbereiche keine ontologische Eigenständigkeit (x ist für *E. coli* nicht zuträglich) aufweisen.

3.2. Körperliches Selbst und primordiale Intentionalität

Wie die Ausführungen zur Autonomie und Sinnerzeugung in Bezug auf *E. coli* gezeigt haben, ist es durchaus berechtigt und nicht nur eine *façon de parler*, wenn man bereits solchen basalen autonomen Systemen wie einem Bakterium aufgrund ihrer Struktur und besonderen selbstregulatorischen Konstitution ein „körperliches Selbst" zuschreibt. Dies wird u. a. aufgrund der variablen Handlungen oder Protohandlungen von *E. coli* deutlich, die auf den *Selbst*erhalt der eigenen Systemstruktur bzw. die fortdauernde Integration der eigenen Ganzheit als *dynamische Form* abzielen (Metabolismus).

Mit der Konstitution einer derartigen selbstbezüglichen Ganzheit geht deshalb auch die Emergenz „primordialer Intentionalität" einher. Diese basiert in einer minimalen Form auf der variablen, nicht einfach mechanistisch determinierten, Zielorientierung des Organismus im Hinblick auf seinen Selbsterhalt, welche als Tätigkeit eine neu emergierende (biologische) Sinndimension zur Erscheinung bringt. Diese *für den Organismus* bestehende Sinndimension oder (Um)Welthaltigkeit ist wiederum für die gleichursprüngliche Instanziierung basaler Intentionalität essentiell. Gerade weil dieses „Surplus von Signifikanz" etwas ist, das sich einem wechselseitigen Konstitutionsvorgang verdankt, besteht diese Bedeutsamkeitsdimension auch für den Organismus selber. Es reicht deshalb nicht aus, E. coli primordiale Intentionalität lediglich metaphorisch zuzuschreiben, wie das zum Beispiel gegenüber einem Computer der Fall ist, wenn man ihn als intentionales System wie beim Schachspielen behandelt (Dennett 1971; Searle 1992, 112–114). Denn es handelt sich bei dieser Zuschreibung nicht um ein Produkt der intentionalen Einstellung, die lediglich als instrumentelles, abkürzendes Prognoseinstrument für den Betrachter fungiert, weil die funktionale oder physikalische Beschreibungsebene sich als derzeit zu komplex für die explanatorische Spezifizierung des Gesamtvorgangs erweist. Ganz im Gegenteil ist es die besondere organismische Konstitution selber, die es rechtfertigt, *E. coli* auch eine *intrinsische* und nicht nur *abgeleitete* (vollständig beobachterrelative) Form von Intentionalität zuzuschreiben.

3.3. Die Behandlung der Erklärungslücken im Enaktivismus

Was tragen diese Überlegungen zur Überwindung der Erklärungslücke bei? Dazu ist zu bemerken, dass es im Enaktivismus nicht darum geht, die Erklärungslücke einfach weg zu erklären. Ganz im Gegenteil werden aufgrund der obigen Überlegungen überhaupt erst viel versprechende Forschungsansätze sichtbar, sich in differenzierter Form mit zu unterscheidenden Teilaspekten der Erklärungslücke auseinanderzusetzen, um den Aporien des strikten Dualismus wie auch des Physikalismus zu entgehen. Zu diesem Zweck lässt sich die Behandlung der Erklärungslücke im Enaktivismus in drei Teilbereiche gliedern, zu denen bereits entsprechende Erklärungsansätze erarbeitet worden sind. Wie zu zeigen sein wird, ist es insbesondere die Herausforderung der *absoluten Erklärungslücke*, die eine weitere Behandlung im Rahmen eines idealistischen Forschungsprogramms erforderlich macht, bei der es sich gleichzeitig auch um eine nahe liegende Weiterentwicklung des enaktiven Ansatzes insgesamt handelt. Doch bevor ich auf diesen Gesichtspunkt abschließend näher eingehe, sollen zunächst einige der im Enaktivismus entwickelten Erklärungsstrategien zur Überwindung der Erklärungslücke näher vorgestellt werden.

Eine grundsätzliche Schwierigkeit – die auf Intuitionen des strikten Dualismus und Physikalismus beruht und eine wichtige Spielart der Erklärungslücke generiert – besteht in der Frage, wie ein neuronales Muster oder auch beliebig andere physische Mechanismen es vermögen, phänomenales Bewusstsein zu evozieren. Wie J. Kevin O'Regan, Erik Myin und Alva Noë zu Recht bemerken, wird jeder derartige Vorschlag jedoch immer wieder zu der Gegenfrage Anlass geben, was es nun mit *diesem* spezifischen Prozess oder Mechanismus auf sich hat, dass er in der Lage sein soll, phänomenales Bewusstsein hervorzurufen (2005, 78). Wie die Autoren ausführen und schon näher erläutert wurde, liegt der Fragestellung nach den lokalisierbaren neuronalen Mechanismen die grundsätzliche falsche Vorstellung zugrunde, dass derartige neuronale Zustände überhaupt für Bewusstseinszustände im Sinne einer Wirkursache allein verantwortlich sein könnten.

Ausgehend von den oben geschilderten enaktiven Überlegungen schlagen O'Regan, Myin und Noë deshalb vor, dass es sich bei phänomenalen Bewusstseinserfahrungen um das Ausüben einer Aktivität bzw. Fähigkeit handelt, die überhaupt erst zu kontinuierlichen phänomenalen Bewusstseinserfahrungen führt. Dieser besondere Charakter phänomenaler Erfahrungen ist allerdings nichts, was man neuronalen Vorgängen zuschreiben darf oder auf sie (als Wirkursache) zurückführen könnte. Vielmehr gilt, dass „[f]eel is (...) not ‚generated' by a neural mechanism at all, rather, it is exercising what the neural mechanism *allows the organism to do*. It is exercising a skill that the organism has mastery of" (2004, 79).

Dass qualitative Bewusstseinserlebnisse auf *aktive Vollzugsleistung* des Organismus zurückgeführt werden, korrespondiert den obigen Ausführungen zum Selbst und der primordialen Intentionalität. Auch wenn O'Regan e. a. dies nicht eigens erwähnen, impliziert dies auch, dass phänomenales Bewusstsein nicht von intentionalen Vollzügen abgetrennt werden kann, wie dies in naturalistischen Ansätzen gerne behauptet oder vorausgesetzt wird. Geradezu umgekehrt wird man sagen müssen, dass phänomenales Bewusstsein in den verkörperten prospektiven intentionalen Interaktionen mit der Welt bzw. der sensomotorischen Intentionalität verankert ist (Delafield-Butt und Gangopadhyay 2014, 410).

Wie O'Regan und Noë an anderer Stelle *in extenso* ausgeführt haben, darf diese Aktivität nicht als lediglich interne Repräsentation der Außenwelt missverstanden werden. Der wesentliche Punkt ist demgegenüber, dass Perzepte das auf Kohärenz abzielende Resultat sensomotorischer Interaktionen sind, denen in den einzelnen Sinnesmodalitäten eigene zu erforschende Gesetzmäßigkeiten entsprechen (2001, 940).

Dieser Aspekt führt unmittelbar zu einem weiteren Vorschlag im Hinblick auf die Erklärungslücke. So besteht eine zusätzliche Schwierigkeit darin, zu erklären, warum die neuronalen Aktivitäten des visuellen Kortex mit visuellen Eigenschaften und deren Relationen korreliert sind und nicht zum Beispiel mit haptischen oder akustischen Perzeptionen. Die Antwort oder besser gesagt der Forschungsansatz im sensomotorischen Enaktivismus zu dieser *intermodalen* Erklärungslücke lautet, dass den Wahrnehmungen der einzelnen Sinnesmodalitäten eigene Gesetzmäßigkeiten entsprechen, von denen ausgehend sich dann auch die unterschiedlichen Verarbeitungen oder Resonanzen dieser Wahrnehmungsqualitäten in den unterschiedlichen Arealen aufklären lassen (O'Regan und Noë 2001, 941–942). Davon abzugrenzen ist die *intramodale* Erklärungslücke, bei der die Frage zu beantworten ist, warum eine bestimmte neuronale Aktivität mit einer Rot- und nicht einer Gelbwahrnehmung einhergeht.

Ein weiterer Forschungsschwerpunkt liegt auf Behandlung der *absoluten Erklärungslücke*, warum perzeptuellen Gehalten überhaupt eine besondere qualitative Empfindungsdimension („feel") zukommt. Zu diesem Zweck geben die Autoren einige Kriterien an, die den besonderen qualitativen Charakter von Sinneswahrnehmungen erklären sollen. Dazu gehört beispielsweise die besondere körperliche Präsenz des Wahrnehmungsgegenstandes („Bodiliness") wie auch die spezifische Eindringlichkeit („Grabbiness") der perzeptuellen Erfahrungen. Letzterer Punkt wird in einem kontrastiven Erklärungsansatz näher erläutert. Wenn sich in einem Szenario direkter Wahrnehmung eine plötzliche Veränderung wie das Umstoßen eines Wasserglases ereignet, wird die Aufmerksamkeit direkt auf dieses Ereignis gelenkt, was zum Beispiel bei der Erinnerung an dieses Ereignis in dieser Form so nicht auftritt (O'Regan, Myin und Noë 2004, 81). Diese im Rahmen des vorliegenden Aufsatzes nur skizzenhaft möglichen Ausführungen zur Erklärungslücke im Enaktivismus sollten ausreichen, um zumindest die Stoßrichtung dieses Forschungsansatzes vorzustellen.

Wie ist die explanatorische Leistungsfähigkeit dieses Ansatzes im Hinblick auf das Leib-Seele-Problem einzuschätzen? Zunächst einmal hat zum Beispiel Thompson zu Recht darauf verwiesen, dass die drei gerade charakterisierten Ansätze in vielfältiger Hinsicht ergänzungsbedürftig sind. So fehlt beispielsweise eine Theorie der Akteurschaft wie auch eine Erörterung der präreflexiven Dimension des Selbstbewusstseins (2011, 130). Entsprechende Ergänzungen sind dabei sicherlich zielführend, um dem Enaktivismus in derartigen Detailfragen eine noch größere explanatorische Kraft zu verleihen, als er sie bereits besitzt.

Nichtsdestotrotz kann kein Zweifel daran bestehen, dass, anders als zum Beispiel O'Regan und Noë denken, die absolute Erklärungslücke nicht einfach aufgrund der obigen Ausführungen im Enaktivismus (grundsätzlich) überwunden oder beantwortet wird. Selbst wenn man ihnen zustimmt, dass Qualia keine Zustände und Ereignisse sind, sondern *Arten des Handelns* („ways of acting"), bedeutet das nicht, dass damit die Erklärungslücke – als hätte man einen Kategorienfehler aufgeklärt – einfach verschwindet (2001, 960).

Der Grund ist, dass sich die Frage dahingehend reformulieren lässt, wie es möglich ist, dass Handlungsvollzüge mit derartigen phänomenalen Gehalten („feel") überhaupt emergieren. Thompson hat diese Schwierigkeit letztendlich anerkannt, wenn er zugesteht, dass das klassische Leib-Seele-Problem im Enaktivismus in ein *Körper-Leib-Problem* transformiert wird (2007, 237). Die Frage lautet dann weiter zugespitzt, wie es dazu kommt, dass ein lebendiger Körper auf einer gewissen Komplexionsstufe emergiert, der eine *fühlende Dimension* im Sinne des empfindenden Leibes aufweist und, wie oben beschrieben, noch nicht einmal mit der räumlichen Extension des Körpers koinzidiert. Trotz dieser Einschränkung ist die explanatorische Bedeutung des enaktiven Ansatzes auch für die absolute Erklärungslücke von großer Wichtigkeit. Denn es wird grundsätzlich aufgezeigt, dass Bewusstsein, Leben und Geist sowohl in wichtigen phylo- als auch ontogentischen Kontinuitätslinien stehen. Worin besteht jedoch der weitergehende Vorzug im Hinblick auf das Leib-Seele-Problem, wenn man den Enaktivismus in den Kontext idealistischer Überlegungen und Begründungsstrategien stellt?

4. Die objektiv-idealistische Deutung des enaktiven Forschungsprogramms

Eine große explanatorische Stärke des Enaktivismus im Hinblick auf das Leib-Seele-Problem besteht darin, die Erkenntnis forschungsmethodisch auf unterschiedlichen Ebenen zu operationalisieren, dass bereits in basalen organismischen Lebensformen geistige Prozesse wie die Ko-Konstituierung von Bedeutung im Hinblick auf die Umwelt aber auch eine Art primordialer Intentionalität anwesend ist. Dass bedeutende Vertreter des Enaktivismus und der Phänomenologie wie Varela meinen (Roy 1999), dass die Kontinuität mit den Kognitionswissenschaften eine *Naturalisierung der Phänomenologie* im oben definierten Sinne erforderlich macht, hat Dan Zahavi (2013) in differenzierter Form überzeugend zurückgewiesen.

Wie stellt sich dieser Gesichtspunkt im Rahmen der bisherigen Ausführungen dar? Bei allen Schwierigkeiten, für die Vielzahl naturalistischer Konzeptionen ein einheitliches Muster zu bestimmen, hat Geert Keil herausgestellt, dass das naturalistische Forschungsprogram im Kern auf eine Spielart des „analytischen Naturalismus" verpflichtet ist. Dies bedeutet, dass ein *Explanandum* wie *phänomenales Bewusstsein* zumindest dem Prinzip nach durch ein *Explanans* erklärt werden muss, dass diese genannten Phänomenbereiche selber nicht bereits implizit oder explizit voraussetzt. Gefordert ist somit die empirische (keinesfalls bedeutungsgleiche) extensionale Spezifikation notwendiger oder auch hinreichender Bedingungen, die dieses Kriterium erfüllen (Keil 2001, 192–193).

Es ist im Kontext der bisherigen Ausführungen nicht zu erwarten, dass eine derartige naturalistische Spezifikation zur Lösung des Leib-Seele-Problems bzw. zur Überwindung der Erklärungslücke – auch wenn es lediglich die prinzipielle oder metatheoretische Ebene einer möglichen Ableitungsbeziehung betrifft – gegeben werden kann. Dies hatten bereits die Ausführungen zum Physikalismus und strikten Dualismus (Denkbarkeits-Argument) deutlich aufgezeigt.

Doch legen nicht zum Beispiel die strukturellen Überlegungen und empirischen Forschungsergebnisse zur Konstitution primordialer Intentionalität nahe, dass eine naturalistische Deutung zumindest *dieses* Phänomenbereichs gerechtfertigt werden kann? Dies ist zu verneinen. Weder wird im Hinblick auf die Erklärungslücke gezeigt, wie aus einem nicht-phänomenalen physischen Bedingungsgefüge phänomenale Bewusstseinsgehalte entstehen; noch wird die Ableitung primordialer Intentionalität aus nicht-intentionalen physischen Strukturen oder Systemkonfigurationen aufgezeigt. Dieser Deutungshorizont liegt auch gar nicht im eigentlichen Selbstverständnis des Enaktivismus; denn wie Thompson unter anderem in Auseinandersetzung mit Kim aufgezeigt hat, vertritt er im Hinblick auf Phänomene wie systemische Autonomie, das biologische Selbst und die damit gleichursprünglich einhergehende primordiale Intentionalität eine starke emergentistische Position, die den gerade skizzierten explanatorischen Ansatz des analytischen Naturalismus quasi definitorisch ausschließt.

4.1. Kategorienwissenschaftliche Bestimmungen und transzendentale Perspektiven

Erscheint somit eine naturalistische Überwindung der Erklärungslücke auch für den Enaktivismus nicht zielführend zu sein, ist die Frage zu beantworten, inwiefern hier eine idealistisch-kategorienwissenschaftliche Forschungsperspektive zur weiteren Behandlung der absoluten Erklärungslücke hilfreich sein könnte. Wie David W. Smith zu Recht betont hat, handelt es sich bei der *Intentionalität* oder dem *Selbst* um formale Kategorien, die sich dadurch auszeichnet, dass sie vielen regionalontologischen Bereichen als ein unverzichtbares strukturierendes Prinzip zugrunde liegen (1999, 87).

Dass diesbezüglich die primordiale Intentionalität von *E. coli* sich von den intentionalen Handlungsvollzügen von Personen und auch wiederum von Formen der geteilten und kollektiven Intentionalität signifikant unterscheidet, ist offensichtlich und kann im Detail expliziert werden. Entscheidend ist für unseren Zusammenhang, dass die grundsätzliche Unableitbarkeit der Intentionalität aus nicht-intentionalen Strukturen und Prozessen die Deutung nahe legt, dass sie als abstrakte Eigenschaft bzw. Gegenstand (Type) existiert, weil andernfalls ihre Instanziierung im evolutionären Prozess, wie Kim ganz zu Recht im Hinblick auf starke Emergenzkonzeptionen geltend macht, einem *magischen Sprung* bzw. einer *creatio ex nihilo* gleichkäme. Dies gilt *a fortiori* für phänomenales Bewusstsein bezüglich seines qualitativen Gehaltes (qualitativen Eigenschaften) wie auch der strukturellen Formen des Selbst bzw. der Subjektivität. Sie liegen als kategoriale Gehalte (abstrakte, ideale Gegenstände) bzw. als *real*mögliche Konstituenten der empirischen Wirklichkeit immer schon zugrunde und dürfen deshalb auch *in diesem Sinne* nicht als spätes Produkt der Evolution missverstanden werden. An diese Gesichtspunkte knüpfen sich viele Fragen an, die nicht alle im begrenzten Rahmen dieses Aufsatzes behandelt werden können, weshalb ich mich abschließend auf einige zentrale Hinweise beschränken werde.

Demgemäß ist zuallererst festzuhalten, dass die genannten kategorialen Gehalte als Teil der absoluten Idee von den *endlichen Formen* des Geistes wie dem personalen Selbst des Menschen – dessen konkrete Konstitution von natürlichen und kulturellen Faktoren maßgeblich mit abhängt – unterschieden werden müssen (Hösle 1990, 208). Deshalb ersetzt die apriorisch-transzendentale Entwicklung und Herleitung kategorialer Begriffe im Rahmen einer idealen Logik auch keinesfalls die genaue empirische Bestimmung realisierter bzw. emergierender Prozesse und Strukturen im Zuge der natürlichen und kulturellen Evolution, obwohl eine derartige transzendental-idealistische Fundierung der Wirklichkeit auch wichtige Konsequenzen zum Beispiel für die Evolutionstheorie hat (Wandschneider 2011).

So ist der idealistische Beitrag zur Überwindung der absoluten Erklärungslücke höchst bedeutsam, denn *phänomenales Bewusstsein, Subjektivität* und *Intentionalität* als Teil einer monistisch gefassten absoluten Idee gehören zu den idealen Konstituenten einer sich raumzeitlich entfaltenden Wirklichkeit von Natur und Kultur. Das heißt jedoch, dass es keine absolute Erklärungslücke geben kann, denn der absoluten Idee sind bereits *realiter* und nicht nur der bloßen Möglichkeit nach die strukturellen aber auch qualitativen Dimensionen der genannten Phänomenbereiche inhärent, die im Rahmen einer kategorialen bzw. transzendentalen Logik expliziert werden können.

Anders als im Panpsychismus, dessen Vertreter in manchen Fällen einen Mikrophysikalismus durch einen Mikropsychismus substituieren, wird der Kontinuitätsgedanke des Geistes und des Bewusstseins im absoluten Idealismus somit anders akzentuiert. Bewusstsein und Subjektivität des absoluten Geistes sind irreduzible Konstituenten und Grundbestandteile der Wirklichkeit, die endliche personale Daseinsformen übersteigen, obwohl Letztere an Ersterem notwendig teilhaben. Wie

Hegel nicht müde wird zu betonen, ist das Endliche zum Beispiel als natürliches Dasein im wahrhaft Unendlichen aufgehoben und diesem gerade nicht diametral entgegengesetzt (5.157 ff.; Stern 2009, 63). Dieser Gedanke unterscheidet sich in erheblichem Maße von Formen des Panpsychismus, bei dem im Rahmen eines Mikropsychismus davon ausgegangen wird, dass aus atomistisch verstandenen Qualia letztendlich alle höherstufigen komplexen Bewusstseinsformen linear-additiv zusammengesetzt sind (Strawson 2006, 24 ff.; Chalmers 2013, 8–10).

Das schließt selbstverständlich nicht aus, dass es gute Gründe geben mag, zum Beispiel *E. coli* auch eine primordiale Form des Bewusstseins zuzuschreiben. Der oben skizzierte idealistische Grundgedanke – der anders als der subjektive Idealismus keine Spielart des Konstruktivismus ist, sondern auf einem kategorialen Begriffsrealismus basiert – beantwortet diese Frage nicht, weil er auf einer anderen Erklärungsebene angeordnet ist. Seine Erklärungsreichweite ist zunächst genereller Natur und betrifft u. a. die absolute Erklärungslücke. Darüber hinaus zeigen die obigen Ausführungen aber auch auf, dass die strukturellen Überlegungen zu den Forschungsergebnissen der empirischen Wissenschaften selber eine idealistisch-kategoriale Deutung nahe legen.

Grundsätzlich hat der idealistische Ansatz dabei den Vorzug, dass er nicht beim Körper-Leib-Problem stehen bleibt oder wie Noë dessen Herausforderung zu einem bloßen Kategorienfehler stilisiert, sondern anerkennt, dass es *einerseits* für die genannten kategorialen Formen wie Bewusstsein, Intentionalität und Subjektivität eine andere Grundlage als die der endlichen Wirklichkeit geben muss. *Andererseits* verbürgt Letztere aber Überhaupt erst die Möglichkeit, dass endliche Subjekte mit phänomenalen Bewusstseinserlebnissen auf den unterschiedlichen Entwicklungsstufen der Natur emergieren und evolvieren.

5. Fazit

Ausgehend von bestimmten Grundannahmen und daraus folgenden Aporien im reduktiven Physikalismus und strikten Dualismus wurde ausgeführt, inwiefern diese Positionen im Hinblick auf das Leib-Seele-Problem bzw. die Erklärungslücke *explanatorisch* und *ontologisch* unbefriedigend sind. Demgegenüber wird im Enaktivismus Hans Jonas' zentrale Auffassung, dass es eine basale Kontinuitätslinie zwischen Leben und Geist gibt, forschungsmethodisch operationalisiert und für die Explikation und Bearbeitung der Erklärungslücke fruchtbar gemacht. Dieser Kontinuitätsgedanke enthält bereits wichtige Aspekte, die einer objektiv-idealistischen Deutung der Wirklichkeit nahe kommen. Was die *absolute Erklärungslücke* anbelangt, ist jedoch im Hinblick auf den Enaktivismus zu konstatieren, dass trotz der bedeutenden Rekonzeptualisierung des Leib-Seele-Problems letztendlich doch von einer *Problemverschiebung* zum Leib-Körper-Problem gesprochen werden muss. Um auch diese Schwierigkeit zu überwinden, erscheint eine begriffliche Fundierung von Bewusstsein, Subjektivität und Intentionalität in der *absoluten Idee*, wie oben ausgeführt, zielführend zu sein. Dass es explantorisch vielversprechend ist, den damit verbundenen Fragestellungen aus idealistischer Perspektive weiter nachzugehen, sollte im Rahmen dieses Aufsatzes aufgezeigt werden.

Idealismus und die Paradigmen der Hermeneutik

Andreas Spahn

1. Einleitung

Nicht selten dient dem Zeitgeist die Geschichte der Philosophie häufig als Argument gegen die Möglichkeit systematischer Philosophie. Ein erster Blick auf die Philosophiegeschichte scheint bei oberflächlicher Betrachtung nahezulegen, dass ein Konsens darüber fehlt, was die angemessene Methode des Philosophierens ist und welche philosophischen Weltanschauungen überzeugen. Der Verdacht liegt nahe, dass die Philosophiegeschichte sich im besten Fall als eine mehr oder weniger beliebige Abfolge von historisch bedingten Weltanschauungen lesen lässt, die alle jeweils den Anspruch auf Wahrheit erheben, sich jedoch nicht ohne Weiteres miteinander in Einklang bringen lassen und die „für uns heute" häufig eher historisch als systematisch interessant sind. Für den modernen Zeitgeist ist daher das Projekt idealistischer Philosophie verdächtig, da es als Prototyp einer monolithischen Philosophie gilt, die die Lehren des Pluralismus und Historismus übersehen habe und sich nicht so recht in den postmodernen Zeitgeist fügen will. Freilich lässt sich das Gesagte auch umdrehen: Möglicherweise liegt die größte Stärke einer idealistischen Position darin, den Anspruch auf eine Synthese zu stellen, die verschiedene Auffassungen integrieren kann.

Für die Hermeneutik ist diese Auseinandersetzung mit dem Idealismus und dessen Versuch, verschiedene Positionen zu synthetisieren, in mehrfacher Hinsicht relevant. Zum einen stellt die Anerkenntnis der Vielheit der menschlichen Weltanschauungen, Traditionen, Wertauffassungen, Kunststile und Religionen für die Geisteswissenschaften einen großen Reichtum an Objektivationen des Geistes dar, die Gegenstand des „Verstehens" werden können. Zum anderen ruft die Vielheit der

Tradition aber unwillkürlich die Frage nach dem Wahrheitsbegriff der Geisteswissenschaften hervor. Lediglich eine archivarische Kulturgeschichtsschreibung, die nicht *von*, sondern nur *über* ihren Gegenstandsbereich lernen will, kann möglicherweise darauf verzichten, systematisch auf die Möglichkeiten hermeneutischer Wahrheit zu reflektieren. Wenn man jedoch aus der Perspektive des Idealismus die Hermeneutik betrachtet, ist es nötig zu bestimmen, was „Wahrheit" in den Geisteswissenschaften bedeuten kann und inwiefern ein hermeneutisches Lernen von der Tradition möglich ist.

Ich möchte im Folgenden zunächst eine Deutung der Geschichte der Hermeneutik vorschlagen, die sich ergibt, wenn man eine idealistische Geschichtsphilosophie, wie Vittorio Hösles Paradigmenthese aus *Wahrheit und Geschichte*, auf die Geschichte der Hermeneutik anwendet (2). Im nächsten Abschnitt wird dann Hans-Georg Gadamers einflussreiche Bestimmung der philosophischen Hermeneutik mit einer idealistischen Deutung dieser Disziplin verglichen, um für eine alternative Ausrichtung der Hermeneutik zu plädieren, die einige Unzulänglichkeiten von Gadamers philosophischer Hermeneutik überwinden kann (3).

2. Die Geschichte der Hermeneutik aus der Perspektive des Idealismus

In *Wahrheit und Geschichte* (1984) und in *Hegels System* (1987a) hat Hösle nicht nur eine ausführliche philologisch-systematische Interpretation des objektiven Idealismus vorgelegt, wie er innerhalb der Philosophiegeschichte vor allem bei Platon und Georg Wilhelm Friedrich Hegel ausgearbeitet wurde. Vielmehr versucht er darüber hinaus, die Grundzüge einer Modernisierung dieses Philosophietyps für die Gegenwart zu skizzieren. Zentrale Anliegen sind dabei erstens die Verbindung der Einsicht in den geschichtlichen Wandel der philosophischen Weltanschauungen einerseits mit dem notwendigen Festhalten an der Zeitlosigkeit der Wahrheit andererseits (vor allem in *Wahrheit und Geschichte*). Zweitens plädiert Hösle für die Integration der Kategorie der „Intersubjektivität" als einer zentralen Kategorie jeder gegenwärtigen Wiederbelebung des Idealismus (vor allem in *Hegels System*). Beide Momente stellen nicht nur für die Metaphysik, sondern auch für die philosophische Hermeneutik eine zentrale Herausforderung dar.

In *Wahrheit und Geschichte* entwickelt Hösle eine zyklische Interpretation der Philosophiegeschichte, die in vielerlei Hinsicht dem hegelianischen Geschichtsmodel verpflichtet ist. Hösle schlägt dabei vor, die Vielfalt philosophischer Paradigmen nicht im Widerspruch zu der Möglichkeit zeitloser Wahrheit zu sehen. Vielmehr lasse sich die Pluralität historischer Positionen reduzieren auf einige wenige Grundpositionen, die konsistente Ausarbeitungen eines Philosophie*typus* sind. Darüber hinaus lässt sich in der Abfolge der historischen Positionen eine Logik erkennen, die von einer thetisch-realistischen Position ausgeht, von der aus der Empirismus als zweiter Philosophietypus überleitet zu einem Skeptizismus. Die innere Selbstwidersprüchlichkeit des Skeptizismus wiederum führt zu einer Reflexion auf unhintergehbare Wahrheitsbedingungen, die ihrerseits zunächst in der Form des subjektiven Idealismus ausgearbeitet werden, bevor ein objektiver Idealismus entsteht, der gleichsam Abschluss und Synthese eines Zyklus darstellt.

Die jeweilige Wiederholung der Zyklen im Verlaufe der Geschichte der Philosophie ist nach Hösle nicht lediglich eine Wiederholung des ewig Gleichen, sondern folgt ebenfalls einer Entwicklungslogik, in der ein Paradigma der Objektivität, der Subjektivität und der Intersubjektivität aufeinander folgen. Für die Gegenwart gelte es daher, den Idealismus der Subjektivität bei Hegel entsprechend aus der Perspektive der Intersubjektivität zu aktualisieren.

Eine Drei-Paradigmen-These findet sich – freilich nur als kürzere Skizze und ohne Bekenntnis zum Idealismus als synthetischer Philosophie – auch bei Karl-Otto Apel (2002, 1–29). So sei für die Antike und das Mittelalter die erste Philosophie Metaphysik oder Onto-Theologie, in ihr geht es um die Erkenntnis der höchsten Prinzipien des *Seins*. Dieses Primat der Ontologie wird in der Neuzeit abgelöst durch eine Reflektion auf das erkennende *Subjekt*. So betont René Descartes den epistemologischen Primat des *cogito*: Gewissheit der Erkenntnis ist nur im Bezug auf das „Ich-denke" möglich. Entsprechend versucht Immanuel Kant praktische und theoretische Philosophie in den Leistungen der erkennenden Vernunft zu verankern. Nach Apel ist noch Edmund Husserls Wendung zum transzendentalen Subjekt Ausdruck dieses neuen Ausgangspunktes der Philosophie. Die Erkennbarkeit der Welt, ja ihre Existenz wird zu einem philosophischen Problem, das auch Kant in dem Versuch eines Beweises der Außenwelt beschäftigt. Ein drittes Paradigma zeichnet sich auch für Apel mit der Hinwendung zur *Intersubjektivität* ab. Das Aufkommen von *Sprachanalyse*, *Sprachhermeneutik* und *Sprachpragmatik*, bzw. der linguistic-hermeneutic-pragmatic turn der Philosophie zeige, dass nun nicht mehr das erkennende transzendentale Subjekt, sondern die Interpretationsgemeinschaft in den Mittelpunkt rückt.

Zentral ist dabei auch für Apel, dass der Übergang der Paradigmen einen Fortschritt darstellt, da erst mit der Beziehung von Objekt, Subjekt und Ko-Subjekt die erkenntnistheoretische Relation alles menschlichen Wissens vollständig erfasst sei. So ignoriere die Ontotheologie des ersten Paradigmas häufig die Leistungen des Subjektes. Erst mit der Hinwendung zur neuzeitlichen Subjektivität wird sich die

Philosophie der konstituierenden Rolle transzendentaler Subjektivität bewusst. Das Zeitalter der Intersubjektivität erfordert auch nach Apel eine Neuausrichtung der ersten Philosophie, in der die Hermeneutik Ontologie und Bewusstseinsphilosophie versöhnen könne. Apel plädiert folglich für eine intersubjektive Erneuerung des subjektiven Idealismus, wohingegen Hösle für eine Rehabilitierung des objektiven Idealismus votiert.

Wendet man die geschichtsphilosophischen Thesen von Hösle und Apel auf die Hermeneutikgeschichte an, so ergeben sich mehrere interessante Schlussfolgerungen, die ich in größerer Ausführlichkeit in dem historischen Teil meiner Studie zur Hermeneutik ausgearbeitet habe (Spahn 2008). Im Wesentlichen lassen sich auch für die Geschichte der Hermeneutik drei grundsätzliche Paradigmen unterscheiden: ein *traditionsstiftend-normatives* Paradigma, in dem der Wahrheitsanspruch des *Interpretandums* (des „Objekts") in Zentrum steht; ein *rationalistisch- bzw. historisch-kritisches* Paradigma, in dem sich der Schwerpunkt auf die kritischen Ansprüche des *Interpreten* (des „Subjekts") verlagert; und schließlich das gegenwärtige *intersubjektiv-synthetische* Paradigma, indem etwa die Arbeiten von Gadamer und Apel zur philosophischen Hermeneutik eingeordnet werden können, die die intersubjektiven Momente des Verstehensprozesses betonen.[1] Während Gadamer eine eher thetisch zu nennende Interpretation der Kategorie der Intersubjektivität vorlegt – die herrschende Tradition ist zugleich wesentliche Wahrheitsquelle –, betont Apel die kontrafaktische Dimension der Intersubjektivität. Gadamer denkt ontologisch, Apel erkenntnistheoretisch. Die dem objektiven Idealismus eigentümliche Verbindung von Erkenntnistheorie und Ontologie bietet, so soll im Folgenden argumentiert wer-

---

1 Natürlich ist eine solche Gliederung der reichen Geschichte der Hermeneutik nur eine erste Annäherung; es kann durchaus zugegeben werden, dass sich Übergänge und „Ungleichzeitigkeiten des Gleichzeitigen" finden lassen: So lassen sich jeweils in der Periode des normativen-traditionsstiftenden Paradigma ebenso Elemente rationalistischer Kritik finden, wie andererseits auch das historisch-kritische Paradigma durchaus das Lernen von der Tradition kennt. Ferner ist zuzugeben, dass die Hermeneutik in einem gewissen Sinne natürlich stets von der Kategorie der Intersubjektivität bestimmt wird, da es in ihr zumeist um das Verstehen der Objektivationen des Geistes geht. Verstehen aber ist ein intersubjektiver Akt – anders als einsame Naturerkenntnis (dennoch lässt sich auch der Gegenstand und der Interpret selbst intersubjektiv fassen, nämlich als durch die Tradition bestimmt oder als Mitglied einer Interpretationsgemeinschaft – ich werde in Abschnitt 3. darauf zurückkommen). Dass daher in einem gewissen Sinne zu jeder Zeit die Kategorien Subjektivität, Objektivität und Intersubjektivität eine Rolle spielen, soll folglich nicht bestritten werden. So gliedert etwa Marcus Willand in seiner Studie die gegenwärtigen Lesermodelle der Rezeptionstheorie entsprechend diesen drei Kategorien in objektivistische, subjektivistische und intersubjektivistische („interaktionistische") Theorien (2014, 125 ff.).

den, das Potential, innerhalb der Hermeneutiken des intersubjektiven Paradigmas eine umfassendere Theorie entwickeln zu können, als es Gadamer und Apel gelungen ist. Werfen wir zunächst einen Blick auf die Geschichte der Hermeneutik im Lichte einer idealistischen Geschichtsphilosophie.

In dem ersten, traditionsstiftend-normativen Paradigma steht der Wahrheitsanspruch des Textes im Zentrum, von dem man lernen möchte. Dieser Typ der Hermeneutik spielt daher eine zentrale Rolle im Kontext autoritativer Texte. Diese Form der Hermeneutik hat daher ihre Blüte in der Bibelexegese des Späthellenismus (etwa bei Philo von Alexandrien 1909–1964; Origenes 1992; Augustinus 2002) und des Mittelalters (etwa bei Hugo von St. Viktor 1939).[2] Gemeinsamer Ausgangspunkt ist dabei die Annahme der göttlichen Autorität der Schrift, die geoffenbarte Wahrheiten enthält (Spahn 2008, 42 ff.). In mehrerlei Hinsicht ist diese Hermeneutik gleichsam subjektlos: Die Wahrheit der Bibel ist primär göttlichen Ursprungs. Die menschlichen Verfasser der Schrift und ihr geschichtlicher Kontext sind nicht weiter relevant, da es eben nicht um die Rekonstruktion subjektiver Äußerungen einzelner historischer Autoren geht, sondern um den idealen überzeitlichen göttlichen Gehalt der Schrift. Entsprechend sind die (angenommenen) Autoren der Bücher der Schrift entweder selbst heilig oder gelten als göttlich inspiriert.[3] So ist etwa nach Philo die Heilige Schrift Zeugnis göttlicher Inspiration der Propheten, auch bei der *Übersetzung* der Septuaginta gewährt göttlicher Beistand eine akkurate und übereinstimmende Übertragung der Originalbedeutung in eine andere Sprache. Schließlich kann göttliche Inspiration auch bei der *Interpretation* der Schrift eine Rolle spielen (Spahn 2008, 44–46).

Augenfälligstes Merkmal der normativ-traditionsstiftenden Hermeneutik ist aus moderner Sicht darüberhinaus der Versuch, auch dann noch an der Wahrheitsunterstellung des Textes festzuhalten, wenn dieser auf dem ersten Blick Unwahres oder gar Unziemliches enthält. Der Vorrang des Objektes der Hermeneutik wird daher besonders in der Theorie der allegorischen Interpretation deutlich. Dabei wird angenommen, dass hinter dem vordergründigen wörtlichen Textsinn noch eine tiefere Wahrheit verborgen liegt, die es in der Interpretation zu erkenne gelte. Dies ist durchaus eine plausible Maxime der Interpretation. Interpretationsbedürftig ist oft nämlich nicht das Gesagte oder Geschriebene, sondern dasjenige, was mit dem Gesagten oder Geschriebenen eigentlich gemeint ist. Bei einem gelungenen Kunstwerk etwa ergibt sich die Bedeutung erst aus dem Zusammenspiel und dem Erfassen des

---

2   Vgl. allgemein zur Hermeneutik des Mittelalters: Beryl Smalley (1964), Gillian R. Evans (1984), Hennig Brinkmann (1980) und Hösle (1992).
3   Vgl. zur Inspirationslehre: Rudolf Burckhardt (1988), Gerhard Meier (2005, 79 ff.).

eigentlichen Zusammenhanges hinter den vordergründigen Elementen. Ebenso ist eine allegorische Interpretation plausibel bei Gleichnissen oder Metaphern, die bewusst auf eine tiefere Einsicht abzielen. Auffällig an der Praxis der allegorischen Bibelinterpretation ist jedoch der häufig apologetische Zug, Textstellen umzudeuten, die etwa moralisch anstößig sind, z. B. dass Abraham zwei Frauen habe (Origenes *De Principis*, IV, 2,2). So ist für Augustinus die allegorische Interpretation der Bibel dann gestattet, wenn der Wortsinn nicht mit der Vorstellung des liebenden Gottes in Einklang gebracht werden kann (*De Doc. Chr.*, II, xv.23). Diese Annahme ergibt ein Kriterium der Bibelinterpretation (*De Doc. Chr.*, II, x.14, vgl. ebd. III, xii.18 und ebd. III, xii.20). Im Mittelalter wird dann die Unterscheidung eines vierfachen Schriftsinnes Gemeingut, die neben der historischen (wörtlichen) Auslegung, einen moralischen, einen allegorischen (im engeren Sinne) und einen anagogischen Sinn unterscheidet (Brinkmann 1980, 243; Schnelle 2000, 171).

Mit aller Vorsicht, die bei solchen überblicksartigen Zusammenfassungen geboten ist, lässt sich sagen, dass im normativ-traditionsstiftenden Paradigma der Text als die grundlegende Wahrheitsquelle verstanden wird. Individualität und Originalität (d. h. Momente der *Subjekt-Dimension*) sind keine zentralen Forderungen. Einordnung, Weitergabe und Bewahrung der Tradition sind unauflöslich verknüpft mit der Schriftauslegung.

Ein auffälliger Wandel tritt innerhalb der Hermeneutik ein mit dem Übergang zum *rationalistisch-kritischen* Paradigma, der einhergeht mit dem Übergang zur Vorurteilskritik der Aufklärung und der Aufwertung der Vernunft. Wahrheit ist nicht primär die tradierte Wahrheit der heiligen Texte, sondern bedarf einer methodisch gesicherten Überprüfung durch die Vernunft. Ein gleichsam objektorientierter Wahrheitsbegriff („Wahrheit ist im Interpretandum, d. h. der Heiligen Schrift, verortet") wird abgelöst durch einen subjektorientierten Wahrheitsbegriff („Wahrheit ist eine methodische Erkenntnisleistung des kritischen Subjekts"). Daneben spielt in der Bibelhermeneutik der Protestantismus eine wichtige Rolle mit seinem Bekenntnis zum *sola scriptura*; ferner befördert der Streit der Konfessionen die Idee, mit der Vernunft nach letzter Gewissheit zu suchen.

In der Hermeneutik finden wir diesen Übergang zu einer rationalistischen Hermeneutik besonders prominent bei Baruch de Spinoza ausgearbeitet. Zum einen kritisiert dieser zahlreiche Elemente tradierter Religiosität. Die Vernunft alleine reicht nach Spinoza aus, Gott und seine Gebote zu erkennen, eine übernatürliche Offenbarung sei nicht notwendig (*Traktat* 1994, 74 ff.). Der wörtliche Glaube an die Geschichten der Bibel, das Festhalten an Ritualen der Religionen und der Wunderglaube sind weitere Elemente, die Spinoza kritisiert (1994, 70 ff., 95–97). Diese Wendung hin zu einem Rationalismus in Fragen der Religion hat Auswirkungen auf die Hermeneutik. Wenn im Wesentlichen die Vernunft des Menschen als überlegene oder zentrale Wahrheitsquelle gilt, kann nun umgekehrt jeder Text – auch die Heilige Schrift – im Lichte der Vernunftwahrheiten gedeutet und kritisiert werden. Das Kernstück der Hermeneutik von Spinoza ist daher die Trennung der Bedeutung einer Stelle von der Frage nach der Wahrheit einer Stelle: „Es ist ein anderes, die Schrift und den Sinn der Propheten, ein anderes aber, den Sinn Gottes, d. h. die Wahrheit der Sache selbst zu verstehen" (1994, 180).

Entsprechend kritisch wendet sich Spinoza gegen die allegorische Umdeutung von Bibelstellen und betont, es gehe darum, den wahren Sinn einer Stelle zu verstehen und nicht Bedeutung mit Sachwahrheit zu verwechseln: „Man muss sich vor allem hüten, solange der Sinn der Schrift in Frage steht, dass man sich nicht durch eigene Erwägungen, soweit sie auf den Prinzipien natürlicher Erkenntnis beruhen (ganz zu schweigen von den Vorurteilen), dazu verleiten lässt, den wahren Sinn einer Stelle mit der Wahrheit ihres Inhaltes zu verwechseln. Der Sinn ist bloß aus dem Sprachgebrauch zu ermitteln oder aus solchen Erwägungen, die nur die Schrift als Grundlage anerkennen" (1994, 222). Spinoza argumentiert daher dafür, philologisches Hintergrundwissen bei der Auslegung stärker zu berücksichtigen, wie etwa Wissen über die historischen Umstände des Autors (1994, 276–278).

Eine konsequente Ausarbeitung des subjektkritischen Paradigmas findet sich nach Spinoza dann vor allem in der Aufklärungshermeneutik.[4] Man kann dabei sagen, dass die Aufklärungshermeneutik historisch wie systematisch die Mitte hält zwischen einer starken Fokussierung auf die Wahrheitsansprüche des Texts im Späthellenismus und Mittelalter sowie dem späteren Verzicht auf die Idee überzeitlicher Wahrheit im Historismus und der Spätmoderne (Spahn 2011, 423–454; 2008, 124). Geht es Spinoza noch vor allem um die Auslegung der Heiligen Schrift, so entsteht im Kontext des Rationalismus der Aufklärung die Idee einer universalen Hermeneutik. Für Johann Conrad Dannhauer (1642), Johannes Clauberg (1654) und Christian Thomasius (1691) gilt, dass die Hermeneutik eine methodische Wissenschaft für den Umgang mit allen Texten ist, die systematisch zur Logik gehört.

Zentral ist die Idee, dass die Hermeneutik den Regeln der Vernunft zu folgen hat. Dabei ist die Trennung zwischen Wahrheit und Bedeutung einer Stelle weiterhin ein wesentliches Element. So geht es nach Thomasius in der Verstehenslehre nicht um die Wahrheit des Gesagten, sondern darum, die Meinung eines Anderen zu verstehen (3.31, 165; 3.25, 163). Ausführlich wird die Hermeneutik dann bei Georg Friedrich Meier (1757) und Johann Martin Chladenius (1742) behandelt. Beide betonen

---

4 Vgl. Werner Alexander (1993), Peter Ruth (2002), Axel Bühler (1994), Manfred Beetz und Giuseppe Cacciatore (2000).

dabei besonders das Prinzip der billigen Interpretation (1757, § 89, 35; 1742, § 303, 178). Auch wenn Wahrheit und Bedeutung getrennt werden müssen, soll bei der Auslegung zunächst unterstellt werden, dass der Autor im Grunde rational ist; d. h. er hat etwas Wahres auf eine vernünftige Art mitteilen wollen. Daher soll man Texte zunächst so interpretieren, als ob sie die Wahrheit enthielten. Erst wenn diese Bemühungen scheitern, ist es erlaubt, bei der Interpretation äußere Gründe anzugeben, warum sich in einem Text Fehler oder Mängel finden.

In gewisser Hinsicht kann man das Prinzip der Billigkeit historisch als eine Säkularisierung der normativ-traditionsstiftenden Hermeneutik lesen: Der allwissende göttliche Autor der Schrift wird durch den in seiner Zeit stehenden historischen, aber im Grunde vernunftbegabten Autor ersetzt. Aus der Wahrheitsunterstellung wird ein heuristisches Prinzip, das allerdings nur noch so lange aufrecht erhalten werden soll, „bis das Gegenteil erhellet", wie es bei Meier häufig heißt. Vor dem Hintergrund der Leibnizianischen Philosophie führt Chladenius dann ferner den „Sehepunkt", d. h. die Perspektive des Autors ein, die auf die spätere Standortgebundenheit verweist (§§ 308 ff., 185 ff.). Der Sehepunkt muss bei der billigen Interpretation berücksichtigt werden.

Während sich somit zahlreiche Momente der Aufklärungshermeneutik vor dem Hintergrund der neuzeitlichen Betonung des vernunftbegabten Subjektes verstehen lassen, entsteht im Übergang zum Historismus schließlich eine stärkere Betonung des Kontextes und des kulturellen Hintergrunds des Autors, die bei Spinoza, wie gesehen, bereits angelegt ist. Die Texte werden nun nicht primär als Ausdruck zeitloser Normen oder als Mitteilungen vernunftbegabter Subjekte verstanden, sondern vor dem Hintergrund ihrer Zeit verstanden. Somit setzt gleichzeitig mit dem Historismus der allmähliche Übergang zum Zeitalter der Intersubjektivität an. Auch hier möchte ich mich auf wenige Thesen beschränken.

Im Übergang von der Aufklärung zur Romantik und zum Historismus werden drei Kategorien zentral innerhalb der Hermeneutik: *Geschichtlichkeit*, *Individualität* und *Sprache*. Alle drei Momente sind einerseits Fort- und Weiterentwicklungen des Subjektparadigmas. Allerdings markieren sie zugleich andererseits den Übergang von dem idealen transzendentalen vernunftbegabten Subjekt zu dem realen, geschichtlich verorteten, individuellen Menschen, der mehr ist als nur ein Sprachrohr der Vernunft und der vor dem Hintergrund der Kultur seiner Zeit Werke verfasst.

Eine wichtige Stellung in diesem Übergang nimmt das Werk Johann Gottfried Herders ein. Herders ambivalente Haltung zum Rationalismus der Aufklärung ist ein oft diskutiertes Thema in der Sekundärliteratur (Gaier 1989, 261–276; Heinz 1994). Deutlich ist seine Kritik an einer Verkürzung der menschlichen Fähigkeiten auf abstrakte Vernunfterkenntnis, wie er sie etwa in den Evidenzen und Demonstrationen der Wolffschen Schule vorfindet und in dem verhängnisvollen Hang des Menschen, stets Systeme errichten zu wollen, die aber nie gänzlich überzeugen können (1967, 8.179 ff.). In Herders Sensualismus hängt das Denken maßgeblich vom Empfinden ab. Er begrüßt daher im Grundsatz die Erweiterung der Vernunftlehre durch die Ästhetik bei Alexander Gottlieb Baumgarten und Meier. Die reine weltlose Vernunft der Aufklärung wird gleichsam historisch und sensualistisch geerdet: Kontext, Erfahrungswelt und Lebenswirklichkeit bestimmen Tun und Handeln des Menschen; die Hermeneutik muss dies reflektieren.

Zentral ist daher Herders Betonung der Geschichtlichkeit des Menschen. Er betont, dass „jede Nation (...) ihren Mittelpunkt der Glückseligkeit in sich [hat], wie jede Kugel ihren Schwerpunkt" (1984–2002, 1.618). Es ist folglich wichtig, jede Kultur aus sich selbst heraus zu verstehen und sie nicht vorschnell mit den Maßstäben der eigenen Zeit zu be- oder gar zu verurteilen. Schließlich betont Herder, dass der Mensch nicht in abstrakten Vernunftkategorien denkt, sondern in wirklicher Sprache (1967, 21.19). Sprache übermittelt jedoch zugleich die Deutungsmuster, Erfahrungen, Kategorisierungen und (Wert-)Urteile der Tradition (1967, 8.198).

In vielerlei Hinsicht lassen sich diese Momente von *Individualität*, *Geschichtlichkeit* und *Sprache* auch entsprechend bei Friedrich Schleiermacher und Wilhelm Dilthey aufweisen. So findet sich in Schleiermachers Dialektik ein Verweis auf die Sprachgebundenheit dieser Disziplin, der weder in Johann Gottlieb Fichtes Wissenschaftslehre noch in Kants Transzendentalphilosophie eine Rolle spielt (1977, 420). Schleiermacher geht vor allem von der Vielheit der realen Sprachen und dem im Werden befindlichen Wissen aus. In seiner Hermeneutik schließlich findet sich die Verbindung der Kategorien der Sprache und der Individualität: Jede Rede muss vor dem Hintergrund der Sprache und vor dem Hintergrund der Individualität des Autors verstanden werden (1977, 77 ff.). Dilthey schließlich fordert in Ergänzung zu den Kritiken von Kant eine Kritik der *historischen* Vernunft, die den Ausgang bei den konkreten Erlebnissen des Subjektes nimmt (1914–2006, 1.xviii). Weder der positivistische Empirismus der Naturwissenschaften noch die abstrakten Vernunfttheorien der Aufklärung können den Geisteswissenschaften nach Dilthey ein ausreichendes Fundament geben (1914–2006, 5.256).

Zusammenfassend ist die bei Herder, Schleiermacher und Dilthey sich vollziehende Hinwendung zur konkreten Individualität somit zugleich eine Kritik am reinen Vernunftsubjekt der Aufklärung. Die Anerkennung der geschichtlichen Konstituiertheit des Menschen und die Betonung des Einflusses der Sprache (und der Tradition, in der man steht) auf das Denken verdeutlichen den Übergang zur Betonung der Intersubjektivität. Noch bei Gadamer bilden die (intersubjektiven) Kategorien der Sprache und der Geschichtlichkeit wesentliche Momente der Verstehensbedingungen. Allgemeinheit und Vernunft drohen hingegen ihren Stellenwert innerhalb der Hermeneutik zu verlieren.

Begann die Hermeneutik mit einer starken Wahrheitsunterstellung, so ist was „Wahrheit" überhaupt ist im Kontext des Historismus nur schwer rekonstruierbar. Die Vielheit der Traditionen, der philosophischen Weltanschauungen, der Religionen, der Kunststile erschwert die Aufgabe der Hermeneutik. Wie kann die gegenwärtige Hermeneutik auf die Herausforderungen des Historismus reagieren und welche Rolle kann eine idealistisch inspirierte Version der philosophischen Hermeneutik spielen bei der Analyse der Bedingungen des Verstehens?

3. Das Programm einer synthetischen Hermeneutik im objektiven Idealismus

Wenn man von den soeben skizzierten Überlegungen zur Geschichte der Hermeneutik ausgeht, dann stellt sich die Frage, welchen Wahrheitsbegriff die philosophische Hermeneutik heute zugrunde legen muss. Will man sie im Sinne des objektiven Idealismus als Synthese vorausgegangener Paradigmen begreifen, so muss sie zwei Dinge leisten: Sie muss das Lernen von der Tradition des ersten Paradigmas eben so möglich machen wie die kritische Überprüfung sowie die Trennung von Wahrheit und Bedeutung des zweiten Paradigmas. Im Einklang mit der skizzierten idealistischen Geschichtsphilosophie liegt ferner die Vermutung nahe, dass die Kategorie der Intersubjektivität von zentraler Bedeutung sein muss. Es ist daher nicht verwunderlich, dass in den jüngeren Beiträgen zur philosophischen Hermeneutik eine Verbindung der Kategorien der Wahrheit und der Intersubjektivität eine zentrale Rolle spielt. Ein Blick auf Gadamer und Apel zeigt, dass beide in der Tat eine intersubjektive Kategorie in ihren jeweiligen Ausarbeitungen zur philosophischen Hermeneutik mit der Wahrheitsfrage verbinden. Bei Gadamer ist dies die *faktische auf uns wirkende Kommunikationsgemeinschaft der Vergangenheit*, d. h. die Tradition, die in Wahrheitsfragen innerhalb der Hermeneutik maßgeblich ist. Bei Apel ist dies die *kontrafaktische Diskursgemeinschaft der Zukunft*.[5]

Der bedeutendste jüngere Beitrag zur philosophischen Hermeneutik ist sicherlich Gadamers *Wahrheit und Methode*. Vor dem Hintergrund der geschilderten Paradigmenthesen lassen sich zentrale Momente des Wahrheitsverständnisses von Gadamer als Kritik am Subjekt-Paradigma deuten. Er kritisiert das Subjekt-Objekt-Methoden-

---

5   Im Folgenden beschränke ich mich aus Raumgründen auf zentrale Aspekte von Gadamers Hermeneutik. Für Apel siehe: K.-O. Apel (1979; 1998, 569–607). Vgl. A. Spahn (2008, 286 ff).

ideal, das den Naturwissenschaften zugrunde liegt, und wendet zu Recht ein, dass die Hermeneutik nicht nach der Vorgabe des Szientismus gestaltet werden kann. Zweitens kritisiert Gadamer die Vorrangstellung des aufklärerischen Subjektes und seine angebliche Enthobenheit und Überlegenheit gegenüber der Tradition. Drittens weist er die Auffassung zurück, der hermeneutische Prozess ziele auf die Rekonstruktion der Autorintention oder auf die Erkenntnis und Erfassung des Seelenlebens des Autors. Betrachten wir diese drei Kritiken am Subjekt-Objekt-Paradigma im Einzelnen.

3.1. Kritik am Subjekt-Objekt-Paradigma

Gadamers Wahrheitsbegriff[6] liegt der verdienstvolle Versuch zugrunde, ein Wahrheitsverständnis zu entwickeln, das dem eigentümlichen Gegenstandsbereich der Geisteswissenschaften gerecht wird und sich gegen den Positivismus richtet. Trotz aller Kritik an Dilthey steht er damit in der bereits erwähnten Tradition einer „Kritik der historischen Vernunft". Dabei wendet Gadamer sich in *„Wahrheit in den Geisteswissenschaften"* gegen die Vorstellung, dass sich nur mit der Methodik der Naturwissenschaften wissenschaftlich gesicherte Wahrheit finden lasse (1999, 2.37–43). In *Wahrheit und Methode* betont er mit Heidegger, dass das naturwissenschaftliche Erkenntnisideal möglicherweise für die *res extensa* angemessen ist. Für eine Beschäftigung mit dem Dasein, das dem Wesen nach historisch ist, ist ein solcher methodischer Rigorismus nicht adäquat.[7]

Aber, und damit kommen wir zum zweiten Punkt, auch die Bestimmung der Subjektivität, wie sie in der Aufklärung vorgenommen wurde, greift nach Gadamer zu kurz. Die Aufklärung denke das Subjekt im Wesentlichen als zeitloses und weltloses Vernunftwesen und unterliege damit ebenfalls einer positivistischen Illusion. Gadamer kritisiert, die Aufklärung ignoriere die *Geschichtlichkeit* des Menschen und die Tatsache, dass der Mensch nicht aus einer zeitlos apriorischen Sicht seine Lebensäußerungen vornehme, sondern stets in der Überlieferung steht. Man erkennt hier unschwer die Nachwirkungen von Herder, aber auch von Martin Heideggers Kategorien des Mitseins und der in *Sein und Zeit* betonten wesentlichen Geschichtlichkeit des Daseins. Bekannt ist Gadamers Wendung gegen die Vorurteilskritik der Aufklä-

---

6 Vgl. zum Wahrheitsbegriff bei Gadamer: Jean Grondin (1994) und Dieter Teichert (1991).

7 Interessant ist, dass Gadamer in *„Wahrheit in den Geisteswissenschaften"* nicht auf die „Innenseite" verweist, die Menschen von den Gegenständen der Naturwissenschaften unterscheidet; sondern auf die „Geschichtlichkeit" des Daseins, der das objektivierend zeitlose Ideal von Naturgesetzen und der entsprechenden Methodik der Naturwissenschaft nicht gerecht werden kann.

rung, die eine falsche Überlegenheit des Subjektes postuliert. In Wahrheit, so Gadamer, ist es nicht möglich – und auch gar nicht wünschenswert – sich aller Vorurteile zu entledigen. Vielmehr gehe es darum, eine positive Konzeption von „Vor-Urteilen" zu entwickeln und „Urteile", die uns als Überlieferung der Tradition bestimmen, nicht von vorneherein als Fehlurteile zu degradieren.[8]

Aber auch die Subjektvorstellung der Romantik weist Gadamer zurück (1999, 1.278 ff.). In der Hermeneutik gehe es nicht um die Ausdeutung einer unergründlichen Subjektivität oder um die Herausarbeitung der Autorintention. Eine Orientierung an der Rekonstruktion der inneren Erlebnisse, die in Texten und Kunstwerken ausgedrückt sind, kritisiert Gadamer als einen Psychologismus, der ebenfalls die Zeitlichkeit des Verstehens übersehe. Außerdem unterstelle die Romantik durch ihre Konzeption der Einfühlung, dass eine Kluft zwischen dem Leser und Text herrsche, die erst mühsam überwunden werden müsse. In Wirklichkeit sind nach Gadamer beide jedoch durch die Wirkungsgeschichte verbunden. Leitfaden der Hermeneutik ist daher bei Gadamer weder (wie im ersten Paradigma) die eine göttliche oder zumindest zeitlose Wahrheit im Text, noch die Autorabsicht (wie im zweiten Paradigma in der Aufklärung). Gemeinsam ist diesen drei kritischen Anmerkungen, wie erwähnt, dass sie allesamt eine Kritik am rationalistischen Subjektparadigma darstellen. Nach Gadamer gilt jedoch: *„Das Verstehen ist selber nicht so sehr als eine Handlung der Subjektivität zu denken, sondern als Einrücken in ein Überlieferungsgeschehen"* (1999, 1.295).

Was ist nun das Gegenmodell einer Ontologie des Wahrheitsgeschehens, das Gadamer vorschlägt, und inwieweit lässt sich Gadamers Entwurf der philosophischen Hermeneutik als ein erster Schritt auf eine objektiv-idealistische Hermeneutik interpretieren? Ich möchte im Folgenden die These vertreten, dass sich bei Gadamer zwar wichtige Momente einer möglichen intersubjektiv-idealistischen Hermeneutik finden, dass andererseits seine Kritik am Subjekt-Objekt-Paradigma jedoch nicht auf eine Synthese oder Aufhebung dieses Paradigmas zielt, sondern vielmehr als Gegenentwurf konzipiert ist. Vereinfacht gesagt überwiegt bei Gadamer der Versuch einer Rückkehr zum normativ-traditionsstiftenden Paradigma (das natürlich an die posthistoristischen Gegebenheiten angepasst wird). Eine überzeugende Synthese aus beiden Paradigmen gelingt ihm – aus Gründen auf die noch einzugehen sein wird – hingegen nur in einem sehr eingeschränkten Sinne.

---

8   „Erst solche Anerkennung der wesenhaften Vorurteilshaftigkeit alles Verstehens schärft das hermeneutische Problem zu seiner wirklichen Spitze zu. (...) Es gibt nämlich sehr wohl auch ein Vorurteil der Aufklärung, das ihr Wesen trägt und bestimmt: Dies grundlegende Vorurteil der Aufklärung ist das Vorurteil gegen die Vorurteile überhaupt und damit die Entmachtung der Überlieferung" (Gadamer 1999, 1.275; vgl. 1.280 ff.).

3.2. Synthese oder Kritik? – Gadamers historische Selbsteinordnung

Werfen wir zunächst einen Blick auf Gadamers geschichtliche Selbsteinordnung, die in zentralen Punkten von der oben skizzierten, objektiv-idealistischen Deutung der Geschichte der Hermeneutik abweicht. Die auffälligsten Unterschiede sind, dass Gadamer zum einen seine Deutung der Hermeneutik nicht als eine Fortschritts-, sondern vielmehr als eine Verfallsgeschichte präsentiert, in die es korrigierend einzugreifen gelte. Daneben fehlt bei Gadamer zum anderen die Idee einer hegelianischen Synthese oder einer Aufhebung verschiedener Paradigmen. Seine Hermeneutik möchte – in weiten Teilen – nicht eine Mitte halten zwischen Moderne und Tradition, sondern versteht sich als eine Kritik an der modernen Hermeneutik mit ihren Gefahren des Szientismus und Psychologismus.[9] Betrachten wir diese beiden Aspekte nacheinander.

Gadamers Stärke liegt sicher darin, seine eigene philosophische Hermeneutik systematisch in Auseinandersetzung mit der Tradition zu entwickeln, um der Hermeneutik eine Ausrichtung anzuempfehlen, die es möglich machen soll, wieder von den Klassikern zu lernen. Dabei folgt Gadamer jedoch innerhalb der Geschichte der Hermeneutik nicht dem Fortschrittsmodell, wonach seine Hermeneutik nahtlos als eine Weiterführung und Vollendung der traditionellen Hermeneutik gelesen werden kann. Vielmehr entwirft er seine Ausführungen zur geschichtlichen Entwicklung der Hermeneutik als kritischen Gegenentwurf zu einer historischen Fehlentwicklung, die vor allem seit der Aufklärung die Hermeneutik auf eine falsche Bahn gebracht habe. Gadamers Kritik an Aufklärung und Romantik wurde oben dargestellt und aus Sicht des Idealismus im Wesentlichen als eine Kritik am Subjekt-Objekt-Paradigma gedeutet.

Es liegt nahe, dieses Geschichtsmodell in die Tradition von Heideggers grundsätzlicher Kritik an der Seinsvergessenheit der Tradition einzuordnen, von der Gadamer beeinflusst ist. Er übernimmt dabei von Heidegger die Idee eines Verfallsmomentes in der Philosophiegeschichte, das einer Korrektur bedarf, um „ursprünglichen" Einsichten wieder zu ihrem Recht zu verhelfen; ebenso betont er wie Heidegger, dass Wahrheit nicht so sehr ein methodisch gesicherter Besitz des Subjektes ist, sondern ein über das Subjekt hinausgehendes ursprüngliches Geschehen.[10] Ein Punkt, in dem Gadamer

---

9   Gadamer räumt im Nachwort zur dritten Auflage ein, mitunter durchaus in polemischer Zuspitzung gegen das Subjektparadigma angeschrieben zu haben: „Am Ende gehört es, wie selbst Descartes anerkennt, zu der besonderen Struktur des Zurechtbiegens eines verbogenen Dinges, daß man es nach der Gegenrichtung beugen muß" (1999, 2.453).
10 Gadamer folgt hierbei bekanntlich Heideggers Definition der Wahrheit als Unverborgenheit.

jedoch interessanterweise von Heidegger abweicht, ist, dass er zur Verteidigung der Geisteswissenschaften die Tradition und die Überlieferung als eine vorzügliche Wahrheitsquelle betrachten möchte, die von der Vorurteilskritik der Aufklärung und dem rationalistischen Methodenideal des Selbstdenkens nicht ausreichend gewürdigt wird.

Daraus ergibt sich nun jedoch eine eigentümliche Spannung innerhalb Gadamers Ansatzes. Während er für die Tradition der philosophischen Reflexion auf die Hermeneutik im Wesentlichen Heideggers Verfallsthese folgt, hält er für den Gegenstandsbereich der Hermeneutik an der Wirkmächtigkeit und Wichtigkeit der Tradition fest. Verstehen sei Einrücken in das Überlieferungsgeschehen. Eigentümlicherweise scheint dies jedoch nicht zu gelten, wenn man verstehen möchte, was „Verstehen" selbst bedeutet. Gadamers Hermeneutik rückt sich so gar nicht nahtlos ein in das Überlieferungsgeschehen, sondern ist im Wesentlichen eine Kritik an Fehlentwicklungen innerhalb der Hermeneutik. Es ergibt sich somit, dass bei Gadamer die Tradition als solche aufgewertet wird, die Tradition der Hermeneutik jedoch abgewertet wird.[11]

Dies wiederum wirft die Frage auf, ob der Idealismus nicht eine überzeugendere Deutung der Hermeneutik-Tradition erarbeiten kann, die diese Spannung überwinden kann. In einer idealistischen Geschichtsphilosophie wäre die jüngere Hermeneutik der Versuch einer Synthese aus denjenigen Momenten der vorausgehenden Paradigmen, die sachlich überzeugend sind und sich widerspruchsfrei zu einem Ganzen fügen lassen. Wenn man versucht, auch die Geschichte der philosophischen Reflexion auf die Hermeneutik selbst als Fortschritt zu betrachten, lässt sich dies m.E. besser mit dem Anliegen verbinden, Kritik zu üben (die überzeitliche Maßstäbe voraussetzt, will sie mehr sein als nur Ausdruck eines bloßen modischen Zeitgefühls) und gleichzeitig dasjenige in der Tradition anzuerkennen, was Geltung hat. Implizit nimmt Gadamer in Anspruch, dass es möglich ist, eine fehlgeleitete Tradition (näm-

---

Vgl. Grondin (1994, 84 ff.); vgl. kritisch: Apel (1998). Als Alternative zum Fortschrittsoptimismus der Aufklärung ist dieses Geschichtsmodel, nach dem ursprüngliche Wahrheiten durch eine Verfallsgeschichte verborgen sind und rehabilitiert werden müssen, ein Kennzeichen einer philosophischen Perspektive, die man Anti-Modernismus nennen könnte. Man denke etwa an McIntyres Interpretation der Geschichte der Ethik.

11 Man kann daher in Gadamers Aufwertung der Überlieferung und der Tradition das Korrektiv der hauptsächlich negativ gewerteten Kategorie des „Mans" bei Heidegger erkennen; neben der Verfallenheit an das alltägliche Man ist eben nach Gadamer nicht die Entschlossenheit (die ja auch wiederum im Subjekt wurzelt), sondern die überlegene Macht der Tradition die Alternative: ein Wahrheitskriterium, das immerhin reicher ist als Heideggers bloß formale Anempfehlung, das aber andererseits die Vermittlung mit der denkenden Leistung der Subjektivität vermissen lässt.

lich die philosophische Reflexion darüber, was Hermeneutik ist) sowohl zunächst zu verstehen als auch durch sachliche Kritik zu verändern. Dieser Gedanke sollte auch innerhalb der Hermeneutik selbst eine Rolle spielen. Hermeneutik und Kritik, Verstehen und Wahrheit müssen auch in der gegenwärtigen Hermeneutik deutlicher getrennt werden, als dies bei Gadamer geschieht.

In vielen Punkten erinnert Gadamers Hermeneutik daher an eine Wiederbelebung des *traditionsstiftend-normativen* Paradigmas, mit seiner Betonung des engen Zusammenhanges von Verstehen einerseits und Lernen von der Tradition andererseits. Zum anderen findet sich jedoch eine zutiefst moderne Einsicht in seiner Konzeption, die den ursprünglichen Hermeneutiken des traditionsstiftend-normativen Paradigmas fremd ist: die Idee einer radikalen Geschichtlichkeit des Daseins und die damit verbundene Ablehnung überzeitlicher Wahrheiten. Wie kann aber Lernen von der Tradition und geschichtlicher Wandel zusammengedacht werden? Gadamer versucht, den gordischen Knoten des Historismus dadurch zu zerschlagen, dass er *Wahrheit als solche als geschichtliche Bewegtheit denkt*. Werfen wir daher abschließend einen kurzen Blick auf die Rolle der Tradition in Gadamers Hermeneutik.

3.3. Intersubjektivität als Gegenmodell: Die Aufwertung der Tradition

Das Gegenmodell zum rationalistisch methodisch-solipsistischen Subjekt-Modell ist für Gadamer zunächst in der Tat – ganz im Sinne eines objektiven Idealismus der Intersubjektivität – eine intersubjektive Kategorie.[12] Gadamer geht es um eine Aufwertung der Kategorie der Überlieferung als solcher innerhalb der philosophischen Hermeneutik.

Mit Heidegger stimmt Gadamer überein, dass Verstehen niemals vorurteilslos geschehe, sondern stets von „Vorhabe", „Vorgriff" und „Vorsicht" bestimmt sei (1999, 1.271 ff.). Natürlich kann es beim Verstehen nicht darum gehen, nur seine eigenen Vorurteile bestätigt zu finden. Offenheit für die Sache, um die es geht, und für die Meinung des Anderen sind durchaus zentral im Verstehensprozess; dabei ist für Gadamer das Sich-Verstehen in einer Sache primär (1999, 1.299).[13] Gleichzeitig stellen Vorurteile jedoch keineswegs ein bloßes Hindernis in der Wahrheitssuche dar, vielmehr stammen die Vorurteile häufig aus der Tradition, in der man steht. Für

---

12 Gadamer selbst lehnt den Begriff der Intersubjektivität ab, da er noch zu sehr vom Subjekt her gedacht sei. Ich erlaube mir dennoch, die dialogischen Momente der Hermeneutik von Gadamer mit der Kategorie „Intersubjektivität" zu fassen.

13 Grondin sieht in dem Verzicht darauf, ein Wahrheitskriterium anzubieten, eine der Stärken von Gadamers Hermeneutik (1994, 177–179).

Gadamer – anders als für die Aufklärer – ist die Tradition nicht primär ein fehlgeleitetes Sammelsurium von falschen überkommenen Ideen, sondern eine Quelle der Wahrheit.[14]

Somit hat Gadamers Argumentationsstrategie zwei Momente. Zum einen betont er, dass es gar nicht möglich sei, „vorurteilslos" zu sein, da wir beim Verstehensprozess immer schon Vorwissen mitbringen, zum anderen ist dieses Vorwissen häufig von der Tradition geprüftes und bewährtes Wissen. Intersubjektivität in der Form der Tradition ist somit für Gadamer gleichsam immer schon bevorzugte Wahrheitsquelle. Die eigentliche Frage aus Sicht des Idealismus bleibt aber eine Frage, auf die es bei Gadamer m.E. keine überzeugende Antwort gibt: nämlich die Frage, wie man wahre von falschen Vorurteilen trennen kann?[15] Am ehesten scheint bei Gadamer noch der Zeitenabstand und die Kategorie des „Klassischen" diese Trennung von wahren und falschen Vorurteilen zu leisten. Damit erscheint Wahrheit bei Gadamer aber vor allem als geschehensontologischer Prozess und nicht primär als Leistung der methodisch kontrollierten Vernunft. Da bei Gadamer der Verstehensprozess jedoch ebenfalls radikal historisiert wird – Verstehen heißt bekanntlich, immer anders verstehen (1999, 1.302) – wird letztlich nicht deutlich, wie die Klassiker beispielsweise eine normative Funktion erfüllen können, wenn es keinen wahren, zeitlosen Kern in ihnen gibt. Wahrheit entsteht für Gadamer somit in einem Rezeptionsprozess, der sich – so scheint es – einer methodischen Kontrolle weitestgehend entzieht.[16]

Aus der Sicht des Projekts einer idealistischen Hermeneutik wird man Gadamers Bemühen, den Szientismus zurückzuweisen und den Geisteswissenschaften – also den Wissenschaften, die sich mit der Sphäre der Intersubjektivität beschäftigten –

---

14 So heißt es bei Gadamer: „Heißt in Überlieferung stehen in erster Linie wirklich: Vorurteilen unterliegen und in seiner Freiheit begrenzt sein? Ist nicht vielmehr alle menschliche Existenz, auch die freieste, begrenzt und auf mannigfaltige Weise bedingt? Wenn das zutrifft, dann ist die Idee einer absoluten Vernunft überhaupt keine Möglichkeit des geschichtlichen Menschtums. Vernunft ist nur als reale geschichtliche, d. h. schlechthin: sie ist nicht ihrer selbst Herr, sondern bleibt stets auf die Gegebenheiten angewiesen, an denen sie sich betätigt" (1999, 1.280 f.).

15 Gadamer selbst verweist auf die Bedeutung der Frage nach der Trennung von richtigen und falschen Vor-urteilen (1994, 1.281 f.), ohne jedoch weiter anzugeben, wie diese Trennung erfolgen soll.

16 Grondin unterscheidet in der Folge Gadamers „Rechtsgadamerianer" und „Linksgadamerianer": diejenigen Denker, für die Gadamer einen zu starken Wahrheitsbegriff hat, und diejenigen, die durchaus – etwa mit der Orientierung an der „Sache selbst", um die es geht – an einer vergleichsweise objektivistischen Ausrichtung der Hermeneutik festhalten. Vgl. Grondin (2006, 205–215).

Wahrheitsfähigkeit zuzusprechen, zunächst grundsätzlich begrüßen wollen. Ferner wird man als Idealist aus erkenntnistheoretischen Gründen geneigt sein, Gadamer zuzugeben, dass in einem gewissen Sinne „Verstehen" kein vorurteilsfreier Prozess ist. Unsere Wahrnehmung der Natur *und* der Kultur ist geprägt von begrifflichen Vorstrukturen; ein naiver Realismus auf Grundlage des Begriffs- und Urteilsempirismus wird auch aus idealistischer Perspektive abzulehnen sein. Als genetische These ist ferner Gadamer zuzugeben, dass wir Menschen dazu neigen, unbewusst stets unsere eigene Vormeinung und die Urteile unserer Zeit an die Texte der Tradition heranzutragen (und bei der Deutung der Natur anzuwenden). Genetisch entsteht menschliche Erkenntnis stets vor dem Hintergrund einer bestimmten geschichtlichen Perspektive.

Allerdings bedeuten diese Zugeständnisse jedoch nicht, dass alle Interpretationen innerhalb der Hermeneutik gleichwertig sind, oder dass es ausreicht, sich mit einem bloßen „Immer-anders-Verstehen" zu begnügen – ebensowenig wie aus der These der notwendig begrifflichen Struktur der Naturerkenntnis im Sinne des Idealismus folgt, dass es keine Objektivität in den Naturwissenschaften geben könne. Es kommt eben darauf an, die „richtigen" Begriffe und „Vor-urteile" mitzubringen. Dies setzt jedoch die Möglichkeit einer sachlichen Überprüfung von Vormeinungen voraus, die seinerseits nur dann sinnvoll geschehen kann, wenn es zeitlose Kriterien gibt.

Gadamer glaubt nicht mehr an diese Möglichkeit einer Hegelianischen Perspektive der absoluten Vernunft,[17] daher ist seine Hermeneutik eine Art geschehensontologischer Pantheismus: Die Wahrheit spricht zu uns aus der Überlieferung, die uns immer schon bestimmt. Nun mag es sein, dass es für die Geisteswissenschaften und gerade für die Philosophie zentral ist, anzuerkennen, was in der Tradition geleistet ist. Dennoch bleibt es Aufgabe der methodischen Vernunft, zunächst Bedeutung und Wahrheit bei der Interpretation zu trennen. Auch bei der Frage, was wir aus der Tradition übernehmen sollten und wo sie uns in die Irre leitet, müssen wir von unserer Vernunft Gebrauch machen. Dies bleibt eine gültige Einsicht der Aufklärungshermeneutik. Damit ist abschließend das Grundproblem von Gadamers Hermeneutik benannt: Seine radikale Betonung der Geschichtlichkeit und die Ablehnung überzeitlicher Wahrheiten erlauben es nicht, diejenigen Momente des Subjekt-Paradigmas zu integrieren, die nach wie vor auch für die gegenwärtige Hermeneutik relevant sind.[18]

---

17 Vgl. die Hegelkritik *Wahrheit und Methode* (1999, 1.348 f.) sowie allgemeiner die Kritik an der Reflexionsphilosophie (1999, 1.437 ff.).

18 Am nächsten kommt Gadamer der Aufklärungshermeneutik in seiner Interpretation des „Vorgriffs der Vollkommenheit", in der man Gadamers Variante der „benevolenten" Interpretation erkennen kann. Vgl. A. Spahn (2010, 32–47; 2008, 294). Zum Vergleich des Benevolenzprinzips bei Gadamer und Donald Davidson, siehe: Hösle (2004, 265–283).

4. Zusammenfassung und Ausblick

In diesem kurzen Abriss wurde versucht, die Geschichte der Hermeneutik aus der Perspektive des objektiven Idealismus zu betrachten. Dabei wurde die Hösle-Apel-These der drei Paradigmen der Ontologie (Objekt), Erkenntnistheorie (Subjekt-Objekt) und der Transzendentalpragmatik bzw. des Idealismus der Intersubjektivität auf die Geschichte der Hermeneutik angewendet, um eine alternative Deutung dieser Disziplin vorzuschlagen, die in einigen zentralen Punkten von Gadamers Analyse abweicht. Es wird deutlich, dass Annahmen darüber, in welchem Verhältnis Interpretandum und Wahrheit zueinander stehen, die Hermeneutiken der verschiedenen Paradigmen bestimmen. In der traditionsstiftend-normativen Hermeneutik des ersten Paradigmas wird die Wahrheit durch göttliche Autorität garantiert. Aufgabe des verstehenden Auslegens ist es, diese Wahrheiten zu erkennen und auf das eigene Leben und die eigene Kultur anzuwenden. Im zweiten Paradigma wird Wahrheit als methodische Leistung des Subjektes verstanden und hat ihren Sitz nicht mehr primär in den Texten, sondern in der methodischen Arbeit des reflektierenden Subjektes. Gleichwohl sind die Menschen zu allen Zeiten vernunftbegabt, daher ist es eine Forderung der Billigkeit, respektvoll mit dem Interpretandum umzugehen. Erst mit dem Übergang zum Historismus wird die Kontextgebundenheit aller menschlichen Lebensäußerungen betont und die konkrete geschichtlich-bestimmte Individualität wird innerhalb der Hermeneutik zentraler Gegenstand. Dies ist zum einen ein großer Fortschritt, da historische Interpretation den Hintergrund mitdenkt, vor dem ein Text entstanden ist, und somit besser erlaubt, seine eigentliche Bedeutung zu verstehen. Gleichzeitig entsteht die Gefahr, Texte nur noch als Äußerungen einer vergangenen Zeit zu deuten, die für uns heute nicht mehr relevant seien.

Es ist diese posthistoristische Ausgangslage der Hermeneutik, die mehrere Antworten auf die Herausforderungen des Historismus möglich macht. Entweder man geht mit Gadamer (und Heidegger) von der radikalen Geschichtlichkeit des Menschen aus und versucht (geisteswissenschaftliche) Wahrheit nicht so sehr als zeitlose Wahrheit zu verstehen, sondern Geschichtlichkeit und Wahrheit zusammen zu denken: Die Rezeptionsgeschichte, die Klassiker, das Einrücken in die Überlieferung und das immer-anders-Verstehen, die Akzeptanz der Vorurteile und die Auswahl der Interpretationen durch den Zeitenabstand sind einige geschehensontologische Momente, die Gadamers Hermeneutik bestimmen. Aus der Perspektive des Idealismus ergibt sich jedoch eine andere Möglichkeit, den Anspruch auf Wahrheit des Interpretandum mit dem Wahrheitsanspruch des interpretierenden Subjektes zu versöhnen. Der Idealismus denkt Vernunft und Subjekt zusammen: Es ist apriorische zeitlose Vernunfterkenntnis, die zugleich die begrifflichen Strukturen der Wirklichkeit erfasst. Eine idealistische Deutung der Hermeneutik kann daher sowohl eine subjektbegründete Idee der philosophischen Wahrheit zugrunde legen als *auch* eine (wenn auch vermittelte) indirekte Begründung der Tradition liefern: Wahrheit ist in der Tradition zum einen deswegen zu finden, weil sie durch vernünftige Subjekte geprägt ist, die danach streben, zeitlose Wahrheiten zu erkennen. Zum anderen findet sich Wahrheit deswegen in der Tradition, weil nach Annahme des Idealismus sich in der Welt Vernunft entfaltet. Ein Teil dieser Selbstentfaltung der Vernunft ist die geschichtliche Selbstdeutung des Menschen in seinen kulturellen Objektivationen. Diese lässt sich als zyklische Entfaltung deuten, die mit dem Fortschrittsideal der Aufklärung kompatibel ist. Zu bestimmen, was im Einzelnen wahr ist, bleibt Aufgabe der Vernunft.

Für den Idealismus stehen daher ein ontologischer Wahrheitsbegriff und ein erkenntnistheoretischer, vernunftbasierter Wahrheitsbegriff nicht unversöhnlich einander gegenüber. Die beiden „halben" Wahrheiten der Hermeneutik – „Wahrheit ist im Wesentlichen etwas, das aus der Tradition zu uns spricht" sowie „Wahrheit ist im Wesentlichen eine Leistung des sich von Vorurteilen befreienden Subjektes" – können im Idealismus zusammengedacht werden. Indem Gadamer zeitlose Wahrheit und methodische Überprüfung aufgibt, bleibt alleine der geschehensontologische Teil der philosophischen Hermeneutik übrig, der alleine als unvollständige Hälfte des Ganzen jedoch nicht zu überzeugen vermag. Dieser enthält zwar wesentliche bemerkenswerte Bausteine einer zeitgemäßen philosophischen Hermeneutik; ihm fehlt allerdings das Fundament, um eine überzeugende synthetische Hermeneutik zu bauen. Diese bleibt weiterhin ein Desiderat im Idealismus.

Ideale Gemeinschaft
und intersubjektive Monadologie

Fernando Suárez Müller

Der absolute Idealismus verbindet Überlegungen zur Welt des Sozialen mit einer rationalen Metaphysik. Die Idee des nachmetaphysischen Denkens betrachtet er als unpräzise und letzten Endes als nicht rational. Dieser Hang zur Metaphysik macht ihn in einer Zeit der herrschenden Skepsis verdächtig, doch zwingt die Skepsis, radikal gedacht, zur Metaphysik und Ontologie zurückzukehren. Ich möchte zeigen, dass dies zur Letztbegründung einer ewigen Gemeinschaft führt (1), die als „Metaphysik der Gemeinschaft" in einem ganz anderen Sinn als im gleichnamigen Buch Dietrich von Hildebrands verstanden werden muss (2), weil in ihr die Idee einer idealen Gemeinschaft und des Gemeinwohls begründet ist (3).

1. Letztbegründung und Gemeinschaft

Die Idee der Letztbegründung ergibt sich aus der radikalisierten Skepsis, die erst dann methodisch wird, wenn der Wille entsteht, die ins Allgemeine gehende Negation zu begrenzen. In der Philosophiegeschichte tritt diese Denkfigur zuerst bei Parmenides auf (Hösle 1984, 193); eine systematische Behandlung und Darstellung erfährt sie dann bei Platon und Aristoteles (Kuhlmann 1985, 260). Doch erst im Zeitalter der heranwachsenden Skepsis – in der Moderne – wird sie zur Grundlage philosophischer Systeme (von René Descartes und Georg Wilhelm Friedrich Hegel bis hin zu Edmund Husserl). Dabei gilt es, alles Zweifelhafte (Hypothetische) beiseite zu lassen (*epoché*). Der Cartesische Modus des *Cogito ergo sum* ist über das *Ich* allerdings noch an die Lebenswelt gebunden. Die radikale *epoché* entledigt sich jedoch jeder kontextuellen Situation. Karl-Otto Apels intersubjektive Fassung der Letztbegründung kommt in dieser Hinsicht nicht über die Cartesische Gebundenheit am Kontextuellen hinaus, denn sie nimmt ihren Ausgang von der pragmatisch-lebensweltlichen Kommunikation. Darüber hinaus hat fast alle aktuelle Philosophie verlernt, sich vom alltäglichen Realitätssinn zu befreien. Hängt man am Ich oder am Apriori der Kommunikation, so beruft man sich zwar auf eine letztbegründete, aber nicht auf eine radikal *letzte* Instanz. Erst Hegel hat die *epoché* auf radikalste Weise durchgeführt, indem er das allgemeine Denken als solches als absoluten Anfang betrachtete (5.68). In seiner *Wissenschaft der Logik* gibt es immer wieder auf verschiedenen Ebenen und verschiedentlich geschachtelt reflexive Letztbegründungen. Im Gegensatz zu anderen letztbegründeten Sätzen wie „es gibt Wahrheit" oder „es gibt Erkenntnis", die zwar ohne Selbstwiderspruch nicht negiert werden können, aber rein formal bleiben, ist der Ausdruck „es gibt Denken" in sich erweiterungsfähig. Denken selbst ist ja *Aktivität* und hat vor einem Satz wie „es gibt Sein" methodisch Vorrang. Wenn man von der Skepsis ausgeht, ist bereits erwiesen, dass das Denken als Zweifel die Möglichkeit sich widersprechender Inhalte voraussetzt, also die Möglichkeit des Widerspruchs als Tätigkeit beinhaltet. Der Zweifel kann ja nicht dem Denken an sich gelten, das den Zweifel erst ermöglicht, sondern betrifft einen bestimmten Inhalt. Im Denken gibt es also die Möglichkeit einer Trennung von Denkmomenten, die einander widersprechen. Dies ist der *innere Dialog* des Denkens: Im Denken eröffnet sich also eine reale Dimension des Dialogs, die als abstrakte monadische Kommunikationsgemeinschaft zu denken ist. Indem sich das allgemeine Denken negiert, setzt es sich in endliche Vielheit um. Das Denken spaltet sich in Perspektiven und ermöglicht so als Absolutes die Dimension des Gesprächs. Indem das allgemeine Denken sich verneint und umkehrt, wird es zur allgemeinen Gemeinschaft. Platon hat solche Gedanken in seiner Theorie des Einen und der Dyade bereits vorweggenommen. Hegel denkt die Entstehung der Vielheit aus der Einheit in seiner *Logik* in ähnlicher Weise (vgl. § 3 unten). Aus dem Satz des Denkens *als Vielheit* ist weiter auch die Logik möglicher Welten zu verstehen. Und aus dem Satz des Denkens *als Akt* ergibt sich ebenso, dass es *Sein* gibt, das in sich ein *Streben* (Wille) und eine *Potenz* (Macht) enthält, denn sonst könnte sich das Denken nicht spalten. Das Sein betrifft das *Wissen*, dass es *ist*, die *Macht* dagegen die Möglichkeiten, die eröffnet werden können, und das *Wollen* die innere Präferenz für eine Möglichkeit. Wissen-Macht-Wille, Wahrheit-Gutheit-Schönheit, Sein-Sollen-Liebe sind im Grunde gleichzeitig mit dem Denken gegeben. Ähnliche Vermögen besitzen auch die einzelnen Denkmomente.

Die Idee der Letztbegründung wird hier auf ein Minimum beschränkt, weil es die

Vorstellung einer ewigen Gemeinschaft zu thematisieren gilt. Zweifel am Versuch, diese epistemologische Begründung auch ontologisch zu interpretieren oder überhaupt an der Möglichkeit, eine Letztbegründung vorzunehmen, können hier nicht diskutiert werden. Nicht so sehr Hans Albert (1975), sondern Franz von Kutschera hat berechtigte und schwerwiegende Argumente gegen die Idee der Letztbegründung ausgesprochen, die zuerst zu adressieren wären (1993, 133). Die Argumente Apels gegen eine traditionell ansetzende Letztbegründung sind nur dann überzeugend, wenn man darauf verzichtet, eine radikale *epoché* durchzuführen (1973, 2.220). Es kommt nicht darauf an, traditionelle Paradigmen aufzuheben, wie Apel meint (2011, 164), sondern in Sachen Letztbegründung wirklich zum *Letzten* durchzustoßen. Letztbegründung heißt jedenfalls nicht, wie Hösle bereits klar gemacht hat, Abschluss, sondern Anfang der Philosophie (1990, 143).

2. Metaphysik der Gemeinschaft

Obgleich nicht ausschließlich, ist nach obiger Begründung das absolute Denken Gemeinschaft von Monaden. Wie sich diese Monaden zur Welt entfalten, beschreibt Uwe Meixner in einem der gewagtesten Bücher der aktuellen Philosophie. *Ereignis und Substanz* (1997) entwickelt eine Substanzmetaphysik im Sinne Gottfried Wilhelm Leibniz'. Die Nähe zu idealistischen Thesen ist stark, aber Meixner bindet sich nicht an die Transzendentalphilosophie. Methodisch verfährt Meixner analytisch, aber ab und zu sind transzendentalphilosophische Argumente zu erkennen. Er sieht sich also nicht in erster Linie einer Gemeinschaft von Skeptikern gegenüber, die ihn dazu bringen, eine unwiderlegbare Position zu suchen, um so vom Absoluten aus die Welt zu rekonstruieren. Vielmehr sieht er sich mit den Denkern multipler Welten konfrontiert und ist gezwungen, viele mögliche Positionen zu berücksichtigen, was nur durch einen mühevollen analytischen Prozess stattfinden kann. Grundlegend ist seine Kausalitätstheorie (2001), die sich auf die Unterscheidung von Ereignissen und Akten stützt (1997, 87). Das Allgemeine Kausalprinzip „Für alle y: ist y real*, dann gibt es ein x, das y verursacht*" (1997, 107) besagt, dass das Verursachte stets ein Ereignis ist, aber die Ursache selbst kein Ereignis zu sein hat, sondern auch *Agens* sein *kann*. Ereignisse können einander in regulärer Form folgen, doch David Hume wies bereits auf das Problem des *Nexus* zwischen kausalen Ereignissen hin (1997, 112). Empirisch erfahren wir sozusagen nur kaleidoskopisch getrennte Momente, deren Übergang auch anders hätte erfolgen können. Die kausale Verbindung selbst nehmen wir nicht wahr. Die Ereigniskausalität ist somit prinzipiell negierbar. Es gibt allerdings auch die Agenskausalität, die wir als handelnde Subjekte selbst erfahren, indem wir in die Welt eingreifen (1997, 122). Diese Kausalität lässt sich nicht generell verneinen, denn wer das tut, kann nicht mehr „wahrheitsgemäß behaupten, dass jemand im eigentlichen Sinn des Wortes etwas tut" (1997, 123). Aus Ereigniskausalität ist Agenskausalität also nicht zu verstehen, wohl aber umgekehrt. Wenn nun die Agenskausalität die einzig generalisierbare Form von Kausalität ist, dann setzt Kausalität die Existenz von Agentia, Substanzen, voraus (1997, 151). Diese Überlegungen, die die Basis der systematischen Philosophie Meixners konstituieren, zeigen, dass hinter der Fassade der logisch-analytischen Methode auch transzendentalpragmatische Begründungsargumente eine Rolle spielen, denn man verneint tatsächlich die eigene Praxis (insbesondere die Sprachpraxis), wenn man die Agenskausalität leugnet.

In *Ereignis und Substanz* spricht Meixner nicht von Monaden, sondern wie beim frühen Leibniz von Substanzen. Die Substanzen sind transzendente Entitäten, *Agentia* (1997, 146). Sie kennzeichnet die „Potenz, aktiv zu sein" (1997, 151). Es sind „Individuen", also unteilbare Einheiten, welche einfach, d. h. nicht selbst wieder aus Substanzen zusammengesetzt sind (1997, 137, 334). Ihre Grundvermögen sind Wille, Potenz und Bewusstsein (Wollen, Können und Wissen), denn sie *können* sich eine *gewollte* Welt *vorstellen* (1997, 151). Das alles stimmt im Grunde mit Leibniz' Kennzeichnung von Substanzen (Monaden) überein. Auch für Leibniz ist eine Substanz eine primitive aktive Kraft, ein inneres Streben und ein Vermögen zu handeln, das er deshalb „Entelechie" nennt (1.204, 1.348). Auch bei Leibniz sind die Substanzen einfache, unkörperliche Individuen und unteilbar (1.206, 1.342). Leibniz' Bestimmung von Gott als „Macht, Wissen und Wille" (1.460) kennzeichnet auch die Substanzen, denn es handelt sich um Atome der Dinge, um metaphysische Punkte, die vital sind, die also Wille, Macht und Wissen, d. h. eine bestimmte Perzeption der Welt (1.214), besitzen. Anders als Leibniz unterstreicht Meixner die „Freiheit" dieser Substanzen, d. h. ihr Vermögen, *ganz aus sich heraus* eine individuelle Wahl aus möglichen Weltverläufen zu treffen. Dass diese Freiheit bei Leibniz unreflektiert bleibt, hebt Meixner selbst hervor, indem er sagt, dass „die von Gott verschiedenen Monaden (...) keinerlei Einfluss darauf [haben], welche mögliche Welt als Ort alles Realen* real* wird" (1997, 251).[1]

Die Darstellung dieser Wahl ist besonders interessant. Bei Leibniz dominiert noch die Vorstellung einer direkten Wahl Gottes aus möglichen Welten nach ihrem inneren Vollkommenheitsgrad (1.462). Aber Gott bringt auch diese Welten zu einer

---

1   Es ist allerdings klar, dass bei Leibniz diejenigen Substanzen, *die Menschen sind*, in einem kompatibilistischen Sinne frei sind. Gott berücksichtigt ihre Wahl und lässt diese, soweit möglich, auch zu (vgl. *Theodizee*, § 158, 162).

neuen Welt zusammen; Leibniz spricht deshalb von „convenance" (1.462). Gott bringt die Wünsche der Substanzen zusammen und stimmt diese miteinander ab: „Dieu comparant deux substances simples, trouve en chacune des raisons, qui l'obligent à accommoder l'autre" [Wenn Gott zwei einfache Substanzen miteinander vergleicht, findet er in jeder von ihnen Gründe, die ihn zwingen, die andere an sie anzupassen] (1.462). Diesen Aspekt eines Gottes, der in einer Art *metaphysischem Dialog* die Gedanken der Substanzen erfasst und vergleicht, entwickelt Meixner weiter und findet in der Philosophiegeschichte nur in Platons Mythos des Er seinesgleichen. Alle Substanzen sind bei Meixner Abbilder der Ursubstanz (1997, 332). Wie bei Leibniz unterscheiden sich die Monaden durch innere Qualitäten. Sie hängen mit einer Funktion möglicher Weltverläufe zusammen. Meixner spricht von einer „Funktion r(x) mit der Menge aller Zeitpunkte als Definitionsbereich" (1997, 198). Die Liste möglicher Ereignisse, die jede Monade kennzeichnet, ist von Gott festgelegt worden. Jede einzelne Substanz hat trotzdem eine *echte* Wahl zwischen Möglichkeiten: „Jede (...) Substanz x wählt (...) eine mehrelementige Menge von Weltverläufen echt aus" (1997, 198). Von der Seite der Ereignisse betrachtet, herrscht im Weltbild Meixners also ein kausaler Indeterminismus, denn die Substanzen werden durch die Wahl zu Initiatoren von Ereignissen. Die *echte* oder „freie" Wahl setzt bei jeder Substanz ein Bewusstsein voraus: „Für alle x, y gilt [immer]: hat x unmittelbares Bewusstsein von y, dann ist x eine Substanz" (1997, 284). Die Wahl setzt auch eine Form des Selbstbewusstseins voraus: „Für alle x gilt immer: wenn x etwas bewusst* ist, dann hat x, wie, in einem Spiegel unmittelbares Bewusstsein von Substanz x" (1997, 287). Dieser Grad des Selbstbewusstseins ist vom Typ des „Ich denke" Immanuel Kants, das alle eigenen Vorstellungen begleiten können muss (1997, 288). Obgleich nach Meixner die Monaden vor der Wahl in ihren Qualitäten schon vorbestimmt sind und dabei vorprogrammiert ist, welche Monade Pflanze, Tier oder Mensch wird, ist eine Wahl als „echt" erst denkbar, wenn die Monade Bewusstsein und bis zu einem bestimmten Grad Selbstbewusstsein hat. Mittels Abstraktion und Postulierung kann die Substanz Teile ihres unmittelbaren Bewusstseins auslegen und eine *echte* Wahl zwischen Möglichkeiten treffen; „*Echt* mittelbar Bewusstes* (...) ist eine gewisse auf z mittels Abstraktion und Postulierung bezogene Projektion von y (*eine* verwirklichte unter vielen [im Prinzip] *möglichen*)" (1997, 314). Gewählte Ereignisse werden dann zu „Repräsentanten" der Substanzen, zu Körpern: „Keine Substanz ist ein Ereignis, aber Substanzen werden durch Ereignisse (...) *repräsentiert*" (1997, 324). Und weiter: „Wenn y x repräsentiert+, dann ist y Körperrepräsentant von x (...)" (1997, 341). Wie bei Leibniz sind auch bei Meixner die Substanzen „veranlagt" (1.189). Das heißt, dass sie nur innerhalb bestimmter Muster eine Auswahl treffen können (1997, 314). Substanzen, die dazu veranlagt sind, die körperliche Gestalt von Pflanzen oder Tieren anzunehmen, können nicht von Menschen repräsentiert werden (1997, 349). Die Freiheit der Monaden ist also nicht absolut, sondern relativ und an einen bestimmten Spielraum gebunden.

Nach Meixner trifft auch Gott eine *echte* Wahl zwischen zulässigen Welten (1997, 198), aber er berücksichtigt dabei die Selektion der einzelnen Monaden: „Alpha [die Ursubstanz] respektiert die Realisationskräfte ihm fremder Substanzen" (1997, 182). Doch nicht jede von den Monaden gewählte Welt wird akzeptiert: „*Nicht* jeder K-zulässige Weltverlauf ist Alpha [Gott] zulässig" (1997, 332). Obwohl Meixner den Begriff „metaphysische Gemeinschaft" nicht verwendet, drückt dieser m.E. die Situation einer Ursubstanz, die der Präferenz der Monaden Rechnung trägt, gut aus. Aus der Konfrontation in der Wahl Gottes mit den Monaden (1997, 201) ergibt sich die definitive Wahl, die sich dann quasi-deterministisch als Wirklichkeit entfaltet – „quasi", denn es geht hier nicht um eine objektive Notwendigkeit, sondern um eine, wie Meixner betont, „analytische", die mit Indeterminismus und Freiheit verträglich ist (1997, 219). Diese Konfrontation ist m.E. eine Verhandlung im Geiste Gottes, ein *innerer Dialog* im Denken des Absoluten. Die Substanzen haben Einfluss darauf, was real wird. Und das gilt nicht nur für Monaden, die veranlagt sind, Menschen zu werden, sondern auch für andere Substanzen: „Denn unsere *frei* [*und souverän, d. h. völlig selbstbestimmt*] *gewählten* jeweiligen *Selektionsintentionen* gehen ein in Alphas große unparteiische Verrechnung, deren Resultate (...) zusammen mit denen der übrigen Substanzen (...) festlegen, welche Wirklichkeit (...) real* wird" (1997, 335). Meixner vergleicht diese Wahl mit einer Rechenoperation, denn er spricht von einer zeitlosen Verrechnung, die die „Selektionsergebnisse aller Substanzen" berücksichtigt (1997, 258). Doch diese rechnerische Vorstellung geht am inneren Dialog, an der inhaltlichen Auseinandersetzung mit dem Denken und Wollen der Substanzen vorbei, da diese die Idee eines Gottes, der „die Optionen der anderen Substanzen [berücksichtigt]", voraussetzt (1997, 199).

Es ist eben dieser Einfluss der Monaden, welcher zu einer unvollkommenen Welt führt, die unter vorhandenen Verhandlungsbedingungen doch die beste ist. Das Bewusstsein dieser Unvollkommenheit führt zum tragischen Weltempfinden, das Antike und Romantik kennzeichnet. Das Bild einer biologischen Natur, aus der sowohl Harmonie als auch Leid emporsteigt, wird durch diese metaphysisch-dialogische Verschränkung verständlich, denn es ist die Gegensätzlichkeit der Monaden, welche den konfliktbeladenen Gehalt der Welt erklärt. Nach Meixner ist nun der Glaube die getragene Hoffnung einer in der prästabilierten Harmonie verwobenen Versöhnung der Willen (1997, 368). Die Idee der prästabilierten Harmonie, die bei Leibniz das Übereinstimmen der Welterfahrung der Monaden regelt (1.234), wird bei Meixner in erster Linie mit der Vorstellung einer Berücksichtigung der vielfältigen Wünsche verbunden (1997, 200, 205). Hier ist m.E. ein demokratisches Prinzip nicht zu übersehen, dessen Grundlage die Intention Gottes ist, den Präferenzen der Substanzen Rechnung zu tragen. Die Metapher des Demokratischen verwendet Meixner nicht, aber er sagt explizit, dass Gott „keine ‚diktatorische' Rolle" einnimmt (1997, 181). Die Ursubstanz gewährt den Monaden das *Recht auf Berücksichtigung ihrer Präferenzen*. Dieses ist kein Recht auf Anerkennung einzelner Wünsche, wohl aber *auf Einbeziehung* in die große „Verhandlung". Dies ist die Basis einer *Ebenbürtigkeit* und *Gleichheit*, die fundamentaler ist als die Leibnizsche Idee, die auch Meixner teilt, dass die Monaden in ihrer Qualität und Entwicklungsmöglichkeit beschränkt sind. Meixner betrachtet die Substanzen traditionell, d. h. als hierarchisch und pyramidal vorstrukturiert (1997, 256). Dies ist das Vexierspiel, das die Wahl der Monaden zwischen möglichen Weltverläufen einschränkt. Nicht alle Substanzen sind in der Lage, ein „unmittelbares Bewusstsein von psychischen Ereignissen", also einen bestimmten Grad von Selbstbewusstsein, zu entwickeln (1997, 334). Bei Leibniz sind die Monaden die metaphysischen Punkte des ganzen Seins. Das Sein wird in dem jeweiligen Bewusstseinsfeld der Monaden in prästabilierter Weise perspektivisch vorgeführt. Nur einige dieser fensterlosen Entitäten aber können sich mit Gott vereinigen (1.19). Nur an intelligente Substanzen kann Gott seine Gefühle und Wünsche kommunizieren: „il est aisé de juger, que les Estres avec lesquels il [Dieu] peut pour ainsi dire entrer en conversation et même en société, en leur communiquant ses sentiments et ses volontés (...) le doivent toucher infiniment (...)" [(...) man kann leicht urteilen, dass die Geister, mit denen er [Gott] sozusagen in ein Gespräch und sogar in eine Gemeinschaft eintreten kann, indem er ihnen seine Gefühle und seinen Willen (...) mitteilt, ihn unendlich viel mehr angehen (...)] (1.159). Weder Leibniz noch Meixner erwägen die Möglichkeit, dass die pyramidale Struktur des Seins, anstatt von vornherein in den einzelnen Monaden als differente Qualitäten eingepflanzt zu sein, das Resultat der „metaphysischen Verhandlung" zwischen Monaden und Gott ist. Als Geistespositionen sind Monaden keineswegs qualitätslos (sonst wären sie nichts): Bestimmte Qualitäten und Vermögen sind notwendig zu denken, eben weil es um Geistespositionen geht (wie Bewusstsein, Denken, Mitteilung). Eben deshalb können Monaden auch verhandeln. In *The Two Sides of Being* erwägt Meixner im Anschluss an Jesajas Vision einer Erlösung der Natur immerhin die Möglichkeit einer anti-pyramidalen Friedenszeit, in der sich Menschen und Tiere (im Grunde alle Monaden) als Gleiche begegnen (2004, 421). Dies liest sich wie eine nachträgliche Anerkennung der fundamentalen Ebenbürtigkeit der Substanzen als einer im wahren Sinne des Wortes *substantieller* Gleichheit. Aber auch wenn man die pyramidale Struktur des Seins als wesentliche, also qualitative und definitive Bestimmung der Monaden auffasst, ist klar, dass diese nicht einer ursprünglichen dialogischen Beziehung zwischen Gott und Monaden im Wege steht.

Obwohl Meixner die Idee einer Berücksichtigung der Präferenzen der Monaden durch die Ursubstanz weiterentwickelt, tritt bei ihm, anders als bei Leibniz, das Bild einer metaphysischen Kommunikation nicht klar hervor. Leibniz selbst hat sich mit der monadischen Kommunikation mehr beschäftigt als Meixner. In jeder fensterlosen Monade ist die ganze Welt aus einer bestimmten Perspektive repräsentiert (1.76). Jede Monade ist eine *repraesentatio mundi* (1.78). Durch die Monaden hindurch betrachtet Gott die Welt aus all ihren Perspektiven (1.92). In *Prinzipien der Natur und Gnade* heißt es: „chaque Monade est un miroir vivant" [jede Monade ist ein lebendiger Spiegel] (1.416). Zwischen Monaden gibt es wegen ihrer Geschlossenheit keine direkte Beziehung, denn nur über Gott (und die prästabilierte Harmonie) stehen die Monaden miteinander in Kontakt: „Dieu seul fait la liaison ou la communication des substances" [Gott allein schafft die Verbindung oder Kommunikation der Substanzen] (1.148). Leibniz bringt sogar die Idee einer „Hypothese des accords" [Hypothese der Übereinstimmungen] ein, die anscheinend eine Übereinstimmung aller Substanzen bezeichnet (1.222). Es ist wegen dieses Akkords, dass sich die Substanzen begrenzen. In der *Metaphysischen Abhandlung* heißt es: „les substances s'entrempechent ou se limitent" [die Substanzen behindern oder begrenzen sich gegenseitig] (1.100). Was hieraus resultiert, ist die fundamentale *kommunikative* Anlage der Substanzen: „il est tres vray que les perceptions ou expressions de toutes les substances s'entrerépondent" [es ist sehr wahr, dass die Perzeptionen oder Ausdrucksinhalte aller Substanzen sich gegenseitig entsprechen (beantworten)] (1.94). Im *Zusatz zum Neuen System* heißt es: „(...) encor toutes les autres substances créées de l'univers sont faites l'une pour l'autre, et s'expriment mutuellement, quoyque l'une se rapporte plus ou moins mediatement à l'autre selon les degrès du rapport" [(...) auch alle anderen geschaffenen Substanzen des Weltalls sind füreinander gemacht und drücken sich gegenseitig aus, obwohl jede sich je nach dem Grade der Beziehung mehr oder weniger vermittelt auf die andere bezieht] (1.286). Nur so kann man auch die politische Metapher der Ursubstanz als „Monarque absolu de la plus parfaite cité" [absoluten Monarchen des vollkommensten Staates] verstehen (1.156). Wir haben gesehen, dass es Meixner gelingt, diese politisch-metaphysische Vorstellung vom Bild einer diktatorischen Funktion der Ursubstanz zu trennen. Die fundamentale kommunikative Veranlagung der Monaden aber wird bei ihm übersehen. Zwar spricht er von einem metaphysischen Willen, damit ist aber nur die Summe einzelner Willen gemeint, nicht jedoch eine zwischen ihnen bestehende Kommunikation, die diesen Willen festlegt (1997, 146). Eine große Verhandlung kann aber nur durch einen solchen Informationsaustausch stattfinden. Die Natur wäre dann nicht lediglich *repraesentatio mundi*, sondern auch *actio mundi*, also eine Verschränkung der Willen als sich entäußernde und informationsvermittelnde innere Kraft. Nimmt die

Agenskausalität eine zentrale Rolle ein, dann sind Ereignisse immer Entäußerungen von Substanzen. Die Natur wäre die Außenseite einer präexistierenden Monadengemeinschaft und der Weltverlauf das Ergebnis einer Kollaboration des kooperativ-dialogischen Handelns, auch wenn Konflikte eine solche Welt auszeichnen, denn gerade diese sind Ausdruck einer Pluralität von Perspektiven, denen unterschiedliche Interessen innewohnen. Monaden werden so zu sich über Ereignisse zeigenden *Personae*. Die Person wäre das unvollkommene Ebenbild eines inneren Potentials (eines, wenn man will, tiefen *alter egos*).

Diese Interpretation ermöglicht auch eine neue Leseart der ökologischen Implikationen, die Meixner unter Arthur Schopenhauers Einfluss mit seiner Substanzlehre verbindet, denn in der biologischen Welt erscheinen Willensverschränkungen eindeutig in Form von Kooperationen und Konflikten. Lebewesen sind nach Meixner körperliche Repräsentanten von Substanzen: „Nur insofern sie dies – Körper* einer Substanz – sind, können Lebewesen einen *ethischen Eigenwert* haben" (1997, 351). Geht man einen Schritt weiter als Meixner, dann könnte man sagen, dass Lebewesen als *Personae* erscheinen, die selbsttätig für ihren Eigenwert eintreten, was allerdings nicht mit Egoismus zu verwechseln ist. In *The Two Sides of Being* erkennt Meixner im Leben eine „prästabilierte Solidarität", da Lebewesen darauf zielen, noch nicht existierenden Individuen zur Existenz zu verhelfen. Das Leben ist auf künftige Generationen gerichtet (2004, 410). Im Leben erkennt man, so könnte man m.E. mit Hans Jonas folgern, eine sich in der Realität selbst positiv wertende Instanz. Damit wäre das Prinzip des naturalistischen Fehlschlusses, das Hume aufgestellt hat, nicht in Frage gestellt, aber es würde sich die Natur als wertsetzende Seinsform zeigen.

3. Ideale Gemeinschaft und Gemeinwohl

Es ist eine Konsequenz des oben dargestellten Arguments, dass die Entfaltung der Ereignisse, die Entäußerung der Substanzen, nur innerhalb gewisser Bahnen, die je nach der vorgenommenen Wahl unterschiedliche Scheidewege aufweisen können, erfolgen kann. Diese Bahnen lassen sich als transzendentale Logik im Sinne Hegels, d. h. als notwendige Entwicklungslogik, denken. Hegel hebt in seiner *Wissenschaft der Logik* die Monadologie Leibniz' in gewissem Sinne auf. Dieser Aufhebungsversuch führt jedoch, wie ich meine, zu einer Auflösung der Monadologie. Eine kurze Analyse dieses Arguments könnte klären, wieso es bei Hegel keinen metaphysischen Übergang von transzendentaler Subjektivität zu einer transzendentalen Intersubjektivität gibt, also zu einer, in den Worten Hildebrands (1975), „Metaphysik der Gemeinschaft", die, ins Politische gewendet, das Ideal einer *echten Demo-*

kratie abgeben könnte. Letzteres findet m.E. deshalb nicht statt, weil Hegel unter dem Einfluss Kants die metaphysische Gemeinschaft auf naturphilosophische Begriffe reduziert.

Es scheint mir, dass Hegel in seiner Logik an der richtigen Stelle das Entstehen der *vielen Eins*, wie er hier die Monaden nennt, analysiert (5.187). Dies findet in der Lehre vom Sein statt, denn erst dann kann das Denken, nachdem es sich in seiner Qualität bestimmt hat, nachdem es als Sein und Nichts zum Werden übergegangen ist, zu *vielen Eins* werden. Das Werden, das zuerst noch „haltlose Unruhe" ist (5.113), mündet in ein stabiles Resultat, in ein Dasein (5.115). Das Denken, das sich so als *absolut reales* Dasein erkennt, erkennt sich als allgemeines *Fürsichsein* (5.166), dessen Denkmomente wegen ihrer relativen Bestimmtheit selbst daseiende Fürsichseine werden (5.182), die sich durch „Qualität, Anderssein, Grenze, Realität, Ansichsein, Sollen" kennzeichnen (5.174). Das Sollen artikuliert sich besonders im Streben nach Selbsterhaltung (5.194) und Selbständigkeit (5.196). Im Vergleich zu dieser Vielheit erkennt sich das allgemeine Fürsichsein als *Eins* – ein Eins, das *viele Eins* umfasst (5.195). Hier sind wir dann auf dem Punkt der Leibnizschen Monadologie und der von mir oben vorgeschlagen Selbstbegründung angelangt. Die weiteren Bestimmungen, die Hegel vornimmt, gehen über die transzendentale Monadologie hinaus und gehören zu seiner Naturphilosophie.

Die *vielen Eins* werden bei Hegel nicht mehr in transzendentalem Sinne als *Fürsichseiende* interpretiert, was sie an dieser Stelle der Logik eigentlich nur sein können, sondern werden als Naturkräfte behandelt. Die Vermeidung einer Metaphysik der Gemeinschaft führt dazu, dass Hegel, obwohl er die unechte Demokratie (die *Vulgusdemokratie*) zu Recht kritisiert (10.341, 10.363), die *wahre* Demokratie, die nur darin bestehen kann, dass sich die Gemeinschaft *frei* als Teil der Ursubstanz versteht, nicht würdigen kann. Unter dem Einfluss von Kant entwickelt Hegel die Beziehungen der vielen Eins als physisches Kräfteverhältnis, als Beziehung von Repulsion und Attraktion. Zwar setzt er sich von Kant (und den *Metaphysischen Anfangsgründen der Naturwissenschaft*) ab, indem er sich diese Beziehung „als etwas Innerliches zu fassen" bemüht (5.204), jedoch die Vorstellung von Naturkräften bleibt bei Hegel zentral (5.200 ff.). Was als *transzendentale Monadologie* hätte gedacht werden müssen, wird jetzt zur *monadologia physica*. Hegel kritisiert an Leibniz, dass seine Monaden nur als Repulsion gedacht sind. Die Monaden haben keine Einwirkung aufeinander (5.180) und sind nie füreinander. Dies aber soll in Hegel durch die Bewegung der Attraktion ermöglicht werden. Daraus erhellt, dass die Monadologie als Teil der transzendentalen Logik *transzendental* und nicht *physikalisch* hätte gedacht werden müssen. Das schließt nicht aus, dass die Agentia in einer transzendentalen Naturphilosophie die Grundlage der physikalischen Welt konstituieren können.

In *Monadologie et Sociologie* (1893) hat Gabriel Tarde den Ansatz Hegels aufgenommen und Naturphilosophie und Monadologie zu verbinden versucht, und zwar so, dass die Natur als *Entfaltung einer metaphysischen Gemeinschaft* erscheint. Das Werk Tardes ist freie Spekulation und nicht ohne offensichtliche Widersprüche; es gibt keinen Versuch einer transzendentallogischen Analyse. Die Entdeckung der Atome, die eine „Negation der Kontinuität der Materie" beinhaltet (1893, 5), führt nach Tarde zur Idee einer spirituellen Basis der Natur. Alles setzt sich zusammen aus Punkten, so auch Atome, Moleküle, Zellen, Organismen, deren Eigenschaften in den tiefsten Elementen, die die spirituellen Monaden sind, angelegt sind (1893, 9). Ihr Streben wird durch zwei Vermögen oder Kräfte des Geistes unterstützt: den Glauben als vermeintliches Wissen (croyance) und das Verlangen oder den Willen (désir). Die auf Wissen und Verlangen basierten *Urteile* (jugements) der Monaden machen die Bewegungen (Aktionen) der Materie aus (1893, 13). Nur Hegel, so Tarde, habe die Eigenschaften der Naturkörper als Objektivation ihres Wissens (croyance) interpretiert (1893, 15). Tardes Interpretation erinnert aber auch an Friedrich Nietzsches Willen zur Macht. Monaden sind für Tarde hauptsächlich nach Macht strebende Agentia. Jede Monade versucht ihre eigene Idee zum Gesetz anderer Monaden zu machen (1893, 22). So sieht Tarde in fast allen Dingen die Herrschaft einer dirigierenden Monade objektiviert (1893, 14). Entitäten, die aus zusammenarbeitenden, also aus einander dienenden und nicht beherrschenden, Agentia bestehen, interpretiert Tarde als Produkte der Persuasion. Die Beziehungen sind zwar reziprok (1893, 44) und die bindende Kraft ist „die Gemeinsamkeit des Glaubens und des Willens" (1893, 45), aber diese Gemeinsamkeit ist aus Persuasion, die Tarde als reines Machtmittel interpretiert, entstanden. Auf diese Weise entstehen die stabilsten Verbindungen, da sie „innerlich" besiegelt sind (1893, 46). Verbindungen, in denen Reziprozität, Solidarität, Rechtsgleichheit und Mutualität herrschen, sind eben wegen dieser Werte besser als andere Verbindungen (1893, 47). Kommunikation ist für Tarde immer Propaganda und jede erreichte Übereinstimmung eine Form von Manipulation (1893, 53). Einen Willen zur Wahrheit, dem der Wille zur Macht untergeordnet ist, gibt es bei Tarde nicht, doch konzipiert er unter dem Einfluss Schopenhauers eine Art Wille zur Erlösung als Negation des Willens zur Macht. Diejenigen Monaden, die ihr Spiel auf Erden treiben, wenden sich, nachdem sie durch den Tod der Organismen oder durch Erosion der Materie auseinanderfallen, von der Welt ab. Der Tod wird auf eine typische *fin-de-siècle* Weise von Tarde als große Befreiung gefeiert. Fern von einer Welt, die ihren Machtwillen aktiviert, und in isolierter Existenz finden die Monaden endlich Erlösung (1893, 55). Tardes *Monadologie et Sociologie* endet somit in einem riesen Oxymoron, denn die soziale Grundlage seiner Spekulation wird durch dieses Ideal der Auflösung jeder Gemeinschaft vollkommen zerstört. Tarde legt jedoch die Basis für die Vorstellung einer sich durch die Natur entfaltenden Dimension kommunikativer Subjekte.

Folgt man den Überlegungen Tardes, so erscheint die Welt der Menschen, d. h. die Welt des Sozialen, als höherstufige Fortsetzung einer intersubjektiven und kommunikativen Monadologie, die bereits in der Natur angelegt ist. Diese Monadologie wird von Tarde jedoch nicht auf transzendentale Weise begründet. Aus den Reflexionen Meixners und Leibniz' geht hervor, dass Monaden sich in einem Prozess von Verhandlungen befinden. Daraus ergibt sich das Bild einer ursprünglichen Kommunikationsgemeinschaft, die mit dem Resultat einer im Zeichen der Intersubjektivität stehenden Letztbegründung einhergeht. Im Grunde ist die Idee einer monadologischen Kommunikationsgemeinschaft bereits bei Leibniz angelegt (zum Teil auch in Husserls monadologischen Intersubjektivität). Diese wird von Hegel vorschnell in eine *monadologia physica* uminterpretiert. Die Metaphysik der Gemeinschaft, das Bild einer ursprünglichen Verhandlung von Monaden als Geistespositionen einer Ursubstanz, liefert die ontologische Grundlage, also den transzendental begründeten Seinsgrund, für die Prinzipien einer *idealen Gemeinschaft*. Die ursprüngliche Verhandlung setzt, wie gezeigt, ein allgemeines *Recht auf Einbeziehung* voraus, in welcher *Ebenbürtigkeit* und *Gleichheit* fundamentale Prinzipien sind. In verschiedenen sozialen Theorien der Gegenwart hat man versucht, die fundamentalen Prinzipien der Ethik und Gerechtigkeit zu ermitteln, indem man auf quasi-transzendentale Weise eine ideale Gemeinschaft eingebaut hat. Diese Herangehensweise versucht ohne ontologische Argumente, die einen versteckten Idealismus verraten würden, auszukommen. Fehlt jedoch eine ontologische Grundlage und nimmt man eine seinsmetaphysishe transzendentale Begründung nicht vor, so wären alle in diesen Theorien ermittelten Prinzipien ontologisch betrachtet lediglich *okkasionell*, also in einem *schlechten* Sinne kontrafaktisch, d. h. sie wären a) transzendentalpragmatisch begründet, aber in ihrer *ontologischen* Durchsetzung geradezu kraftlos (Karl-Otto Apel), oder b) nur im Rahmen eines Erwartungshorizonts zu begreifen und somit soziologisiert und psychologisiert (Jürgen Habermas), oder c) sie wären experimentell-imaginativ aufgestellt und sowohl psychologisiert als auch kraftlos (John Rawls).

a) Bereits von der Vorstellung einer *unbegrenzten Wissenschaftsgemeinschaft* (Charles S. Peirce), die als kontrafaktische (regulative) Idee von einem künftigen wissenschaftlichen Konsens ausgeht und ein Fundament der Ethik (der Selbstkontrolle und Selbstaufopferung) abgeben soll, lässt sich, wie Hösle gezeigt hat (1990, 105), sagen, dass sie nur kontextuell, d. h. für Wissenschaftler gilt. Sie vermeidet die Idee einer Metaphysik der Gemeinschaft nur deshalb, weil diese in eine faktisch-historische Zukunft hineinprojiziert wird, wobei klar ist, dass diese Zukunft eine sich verschiebende (schlechte) Unendlichkeit ist. Auch wenn wir die Wissenschaftsgemeinschaft so interpretieren, dass sie aus allen wahrheitssuchenden Individuen oder, wie bei Josiah Royce, aus einer allgemeinen Interpretationsgemeinschaft besteht, bleibt die Ethik kontextuell auf das Moment der *wissenschaftlichen* Diskussion bezogen. Wegen dieser kontextuellen Gebundenheit lehnt Apel zu Recht Royces idealistische Deutung der Verständigung ab (1973, 2.207).

Apel nimmt Peirces Konsenstheorie der Wahrheit auf und versucht die Ethik auf andere Weise pragmatisch zu begründen, indem er den Apriorismus Kants wieder aufnimmt und somit die auf die Wissenschaft beschränkten Bedingungen Peirces ausweitet. Die Transzendentalpragmatik Apels erhebt den Anspruch, die Ethik auf nicht-hypothetische Weise begründen zu können. Sie startet aber in der diskursiven Lebenswelt (der Welt der Kommunikation) und zeichnet von vornherein die Gesprächssituation als besonders relevanten Bereich aus. Im Kontext der Wissenschaft und Philosophie spricht das für sich, denn hier ist der Lokus intersubjektiver Wahrheitssuche. Wer philosophisch diese Auszeichnung in Frage stellen will, nimmt immer bereits pragmatisch am Diskurs teil und bindet sich am „Apriori der Argumentation" (1973, 1.62), d. h. er setzt immer eine „ideale Argumentationsgemeinschaft" voraus. In dieser idealen Gemeinschaft ist zuerst eine *epistemologische* Dimension gedacht, denn erst in einer idealen Gemeinschaft können Argumente adäquat vermittelt und verstanden werden. Dies ist also Voraussetzung für einen Konsens über ihre Wahrheit (2.429). Diese ideale Gemeinschaft ist deshalb *unbegrenzt* (1973, 2.353), d. h. es werden „alle virtuellen Ansprüche aller virtuellen Mitglieder" berücksichtigt (1973, 2.425). Die epistemologischen Aspekte der idealen Gemeinschaft ergeben sich aus einer *epoché* aller realen Faktoren, die einem auf Wahrheit bezogenen Dialog im Wege stehen. Die ideale Gemeinschaft besitzt auch – und das ist Apel wohl wichtiger – eine *ethische* Dimension. Apel erkennt in ihr das Grundprinzip der Ethik und, indem man dieses ergänzt, auch der Demokratie (1973, 2.426). Anders als Habermas und Rawls hat Apel die transzendentale Bedeutung dieser Idee für die Begründung von Ethik und zumal Gerechtigkeitstheorie verstanden – sucht man in der Philosophie doch eine feste Basis, die es ermöglicht, zu bestimmen, was moralisch richtig und falsch, Gut und Böse, erlaubt und unerlaubt ist.

Ein solches *Kriterium* ist die ideale Kommunikationsgemeinschaft bei Apel. Deshalb ist er auch der Auffassung, dass man über theoretische Ergänzungen – Apel spricht von einem Teil A und einem ergänzenden Teil B seiner Theorie – die Vorstellung einer gerechten Gesellschaft entwerfen kann. Deswegen ist ihm auch die Möglichkeit einer Letztbegründung wichtig, denn ohne sie kommt man nicht zu einem *unbedingten Wissen*, das nicht ohne performativen Selbstwiderspruch negiert werden kann. Dass Habermas sich von Anfang an von der so verstandenen Begründung seines Lehrmeisters und Freundes distanziert und eine soziologische (handlungstheoretische) Vorgehensweise bevorzugt hat (vgl. *Was heißt Universalpragmatik?*), zeigt nur, dass er nicht im gleichen Maße wie Apel den Relativismus als seinen Hauptgegner sieht: Der skeptische Dämon plagt Habermas weniger. Er ist nicht an unbedingten Grundlagen interessiert. Apel dagegen möchte die Ethik nicht auf konsensuelle Resultate von Diskussionen zurückführen, sondern sucht ein Unbedingtes, das nicht zu negieren ist und das nur *weil es unbedingt* ist, *konsensfähig* wird.

Welche ethischen Prinzipien sind nach Apel letztbegründet? Zuerst hat jeder Kommunikationsteilnehmer eine Verantwortung für das Gelingen der Kommunikation (1973, 2.427). Er hat eine *Pflicht zur* und daher auch ein *Recht auf Rechtfertigung* mit Argumenten. Auch der kategorische Imperativ Kants ist eine ethische Folgerung der idealen Gemeinschaft: Dem Menschen darf nie bloß als Mittel sondern nur als Selbstzweck begegnet werden (1973, 2.428). Als Prinzip einer Verantwortungsethik begründet Apel bereits vor Hans Jonas die Pflicht, das Überleben der menschlichen Gattung sicherzustellen (1973, 2431). Dieses Prinzip ist Teil eines umfassenderen Prinzips: „Handle so, als ob du Mitglied einer idealen Kommunikationsgemeinschaft wärest!" (1988, 10)

Auch politische Prinzipien wie Gleichberechtigung (1988, 116), Mitverantwortung (1988, 13), Solidarität (1998, 659) und Reziprozität (2011, 293) sind nach Apel in der idealen Gemeinschaft verankert. Wolfgang Kuhlmann leitet im Sinne Apels vier Imperative aus der Vorstellung der idealen Kommunikationsgemeinschaft ab: 1. „Argumentiere rational!" (1985, 185), 2. „Bemühe dich um Konsens!" (1985, 189), dann in 3. fasst er „Öffne dich zur Kooperation!" (1985, 197), „Betrachte den anderen als gleichberechtigt!" (1985, 198) und „Verhalte dich gewaltfrei!" (1985, 198) in „Bemühe dich um einen praktischen Konsens!" zusammen (1985, 208), und als letzten Imperativ 4. nennt er „Bemühe dich um die Realisierung der idealen Kommunikationsgemeinschaft!" (1985, 214), womit ja eine übergeordnete Grundnorm gegeben ist, die alle anderen einschließt. Es ist diese Norm, welche die Idee der Konsensbildung teleologisch *sinnvoll* macht. Zur idealen Kommunikationsgemeinschaft scheint Apel in *Paradigmen der Philosophie* auch die von Habermas übernommene Dreiteilung von Wahrheits-, Richtigkeits- und Wahrhaftigkeitsanspruch zu rechnen (2011, 332), aber diese Teilung, die Habermas empirisch aus illokutiven Funktionen ermittelt hat, gehört m.E. weder zum epistemischen noch zum ethischen Gehalt der idealen Gemeinschaft, sondern markiert die intersubjektive Übersetzung der Grundvermögen des Selbstbewusstseins (Wissen, Können, Wollen).

Mit der Herangehensweise Apels ist für die Ethik als Disziplin viel gewonnen, jedoch sind grundsätzlich zwei Probleme mit seiner Begründung verbunden. Zuerst fasst Apel die ideale Kommunikationsgemeinschaft als regulative Idee auf und macht daraus eine virtuelle, d. h. kontrafaktische Vorstellung. Die Letztbegründung ist auf Unbedingtes bezogen und als unbedingt Wahres hätte Apel die Idee der idealen Gemeinschaft auch *ontologisch* auffassen können. Dies wäre konsequenter gewesen, weil so die epistemische und die ontologische Wahrheit keine künstliche (hier schwer zu vertretene) Trennung erfahren hätten. Die entdeckten Prinzipien der Ethik wären Seinsprinzipien gewesen und hätten als solche eine universelle und absolute Gültigkeit gehabt. Apel will allerdings jede Beziehung zur alten Metaphysik vermeiden. Er weigert sich daher, die Idealgemeinschaft als konkrete Substantialität zu verstehen (1988, 100, 105). Dies schwächt die Fundierung seiner Theorie und legt die Grundlage für die Herangehensweise Habermas'. Indem die Idee einer idealen Kommunikationsgemeinschaft bloß als regulative Idee und Virtualität aufgefasst wird, wird sie leicht zur Fiktion und operativen Illusion, womit man das Ziel, ein *unbedingtes Grundprinzip* der Ethik aufzudecken, verfehlt. Apel ist sich dieser Umdeutungsmöglichkeit der Grundnorm ins Fiktive durchaus bewusst, aber er sieht darin keine relativistische Gefahr. In *Diskurs und Verantwortung* heißt es: „In einem gewissen Sinne ist ja die von den Regeln des argumentativen Diskurses konstituierte Welt der rein diskursiven Einlösung von Geltungsansprüchen auch nur eine fiktive Welt in der wirklichen Lebenswelt" (1988, 237). Fasst man das Ergebnis der reflexiven Letztbegründung nicht ontologisch auf, dann droht die ideale Gemeinschaft eine zwar in der Praxis unvermeidliche, aber im Grunde nur *operative Illusion* zu werden. Und auch wenn das Ergebnis ontologisch aufgefasst wird, bleibt die Geltung der Prinzipien an kontextuelle Kommunikationsmomente gebunden, sodass hier höchstens das Resultat eines Geltungsokkassionalismus erreicht wird. Die ideale Sprachgemeinschaft wird damit nicht nur *ontologisch* kraftlos, sie droht als operative Illusion die Motivation der Kommunikationsteilnehmer zu unterminieren, denn ihre Imperative sind dann nur noch pragmatische Illusionen. Es ist schwer verständlich, wie eine Ethik, die auf bloße *performative Idealisierungen* gebaut ist, den ethischen Herausforderungen kommender ökonomischer und ökologischer Bedrohungen ernstlich begegnen kann. Aus einem ganz anderen Geist, aber in die gleiche Stoßrichtung ging bereits die Kritik an der Diskursethik von Jean-François Lyotard (1983) und Albrecht Wellmer (1986). Insofern die reale zur idealen Kommunikationsgemeinschaft strebt, ist die ideale Kommunikationsgemeinschaft nach Apel immer schon teilweise realisiert. Aber zum konstitutiven Prinzip wird diese bei ihm nie, denn dies setzt eine ontologische Interpretation im Sinne einer intersubjektiven Monadologie voraus. Fortschritt kann Apel zwar denken, aber nichts garantiert bei ihm, dass dieser sich nicht als Illusion erweist.

Ein zweites Problem ist, dass Apel die kontextuelle Bedingtheit, die er vom Pragmatismus Peirces geerbt hat, zwar im Sinne Royces auf die Praxis der Wissenschaft ausweitet, damit aber prinzipiell nicht die Kontextualität überwindet: Das Argument Apels bleibt auf den Objektbereich der kommunikativen Praxis, der eine konkrete lebensweltliche Situation unter vielen ist, beschränkt. Die Wissenschaftsgemeinschaft von Peirce ist nun Menschengemeinschaft geworden. Diese Bewegung verrät das Bedürfnis zur Verallgemeinerung, aber diese Tendenz wird dadurch unterbrochen, dass weder Lebenswelt noch Welt verlassen werden, was zum Ergebnis hat, dass die ideale Kommunikationsgemeinschaft nur dann, wenn diese Praktiken stattfinden, Gültigkeit hat. Diese moderne Variante des Okkasionalismus und die Hervorhebung des Ideals als regulative Idee sind konvergente Gedanken, denn die Interpretation der idealen Gemeinschaft als bloß regulative Idee macht aus ihr eine operative Illusion, die sozusagen epiphänomenal auf der kommunikativen Praxis superveniert. Die ideale Kommunikationsgemeinschaft wird nur dann aktiviert, wenn man tatsächlich in einen Diskurs hineintritt. Die Grundnorm, die Apel anstrebt, soll unbedingt sein, aber weil er seine Letztbegründung nicht ontologisiert, gerät die Grundnorm in Schwierigkeiten, wenn die Kommunikation umgangen wird. Im Falle des Nicht-Miteinander-Redens, des strategischen Handelns oder der Anwendung von Gewalt muss man auf Herleitungsformeln rekurrieren, die diese Verhaltensformen als am kommunikativen Handeln parasitierend aufweisen. Im Grunde ist damit der Universalitätsanspruch der idealen Sprechsituation, die doch unbedingte Geltung haben sollte, bedroht. Nur eine gründliche Dekontextualisierung, eine radikale *epoché* der weltlichen Lebenswelt und die *Entdeckung der idealen Lebenswelt* der Ideen und Normen sichern die ontologische Interpretation der Idealgemeinschaft.

b) Indem Apel in seiner Transzendentalpragmatik *ontologische* Konsequenzen vermeiden will, ist seine Philosophie im Grunde bereits an das Habermassche Programm einer „detranszendentalisierten Vernunft" gebunden (1999; 2001; 2005). Mit Thomas McCarthy spricht Habermas von einer „Situierung der transzendentalen Vernunft" (2001, 8), womit die Idee einer Soziologisierung der Transzendentalphilosophie gemeint ist. Das gilt nicht nur für die epistemische Idee einer objektiven Welt, sondern vor allem auch für die kontrafaktischen Annahmen der Idee der idealen Sprechsituation (2001, 11). Handlungstheoretisch verstanden werden diese zu bloß *wirksamen Operatoren*, die für die Handlungskoordinierung unabdingbar sind. Ihre Unhintergehbarkeit, die bei Apel durch die Letztbegründung gesichert war, wird jetzt nur noch handlungstheoretisch begründet, was zum Ergebnis hat, dass sie nur noch „präsumtiv" unhintergehbar sind (2001, 12). Die Deflationierung des Transzendentalen ist durch diesen soziologischen Ansatz vorprogrammiert. Das Ergebnis lässt sich folgendermaßen zusammenfassen: Die Normen der idealen Sprachgemeinschaft werden zu bloßen handlungsbezogenen *Erwartungen* oder *Unterstellungen*. Deshalb spricht Habermas nicht länger von Präsuppositionen im Sinne von notwendigen Bedingungen, sondern von „Voraussetzungen", die immer präsumtiv sind (2001, 13). Es ist klar, dass die ideale Sprechsituation auch handlungstheoretisch und handlungspsychologisch eine Funktion hat, aber aus diesem Grund die transzendentalphilosophische Bedeutung der idealen Gemeinschaft abzustreiten, läuft auf einen Reduktionismus und insbesondere auf einen Psychologismus hinaus. Apel hat bereits in „*Das Apriori der Kommunikationsgemeinschaft*" (1967 in 1973) darauf aufmerksam gemacht, dass es die ideale Gemeinschaft *gibt* und dass man daher nicht darüber hinwegkommt, diese anzuerkennen. Habermas formuliert diese Einsicht Apels in „*Wahrheitstheorien*" (1972 in 1984) jedoch handlungstheoretisch: „Die ideale Sprechsituation ist weder ein empirisches Phänomen noch bloßes Konstrukt, sondern eine in Diskursen unvermeidliche, reziprok vorgenommene Unterstellung" (1984, 180). Unterstellungen sind bei Habermas immer psychologische *Erwartungen*: „In der horizontalen Dimension der Beziehungen, die Subjekte *miteinander* eingehen, besagt die (...) Rationalitätsunterstellung, was sie *grundsätzlich* voneinander erwarten" (2001, 33). Gleichberechtigung, Symmetrie, Zwangsfreiheit, Inklusion, Reziprozität, die ganzen ethischen Grundstrukturen der idealen Sprechsituation werden zu Antizipationen, Erwartungen, Unterstellungen, also zu aus der Perspektive der ersten Person vermittelten *handlungspsychologischen* Begriffen, die dann im Gesichtsfeld einer objektivierenden dritten Person insgesamt als „operativ wirksame Fiktion" erscheinen (1984, 180). Als Soziologe springt Habermas also von einer Perspektive zur anderen, von einer Rolle zur nächsten. Wie sich aus *Wahrheit und Rechtfertigung* ergibt, widerruft Habermas seine Konsenstheorie der Wahrheit nur für den epistemischen, nicht aber für den nicht-epistemischen (!) Wahrheitsbegriff (1999, 50). Er führt die Wahrheitsgeltung moralischer Aussagen wieder auf Konsens zurück: „Die Geltung einer moralischen Aussage hat den epistemischen Sinn, dass sie unter idealen Rechtfertigungsbedingungen akzeptiert werden würde" (1999, 49). Die Absicht, die Ethik in Unbedingtem zu begründen, ist so nie gegeben. Nicht Wahrheit, sondern Überzeugung ist das Resultat des Konsenses (1999, 37). Dies führt notwendig zur skeptischen und *performativ selbstwidersprüchlichen* Idee, dass Wahrheit nie einzulösen sei (1999, 37). In *Faktizität und Geltung* wird die ideale Sprechsituation zu einem formalen Gerüst, zu einem „sparsamen Diskursprinzip", das trotz seines „normativen Gehalts gegenüber Moral und Recht *noch neutral* ist" (1992, 138). Die ideale Gemeinschaft verliert so, wie bereits Apel zu Recht angeprangert hat (1998, 733), ihre moralische Kraft. War sie bei Apel *ontologisch* kraftlos, so wird sie bei Habermas auch *transzendental und inhaltlich* kraftlos. Im Grunde ist das schon so in *Moralbewusstsein und kommunikatives Handeln*, wo es heißt: „Einziges

Moralprinzip ist der angegebene Grundsatz der Verallgemeinerung" (1983, 103). Weitere inhaltliche Prinzipien sind nur über tatsächliche Diskussionen zu haben. Die ideale Sprechsituation wird hier zum formalen Gerüst und ihre inhaltlichen Prinzipien werden im tiefen Inneren des Grundsatzes der Universalisierung *versteckt*. Aber darin hat Apel recht, dass nur in diesem Grundsatz die Prinzipien der Moral aktiv und lebendig sind. Durch Soziologisierung und Psychologisierung kann man mit Apel schließen, dass es bei Habermas zu einer „normativen Depotenzierung des Diskursprinzips" kommt (1998, 739).

c) Rawls folgt der Tradition der Vertragstheorie und stellt sich experimentell-imaginativ eine Ursituation vor, die eine ideale Gemeinschaft vorspiegelt, in der die wichtigsten Bedingungen der Fairness, der Gleichheit, der Universalisierung, Generalisierung usw. bereits integriert sind (1971, 12, 120, 130 ff.). Nur auf Basis einer in dieser Gemeinschaft so vorausgesetzten Moral ist die von Rawls angestrebte „rein prozedurale Gerechtigkeit" möglich (1971, 120). Das „veil of ignorance" der Mitglieder betrifft nur private Umstände (Unkenntnis über die eigene Position in der realen und künftigen Welt) und ist eine halbherzige *epoché*, die nur Subjektives und nichts Generelles wegdenkt (1971, 137). Im Grunde ist dieser Schleier des Nichtwissens nichts anderes als die Fähigkeit des Individuums, aus seiner weltlichen Position hinauszutreten, d. h. sich zu transzendieren. Die Vorstellung einer hypothetischen Ursituation trägt jedoch wenig zu einer tatsächlichen Begründung der Ethik bei, sondern ist nur als *Bestätigungsverfahren* gedacht. Begründungstheoretisch betrachtet ist Rawls' Theorie zirkulär: „We want to define the original position so that we get the desired solution", heißt es bei Rawls explizit (1971, 141). Überhaupt fehlt bei ihm die Grundintuition, dass dieser Fiktion, wenn sie philosophische Kraft haben soll, eine Begründung des Fairnessprinzips vorausgehen muss. Die Idee eines rationalen Eigennutzes als letztes Motiv, aber auch die Idee eines erstrebenswerten Gemeinwohls werden, trotz aller intendierten Abstraktion vom Subjektiven, lediglich als *psychologische* Eigenschaften eingeführt. Begründungstheoretisch ist die experimentell-imaginative Gemeinschaft nur eine psychologische Vorstellung, die ontologisch kraftlos bleibt.

Die Lehre aus diesen Deutungen der Idee der idealen Gemeinschaft besteht in der Erkenntnis, dass die begründungstheoretische und ontologische Sicherung für die philosophische Bestimmung der Ethik und Politik eine zentrale Bedeutung hat, was ebenso für die brennende lebensweltliche Frage des Sinns des Seins gilt. Wenn die ideale Gemeinschaft, wie im absoluten Idealismus, ontologisch aufgefasst wird, dann ergibt das Sein der realen Gemeinschaft den Sinn, *ideale Vergemeinschaftung* zu sein. Das gesellschaftliche Leben und die Frage „Warum moralisch sein?" finden so eine natürliche Einbettung. Aus der Idee der idealen Gemeinschaft sind, wie Hösle bereits klar macht, materiale Normen und Werthierarchien zu ziehen (1990, 252 f.). Diese haben auch politische Implikationen. Der Vorrang der *echten* Demokratie über andere Staatsformen gründet darin, dass sie das *moralische* Prinzip der gleichen Rechte der Staatsbürger verkörpert. Dieses Prinzip gilt nicht deshalb, weil es demokratisch angenommen wird, sondern es macht jenes demokratische Annehmen erst möglich. Dieses und andere Prinzipien ermöglichen es, das Mehrheitsprinzip im Sinne Alexis de Tocquevilles legitim zu *beschränken*. Die Demokratie als *Idee* ist somit Teil einer Prinzipienhierarchie. Der letzte Sinn der Demokratie besteht darin, dass jeder einzelne sich *frei* als Teil einer *ewigen Gemeinschaft* versteht, die die daseiende Menschheit übersteigt. Wahre Tugenden sind an diese Idee der Zugehörigkeit zu binden. Marktwirtschaft bürgt für die Freiheit, doch darf die gebürgte Freiheit nicht bloß eine negative sein. Das wäre eine Ökonomie der *Dürftigkeit,* um ein Wort Hölderlins zu gebrauchen – auch wenn man in Reichtum protzt. Eine *wirklich freie* Marktwirtschaft wäre nur die, die sich, wie Christian Felber in seinem Buch *Gemeinwohl-Ökonomie* (2010) betont, moralische Ziele setzt, die das wahre Gemeinwohl fördern. Dazu gehört das Programm einer sich fortbildenden Humanisierung, d. h. die Gestaltung einer ökosozialen Weltordnung.

Folgt man der Systementfaltung Hösles in *Moral und Politik* (1997), dann kann man von einem solchen Humanisierungsprozess einen ersten Eindruck gewinnen. Mit Montesquieu hebt Hösle die Existenz von fünf wesentlichen Subsystemen der Gesellschaft hervor, die jeweils Kernfunktionen der Gemeinschaft übernehmen: die Familie (Fortpflanzung), die Wirtschaft (Nahrung), das Militär (Verteidigung), das Recht (Konfliktlösung), die Religion (Sinnstiftung). Der Staat ergibt sich aus der Synthese von Recht und Verteidigung (1997, 563 ff.). Diese Subsysteme sind m.E. aus der Idee der transzendentalen Subjektivität als Wissen, Macht und Wille (ausgerichtet auf Wahres, Gutes und Schönes) zu entwickeln. In einem ersten Schub entsteht aus dem Vermögen des Willens die Liebe, die die Familie festigt, aus dem der Macht das Handeln, das die Arbeit ermöglicht, und aus dem des Wissens das ergründende Denken, das Religion und andere Formen des Wissens zur Entfaltung bringt. In einem zweiten Schub entsteht aus der Verbindung von Wissen und Macht die Sphäre des positiven Rechts und aus der Verbindung von Macht und Wille die Sphäre des Militärs. Aus diesen Entwicklungen ergibt sich dann die Notwendigkeit des Staates. Auf diese Weise lassen sich die Subsysteme der Gesellschaft rückbildend an ein Letztbegründungsargument binden. Die Humanisierung ergibt sich aus der Progression jedes einzelnen Subsystems in Richtung der Grundnormen der idealen Gemeinschaft. Die Familie entwickelt sich zur Idee der Kirche, zur Idee einer universalen Gemeinde, die Wirtschaft zur Idee eines *echten*, also ethischen Gemeinwohls, die

Religion zur philosophischen Theologie (Kutschera 2008, 126 ff.), deren höchste Aufgabe es ist, die Idee der *communio sanctorum* zu verstehen; das Recht entwickelt sich zur Idee der *inneren* Sittlichkeit und das Militär zur Idee des *inneren* Friedens. Der Staat selbst entwickelt sich in Richtung der *Dienerschaft*, zur *Idee einer allgemeinen und globalen Verantwortung*. Die Vorstellung einer intersubjektiven Monadologie hilft auf dem Weg der Gestaltung einer ökosozialen Weltordnung insofern, als sie die Gemeinschaft in einem weiten Sinne als Monadengemeinschaft versteht, die am *Wohlergehen alles Lebenden* interessiert ist.

Ein Aspekt dieser Weltordnung kündigt sich vielleicht heute bereits an und zwar in dem von Hegel in den *Grundlinien* gedachten Ende des Kapitalismus, das Karl Marx falsch verstanden hat. Im kapitalistischen System der bürgerlichen Gesellschaft ist „die konkrete Person" der einzige „besondere Zweck". Der Staat ist nicht Gemeinschaft, sondern *Gemeinsamkeit* „verschiedener Personen" (7.339), wo jedes einzelne Individuum letzten Endes nur sich selbst Zweck ist: „Der selbstsüchtige Zweck (...) begründet ein System allseitiger Abhängigkeit" (7.340). Die bürgerliche Gesellschaft ist ein System der Sittlichkeit, das eigentlich über Verstand und Moralität nicht hinauskommt. Sie ist ein System der „Anhäufung der Reichtümer", des „größten Gewinns" und der „Vereinzelung der Arbeit" und des Menschen (7.389): „In der Sucht des Erwerbs" wird die Erdscholle der „Gefahr des Untergangs" ausgesetzt (7.391). Nur in der korporatistischen Ökonomie, in der „Gemeinsames in der Genossenschaft zur Existenz kommt" (7.394), steigt der Kapitalismus über sich hinaus in eine Phase der Sittlichkeit, in der eine allgemeine Beschränkung, die individuelle Geschicklichkeit auszuüben – eine Beschränkung des individuellen natürlichen Rechts und zwar durch das allgemeine Naturrecht –, institutionelle Form bekommt (Hösle 1988, 552). Erst dann scheint der Weg offen zur Gestaltung des *wahren* Staates. War bei Leibniz die Progression der Gemeinschaft der Weg von Familie über Unterordnung, Wirtschaft und bürgerliche Gesellschaft bis zur wahren Gemeinschaft der Kirche gedacht (1.402 ff.), so ist bei Hegel derselbe Gedanke auf säkularisierte Weise als dreistufige Entwicklung von Familie über bürgerliche Gesellschaft zum Staat dargestellt. Aber sowohl in Kirche als auch im Staat basiert der Wille zum Gemeinwohl auf der Selbsterkenntnis, *Teil einer umfassenden Substanz* zu sein. So wird die Gemeinschaft, wie Hegel sagt, „frei sich wissende Substanz" (10.318).

Unbedingte Verpflichtung und Eudämonismus – Idealität und Realität in der Ethik

Vittorio Hösle

Innerhalb der Ethik ist der durch Immanuel Kant vollzogene, aber schon vorher vorbereitete Bruch mit dem Eudämonismus sicher das folgenschwerste Ereignis. Seine Anerkennung einer unbedingten Pflicht, der auch die Selbstliebe und das eigene Glücksstreben, das zur realen Natur der Menschen wesentlich dazugehört, ggf. geopfert werden muss, war der Ausgangspunkt des Deutschen Idealismus, der nun die ganze Metaphysik in einer Weise neuzukonzipieren suchte, die von der Kantischen Entdeckung ihren Ausgang nahm. Allerdings ist gerade bei Georg Wilhelm Friedrich Hegel eine Verbindung Kantischer Intuitionen mit Aristotelischen Einsichten charakteristisch; und so will auch ich erstens Kants Argumente gegen den Eudämonismus wiederholen (1), alsdann auf den legitimen Platz des eigenen Glücks in seiner Ethik und auf seinen Begriff der Selbstvervollkommung eingehen (2) und schließlich die Begriffe der Selbstliebe und der Berufung zu klären suchen (3).

1. Kants Argumente gegen den Eudämonismus

Warum hat Kant mit einer Jahrtausende alten Tradition gebrochen, die das Wesen der Moral darin sah, nach dem eigenen Glück zu streben, und den Sinn der Ethik darin, dieses Glücksstreben richtig zu lenken? Das erste Argument ist denkbar einfach: Es kann sein, dass jemand, z. B. bei sadistischer Veranlagung, nur dadurch glücklich werden kann, dass er etwa andere Menschen quält. In diesem Fall, so kann man auf Kantischer, aber nicht ohne Weiteres auf eudämonistischer Grundlage sagen, muss der Arme eben auf sein Glück verzichten; und der Ethiker handelt unmoralisch, der ihm Tipps gibt, wie er sein Glück maximieren kann. Natürlich wird der Eudämonist erstens entgegnen, das Glück des Sadisten sei kein wahres Glück. Auch wenn interpersonale Glücksvergleiche notorisch schwierig sind, bin auch ich davon überzeugt, dass das Glück des sadistischen Menschen sich anders anfühlt als das Glück des tätigen Altruisten, der sich am Glück anderer mitfreuen kann, und dass Letzteres „tiefer" ist. Damit ist u. a. gemeint, dass jeder Mensch, der beide Formen des Glückes kennt, die zweite vorziehen wird. Aber das Problem ist, dass vielen Menschen, unter anderem unserem Sadisten, das Glück des Altruisten durch ihre psychische Konstitution versagt ist. Jedenfalls scheint mir dies eine plausible empirische Annahme; ja, gegen eine naturalistische Definition von „moralisch" als „das, was zum eigenen Glücke führt" spricht schon die bloße analytische Möglichkeit der Existenz eines solchen Menschen, also selbst wenn ein solcher Mensch nur in einer Welt mit anderen Naturgesetzen vorkommt (vermutlich ist es ebenfalls analytisch möglich, dass es Wesen, etwa gefallene Engel, gibt, die das Glück des Sadisten dem des Altruisten vorziehen, auch wenn sie mit beiden Glücksformen vertraut sind). Sicher hat jeder vernünftige Erzieher darauf hinzuwirken, dass das Kind Präferenzen entwickelt, die dem, was moralisch statthaft oder sogar geboten ist, weitgehend entsprechen, und indem er das tut, trägt er mit großer Wahrscheinlichkeit dazu bei, das Kind auch glücklicher zu machen. Aber es mag sein, dass alle Erziehungsbemühungen an einer renitenten Bösartigkeit scheitern; und gewiss scheitert die eudämonistische Konvergenzhoffnung bei den Sadisten, bei denen sich das Entwicklungsfenster für immer geschlossen hat, deren Präferenzen also nicht mehr geändert werden können.

Zweitens wurde gegen Kants Antieudämonismus eingewendet, der Bösewicht werde doch meistens bestraft, erleide also Unglück nach seinen eigenen Kriterien. Auch hierauf ist zu entgegnen, dass die bloße Möglichkeit, dass der Sadist oder Gewaltmensch unbestraft davonkommt, ausreicht, um die Identifikation des Moralischen mit dem Streben nach dem eigenen Glück zu erledigen. Und ich fürchte, man braucht in diesem Falle keine möglichen Welten zu bemühen (sei es mit, sei es ohne unsere Naturgesetze), um Schwerverbrecher, zumal politische Tyrannen, zu finden, die nie zur Rechenschaft gezogen wurden. Ja, selbst wo dies der Fall war, mag es wohl sein, dass der Tyrann die Hinrichtung am Ende einer langen und erfolgreichen Laufbahn des Quälens seiner Mitmenschen keineswegs als zu hohen Preis für das Kühlen seines Mutes ansah und seinen Weg, auch im Wissen um sein Ende, nochmals beschritte. Aber leidet nicht der unentdeckte Verbrecher wenigstens Gewissensqualen? Auch diese Annahme scheint mir reichlich optimistisch. Doch selbst wenn sie zuträfe, hat Kant zu Recht gegen Christian Garve eingewendet:

„Wollte man dagegen sagen: daß durch die Abweichung von der letzteren [sc. der Tugend] der Mensch sich doch wenigstens Vorwürfe und reinen moralischen Selbsttadel, mithin Unzufriedenheit zuziehen, folglich sich unglücklich machen könne, so mag das allenfalls eingeräumt werden. Aber dieser reinen moralischen Unzufriedenheit (nicht aus den für ihn nachteiligen Folgen der Handlung, sondern aus ihrer Gesetzwidrigkeit selbst) ist nur der Tugendhafte, oder der auf dem Wege ist es zu werden, fähig. Folglich ist sie nicht die Ursache, sondern nur die Wirkung davon, daß er tugendhaft ist" (ÜdG, A 220).

Drittens kann man lesen, Aristoteles, der den Eudämonismus zwar nicht geschaffen, aber ihn doch wie keiner vor ihm ausführlich und unter Ausschluss alternativer Begründungsideen, wie man sie bei Platon noch findet, entwickelt hat, habe nie eine naturalistische Definition des Guten gegeben. Er definiere die Tugend keineswegs als das Mittel, das einen glücklich mache, sondern umgekehrt sei die Eudaimonia die Lust, die man an den eigenen tugendhaften Handlungen empfinde (1099a, 17 ff.). Ja, in seiner berühmten Verteidigung der Selbstliebe lehre er ausdrücklich, nur der ethisch hochstehende Mensch solle sich selbst lieben (1169a, 11 ff.). Man kann gerne zugeben, dass Kants Kritik nur dort Sinn gibt, wo der Begriff des Glücks von normativen Konnotationen befreit worden und zum Gegenstand der empirischen Psychologie geworden ist, also in der Neuzeit. Aber das macht Aristoteles' Theorie noch nicht akzeptabel. Denn welcher Habitus tugendhaft ist und daher Glück hervorrufen kann, kann nach ihm letztlich nur durch die Berufung auf den in praktischen Dingen Vernünftigen ausgemacht werden. Aristoteles leistet wesentlich mehr bei der Beantwortung der Frage, wie man zu ethischem Verhalten erziehen kann – seine einseitige, aber zu gutem Teil richtige Antwort lautet bekanntlich: durch Habituierung – als bei der Klärung dessen, was moralisch ist.

2. Der Platz des Glücks in Kants Ethik

Kant hat also, wie mir scheint, die These zu Recht widerlegt, Ethik lasse sich auf das Streben nach eigenem Glück reduzieren – was keineswegs bedeutet, dass seine formalistische Version des moralischen Realismus richtig ist. Mit moralischem Realismus (eigentlich einer Form des objektiven Idealismus) ist gemeint, dass es objektiv Richtiges unabhängig von unseren Strebungen gebe: Das, was wir wollen sollen, ist nicht einfach eine Funktion dessen, was wir faktisch präferieren. Zuzugeben ist allerdings, dass alle moralischen Realisten mit einem Problem kämpfen, das der moralische Subjektivismus vermeidet, der moralische Werte mit präferierten Zuständen identifiziert: Sie können nicht ohne Weiteres erklären, wie es zu moralischem Handeln kommt – Kant behauptet sogar, dass niemand sicher sein kann, dass es auch nur eine einzige Handlung aus Pflicht je gegeben habe (ÜdG, A 220). Denn die Motive Anderer kennen wir nicht, und über unsere eigenen können wir uns täuschen. Eudämonisten haben es da einfacher – Glücksstreben ihrem Verständnis nach natürlich, und im Grunde bedarf es nur intellektueller Schulung, um dabei erfolgreich und auch moralisch zu sein. Aber Einfachheit kann nicht das einzige Kriterium einer Theorie sein – besonders dann nicht, wenn sie zur Verleugnung entscheidender Intuitionen und zu einer Primitivisierung unseres Empfindens führt. So kann man den Gegensatz von Sein und Sollen dadurch loswerden, dass man Macht und Recht zusammenfallen lässt. Aber in den meisten Menschen sträubt sich etwas gegen diesen Vorschlag, und zwar mit einer Wucht, die andere theoretisch abwegige Lehren gar nicht provozieren (die bloße Tatsache, dass die meisten Mächtigen den Machtpositivismus ablehnen, ist nach seinen eigenen Kriterien sicher ein weiteres Argument gegen ihn). Es ist analog m.E. besser, sich damit abzufinden, dass es weniger moralisches Verhalten in der Welt gibt, als wir es gerne hätten, als jeden moralischen Standard abzulehnen, der unser natürliches Glücksstreben transzendiert. Sicher müssen wir eine Antwort auf die Frage finden, warum vermutlich wenigstens einige Menschen moralisch handeln, und wenn man Kants unhaltbare konkrete Ausgestaltung des Dualismus von phänomenaler und noumenaler Welt aufgibt, wird man innerhalb des uns phänomenal zugänglichen Innenlebens etwas finden müssen, was auf das Sittengesetz gleichsam „anspringt". Der späte Kant geht durchaus in diese Richtung, indem er etwa das moralische Gefühl rehabilitiert (MS, A 35 ff.). Und sollte es Menschen geben, die dieses Gefühls bar sind, durch Appelle an das sittlich Gebotene also nicht in Schranken gehalten werden, dann bleibt es wenigstens für diejenigen, die sie negativen Sanktionen unterwerfen, wichtig, sich der Geltung der richtigen Normen zu versichern. Denn nur dies kann sie zu jenen Sanktionen motivieren, deren Verhängung manchmal Pflicht ist, auch wenn sie bei einem guten Menschen keineswegs das Glück steigert: Man denke an die Last der Prophetie etwa bei Jeremia oder Jona.

Ist man Kompatibilist, wird man dieses „Anspringen" kausal mit anderen Faktoren unseres Bewusstseins wie etwa unserer Erziehung verknüpfen wollen – auch wenn die Untersuchung dieser Verknüpfung nie eine Antwort auf die Frage zu geben vermag, warum etwas moralisch sei. Denn die Geltungsfrage gehört einer anderen Ordnung an als der kausale Mechanismus: Weder beantworten Kausalerklärungen normative Fragen noch tragen normative Theorien zur Erklärung von Ereignissen bei. Das schließt freilich nicht aus, dass man zwar nicht nach Ursachen, aber doch nach Gründen suchen darf, warum unsere Welt gerade diese Kausalgesetze hat, und dass man unter solchen Gründen denjenigen finden mag, dass auf diese Weise moralisches Verhalten ermöglicht werde.

Da das Sittengesetz oder ideal geltende Werte keine empirischen Gegenstände sind, ergeben sich zwei Probleme, ein metaphysisches und ein epistemologisches, deren Schwierigkeit oft zu einer Ablehnung des moralischen Realismus führt. Erstens ist John Leslie Mackies Argument aus der Absonderlichkeit (argument from queerness) zu nennen: Objektive Werte oder ein objektives Sittengesetz sind in ihrem Seinsstatus von allen empirischen Dingen, die kausal miteinander verknüpft sind, so verschieden, dass Zweifel an ihrer Existenz angebracht sind. Darauf ist zu erwidern, dass die Wirklichkeit eben komplexer ist, als wir sie gerne hätten, und dass eine mehrschichtige Ontologie die einzige Weise ist, ihr gerecht zu werden. Dass gerade unsere so liberale Zeit, in der an den besten Universitäten „Programs for Queer Studies" aus dem Boden schießen, Queerness in der Ontologie ablehnt, steht ihr schlecht an: Warum sollte das Seiende weniger vielfältig sein dürfen als menschliche Sexualität? Und seit Platon hat man in mathematischen Gebilden durchaus etwas gefunden, das, obgleich in Vielem von ihnen unterschieden, doch Werten ähnlicher ist als alles Empirische. Das zweite Argument ist analog zu Paul Benaceraffs berühmtem Argument gegen den Platonismus in der Mathematik. Abstrakte, nicht-räumliche und nicht-zeitliche Gegenstände sind mit uns nicht kausal verknüpft, und daher seien sie epistemisch unzugänglich. Das Argument setzt allerdings voraus, dass jedes Erkennen einen kausalen Prozess zwischen Erkenntnissubjekt und Gegenstand darstellt; und wiederum gibt es keinen Grund, diese Prämisse zu teilen. Ja, als Argument setzt es selbst voraus, dass wir gültige Schlussfolgerungen einsehen können; und zumindest versteht es sich nicht von selbst, wie logische Erkenntnis je auf kausale Prozesse zurückgeführt werden könne. Wer annimmt, dass die ideale Welt die reale prinzipiiert, mag eher eine Antwort darauf haben, warum bestimmte Denkprozesse, die immer nur durch andere derartige Prozesse und letztlich durch physische Ereignisse ausgelöst werden, etwas erfassen können, was sie selbst zwar nicht verursacht, aber was doch der letzte Grund der Wirklichkeit ist, der physischen wie der mentalen.

Sicher hat Kant nicht nur negative Gründe für seine Ablehnung des Eudämonismus. Man darf getrost behaupten, dass seine Entdeckung einer Sphäre, deren Erfassung aus den Menschen mehr macht als intelligente nutzenmaximierende Wesen, die als solche reine Naturwesen wären, ihm und den durch ihn beeinflussten Dichtern und Denkern eine Begeisterung für nicht-empirische Erkenntnis, ja eine Art Freiheitsrausch[1] verschaffte, der religiöse Wurzeln hatte und gleichsam ein ratio-

---

1 Das wirkt bei Hegel nach, in dessen *Enzyklopädie der philosophischen Wissenschaften* von 1830 die Glückseligkeit (§§ 479 f.) dem freien Geist vorausgeht, der in den objektiven Geist überleitet. Der wirklich freie Wille transzendiert das Glücksstreben. Schon in § 36 der Nürnberger

nales Surrogat für das Erweckungserlebnis des Pietismus war. Auch wenn Kant nicht bestreitet, dass die *Sinnes*art nur *reformiert* werden kann (ganz wie bei Aristoteles durch Habitualisierung), müsse ihr doch eine *Revolution* der *Denkungs*art vorausgehen, die der Platonischen Umwendung der Seele verwandt ist (*Politeia,* 518b ff.), die er aber mit der Taufe aus dem Geist in Verbindung bringt. „Das kann nicht durch allmähliche *Reform,* so lange die Grundlage der Maximen unlauter bleibt, sondern muß durch eine *Revolution* in der Gesinnung im Menschen (einen Übergang zur Maxime der Heiligkeit derselben) bewirkt werden; und er kann ein neuer Mensch, nur durch eine Art von Wiedergeburt, gleich als durch eine neue Schöpfung (Ev. Joh. III, 5; verglichen mit 1. Mose I, 2), und Änderung des Herzens werden" (RGV, A 50/B 54). *Nach* dieser Revolution freilich darf der Mensch durchaus nach Glück streben. Dieses Streben steht jedoch unter Moralvorbehalt; ich muss innerlich bereit sein, auf mein Glück zu verzichten, wenn dieses nur durch die Verletzung des Sittengesetzes bewahrt werden kann.

Kants Formulierung des kategorischen Imperativs suggeriert auf den ersten Blick, dass er uns sagen will, was moralisch geboten ist. Freilich umfasst das Generalisierbarkeitspostulat – der rationale Kern des kategorischen Imperativs – Verbote, Gebote und Erlaubnisse gleichermaßen; es besagt, dass nur dann etwas für mich erlaubt bzw. geboten bzw. verboten ist, wenn es ceteris paribus auch für alle Anderen erlaubt bzw. geboten bzw. verboten ist. So darf ich nicht lügen – und damit auch kein anderer –, weil ich das jedem zugestehen müsste und ein Zustand allgemeinen Lügens jedes Vertrauen zerstören und damit selbst das Lügen unmöglich machen würde. Kant bringt damit die allgemeine Tendenz des 18. Jahrhunderts auf den Begriff, das Rechtssystem im universalistischen Sinne zu reformieren, also auf allgemeine Rechtsgleichheit zu gründen. Dennoch hat Kant höchstens eine notwendige, keine hinreichende Bedingung für die Moralität einer Handlung angegeben. Immerhin führt schon die Fassung des kategorischen Imperativs in der Selbstzweckformel – also das Gebot, weder sich noch andere Personen bloß als Mittel zu gebrauchen – zu einem materialen Prinzip, nämlich der Person. Im zweiten Teil der leider viel zu selten gelesenen *Metaphysik der Sitten,* seines eigentlichen ethischen Hauptwerks, hat Kant zwei Zwecke angegeben, die zugleich Pflichten seien und seinem System der Tugenden zugrunde liegen: die eigene Vollkommenheit und fremde

Rechts-, Pflichten- und Religionslehre für die Unterklasse lesen wir: „Es kann also einen ganz rohen, groben Eudämonismus geben, aber ebensogut einen besseren; nämlich die guten wie die bösen Handlungen können sich auf dies Prinzip gründen" (4.253 f.). Hegel selber hat mit seiner Ablehnung des Eudämonismus und der Äußerung von Zweifeln, ob ihm selber Glück beschieden sei, sogar eine Krise mit seiner Verlobten ausgelöst (1969, 1.367–370). Diese Seiten gehören zu seinen persönlichsten.

Glückseligkeit. Eigene Glückseligkeit sei deswegen kein Zweck der Pflicht, weil alle Menschen nach Glück strebten und die Pflicht eine *„Nötigung* zu einem ungern genommenen Zweck" sei; ebensowenig könne ich mir die Vollkommenheit eines anderen Menschen vorsetzen, weil ich das nicht tun soll, „was kein anderer als er selbst tun kann" (MS, A 13 f.).

Ist Kants Argument gegen eine Pflicht zum Streben nach dem eigenen Glück überzeugend? Nun, das hängt ganz von der Definition von Pflicht ab. Akzeptiert man diejenige Kants, hat er im allgemeinen Recht – freilich auch nicht immer, da es Selbsthasser und auf ihr Leiden Stolze[2] gibt, die enorme Widerstände überwinden müssen, bevor sie sich auf die Suche nach eigenem Glück einlassen können, und vielleicht sind darunter sogar einige, die ihren Kant falsch verstanden haben.[3] Da die Existenz von Widerständen eine empirische Frage ist, scheint es mir viel klüger, nicht den Pflichtbegriff, wie ihn Kant versteht, also unter Einschluss psychologischer Faktoren, als Grundbegriff der Ethik anzusehen, sondern stattdessen rein deontische Begriffe, also „geboten", „erlaubt" und „verboten". Dass es erlaubt sei, wenn auch unter Moralvorbehalt, nach eigenem Glück zu streben, betont Kant selber; aber es scheint mir offenkundig, dass es sogar geboten ist. Warum? Es folgt aus dem Generalisierbarkeitspostulat und dem Gebot, sich um das Glück Anderer zu kümmern – warum sollte ich mich schlechter als diese stellen? Da ich mich nicht um jeden kümmern kann, werde ich mich auf diejenigen konzentrieren müssen, denen ich am ehesten helfen kann, etwa weil ich sie besser kenne; in der Regel ist man aber selber derjenige, den man am besten kennt.[4] Gerade wer sich vornimmt, seinen Nächsten *wie sich selbst* zu lieben, ist gut beraten, keinen Selbsthass zu pflegen. Ich *darf* also nicht nur, ich *soll* mich um mein Glück bemühen. Das bedeutet keineswegs, dass rücksichtsloses Streben nach eigenem Wohlbefinden geboten ist. Denn was nicht erlaubt ist, kann a fortiori nicht geboten sein. Ich darf meine Interessen erstens nicht auf Kosten der Rechte anderer durchsetzen (wobei sich „Recht" nicht auf das positive Recht des eigenen Staats bezieht, sondern auf das, was in einem rationalen

---

2 John Fowles' von Karel Reisz glänzend verfilmter Roman *The French Lieutenant's Woman* ist eine brillante Studie eines solchen Leidensstolzes.
3 Hans Krämers antikantianische *Integrative Ethik* (1992) – „mir selbst zugeeignet" – scheint mir manchmal das Werk eines Kantianers zu sein, der sich selbst zur Glückssuche nötigen muss.
4 Eine eloquente Verteidigung der Selbstliebe findet sich nicht nur in der *Nikomachischen Ethik* 1168a 28 ff. Auch Thomas von Aquin räumt der Selbstliebe einen wichtigen Platz ein (*Summa theologiae* II/II q. 25 a.4). Während man seinen Nächsten mehr lieben könne als den eigenen Körper (q. 26 a.5), gelte dies nicht, wenn es um das eigene Seelenheil gelte, das man auch dann nicht aufs Spiel setzen dürfe, wenn man damit einen Anderen rette. Man fragt sich, wie das mit *Römerbrief* 9.3 (eigenwillig gedeutet q. 28 a.8 ad 1) und *1.Klemensbrief* 53 vereinbar ist.

Staat Recht sein sollte, etwa das Recht kommender Generationen auf eine intakte Umwelt). Und ich bin zweitens moralisch durchaus aufgefordert, so großzügig wie möglich zu sein und mir etwa die Erfüllung bestimmter Wünsche zu versagen, um Anderen bei der Befriedigung ihrer Grundbedürfnisse zu helfen. Denn auch wenn ich eine größere Verantwortung für mich habe, kann ich sehr wohl erkennen, dass die Befriedigung meiner Luxusbedürfnisse einen viel geringeren Wert hat als die Befriedigung von Grundbedürfnissen von Menschen, die nicht Faulheit, sondern schreckliche Umstände daran hindern, dies selber zu tun.

Eigenes Glück hat also ebenso einen intrinsischen Wert wie das Glück Anderer. Kant erkennt immerhin explizit an, dass ich nach eigenem Glück insoweit streben soll, als dies der Erfüllung meiner sonstigen Pflichten dient.[5] Relativ trivial ist es, dass ich für meine elementaren Bedürfnisse und durchaus auch für deren langfristige Befriedigung im Alter sorgen darf, ja muss, weil ich nur so auf lange Sicht hinaus ein moralischer Akteur bleiben darf. Aber über Nahrung, Wohnung und Kleidung hinaus gibt es Bedürfnisse, deren Stillung uns mit einer Lebensfreude ausstattet, die unserem Einsatz für das moralisch Gebotene einen besonderen Elan verleiht. So kann man etwa argumentieren, wie der weise Wirtschaftspolitiker die Steuern nicht bis zu dem Punkt erhöhen solle, ab dem die Steuereinnahmen zu fallen beginnen, weil die Menschen verärgert zu arbeiten aufhören, so solle auch jeder Mensch sich selbst das gönnen, dessen Verlust ihn seiner moralischen Leistungsfähigkeit berauben würde. Gewiss gibt es hier den wichtigen Unterschied, dass Subjekt und Objekt zusammenfallen; und es mag sein, dass ich die Pflicht habe, daran zu arbeiten, meine persönliche eudämonische Hemmschwelle zu senken. Aber solange mir das nicht gelungen ist, ist Selbstzwang kontraproduktiv.

Max Scheler hat zwar, Kant folgend, die Ausrichtung des Guten auf das eigene Glück abgelehnt, aber die These vertreten, umgekehrt bestehe durchaus eine Beziehung zwischen dem Guten und dem Glück. „Nur die *selige* Person vermag einen *guten* Willen zu haben, und nur die *verzweifelte* Person *muß* auch im Wollen und Handeln *böse* sein. So grundirrig – widersinnig – aller praktische Eudaimonismus ist, so irrig muß uns daher auch die Lehre Kants erscheinen, wonach Glückseligkeit und sittlicher Wert völlig unabhängig voneinander im Sein wären (...). Alle gute Willensrichtung hat ihre Quelle in einem *Überschuß* der positiven Gefühle der *tiefsten* Schicht (...)" (1980, 350). Damit ist etwas Richtiges gesagt: Wer selber unglücklich ist,

---

5 So Kant selber in der *Grundlegung zur Metaphysik der Sitten*: „Seine eigene Glückseligkeit sichern, ist Pflicht (wenigstens indirekt), denn der Mangel der Zufriedenheit mit seinem Zustande in einem Gedränge von vielen Sorgen und mitten unter unbefriedigten Bedürfnissen könnte leicht eine große *Versuchung zu Übertretung der Pflichten* werden" (A 12).

ist viel seltener großzügig gegenüber Anderen – vielleicht weil ein geradezu metaphysischer Gleichheitswille ihn dazu verleitet, auch die Anderen auf das eigene Glücksniveau herabzuzerren. Aber dabei handelt es sich um eine empirische Regelmäßigkeit, keineswegs um ein Wesensgesetz, wie Scheler behauptet. Es gibt zumindest zwei Typen von Ausnahmen. Erstens kann es durchaus Menschen geben, die gerade aus ihrer existenziellen Verzweiflung heraus sich zu heroischen Taten der Selbstaufopferung aufschwingen – ich denke an Sydney Carton in Charles Dickens' *A Tale of Two Cities* – oder die, was vielleicht noch bewundernswerter ist, auch wenn sie aufgrund einer Katastrophe jede persönliche Glückshoffnung aufgegeben haben, weiter ihren Pflichten nachkommen, wie etwa der zwar Pflanzen und Tieren gegenüber fürsorgliche, anfangs aber wegen seiner abweisenden Art seiner Nachbarin gegenüber abstoßende, doch in seiner Verantwortung für seine Patienten unbeirrbare Arzt, den Aleksander Bardini im zweiten Teil von Krzysztof Kieślowskis *Dekalog* so meisterhaft spielt. Dass er seinen Beruf weiter ausübt, obgleich seine ganze Familie ausgelöscht wurde, gibt ihm eine Würde, die an die bekannte Passage in Kants „Grundlegung" erinnert:

„Wenn Widerwärtigkeiten und hoffnungsloser Gram den Geschmack am Leben gänzlich weggenommen haben; wenn der Unglückliche, stark an Seele, über sein Schicksal mehr entrüstet als kleinmütig oder niedergeschlagen, den Tod wünscht und sein Leben doch erhält, ohne es zu lieben, nicht aus Neigung oder Furcht, sondern aus Pflicht: alsdann hat seine Maxime einen moralischen Gehalt" (GMS, A 10).

Gegen Kant finde ich freilich, dass die Würde jenes Arztes noch bedeutend dadurch gesteigert wird, dass er die ihn konsultierende schwangere Nachbarin durch eine Lüge zum Austragen ihres Kindes bringt, auch wenn ihn dessen schließliche Geburt angesichts seines eigenen Verlustes nicht wirklich zu erfreuen vermag. Und zweitens gibt es auch den umgekehrten Fall, dass jemand, gerade weil er glücklich ist, sich nicht um bestimmte Veränderungen bemüht, die sozial wünschenswert wären, und somit eine prima-facie-Pflicht nicht erfüllt. Viel spricht dafür, dass sozialer Wandel – und zwar im Guten wie im Bösen – von Menschen ausgeht, die weder katastematische Lust im Sinne Epikurs noch jene innere Ruhe kennen, die aus der Kontemplation resultiert.

Die empirische Glücksforschung ist eine relative junge Disziplin, die keineswegs schon den Weg einer sicheren Wissenschaft beschritten hat, u. a. weil verschiedene Glücksbegriffe existieren, das Problem der Messung von Glück und zumal interpersoneller Glücksvergleiche schwer zu lösen ist, die Parameter, die Glück, und erst recht Glücksäußerungen, bestimmen, zahlreich sind, bloße Korrelationen die Richtung der Kausalität offen lassen und schließlich unser Glücksempfinden auf Glückstheorien, auch und gerade von Glücksforschern, reagiert. Wir verdanken jener Disziplin verschiedene Paradoxa des Glücks. Neben dem nicht unbestrittenen Easterlin-Paradox (1974, 89–125), nach dem zwar in jedem Land größerer Reichtum (bis zu einem bestimmten Wert) mit größerem Glück korreliere, jedoch, wenn ein Land mit einem anderen oder eine frühere mit einer späteren Epoche desselben Landes verglichen werde, das Glücksniveau kaum variiere, sind drei andere Paradoxa bekannt. Carol Graham spricht vom Paradox des Wachstums, der glücklichen Bauern und frustrierten Überflieger sowie des Erstrebens (2009, 146–158). Das erste Paradox hat damit zu tun, dass auch dann, wenn Zufriedenheit mit BSP pro Kopf korreliert, während der Wachstumsphase einer Wirtschaft die Zufriedenheit stark sinkt; das zweite verweist darauf, dass arme Bauern oft zufriedener sind als wirtschaftlich erfolgreiche Menschen; das dritte schließlich beruht darauf, dass in reicheren Ländern die Zufriedenheit mit guter Gesundheit geringer, in armen Ländern die Toleranz von Krankheiten höher ist. Doch im Grunde sind diese Paradoxe alle nicht überraschend. Es gibt zwar elementare Güter, deren Fehlen unweigerlich das Glück senkt, aber jenseits der Schwelle absoluter Armut passen wir uns unseren Möglichkeiten an (dies ist noch keine Befürwortung der Theorie der hedonistischen Tretmühle Michael Eysencks, nach der jeder Mensch unweigerlich und unabhängig von äußeren Ereignissen ein ihm vorausbestimmtes Glücksniveau einnimmt). Geht es uns oder auch nur unseren Nachbarn besser, entwickeln wir höhere Erwartungen, deren Enttäuschung uns unzufrieden macht. Reichtum erhöht die Erwartungen und macht uns dadurch verletzlicher, wenn Rückschläge einsetzen. Insbesondere ist die Zeit, in der eine traditionelle Wirtschaft sich zu einer modernen entwickelt, anstrengend: Die Konkurrenz nimmt zu, damit auch der Druck auf die eigene Arbeitsleistung und der Stress; schließlich ist die langsame Unterhöhlung des tradierten Wertesystems mit seiner Hochschätzung persönlicher Beziehungen oft qualvoll. Ist aber der Übergang erfolgt, mag es sein, dass größeres Glück herrscht. Doch ist das erkauft worden mit Verlust an Glück; ja, es kann sogar sein, dass der Motor des Wirtschaftswachstums unzufriedene Menschen sind.

Wirtschaftswachstum ist gewiss kein letzter Zweck, sondern nur ein Mittel. Aber das Problem, das ich im Sinne habe, ist allgemeiner. Jeder Neuerer, auch in Sphären, die mit intrinsisch Wertvollem zu tun haben wie Politik, Religion, Kunst und Wissenschaft, ist von einer inneren Unruhe getrieben, die demjenigen abgeht, der mit dem, was da ist, zufrieden ist. Schon unsere Alltagssprache unterscheidet zwischen Zufriedenheit und Glück: Zufriedenheit ist passiver als Glück (im Extremfall wird sie zur Ataraxie, die sich durch nichts aus der Fassung bringen lässt und daher auch weitgehend das Interesse an der Welt verliert), während zum Glück eigener Einsatz um etwas einem nicht unmittelbar Gegebenes zu gehören scheint.[6] So zeitigt der Er-

---

6 Vgl. die trefflichen Analysen von Robert Spaemann (1989, 91 f.).

folg einer gelungenen Innovation ein Glückserlebnis, das dem bloß Zufriedenen versagt ist. Aber das Risiko des Scheiterns bei der Suche nach Innovation ist hoch, und selbst der erfolgreiche Innovator versteht oft nicht, wann er sich zur Ruhe setzen sollte, weil ihm weitere Innovation nicht mehr vergönnt ist. Ja, selbst wenn ihm das gelingt, was Gioachino Rossini gelang, der fast die Hälfte seines langen Lebens als Komponist a.D. verbrachte, wird die Erinnerung an die verflossene Kreativität oft schmerzlich sein. Daher gibt es keine evidente Antwort auf die Frage, ob der leicht Zufriedenzustellende oder der nach Glück Strebende auf die Dauer „glücklicher" ist. Das erotische Ideal der Neuzeit, das im Abendland seit der Romantik die Vorstellung einer Ehe verdrängt hat, mit der man zufrieden sein kann, hat ohne Zweifel neue Glückserfahrungen ermöglicht – daneben aber auch tiefere Leiden. Ich gestehe, dass ich nicht weiß, wie man unter eudämonistischem Gesichtspunkt beide gegeneinander aufwiegen soll. Das ist freilich deswegen nicht nötig, weil die Frage, welchen Weg jemand geht, ohnehin nicht durch Reflexion, sondern durch den Dämon des eigenen Charakters beantwortet wird (Reflexion ist dem vom Ehrgeiz des Glücks Getriebenen allerdings in Teilbereichen zu raten, da er gut daran tut, gerade um das Erreichen seines besonderen Ziels wahrscheinlicher zu machen, sich in den meisten anderen Gebieten mit Zufriedenheit zu begnügen). Vermutlich ist es ein Zeichen von Weisheit, und damit auch von Glück, wenn man jedem die Erfüllung gönnt, die ihm gemäß ist. Umgekehrt ist das aggressive Predigen von Friedrich Nietzsches Zarathustra gegen die verkleinernde Tugend und das kleine Glück[7] ein Anzeichen dafür, dass Nietzsches eigenes, hochriskantes Unternehmen nicht gut ausgehen würde.

Die grundlegendste Paradoxie des Glückes ist noch gar nicht berührt worden. Sie besteht darin, dass Glücksgefühle nicht *intentione recta* erstrebt werden können. Wer direkt auf Gefühle abzielt, müsste sich ja mit einer Glücksdroge als einer billigeren Abkürzung zufriedengeben. Es mag sein, dass für bestimmte sinnliche Vergnügen in der Schönen Neuen Welt, die Aldous Huxley vorwegzunehmen sucht, ein derartiges Surrogat gefunden werden kann – die Tablette, die wirklich genauso schmeckt wie der Apfelstrudel, oder direkter noch eine Injektion ins Gehirn. Aber es ist nichts weniger als absurd, bei komplexeren Gefühlen, die durch die Auseinandersetzung mit der Welt in ihrer ganzen Komplexität entstehen, solche Surrogate anzunehmen. Ja, selbst wenn es sie je geben könnte, wer wollte ein solches Glück? Glück ist zwar ein mentaler Zustand, aber es ist seinem Wesen nach intentional – es ist Glück über etwas, und zwar etwas, das man für real hält. Ich muss nach bestimmten realen Gütern streben, wenn

---

7 *Also sprach Zarathustra*, III: Von der verkleinernden Tugend: „Zur kleinen Tugend möchten sie mich locken und loben; zum Tiktak des kleinen Glücks möchten sie meinen Fuss überreden" (1980, 4.213).

auch vielleicht aufgrund der Erfahrung, dass ihr Besitz – und, mehr noch, die Arbeit an ihrem Erwerb – mein Glück erhöht, nicht nach den Gefühlen selbst. Vor „Menschen, die die Liebe lieben, aber nicht den Gegenstand" warnt schon Franz Grillparzers Bertha (im zweiten Aufzug der „Ahnfrau"). Glück kann nur das Resultat sein einer Selbsttranszendierung in die Welt hinein, und man spürt es dann am ehesten, wenn man nicht mehr daran denkt, weil man selbstvergessen in einer Aufgabe aufgeht, es also gleichsam von hinten aufscheint. In Abwandlung eines bekannten Satzes von Ludwig Wittgenstein lässt sich formulieren: „Die Lösung des Problems des Glücks merkt man am Verschwinden dieses Problems" (vgl. *Tractatus*, 6·521).

Auch wenn dies alles bei Kant nicht artikuliert ist, der als Psychologe nicht von gleicher Tiefe ist wie als Ethiker, kann man hierin vielleicht doch eine Rechtfertigung seiner eigentlich das Generalisierbarkeitspostulat verletzenden Ungleichbehandlung von eigenem und fremdem Glück erblicken. Denn fremdes Glück ist etwas mir gegenüber Anderes, das ich daher durchaus *intentione recta* anstreben kann – so wie ich umgekehrt zwar jemandem Hilfestellungen geben kann bei der Entwicklung seiner Talente, die eigentliche Arbeit an ihnen ihm aber nicht abnehmen kann, ohne diese Talente zu zerstören. Verständlich wird aus dem Gesagten auch für denjenigen, der dem eigenen Glück ein größeres Gewicht einräumt als Kant, warum Kant auf die Arbeit an der eigenen Vollkommenheit abhebt. Aus ihr mag nämlich vielleicht jenes Glück resultieren, das nicht direkt angestrebt werden kann. Kant unterscheidet dabei zwischen der Vervollkommnung des Verstandes und der des Willens. In jener geht es um die Ausdehnung unseres Wissens und die Verbesserung von Irrtümern, um die Kultur unserer Naturanlagen, in dieser darum, unseren Willen dem Pflichtgemäßen anzupassen, also sich dahin zu bringen, aus Pflicht zu handeln. Beide Vermögen sollen ausgebildet, d. h. aus der Tierheit herausgeführt werden (MS, A 14 ff., 23 ff.). In vielem erinnert das an Aristoteles' Satz, wahre Selbstliebe bestehe in der Pflege dessen, was der eigentliche Mensch sei, und das sei eben der Geist (*Nikom. Ethik*, 1168b 28 ff.). Neu ist an Kant nicht einfach die Verwandlung der Selbstliebe in Pflicht (und zwar eine Pflicht weiter Verbindlichkeit, weil nicht genau vorgeschrieben ist, wieweit man in der Ausbildung seiner Vermögen gehen soll). Mit seiner Forderung ständiger Arbeit an sich selbst geht Kant weit über die antike Hochschätzung der Kontemplation hinaus und bejaht die innovativen und dynamischen Aspekte der Moderne. Kant bestreitet zwar nicht die Glücksgefühle primitiver Völker, aber er betont mit Nachdruck, es gebe eine – eudämonistisch gerade nicht zu begründende – Pflicht, deren idyllischen Zustand zu verlassen.[8]

---

8 *Kritik der Urteilskraft* (B 390 ff.), wo die Kultur in Geschicklichkeit und Disziplin ausdifferenziert wird. Siehe auch *Anthropologie in pragmatischer Hinsicht* (A 314 ff.).

Der Moderne ist es offenbar gelungen, das verum-factum-Prinzip, das die neuzeitliche Erkenntnistheorie bestimmt (wahr ist das, was wir konstruieren können), auch auf die Ethik auszudehnen. Gut ist danach nicht einfach die vorgängige Ordnung der Welt und auch nicht unsere bejahende Antwort auf sie – gut ist, wenn nicht gar die von uns hervorzubringende neue soziale Ordnung, so zumindest die konkrete Arbeit an unserer bejahenden oder verneinenden Antwort auf die Welt. Ohne eine Revolution zumindest der Denkungsart geht es nicht mehr. Was bedeutende Denker von Lionel Trilling (1972) bis Charles Taylor (1995) die Ethik der Authentizität genannt haben, hat in dieser neuen Anforderung an sich selber seinen letzten Grund. Auch hier sehe ich mich außerstande, eine Glücksbalance aufzustellen. Die tragikomische Selbstüberforderung so vieler Figuren der Gegenwart, die wirklich zu meinen scheint, die Welt habe auf ihren ganz persönlichen Ausdruck der albernsten Gemeinplätze in irgendeiner Talkshow gewartet, lässt den Verdacht aufkommen, sie wären in einer vormodernen Welt glücklicher geworden, in denen ihnen ihr Platz ohne die Illusion zugewiesen worden wäre, sie hätten ihn sich selber ausgesucht. Aber es ist ebenso richtig, dass die Transformation der Welt durch die moderne Wissenschaft und Technik, die Überwindung Jahrtausende alter abscheulicher Ungerechtigkeiten, nicht ohne das Pathos der Innovation in die Wege gekommen wäre, das in der Pflicht zur Selbstvervollkommnung gründet. Es geht vom Gedanken dieser Pflicht eine Größe aus, die dort verschwindet, wo sich die Sorge um das eigene Wohl, die ausgiebige Suche nach bisher unbekannten eigenen Präferenzen und deren marktförmige Befriedigung (und Kreierung) durch Glücksshops aller Art als sittliche Endaufgabe der Menschheit durchsetzt. Im zweiten Akt von Henrik Ibsens *Peer Gynt* wird von einem Troll der Unterschied zwischen „være seg selv" und „være seg selv – nok", man selbst sein und sich selbst genug sein, gemacht. Letzteres charakterisiert den Egoisten, ersteres den nach Authentizität Strebenden. Der Troll hat Recht: Beides ist nicht dasselbe. Das Pathos der Selbstvervollkommnung hat eine Würde, die dem brutalen Egoismus abgeht, auch wenn es stets dem Risiko ausgesetzt ist, in Egozentrismus, ja Narzissmus abzugleiten.

3. Selbstliebe und Berufung

Fassen wir das Bisherige zusammen. Auch wenn Ethik sich nicht auf Glücksstreben reduzieren lässt, gibt es ein legitimes Streben nach eigenem Glück. Ich brauche mich keineswegs schlechter zu stellen als Andere, teils weil dies meinem anderweitigen moralischen Handeln abträglich wäre, teils aber weil Glück zwar nicht der Güter höchstes ist, aber durchaus ein intrinsisches Gut darstellt, das nicht ohne Not preiszugeben ist, auch nicht in meinem eigenen Fall. Ideal ist, wie schon Schiller erkannt hat, eine Konvergenz von Glück und Pflicht – sofern ich mir dessen bewusst bleibe, dass im Konfliktfall, dessen niemaliges Eintreten zu hoffen statthaft ist, das Glück zu opfern ist. Um diese Harmonie herzustellen, ist folgendes entscheidend. Da Glück ein emotionaler Zustand ist, ist erstens Gefühlsbildung zentral, wenn man glücklich werden will. Doch da wir moralische Menschen werden sollen, geht es darum, die moralisch richtigen Gefühle zur Quelle von Glücksgefühlen zu machen. Kants Ethik ist darin unvollständig, dass sie eine reine Willens- und keine Gefühlsethik ist – nicht zu Unrecht, wenn man an den Geltungsgrund der Moral denkt, den Francis Hutcheson und David Hume verfehlen, jedoch insofern fragwürdigerweise, als Gefühle, und nicht nur Willensakte, einen intrinsischen moralischen Wert haben. Zwar hat Kant Recht darin, dass sich Gefühle nicht erzwingen lassen. Aber einesteils ist nicht nur Erzwingbares wertvoll, und andernteils lassen sich moralische Gefühle durchaus bilden, u. a. durch den Umgang mit den richtigen Freunden und durch ästhetische Erfahrung. Da wir eine Pflicht zur Wohltätigkeit haben und diese durch Empathie erleichtert wird, ist etwa deren Ausbildung wünschenswert. Analog sind auch jene Glücksgefühle selbst wertvoll, die auf objektiv Werthaftes reagieren. Wer sich etwa über Schönes in Mathematik, Natur oder Kunst freut, reagiert auf Werthaftes auf angemessene und damit selbst werthafte Weise. Eine derartige Freude basiert auf allgemein-menschlichen Anlagen, aber diese bedürfen der Schulung; und die ständige Schulung unseres Geistes ist in der Tat erforderlich, um auf die Wertfülle des Universums zu reagieren.

Da es zweitens eine Pflicht sich selbst gegenüber gibt, nämlich die der Selbstvervollkommnung, ist es weise, diese Pflicht mit unserem Glücksstreben konvergieren zu lassen, also Glückserfahrungen aus unserer Selbstvervollkommnung hervorgehen zu lassen. Das ist deswegen aussichtsreich, weil das Ausleben der eigenen Talente tatsächlich fast immer lustvoll ist – teils aus dem nicht notwendig moralischen Motiv, dass es einem Überlegenheitsgefühle gegenüber den Mitmenschen verschafft, teils weil es einem eine besonders intensive Nähe zur Wirklichkeit und ihrem Wertreichtum verschafft. Schon das Evangelium hat die Arbeit an dem, was einem anvertraut wurde, nicht ins Belieben gestellt, sondern zur Pflicht gemacht;[9] und in der Tat sind die eigenen Talente kein Privateigentum, da sie uns auf rätselhafte Weise gegeben sind; sie schreien gleichsam nach Kultivierung und werfen uns unsere Faulheit vor, wenn wir sie vernachlässigen. Doch ist ihre Ausbildung nicht nur Pflicht; sie lässt sich zugleich unter Selbstliebe subsumieren. Denn Liebe ist, wie Scheler zu Recht lehrt (1970, 150 ff.), nicht einfach eine Reaktion auf das, was einem Lust berei-

---

9   Vgl. Jesu bekanntes Gleichnis *Matthäus* 25.14 ff, *Lukas* 19.12 ff.

tet, und auch nicht der Wunsch, dem Geliebten selbst Lust zu bereiten. Liebe hat entscheidend mit Wertwahrnehmung zu tun. Gleichzeitig ist sie nicht einfach Erfassen eines vorgegebenen Wertes; sie ist insofern wertschöpferisch, als der Geliebte durch die Erfahrung des ihm entgegengebrachten Vertrauens und der Anerkenntnis seines Wertes einen Wertzuwachs erfährt. Gewiss gibt es sachlich abwegige Projektionen oder, um mit Stendhal zu reden, Kristallisationen; aber es bleibt richtig, dass die meisten Geliebten zwar weniger erreichen, als ihnen unterstellt wurde, aber mehr, als ihnen ohne diese Unterstellung vergönnt gewesen wäre. Eben dieser Wertzuwachs durch Unterstellung einer über das Faktische, das Gegenwärtige wie das Zukünftige, hinausgehenden Möglichkeit gilt auch bei der Pflege der eigenen Talente, und daher lässt sie sich mühelos unter Selbstliebe subsumieren.

Glückt der Prozess der Ausbildung der eigenen moralisch relevanten Talente (wenn auch fast immer in geringerem Maße als erhofft), kann der oder die Betroffene das Gefühl haben, sein eigentliches Telos gefunden zu haben, ja es sei der objektive Sinn seiner Existenz gewesen, einem besonderen Wert in der Erfahrungswirklichkeit Ausdruck gegeben zu haben – etwa Elzéard Bouffier durch die Wiederaufforstung einer Landschaft in Jean Gionos *L'homme qui plantait des arbres*. Er wird dann von Berufung reden. Phänomenologisch gehört zur Berufungserfahrung das Gefühl, auf etwas einen selbst Auszeichnendes und zugleich objektiv Gültiges aufmerksam geworden zu sein, dessen Entfaltung nicht mehr im eigenen Ermessen liegt. Darin liegt eine eigentümliche Verschränkung von Autonomie und Heteronomie: Ich habe gleichsam das gefunden, was mein Zentrum bildet, aber ich darf mich der sich nun stellenden Aufgabe auch nicht mehr entziehen. Das ist sowohl eine Last als auch eine Befreiung von der Qual der Suche, was ich eigentlich aus mir machen soll. Das erlaubt die psychologisch-reduktionistische Erklärung, Berufungserfahrungen seien nichts anderes als Formen, sich dieser Qual zu entledigen. Und sicher gibt es zahllose Beispiele von prätendierten Berufungen, mit denen man Anderen und, öfter noch, nur sich selbst imponieren möchte. Wer allerdings daran glaubt, dass Werte nichts rein Subjektives sind und dass ihr Auftreten in der Wirklichkeit ebenfalls nicht reiner Zufall ist, wird den Gedanken an ein Prinzip der Wirklichkeit, das dafür Sorge trägt, dass Werte in ihr erscheinen können, nicht verwerfen und daher die Möglichkeit nicht ausschließen, dass es wahrhafte Berufungen gibt.

Die Entdeckung der eigenen Berufung ist Glücksquelle und Erfüllung der Pflicht zur eigenen Vervollkommnung. Sie bedarf als solche nicht der Sanktionierung durch Andere. Gerade wenn die Berufung eine besonders innovative Leistung betrifft, liegt es in der Natur der Sache, dass ihr, für einen bestimmten Zeitraum, der sich durchaus über die eigene Lebenszeit hinaus erstrecken kann, eine gewisse Selbstmaßstäblichkeit eignet. Vincent van Gogh schreibt seinem Bruder Theo: „Ich habe mich in der letzten Zeit besonders wenig mit Malern unterhalten und habe mich dabei nicht schlecht befunden. Man muss nicht so sehr auf die Sprache der Maler, wie auf die Sprache der Natur horchen. (...) Auf den Verkauf hin zu arbeiten, ist meiner Ansicht nach nicht der richtige Weg" (1906, 7 f., 10). In der Tat war van Gogh beim Verkauf seiner Bilder, die die Geschichte der Malerei revolutionierten, alles andere als erfolgreich. Seine Berufung wurde nicht zum Beruf, wenn man darunter eine Weise versteht, für den eigenen Lebensunterhalt aufzukommen.

Und doch ist ebenso klar, dass wir nicht nur Pflichten uns selbst gegenüber, sondern auch gegenüber anderen Menschen haben – ihnen nicht zu schaden, in Notlagen zu helfen und an gemeinsamen politischen Institutionen zu arbeiten, die der Rechtsidee stärker entsprechen als die gegenwärtigen, aber eben auch in einem System der Arbeitsteilung ein Äquivalent ihrer eigenen Arbeit für uns zu erbringen.

„Es wurde ein bestimmter Stand, die weitere Ausbildung eines bestimmten Talents gewählt, *um der Gesellschaft dasjenige, was sie für uns gethan hat, wiedergeben zu können*; demnach ist jeder verbunden, seine Bildung auch wirklich anzuwenden zum Vortheil der Gesellschaft. Keiner hat das Recht, bloß für den eigenen Selbstgenuß zu arbeiten (...)" (Fichte 1971b, 30).

Wie der moderne Begriff des Berufs aus der ursprünglich religiösen Kategorie der Berufung, des Rufes Gottes an ausgewählte Einzelne, abgeleitet wurde, ist oft erzählt worden.[10] Luther spielt in dieser Geschichte bekanntlich eine zentrale Rolle – für ihn wird die Berufung Gottes gerade nicht mehr im Mönchtum, sondern im weltlichen Beruf verwirklicht. Hegel folgt Luther, indem er in seinem kantischsten Werke, der Nürnberger *Rechts-, Pflichten- und Religionslehre für die Unterklasse*, mit der Kategorie des Berufs gerade den Übergang von den Pflichten gegen sich selbst zu den Pflichten gegen Andere leistet. Ich schulde es im Wesentlichen mir selbst, mich zu einem Beruf auszubilden, auch wenn dies unweigerlich eine Beschränkung bedeutet, weil es Eitelkeit und Eigendünkel bricht und mit dem Allgemeinen, d. h. Göttlichen, in Verbindung bringt. „Wenn der Mensch *etwas werden soll, so muß er sich zu beschränken wissen*, d. h. seinen Beruf ganz zu seiner Sache machen. Dann ist er keine Schranke für ihn. Er ist alsdann einig mit sich selbst, mit seiner Äußerlichkeit, seiner Sphäre. Er ist ein Allgemeines, Ganzes" (4.263).

Gewiß schildert Hegel eine ideale Möglichkeit, nicht den Normalfall, wie dem Analytiker der Mechanisierung der modernen Arbeit nicht entgehen konnte (*Grund-*

---

10 Max Weber (2006, 23 ff., bes. 61 ff.), Karl Holl (1928, 189–219), W. Schwer (1954) und Trutz Rendtroff (1971). Das griechische Wort κλῆσις spielt auch im Heidentum eine Rolle (z. B. bei Epiktet, *Diatriben*, 1.29.29), besonders aber bei Paulus, bei dem jedoch die Bedeutung „Beruf" auch *1. Korintherbrief* 7.20 unwahrscheinlich ist (siehe s. v. κλῆσις in: Gerhard Kittel, 1938, 492–497).

linien, § 198). Die Freiheit der Berufswahl, die Fichte und Hegel gegen die Zunftordnung ihrer Zeit einfordern, ist ein notwendiges, aber leider kein hinreichendes Mittel dafür, in der Beschränkung zugleich ein Ganzes zu bleiben. Johann Wolfgang Goethe nennt in *Dichtung und Wahrheit* den Pastor Lavater einen der „wenigen glücklichen Menschen, deren äußerer Beruf mit dem innern vollkommen übereinstimmt" (10.16). Man spürt, dass er Lavater für einen besonderen Glückspilz hielt. Teil der Entsagung, die in mannigfachen Formen, erotischen wie beruflichen, das Thema von Goethes letztem Roman, *Wilhelm Meisters Wanderjahren*, bildet, ist der Verzicht auf das Renaissanceideal der vollständigen Ausbildung unserer Natur. „Es ist jetzo die Zeit der Einseitigkeiten (...)" lehrt Jarno-Montan Wilhelm. „Mache ein Organ aus dir und erwarte, was für eine Stelle dir die Menschheit im allgemeinen Leben wohlmeinend zugestehen werde" (8.37). Ein zentraler Schlüssel zum Glück bleibt es freilich, wenigstens eine partielle Übereinstimmung von Beruf und Berufung zu finden. Dem Bedürfnis nach Ganzheit leistet jedoch kein einzelner Beruf Genüge, auch nicht der des modernen Professors. Immerhin mag intelligent betriebenes Philosophieren uns einen Eindruck davon vermitteln, wo innerhalb des Ganzen unsere Berufung und unser Beruf ihren Platz haben. Ist eine solche Existenz beglückend, braucht uns dies nicht zu wurmen.

Idealistische Ästhetik als Option für die heutige Ästhetik und Literaturwissenschaft

Mark W. Roche

Mein Ziel in diesem Essay ist es nicht, eine kohärente systematische Ästhetik aus einer idealistischen Perspektive heraus zu entwickeln. Stattdessen möchte ich einfach erklären, wie der Idealismus, speziell der objektive Idealismus, für mich zu einer reichen Quelle für meine eigenen Arbeiten im Feld der Ästhetik geworden ist, und damit ein Denkmodell für einen unkonventionellen Weg innerhalb der gegenwärtigen kunstphilosophischen Arena anbieten.

Der objektive Idealismus besteht aus zwei miteinander verbundenen Ideen. Zum einen ist ihm zufolge objektives theoretisches Wissen (in einer eher philosophischen Sprache: nicht-hypothetisches, synthetisches Wissen a priori) für uns durch die Vernunft zu erlangen. Nicht jedes Wissen entsteht aus Erfahrung. Zum anderen hat dieses Wissen ontologische Wertigkeit. Die Gesetze dieses Wissens sind auch die Gesetze der Wirklichkeit. Das heißt, die idealen Strukturen, die wir durch die Vernunft erkennen können, erscheinen in der Welt. Georg Wilhelm Friedrich Hegels gesamtes Projekt war der Versuch, die Reihe komplexer und zueinander in Beziehung stehender Kategorien, welche den idealen Bereich konstituieren, zu ermitteln und die verschiedenen Sphären der Wirklichkeit – Natur, Seele, Politik, Geschichte Kunst, Religion und Philosophie – mithilfe dieser Kategorien zu analysieren.

Die zwei bedeutendsten objektiven Idealisten in der Philosophiegeschichte sind Platon, der den Ideen die höchste Bedeutung zugemessen hat, und Hegel, der – beeinflusst durch die Revolution des Christentums – gleicherweise bestrebt war, die Existenz von Ideen in der Wirklichkeit zu begreifen. Einer der heute anregendsten objektiven Idealisten ist der deutsche Philosoph Vittorio Hösle (1987a), der Hegel einen Schritt weiterführt, indem er verschiedene Wege aufzeigt, wie man über ihn hinausgehen kann: vor allem durch eine Revision seiner Kategorienstruktur, durch die Erkenntnis, in welchen realphilosophischen Gebieten Hegel seine Kategorien unzutreffend angewendet hat, und durch die Verwendung Hegelscher Kategorien, um posthegelianische Entwicklungen zu erhellen. In seinem bisherigen Hauptwerk *Moral und Politik* (1997) sucht Hösle Aspekte der politischen Philosophie Hegels (und darüber hinaus Elemente der antiken politischen Philosophie, einschließlich ihrer Würdigung der Moral und der Politik als ineinander verwobene Sphären) mit Fortschritten in den Sozialwissenschaften und mit historischen Entwicklungen seit der Zeit Hegels zu verbinden.[1]

Man kann natürlich objektiver Idealist sein, ohne sich allen Ansichten anderer objektiver Idealisten anzuschließen, etwa Platons Herabsetzung der Kunst als einer von der Realität doppelt entfernten Nachahmung, oder Hegels kontroverser These, dass das Zeitalter der Kunst nun vorbei und durch die Philosophie ersetzt worden sei. Hösles Studie zu Hegel macht die Bedeutung der Unterscheidung zwischen dem übergreifenden Anspruch des Idealismus und seinen spezifisch-kontingenten Manifestationen deutlich. Mein Buch über Hegels Theorie der Tragödie und Komödie (1998) verfolgt ein analoges Anliegen, indem es sowohl Kategorienfehler als auch die fälschliche Anwendung von richtigen Kategorien durch Hegel analysiert und seine Kategorien zur Erhellung neuer Entwicklungen und zur Erweiterung seiner Theorien beider Gattungen anwendet.

Einer der faszinierenden Aspekte in der Geschichte der Beziehung zwischen Idealismus und Ästhetik ist, dass – obwohl die Ästhetik heute kein Hauptzweig der Philosophie ist und es ja auch niemals gewesen ist – die Situation zur Zeit des deutschen Idealismus eine andere war. Friedrich Schelling wie auch Hegel entwickelten Systeme der Ästhetik; ihre Beschäftigung mit der Ästhetik folgte Immanuel Kants Hinwendung zur Ästhetik in seiner dritten Kritik. Auch Friedrich Schiller und Friedrich Hölderlin, die sich beide intensiv mit der Ästhetik beschäftigten, gehören der idealistischen Periode an. Unter den Hegelianern setzte sich die Faszination für die Ästhetik fort. Zu ihnen gehört eine große Bandbreite von Gestalten, von denen viele inzwischen vergessen sind: Christian Weiße, Arnold Ruge, Johann Georg Martin Dursch, August Wilhelm Bohtz, Friedrich Theodor Vischer, Kuno Fischer, Karl Rosenkranz, Max Schasler und Moriz Philipp Carrière. Weder in früheren noch in

---

[1] Hösle gibt uns auch eine ansprechende Reihe von Argumenten gegen das gegenwärtige Zögern, den objektiven Idealismus zu übernehmen. Über seinen Aufsatz in dem vorliegenden Band hinaus, siehe auch seinen Beitrag „*Begründungsfragen des objektiven Idealismus*" (1987b).

späteren Zeiten war die philosophische Welt jemals so sehr mit der Kunst beschäftigt wie während der historischen Blütezeit des Idealismus.

Faszination für die Kunst findet sich nicht nur im *deutschen* Idealismus. Zwar wird Platon normalerweise für seine Ansichten über die Kunst getadelt, doch war er selbst unter allen Philosophen der größte Künstler. Plotin, der letzte große Ästhetiker der Antike, war ein objektiver Idealist, der die Schönheit als einen Weg zum Göttlichen erachtete. Im Gegensatz zu Platon schlägt Plotin vor, dass das Objekt der Nachahmung nicht die Natur, sondern das Ideale selbst sei (*Enneaden* V.8.1). Giambattista Vico, dessen Werke objektive Gesetze in der sozialen Welt zu entdecken suchten, zeigt ein großes Interesse an der Kunst und verbindet Kunst und Geschichte auf eine Art und Weise, wie es kein anderer Philosoph vor Hegel getan hat. Vico bemerkt zum Beispiel, dass historische Prozesse der Rationalisierung den emotionalen Reichtum und die poetische Gesinnung, welche große Kunst voraussetzt, abschwächen. Er erläutert auch die historischen und kulturellen Voraussetzungen für die mündliche Tradition Homers, und in einer Zeit, die eine eher ablehnende Haltung gegenüber dem Mittelalter an den Tag legte, erkannte er die Größe der mittelalterlichen Literatur, insbesondere Dantes. Heute fällt es auf, wie intensiv Vittorio Hösle sich mit Literatur und Film beschäftigt.

Warum sollte sich ein objektiver Idealist für die Kunst interessieren? Darauf gibt es mehrere Antworten. Erstens ist für den Idealismus die Idee grundlegend, dass Kategorien die Welt erhellen. Daher sollten sich die Kategorien des Idealismus auch als fruchtbar für die Analyse von Kunst erweisen. Man muss kein Idealist sein, um den heuristischen Wert der reichen Kategorienlehre des Idealismus zu begreifen. Zweitens ist die Kunst ein privilegierter Bereich, in dem durch sinnliches Material tiefere Bedeutung ins Bewusstsein gelangt. Die Kunst hat eine zutiefst metaphysische Dimension. Sie macht die idealen Strukturen der Welt für uns sichtbar und ermöglicht uns dadurch, die Wirklichkeit deutlicher zu sehen. In diesem Kontext macht Hegel die faszinierende Bemerkung, dass ein Porträt, das vom Kontingenten abstrahiert und den Kern des Charakters einer Person enthüllt, „dem Individuum ähnlicher [sein kann] als das wirkliche Individuum selbst" (15.104). Drittens führt die Kunst zu einer Fülle von philosophischen Prolepsen. Kunst nimmt Probleme vorweg und skizziert, wie unbewusst und elliptisch auch immer, Antworten auf diese Probleme. Für diese Vorstellung spricht, dass die Psychologie zuerst durch die Literatur, nicht die Philosophie, eingeführt wurde, dass die moderne Technologie zuerst in der Kunst und Literatur, nicht in der Philosophie, thematisiert wurde, und dass große Kunstwerke Probleme aufdecken, die noch immer ungelöst sind. Schließlich hat die Kunst ein Maß an Zugänglichkeit sowie eine vermittelnde und motivierende Dimension, wie sie den meisten Philosophien fehlen.

Nach dieser kompakten Einführung in den objektiven Idealismus und die Schlüsselrolle der Kunst in der Tradition des objektiven Idealismus möchte ich nunmehr erläutern, wie einige meiner eigenen Arbeiten durch den Idealismus angeregt wurden. Erstens ziehe ich ästhetische Grundfragen und Grundprinzipien in Betracht, die konsequent aus der idealistischen Ästhetik folgen und die meine eigene Arbeit geprägt haben (1). Zweitens erörtere ich einige Ergebnisse, die erreicht werden können, wenn man auf frühere idealistische Bestrebungen in der Ästhetik aufbaut und sie revidiert. Ich konzentriere mich hier vor allem auf meine Überarbeitung von Hegels Theorie der Tragödie und Komödie (2). Der letzte Bereich betrifft die Art und Weise, wie die idealistische Ästhetik charakteristische Elemente moderner Kunst und Literatur in postidealistischer Zeit behandeln kann. In der modernen Kunst sehen wir vor allem drei Grundtendenzen: erstens die ungeheuren Auswirkungen der Technologie auf die Produktions-, Kunstwerk- und Rezeptionsästhetik, einschließlich neuer Kunstformen wie Fotografie und Film, sowie tiefgreifende Umwälzungen in Bezug auf die Form und damit auch den Inhalt von Kunst, von der Architektur bis hin zur Glasskulptur; zweitens das unübersehbare Eintauchen in das Hässliche, welches eine quantitative und qualitative Veränderung sowohl des Inhalts als auch der Form von Kunst hervorgebracht hat; drittens die Selbstreflexion, die Integration von Kunstreflexion in das Kunstwerk selbst, das von den deutschen Romantikern bis hin zu Oscar Wilde, Thomas Mann, Bertolt Brecht, Luigi Pirandello, Federico Fellini, Peter Handke oder Woody Allen zu finden ist. Man kann alle drei Elemente mit idealistischen Kategorien analysieren. Für diesen Aufsatz konzentriere ich mich auf die ersten zwei, die außergewöhnlichen Auswirkungen der Technologie auf die moderne Kunst (3) und die Bedeutung des Hässlichen (4).[2]

1. Ästhetische Grundfragen und Grundprinzipien

Welches sind nun einige der wesentlichen Fragen, Grundsätze und Tendenzen, die wir bei den Idealisten, die sich mit der Ästhetik beschäftigen, finden? Genauer gefragt, wie habe ich mein Interesse am objektiven Idealismus in eine Beschäftigung mit der Kunst übertragen?

Am Anfang steht die Aufwertung der systematischen Ästhetik, die wir sowohl bei Hegel als auch bei Schelling finden. Was ist Kunst? Warum ist sie es wert, einer philosophischen Analyse unterzogen zu werden? Was macht große Kunst aus? Was

---

[2] Für kürzere Überlegungen zum dritten Thema, die Selbstreflexion in der modernen Kunst, siehe meinen Aufsatz „*Hegels Relevanz für die gegenwärtige Ästhetik*" (2005).

sind die Stärken und Schwächen der verschiedenen Künste? Welche Verbindung besteht zwischen Kunst und Geschichte? Wie verhalten sich verschiedene Gattungen zueinander? Wie hilft mir die Kunst zu begreifen, was es heißt, ein Mensch zu sein? Solche Fragen ergeben sich aus dem systematischen Interesse des Idealisten für die Verbindung der Teile miteinander innerhalb eines größeren Ganzen. Diese Tendenz schließt natürlich eine Beschäftigung mit Werken in ihrer Besonderheit nicht aus, aber sie deutet auf ein wiederkehrendes Interesse an größeren Fragen hin. Das Interesse an systematischen Fragen schließt auch die Untersuchung von Typen und ihrem Verhältnis zueinander ein – ein Bemühen, das weitgehend von Hegels *Ästhetik* angeregt wurde und das meinem Buch über die Tragödie und Komödie wie auch meiner Studie des Hässlichen gemeinsam ist.[3] Das Interesse an systematischen Fragen unterscheidet sich von den Leitinteressen analytischer Philosophen, deren Fragen dazu tendieren, allzu fokussiert auf abstrakte Prinzipien zu sein, und derjenigen Literaturwissenschaftler, deren Interessen sich kaum je über spezifische Werke und ihren historischen Hintergrund erheben.

Zweitens ist die Privilegierung der Kunstwerkästhetik gegenüber der Produktions- und Rezeptionsästhetik entscheidend. Was ein Kunstwerk zu einem Kunstwerk macht, ist nicht, dass es einen Produktions- und Rezeptionskontext hat – Bereiche, die jedem intellektuellen Bemühen gemeinsam sind –, sondern dass es bestimmte Qualitäten hat, die es als Kunstwerk konstituieren. Kunst verbindet Wahrheit und Sinnlichkeit miteinander. Lediglich der Fokus auf das Kunstwerk selbst kann uns sagen, wie diese zueinander in Beziehung stehen, ob die Ideen kohärent sind und die Form innovativ und fesselnd ist. Die Bedeutsamkeit eines Kunstwerks hängt von der Qualität seiner Idee und seiner Form ab, nicht davon, dass es von jemandem geschaffen wurde, der zu einer bestimmten Zeit lebte oder einen spezifischen Hintergrund vorzuweisen hat – das trifft auf viele Menschen zu, deren geistige Schöpfungen uns nicht im mindesten interessieren –, und auch nicht von der Rezeption eines Werks in einem bestimmten Kulturraum, da nicht alle Kulturen über wirklich stichhaltige Kategorien bei der Beurteilung von Kunstwerken verfügen. Die Produktion über ein Werk zu stellen liefe auf eine Argumentation hinaus, nach der ein Werk gut sei, weil es von einem bestimmten Genie oder einem Menschen mit bestimmten Charakterzügen geschaffen worden ist. Und die Rezeption über das Werk zu stellen hieße, dass ein Werk deshalb gut sei, weil das Publikum sagt, dass es gut ist; dabei ist es viel richtiger zu sagen, dass die Leute ein Werk deshalb gut finden, weil es gut ist.

Die Hervorhebung der Kunstwerkästhetik trennt den Idealismus von vielen

---

3 „The Function of the Ugly in Enhancing the Expressivity of Art" (2013). Diesen Aufsatz erweitere ich gegenwärtig zu einem Buch über schöne Hässlichkeit.

zeitgenössischen Entwicklungen, die dazu tendieren, das Historische auf Kosten der Beschäftigung mit dem Kunstwerk selbst zu erheben. Der Fokus auf dem Kunstwerk legt nahe, dass viele Entwicklungen innerhalb der Formkritik mühelos in das idealistische Paradigma integriert werden können, einschließlich technischer Fortschritte in Bereichen wie Poetik, Stilistik und Narratologie. Selbstverständlich schließen sich Kunst und Geschichte nicht aus, und es gibt keinen Denker vor oder nach Hegel, der es so gut wie dieser verstanden hat, die historische Entwicklung von Kunst zum Ausdruck zu bringen und zugleich die Priorität der Kunstwerkästhetik zu erkennen. Hegel wendet seinen historischen Scharfsinn an, um die oft komplexe Verbindung zwischen Form und Kontext zu erfassen, indem er zum Beispiel in der gotischen Kunst – durch den Vergleich mit dem griechischen Tempel – starke Elemente christlicher Transzendenz erkennt: Die gotische Kunst ist eine angemessene Form für das, was Hegel romantische Kunst nennt (Hegel 14.332–346).

Das dritte ist das Interesse am Organischen, an der Beziehung von Teil und Ganzem sowie von Inhalt und Form, das sich durch die idealistische Ästhetik zieht und das schon mit Platon beginnt (*Phaedrus*, 264c). Das Interesse am Organischen leitet sich von der Idee ab, dass die Teile und das Ganze zutiefst miteinander verbunden sind. Nach Hegel haben alle Teile eine gewisse Selbständigkeit, die sie an und für sich interessant machen. Jeder Teil ist jedoch auch mit den anderen Teilen verbunden: Sie passen zusammen oder gehören derart zueinander, dass kein Teil nicht auch Ausdruck des Ganzen wäre. Jeder Teil gehört zum Ganzen und trägt zum Ganzen bei, sodass sich trotz des relativen Interesses, das sie als Teile für sich beanspruchen, ihre volle Bedeutung erst aus ihrer Stellung innerhalb der Totalität des Kunstwerks ergibt und auf diese Weise allmählich erkennbar wird (Hegel 13.156–157). Das Organische gehört durchaus nicht zu den bevorzugten Kategorien der zeitgenössischen Kritik, aber ein Interesse daran ist unerlässlich, wenn man die Beziehung von Teilen zueinander und die Art und Weise, in der die Form die Bedeutung zum Ausdruck bringt, erkennen möchte.

Viertens sehen wir in idealistischen Zugängen zur Kunst eine ausgeprägte Aufmerksamkeit für dialektische Strukturen. Als Beispiel nenne ich einen der ansprechendsten Teile von Hegels Ästhetik, nämlich seine Diskussion der Kollision als zentralen Elements der Tragödie. Dialektische Strukturen sind auch für die Satire bedeutend. In einer Untersuchung über Heinrich Manns *Der Untertan* betone ich das Ausmaß, in welchem die Satire von ihrer Fähigkeit lebt, sowohl offenkundige als auch subtile Widersprüche aufzudecken (Roche 1988a). Aufmerksamkeit für Widersprüche bestimmt viele meiner Interpretationen, zum Beispiel eine Leseweise von Georg Büchners *Lenz*, welche die internen Widersprüche des Kunstgesprächs betont sowie die Widersprüche beschreibt, die bei jedem Versuch, sich vom Idealismus zu befreien, aufzutauchen scheinen (Roche 1988b). Nicht nur Hegel, auch die frühen Hegelianer waren von Widersprüchen und dialektischen Strukturen fasziniert, in der Ästhetik und darüber hinaus.

Nicht ohne Beziehung zur Dialektik ist das Verfahren der proleptischen Interpretation, das ich im Umgang mit literarischen und cineastischen Werken entwickelt habe. Dabei werden zwei oder mehrere miteinander in Konflikt stehende Interpretationen eines Werkes formuliert und gegeneinander abgewogen, entweder um eine Leseweise gegenüber möglichen Einwänden zu stärken oder um die inhärente Mehrdeutigkeit eines Werkes aufzuzeigen. Das Verfahren ist nicht einfach ein Ausprobieren unterschiedlicher interpretatorischer Hypothesen. Es orientiert sich vielmehr an der Idee, die wir im Prinzip schon vom sokratischen *Elenchos* her kennen, dass wir durch das Ausscheiden von Auffassungen, die untauglich, nämlich falsch oder inkonsistent sind, zur Wahrheit kommen. Der Leser sucht geradezu Gegenbeweise zur Deutung, die er entwickelt, er integriert die Belege proleptisch und grenzt dadurch seine eigene Deutung ab; oder er entwickelt eine komplexe Metadeutung, die sich aus der Verbindung möglicher Deutungen ergibt. Typischerweise handelt es sich dabei nicht um eine schlichte Konjunktion, sondern um eine abstufende Gewichtung des Möglichen unter den Gesichtspunkten der Plausibilität und Relevanz.

Kontrastierenden Momenten Aufmerksamkeit zu schenken ist ein unabdingbares Moment guter Interpretation. Wir wollen keine einfachen Deutungen, denen die Vielschichtigkeit eines Werkes entgeht, ebenso wenig wollen wir einseitige Deutungen, welche Momente, die nicht leicht in die von ihnen akzentuierte Werkbedeutung integrierbar sind, übersehen. Indem wir möglichst viele bedeutungstragende Werkelemente berücksichtigen, erhellen wir immer mehr Aspekte und auf den ersten Blick verborgene Dimensionen eines Werkes. Durch solch ein Verfahren versteht man besser, wie die Teile zum Ganzen gehören, was die Stärken und Schwächen divergierender Deutungen sind, und inwiefern verschiedene Arten von Belegen mehr oder weniger zwingend sind. In dieser Hinsicht ist die proleptische Deutung eine interpretationspraktische Konsequenz der idealistischen Hervorhebung der Dialektik und der Ganzheit. Ich habe das Verfahren in mehr als einem halben Dutzend Einzelinterpretationen als hilfreich empfunden und seinen Wert auch in der akademischen Lehre erprobt.[4]

---

4 Siehe meine Interpretation von Schillers *Über naive und sentimentalische Dichtung* (1987a, 4–62) und meine Deutung von Friedrich Dürrenmatts *Die Physiker* (2002, 174–189) sowie meine Aufsätze über Franz Kafkas *Der Prozeß* (1994), Hermann Brochs *Die Verzauberung* (1983), Gottfried Benns *Verlorenes Ich* (2003), Thomas Manns *Doktor Faustus* (1986) und Woody Allens *Crimes and Misdemeanors* (2007). Zu proleptischer Interpretation als hochschuldidaktischer Praxis siehe Roche (1987).

Schließlich zeigen die Idealisten ein offensichtliches Interesse an synthetischen Strukturen, an der harmonischen Einheit von Einheit und Differenz oder, mit den Worten des objektiven Idealisten Nicolaus Cusanus, der *coincidentia oppositorum*. Das zeigt sich bei Platon und Hegel wie auch bei den frühen Hegelianern. In *Dynamic Stillness* habe ich Leseweisen von Schillers *Über naive und sentimentalische Dichtung* und Hölderlins *Hyperion* entwickelt, welche der komplexen Einheit von Einheit und Differenz den Vorzug geben gegenüber miteinander konkurrierenden Interpretationen. In meinem Buch über die Tragödie und Komödie tritt das Versöhnungsdrama in den Vordergrund als ein drittes Genre, das die Tragödie und die Komödie vereint. Und in meiner Untersuchung zum Hässlichen führe ich das Konzept einer spekulativen Schönheit ein, d. h. einer Kunst, welche die Negativität und tatsächlich das Hässliche als ein bedeutendes Moment einschließt, die aber dennoch in eine komplexe Harmonie mündet.

2. Kritik und Erweiterung des deutschen Idealismus

Gewöhnlich messen wir die Ideen früherer Denker an unseren eigenen und bewerten deren Gültigkeit danach, ob sie unseren gegenwärtigen Ansichten entsprechen oder nicht. Doch ist das Historischwerden einer Theorie nicht das gleiche wie ihre philosophische Widerlegung. Die Strategie, unsere heutigen Mehrheitsmeinungen als Wahrheitskriterium zugrundezulegen, wird uns eher erlauben, etwas *über* die Vergangenheit zu lernen als *von* ihr. Wenn vieles, was wir für wahr halten, allein auf Konventionen beruht, so sollten wir den Mut haben, nicht nur die Ideen früherer Denker an unseren eigenen zu messen, sondern auch umgekehrt unsere an jenen. Es gibt noch viel zu lernen von den Idealisten früherer Zeiten, und vieles davon kann zum Vorschein kommen, wenn man laut mit ihnen denkt, d. h. durch die kritische Analyse ihrer Beiträge einschließlich des Vorschlagens von Verbesserungen, wo dies angebracht erscheint.

Hösle bedient sich der Ästhetik Hegels auf diese Weise, indem er zum Beispiel nahelegt, dass die Abfolge symbolisch – klassisch – romantisch nicht dialektisch zu verstehen ist, sondern linear (1987a, 617–623). Hegels Schema, stellt Hösle zudem fest, ist zu breit, zu einfach, zu undifferenziert (1987a, 619–623). Euripides und Aristophanes etwa sind im Hegelschen Sinne kaum klassisch zu nennen, und die Kunst der Renaissance, geschweige denn die Architektur von Hegels Zeitgenossen Karl Friedrich Schinkel, ist kaum als romantisch einzustufen.

Ich habe Hegels Vorstellung kritisiert, dass die Schönheit der Natur notwendigerweise inferior gegenüber der durch die Menschheit geschaffenen Kunst sei (2005,

77–80). Hegel kommt zu dieser Position, indem er die Produktionsästhetik hervorhebt und damit Geltung partiell durch Genese ersetzt: Schönheit, welche durch einen denkenden Geist produziert wird, sei der Schönheit der Natur per definitionem überlegen (13.13–15; 13.48–50; 13.190–202). Hegels Behauptung übersieht das höchste Prinzip oder die letzte Ursache solcher Schönheit. Gerade wenn wir die objektiv-idealistische Deutung akzeptieren, dass die Natur, so wie die Menschheit, im Reich der Ideen konstituiert wird, müssen wir jedes Argument zugunsten der notwendigen Überlegenheit der von Menschen geschaffenen Kunst zurückweisen. Die Schönheit der Natur trägt ebenso die Züge des Absoluten wie die Schöpfungen des Menschen. Hegels Behauptung, dass selbst „ein schlechter Einfall" rein formell der größten Schönheit der Natur überlegen sei, kann nur auf der Grundlage einer die Natur abwertenden Ansicht als möglich angesehen werden (13.14).

Mein Buch über die Tragödie und Komödie sucht Hegels Theorie für die Gegenwart neu zu formulieren.[5] Als ich Theorien zur Tragödie auswertete, wurde mir klar, dass Hegels Theorie die fesselndsten Tragödien erfasste. Hegel betrachtet die Tragödie als die Kollision zweier Positionen, die zwar beide gerechtfertigt, jedoch auch in dem Ausmaß falsch sind, als sie jeweils die Gültigkeit der anderen Position nicht anerkennen oder ihr das Element der Wahrheit absprechen; die Kollision kann nur durch den Fall des Helden gelöst werden. Hegel schreibt:

„Das ursprünglich Tragische besteht darin, dass beide Seiten des Gegensatzes für sich genommen *Berechtigung* haben, während sie andererseits dennoch den wahren positiven Gehalt ihres Zweckes und Charakters nur als *Verletzung* der anderen, gleichberechtigten Macht durchzubringen imstande sind und deshalb in ihrer Sittlichkeit und durch diese ebensosehr in *Schuld* geraten" (15.523).

Sein Lieblingsbeispiel ist Sophokles' *Antigone*.

Hegels Theorie, so wird oft argumentiert, sei nur für eine Handvoll von Stücken von Interesse. Echte Hegelianer mögen daraufhin feststellen, dass dies umso schlimmer für die Werke sei, und in der Tat hätten sie Recht, so zu argumentieren, denn Hegels Typologie kann, da sie normativer Art ist, von einzelnen dramatischen Werken nicht außer Kraft gesetzt werden. Das Nachdenken über verschiedene Tragödien und darüber, was zum entscheidenden Kern einer Tragödie gehört, führte mich jedoch dazu, eine Revision dessen, was wir unter Tragödie verstehen, nahezulegen. Mein Vorschlag war die Tragödie mit einem organischen Konzept von Größe in Verbindung zu bringen, die unweigerlich zum Leiden führt.

---

5 Kürzere Fassungen meiner Neuformulierungen der Tragödie und der Komödie im Geiste Hegels sind auch auf Deutsch erschienen (2002–2003a; 2002–2003b).

Mit dieser umfassenderen Definition lassen sich zusätzliche Formen der Tragödie ausmachen, in denen die Kollision weniger ausgeglichen ist. Als neue Form der Tragödie führe ich die Tragödie der Selbstaufopferung ein, eine Kollision nicht zwischen zwei guten Kräften, sondern zwischen Gut und Böse, wobei der Held für das Gute kämpft, wohlwissend, dass er dafür zu leiden hat. Um einen Wert aufrechtzuerhalten, muss manchmal ein Träger dieses Wertes untergehen. Beispiele dafür sind Andreas Gryphius' *Papinianus* und Rolf Hochhuths *Der Stellvertreter*. Die Tragödie der Selbstaufopferung ist die inspirierendste und didaktischste Untergattung der Tragödie, obwohl sie wegen ihrer Einfachheit und der Unzweideutigkeit des Konfliktes die dramatisch schwächste ist. Eine zweite Form nenne ich die Tragödie des Eigensinns. Sie ist vom ethischen Standpunkt aus weniger hochstehend als die Tragödie der Selbstaufopferung, dafür allerdings formal und in den meisten Fällen auch dramatisch reichhaltiger. Zwar nimmt der Held hier eine moralisch unhaltbare Haltung ein, legt aber dennoch Sekundärtugenden oder formale Tugenden wie Tapferkeit, Gehorsam oder Ehrgeiz an den Tag. Die Größe des tragischen Helden der Eigensinnstragödie liegt in der Beständigkeit, mit der er auf seiner Haltung beharrt, selbst wenn sie falsch und einseitig ist. Der Held gibt nicht nach; er besitzt weder die Fähigkeit noch das Interesse daran, Mäßigung zu finden oder einen Kompromiss zu erreichen. Beispiele dafür sind William Shakespeares *Macbeth* und Henrik Ibsens *Brand*.

Hegels Auffassung der Tragödie als die Kollision von zwei gleichberechtigten Positionen bleibt die höchste, allerdings nicht die einzige Form der Tragödie. Ich führe auch eine Unterscheidung innerhalb der tragischen Kollision ein, die Hegel nicht ausdrücklich nennt. In einigen Tragödien wird der Konflikt durch zwei Personen oder Gruppen vertreten, was ich als äußerliche Kollision bezeichne; man denke an Sophokles' *Antigone*. In anderen Tragödien wird dieser Konflikt im Gewissen eines einzelnen Helden bewusst gemacht und ausgetragen, wie in Shakespeares *Hamlet*. Ich bezeichne diese Form als innerliche Kollision. Einige Werke integrieren alle vier Formen, wie Schillers *Don Carlos*, oder – indem tragische Strukturen auf den Film ausgedehnt werden – Roland Joffés *The Mission*.

Diese modifizierte Hegelianische Definition der Tragödie als Größe, die unweigerlich zum Leiden führt, erlaubt uns zu unterscheiden zwischen der Tragödie und dem, was ich das Drama des Leidens nenne: ein Werk, in dem das Leiden des Helden bedeutsam ist, jedoch von äußeren Faktoren oder von der Schwäche des Helden herrührt. Das Leiden bleibt intensiv, aber die organische Verbindung zur Größe verschwindet. Beispiele dafür sind Euripides' *Troerinnen* und Arthur Millers *Death of a Salesman*.

Wichtig ist mir auch, dass Hegel die Tragödie, in der ein gewisses Moment der Harmonie wiedereingeführt wird, indem die zwei entgegengesetzten Gestalten in ihrer Einseitigkeit zerstört werden, sodass Einheit wiederhergestellt wird, schärfer vom Versöhnungsdrama hätte absetzen können, einem Genre, in dem ein ernsthafter Konflikt dergestalt auf der Bühne gelöst wird, dass die Tragödie vermieden bzw. überwunden wird. Beispiele für das Versöhnungsdrama wären Sophokles' *Oidipus auf Kolonos* und Shakespeares *The Tempest*. Einige der Widersprüche in Hegels Behandlung des Dramas sind direkt in dessen Versäumnis begründet, diese beiden Genres adäquat zu differenzieren. Obwohl eine Verbindung zwischen Katharsis und Versöhnung besteht, existiert ein bedeutender Unterschied zwischen der Tragödie und dem Versöhnungsdrama, nämlich der, ob die Versöhnung in der Rezeption, also im Bewusstsein des Publikums, oder im Objekt, d. h. im Handlungsverlauf selbst, stattfindet. Hätte Hegel das Versöhnungsdrama gründlicher untersucht und den Unterschied zwischen diesem und der Tragödie deutlicher herausgestellt, hätte er sich möglicherweise nicht zur Überbetonung des versöhnlichen Elements in der Tragödie bewegen lassen.

Hegels Theorie der Komödie ist äußerst kurz und wird auch deswegen wenig diskutiert, doch bietet er zwei wichtige Einsichten in die Komödie. Erstens betrachtet Hegel die Subjektivität und das Besondere als die herrschenden Kategorien der Komödie. Unter Subjektivität versteht Hegel hier eine Erhebung des Ichs und des Selbstbewusstseins im Gegensatz zur Objektivität (oder zum naiven Festhalten an den traditionellen Werten der Gesellschaft) und zur Intersubjektivität (oder zu den Bereichen der Freundschaft, der Liebe und der Gemeinschaft). Das komische Ich konzentriert seine Energien auf sich selbst und seine persönlichen Interessen und Wünsche. Das Verlorensein in der eigenen Besonderheit ist insofern komisch, als sie im Gegensatz zur Welt und zum Substantiellen steht, welches die Besonderheit übersieht. Zweitens legt Hegel die Komödie als die Negation der Negativität oder als die komische Entlarvung einer unhaltbaren Position aus. Hegels Theorie der Komödie, nicht anders als seine Theorie der Tragödie, ist mit seiner Dialektik verbunden: Hegel betont die Wichtigkeit von Widersprüchen sowie die Notwendigkeit einer komischen Auflösung.

In Hegels erster Form sucht der Held mit großem Ernst „kleine und nichtige Zwecke" (15.229). Er scheitert, und dies zu Recht. Da das komische Subjekt „etwas in sich Geringfügiges" wollte, geht nichts zugrunde, „so dass es sich in freier Heiterkeit aus diesem Untergange erheben kann" (15.529). Obwohl Hegel kein Beispiel anführt, könnte der Wirt in Goethes *Die Mitschuldigen* als solches dienen. In Hegels zweiter Form ist das Ziel des Helden legitim, das Mittel dagegen unangemessen: „Das umgekehrte Verhältnis *zweitens* findet dann statt, wenn sich die Individuen zu *substanziellen* Zwecken und Charakteren aufspreizen, für deren Vollbringung sie aber, als Individuum, das schlechthin entgegengesetzte Instrument sind" (15.529). Das Individuum ist nicht in der Lage, seine legitimen Ziele voll zu verwirklichen. Der Widerspruch liegt zwischen der ehrenwerten Absicht und dem unbedeutenden Individuum, das versucht, diese Absicht zu verwirklichen. Hegel nennt als Beispiel Aristophanes' *Ecclesiazusae*. Eine dritte Form der Komödie betont die Rolle des Zufalls, der den harmonischen Abschluss bewirkt:

„Ein drittes Element zu diesen beiden ersten bildet der Gebrauch der äußeren Zufälle, durch deren mannigfache und sonderbare Verwicklung Situationen hervorkommen, in welchen die Zwecke und deren Ausführung, der innere Charakter und dessen äußere Zustände in komische Kontraste gestellt sind und zu einer ebenso komischen Auflösung führen" (15.529 f.).

Die Verwendung einer idealistischen Abfolge von Objektivität, Subjektivität und Intersubjektivität ermöglichte es mir, Hegels Typologie der Komödie neu zu gestalten, einige seiner Formen zu modifizieren und eine Reihe von Unterformen, die er nicht erörtert, hinzuzufügen. Seine Typologie, obwohl anregend, ist uneins mit seinem System und bietet damit ein interessantes Beispiel für die Spannung zwischen Makro- und Mikrostrukturen, die bei Hegel manchmal zum Vorschein kommt. Mein Vorschlag war, Hegels dritte Form, die den Zufall hervorhebt, zur ersten zu machen. In der Komödie beginnen wir daher mit einem Mangel an Bewusstsein; der Held, der wenig weiß, folgt seinen eigenen besonderen Wünschen und erreicht, gelenkt durch Zufall und Glück, das Gute. Das ist die Zufallskomödie: Der Held erlangt Harmonie durch Natur und Zufall, nicht durch Bewusstwerdung. Ein Beispiel dafür ist Shakespeares *A Midsummer Night's Dream*. Diese Form ist das komische Äquivalent zur Objektivität. Dann sehen wir eine Reihe von Untergattungen der Komödie, in welchen die Subjektivität vorherrscht. In der Reduktionskomödie (Hegels zweiter Form) hat der Held eine Ahnung des Guten, ist aber wegen seiner Mängel und Schwächen nicht in der Lage, seine Ziele zu erreichen. Beispiele hierfür sind Schnitzlers *Anatol* und Brechts *Herr Puntila und sein Knecht Matti*. Der Held der nächsten Form, der Negationskomödie, sucht ein falsches Ziel, wenn auch mit starken und einfallsreichen Mitteln. Diese modifizierte Version von Hegels erster Form sieht man etwa in Ben Jonsons *Volpone*, Carlo Goldonis *Il bugiardo* und Heinrich von Kleists *Der zerbrochne Krug*. Der Held der Rückzugskomödie, einer von mir neu eingeführten Form, widersteht dem Bösen, erkennt aber nur den Inhalt der moralischen Wahrheit, nicht die Mittel zum Erfolg. Hierfür ist ein Beispiel Molières *Le Misanthrope*. Der Held des Rückzugs scheitert hauptsächlich wegen der Unzulänglichkeiten der Gesellschaft, ihrer Verderbtheit und Oberflächlichkeit, aber auch an dem Unwillen des Helden, der Objektivität – so unvollkommen sie auch sein mag – ihr Moment an Legitimität zuzugestehen. Der Held des synthetischen Genres schließlich vereinigt in sich die Objektivität des gültigen Zieles mit einem Erkennen der Mittel, die zur Erreichung dieses Zieles nötig sind. Ich nenne diese bei Hegel nicht vorkommende Form die

Intersubjektivitätskomödie: Der Held überwindet Widersprüche und erreicht den Bereich der Intersubjektivität kraft seiner eigenen Überlegungen und der Hilfe anderer Menschen, und nicht allein durch reines Glück. Beispiele hierfür sind Shakespeares *Much Ado About Nothing* und Gotthold Ephraim Lessings *Minna von Barnhelm*. Manche Komödien haben Momente aller komischen Formen, darunter eine der größten deutschsprachigen Komödien, Hugo von Hofmannsthals *Der Schwierige*.

3. Technologie und moderne Kunst

Jeder Versuch, die Künste und die Geisteswissenschaften zu rechtfertigen, muss ihre universelle Absicht und ihre spezifische Rolle in einer bestimmten Epoche deutlich machen. Heute stehen Schicksal und Zukunft der Menschheit unter dem Einfluss der Technik – die technische Veränderung der Welt ist *das* bestimmende Kennzeichen des vorigen Jahrhunderts, und zwar einerseits im wörtlichen Sinne einer Nutzbarmachung und Transformation von Natur und Schöpfung dank der Anwendung von Werkzeugen, Maschinen und Informationen, andererseits aber auch in einem weiteren Sinne als Siegeszug der Zweck-Mittel-Rationalität.

Von einem technologischen Zeitalter lässt sich sprechen, wenn vier Bedingungen erfüllt sind: erstens, unser Alltagsleben setzt eine ständige Interaktion mit technischen Produkten voraus, sodass wir zu diesen Produkten ein ähnlich dauerhaftes Verhältnis haben wie zur Natur oder zu anderen Personen; zweitens, die dramatischsten Ereignisse unseres Zeitalters werden von der Technik bestimmt, in diesem Falle von neuen Erfindungen, die unser Leben grundlegend verändern, ob nun zum Besseren oder zum Schlechteren; drittens, unsere Art des Denkens wird in hohem Maße vom technischen Paradigma geprägt, was vor allem heißt: von der technischen Rationalität; viertens, die Technik beginnt ein Eigenleben zu führen, sie ist nicht mehr nur Mittel zu einem höheren Zweck, sondern Selbstzweck – sodass beispielsweise technische Produkte nicht nur bestimmte Bedürfnisse befriedigen, sondern auch neue Bedürfnisse hervorbringen. Diese Bedingungen treffen auf unsere Gegenwart zu und bestimmen die moderne Welt seit der ersten Industriellen Revolution in zunehmendem Maße. Mit den Worten des Schweizer Dramatikers Friedrich Dürrenmatt ausgedrückt: „die Technik (...) ist das sichtbar, bildhaft gewordene Denken unserer Zeit" (1980, 63).

So wie Hans Jonas (1979) argumentiert hat, dass die Ethik für das technologische Zeitalter neu geschrieben werden muss, so schlage ich vor, dass man dasselbe im Hinblick auf die Ästhetik tun muss. Der Einfluss der Technologie auf die Moderne stellt neue Anforderungen sowohl an die Kunst als auch an die Ästhetik, und eine

Legitimierung dieser Bereiche muss auch diese neuen Anforderungen reflektieren. Dies ist das Kernthema meines Buches *Die Moral der Kunst* (2002).

Der erste Teil dieses Buches beginnt mit einer Untersuchung der Wertfrage der Literatur, einschließlich einer Diskussion von normativen Prinzipien der Ästhetik und der Hermeneutik. Auch wenn ich mich eher traditionellen Fragen und einer traditionellen Ästhetik zuwende, lasse ich dennoch zeitgenössische Perspektiven nicht außer Acht. Jüngste Entwicklungen geben uns die Möglichkeit, Kunst in neuem Licht zu sehen, und die wertvollen neuen Horizonte, die sich dabei eröffnen, sollte man nicht preisgeben. Es stellt sich jedoch auch die Frage, warum einige noch heute gültige Fragen vergessen wurden. Die Rückkehr zu bestimmten Fragen, die in der Moderne vernachlässigt worden sind, mag in der Tat die beste Möglichkeit bieten, um neue Sichtweisen auf die Moderne zu eröffnen.

Im zweiten Teil wende ich mich einer deskriptiven Untersuchung der Kategorien des technologischen Zeitalters und ihrer Auswirkungen auf die Ästhetik zu. Ich betrachte einige der geisteshistorischen Voraussetzungen des technologischen Zeitalters, insbesondere jene mit direkten oder indirekten Auswirkungen auf die Ästhetik, und ihre Manifestation in Gesellschaft und Kultur. Ich denke auch über die Art und Weise nach, in der die spezifischen technischen Innovationen des Zeitalters nicht nur die Gesellschaft im Allgemeinen, sondern auch die Kunst und besonders die Literatur beeinflusst haben.

Indem ich die normativen und deskriptiven Teile miteinander verbinde, wende ich mich sodann im dritten Teil den Möglichkeiten von Literatur und Literaturkritik im technologischen Zeitalter zu, d. h. einer Diskussion der Art und Weise, in der die Kunst die zentralen Kategorien und die Probleme des technologischen Zeitalters ansprechen kann.[6] Die Kunst befindet sich außerhalb des Bereichs des instrumentalen Denkens, denn sie hat ihr Ziel nicht jenseits ihrer selbst, in irgendeinem anderen Dasein. Kunst und Literatur haben intrinsischen Wert und gewinnen an Bedeutung, da unser Sinn für intrinsischen Wert zunehmend verloren geht. In ihrer Aufwertung von Spiel und unerschöpflicher Bedeutung bietet die Kunst ein Gegengewicht zur instrumentellen Vernunft und Effizienz. Darüber hinaus hilft uns die Untersuchung von Kunst und Literatur, zu erfassen wie verschiedene Teile ein umfassendes Ganzes bilden. Frühere Werke verbinden uns mit anderen Zeitaltern und Kulturen und vermitteln uns dadurch eine andere Beziehung zur Gegenwart. Des Weiteren lassen sich Kunst und Literatur auf die spezifisch moralischen Fragen und Herausforderungen unserer Zeit ein.

---

6 Eine analoge Struktur liegt auch meinem folgenden Werk zugrunde: *Why Literature Matters in the 21st Century* (2004).

Zu den zentralen Kategorien des technologischen Zeitalters zähle ich: die Dominanz der technischen Rationalität gegenüber der Wertrationalität, die Subjektivität mit ihrer Erhebung der *poiesis* und des *verum factum*-Prinzips, die Quantität als entscheidendes Prinzip für jede Wertung und als das Maß der Vorzüglichkeit, die Unfähigkeit der Technologie, emotionale Bedürfnisse zu befriedigen, was in Desillusionierung mündet, und das Ersetzen des Universalen durch das Partikuläre, was in Kurzsichtigkeit mündet, in die Unfähigkeit, sich selbst als eingebettet in zeitliche und räumliche Beschränkungen zu sehen.

Was diesen und anderen Kategorien gemeinsam ist, ist der Verlust des Sinns für das Organische, dass Teile in Beziehung zu einem bedeutungsvollen und übergreifenden Ganzen stehen. Wenn zum Beispiel die Quantität von der Qualität gelöst wird, dann nimmt eine Einstellung überhand, der jeder Sinn für das Organische, jede Beziehung zur Sinnhaftigkeit fehlt. Das Organische in der Kunst bildet ein Gegengewicht zum mechanischen Paradigma der Technik. Aber es ist zugleich noch mehr: Es bildet nicht nur ein Gegenmodell zur Technik, sondern es ist auch ein Spiegel der Ökosysteme, der organischen und komplexen Strukturen, die durch die Technik bedroht werden. Die beinahe unergründliche Kohärenz und organische Komplexität eines großen Kunstwerks, die Art, in der sich seine Teile aufeinander beziehen, kann in Anlehnung an Kant als Analogie zur unerschöpflich reichhaltigen Vernetzung des Ökosystems gelten (KdU, § 65–66). Durch die Aufmerksamkeit für den einen Bereich können wir die Komplexität und Schönheit, die organische Struktur des anderen Bereichs besser erkennen. In Kunst, Natur und Menschheit ist sogar der kleinste Teil mit jedem anderen Teil und mit dem Ganzen verbunden. Das Organische verlangt von seinem Interpreten – ob der Fokus nun die Natur, ein Kunstwerk oder das menschliche Subjekt ist – eine außerordentliche hermeneutische Kompetenz, einschließlich der Aufmerksamkeit, sowohl für die Details als auch für das Ganze, und dem Anerkennen, dass sich ungeachtet aller Interpretationskompetenz bestimmte Dimensionen dem eigenen Zugriff entziehen. Durch ein tieferes Bewusstsein für organische Verbindungen, wie es durch Kunst und Ästhetik gefördert wird, ist es auch wahrscheinlicher, dass wir die Verbindungen zwischen unseren Handlungen und den Bedrohungen der Umwelt erkennen, die dazu tendieren, innerhalb der zersplitterten Rahmenbedingungen, unter denen wir leben, ignoriert zu werden.

4. Die Bedeutung des Hässlichen

Ein weiterer bestimmender Aspekt der modernen Kunst ist das Hässliche. Wenige würden bestreiten, dass das Hässliche in der modernen Kunst und Literatur auf jede erdenkliche Weise zum Vorschein kommt: mit Inhalten, die abstoßend oder widerwärtig sind; durch Formen, welche Asymmetrien enthalten; durch Spannungen zwischen Form und Inhalt und Teile, die übermäßige Individualität erlangen, ohne in ein größeres Ganzes eingebunden zu sein.

In einem im Entstehen begriffenen Buch über das Hässliche, das meinen oben genannten Aufsatz erweitert, nähere ich mich dem Thema durch die Verbindung von vier Fragebereichen. Erstens, wie sollten wir das Hässliche definieren? Welche Vorstellungen müssen wir erfassen, um das Hässliche zu verstehen und zu bewerten? Zweitens, wann und wie hat sich das Hässliche in der Kulturgeschichte gezeigt? Welche sozialen und geisteshistorischen Faktoren haben zu seinem Hervortreten geführt? Drittens, wie ist die Theoriegeschichte des Hässlichen zu verstehen und zu bewerten? Welche neuen Perspektiven sind nötig? Schließlich, welche Arten oder Formen von schöner Hässlichkeit gibt es und wie sind diese zu bewerten?

Das Hässliche findet sich nicht nur in der modernen Kunst; die Intensität des Hässlichen in der Moderne hat jedoch zu einem grundlegenden Wandel in unserer Vorstellung von Kunst geführt. Was hat diesen Wandel ausgelöst? Ich sehe zwei hauptsächliche Sachverhalte.

Erstens entsteht eine andere Vorstellung von Wirklichkeit. Im antiken Griechenland war die *mimesis* nicht einfach eine Nachahmung der existierenden Welt, sondern ein Versuch, die metaphysische Bedeutung der Wirklichkeit aufzudecken, die höheren Formen festzustellen, Charaktere darzustellen, die größer sind als das Leben. Mit dem Verlassen des klassischen Ideals und der Auflösung des Christentums sehen wir eine Ablehnung der Transzendenz und der Idee, dass es eine ideale Welt gebe, die wir zu verstehen und in sittlichen Handlungen wie auch in der Kunst nachzuahmen suchen, und es bleibt uns nichts übrig als eine Vorstellung von Wirklichkeit als allein dessen, was der Fall ist. Ludwig Wittgensteins Aussage „die Welt ist alles, was der Fall ist" (1979, 11) unterscheidet sich sehr von Platons Sicht der Wirklichkeit als einer höheren Ordnung. Die Wirklichkeit der Moderne ist nicht mehr ein Bereich des Seins, dem ein normativer Anspruch implizit ist, sondern nichts als Faktizität, die bloß wahrnehmbare Welt. Die Moderne bleibt jedoch dabei nicht stehen. Es taucht die Sicht auf und wird vorherrschend, dass unsere existierende Welt widerwärtig, fragmentarisch und ohne übergreifende Sinnhaftigkeit ist. „Ugliness was the one reality", schlägt Oscar Wildes berühmtester Ästhet in *The Picture of Dorian Gray* vor (2003, 177 f.). Die zwei kennzeichnenden Momente dieses neuen Realismus sind pure Immanenz und zugleich Abscheu vor ihr. Diese Hinwendung zum Hässlichen wurde durch historische Bedingungen verstärkt, wie etwa Industrialisierung und Verstädterung. Diese Sicht auf die Wirklichkeit wurde auch durch eine Zunahme an sozialem Bewusstsein gefärbt, wie etwa eine größere Aufmerksamkeit für die Opfer von sozialen und kulturellen Kräften: Krieg, Brutalität, schlechte Arbeitsbedingungen, rassistische Vorurteile, restriktive gesellschaftliche Konventionen, asymmetrische Geschlechterverhältnisse. Zugleich traf das neue Wirklichkeitsverständnis mit der Abkehr von der Theodizee-Frage zusammen und trug dazu bei, diese Abkehr zu verschärfen. In der Moderne verlieren größere Meta-Narrative viel von ihrer überzeugenden Kraft und machen den Weg frei für einen Fokus auf isolierte Momente der Dissonanz, die von einem übergreifenden spekulativen Rahmen abstrahiert werden.

Über das neue Verständnis von Wirklichkeit hinaus, und in gewisser Weise mit ihm zusammenarbeitend, ereignete sich zweitens eine Reihe von Veränderungen in Bezug auf ästhetische Werte. Wenn die Welt widerwärtig ist, dann sollen – so die Argumentation – die Kunstformen diese Hässlichkeit widerspiegeln. Unter der Voraussetzung, dass Schönheit eine Entsprechung von Form und Inhalt einschließt, können in einer ästhetischen Interpretation der Hässlichkeit des Lebens große Asymmetrien und Perversionen dessen, was traditionellerweise schön genannt wird, angemessen sein. Als Teil dieser Neubewertung der ästhetischen Werte erkennen wir eine bewusste Verwerfung vergangener ästhetischer Normen, die mit Harmonie verbunden waren, zusammen mit einer Privilegierung des Disjunktiven und Asymmetrischen. Ein weiterer ästhetischer Faktor ist die zunehmende Erhebung der autonomen Kunst und, in ihrer radikalsten Manifestation, das Durchtrennen der Verbindung zwischen dem Ästhetischen und Ethischen. Die Entwicklung der Autonomie ist Teil eines umfassenderen Phänomens, das den Verlust der organischen Weltsicht einer früheren Zeit einschließt. Das Platonische und das christliche Paradigma sehen alle Werte als letztlich miteinander verbunden an und als eins. Die moderne Zeit trennt die verschiedenen Lebensbereiche, Kunst und Ethik eingeschlossen, voneinander ab.

Die moderne Betonung des Hässlichen hat dennoch viele Vorteile. Das Hässliche lässt sich auf Elemente ein, von denen wir sonst unseren Blick abzuwenden geneigt sind. Das erfolgreiche Vermischen von Hässlichem und Schönem hat viele anspruchsvolle und innovative Kunstwerke hervorgebracht. Ein solches Vermischen trägt zur Spannung bei, welche ein Element jeder großen Kunst ist. Das Vorherrschen des Hässlichen in Werken der Schönheit erweitert unseren Sinn für Originalität und unsere Wertschätzung für Innovation. Solche Werke fordern unsere interpretatorischen

Kompetenzen auf eine neue Art und Weise heraus, indem sie uns einladen, den oft verborgenen Wert formaler Innovationen zu erkennen, und sie fordern unsere hermeneutischen Kompetenzen heraus, indem sie uns Anlass geben, Form und Inhalt in Beziehung zu setzen oder verschiedene Kunstformen und Kunststile zusammenzubringen, wenn diese vollkommen gegensätzlich erscheinen. Darüber hinaus ist das kritische Potential der Kunst – die Kunst als Medium, durch das wir die Wirklichkeit neu sehen, einschließlich des Aufdeckens unserer eigenen Vorurteile – vielfach evident in der dissonanten Kunst. Diese Einbeziehung dessen, was die Gesellschaft als tabu erachtet, was sie zu sehen oder anzuschauen verabsäumt, verstärkt den Wert der Kunst als einer kritischen Kraft. Die Momente der Nicht-Versöhnung in der modernen Kunst erlauben uns, bei den dissonanten Strukturen der Wirklichkeit und ihren Auswirkungen auf den leidenden Einzelnen zu verweilen, anstatt über sie hinweg zu gehen oder sie zu minimieren.

Bei vielen modernen Werken können wir von der anscheinend hässlichen oder „schwierigen Schönheit" sprechen, um einen Ausdruck des Idealisten Bernard Bosanquet aufzugreifen (1915, 85). Das anscheinend Hässliche kommt zum Vorschein, wenn ein Werk Dimensionen enthält, die so ungewöhnlich, innovativ oder komplex sind, wie etwa Teile, die sich nicht in das Ganze einzufügen scheinen, dass diese auf den ersten Blick einen negativen ästhetischen Wert zu haben scheinen. Diese anspruchsvollen Werke mögen als hässlich verkannt werden, sie sind jedoch nur scheinbar hässlich. Wenn die verborgene Schönheit eines Werkes, sagen wir eines Gemäldes von El Greco, schließlich nach Jahrzehnten oder sogar Jahrhunderten erkannt wird, ist das Werk nicht plötzlich schön geworden, sondern es war immer schon schön und wir waren lediglich der Herausforderung nicht gewachsen. Ein positiver ästhetischer Wert ist ein Merkmal nicht der Rezeption, sondern des Werkes selbst.

Das Aufkommen des Hässlichen hat einerseits ein Wiederaufleben, andererseits eine Krise in der modernen Kunst ausgelöst. Das Wiederaufleben kommt von den auffallend unterschiedlichen Formen von Schönheit, welche das Hässliche einbeziehen. Die Krise beinhaltet das plötzliche Vorherrschen von zwei Arten negativer ästhetischer Werte: *Kitsch* und das, was ich *Quatsch* nenne. Ich weite die ursprüngliche Bedeutung des Begriffs, als Gegenstück zu *Kitsch*, aus, um ihn auf hässliche Werke von negativem ästhetischen Wert zu beziehen, Werke, in denen keine metaphysische Öffnung hin zu einer tieferen Bedeutung zu finden ist und deren technische Errungenschaft dazu tendiert, sich in der Innovation zu erschöpfen. Was wir heute sehen, ist ein verstärktes Interesse an *Kitsch* auf Seiten der Rezipienten, welche die „schwierige Schönheit" von vielem, das anscheinend hässlich ist, nicht verstehen, und eine zunehmende Produktion von *Quatsch* auf Seiten der Möchte-Gern-Künstler. Während *Kitsch* zu gefallen sucht, unabhängig von jedem höheren Streben nach Kunst, sucht *Quatsch* zu schockieren oder zu verwirren, unabhängig von jedem höheren Streben nach Kunst. Beiden fehlt es an Transzendenz – das eine fabriziert eine sentimentale, alternative Wirklichkeit, das andere ahmt die widerwärtige Wirklichkeit nach oder führt die Kunst in den Bereich des Schwindels.

Ich beschließe meine Ästhetik des Hässlichen, indem ich verschiedene Erscheinungsformen der schönen Hässlichkeit untersuche, die Art und Weise, wie das Hässliche sinnvoll zur Schaffung eines positiven ästhetischen Werts beiträgt. Einige Erscheinungsformen sind eng mit idealistischen Kategorien verbunden, wie etwa die der dialektischen Schönheit, in welcher das Hässliche das Werk dominiert, jedoch – anstatt das Hässliche ohne Wertung zu präsentieren oder im Hässlichen zu schwelgen – das Werk auf die Hässlichkeit des Hässlichen hinweist, oder auf die Negation der Negativität, wie wir etwa an den Werken von George Grosz sehen.

Ich untersuche auch Formen, die im Geist des Idealismus stehen, aber gänzlich neu sind, zum Beispiel Werke, die nicht nur hässlich in Bezug auf den Gegenstand sind, sondern auch in der Form gebrochen. Die meisten europäischen Sprachen verwenden – im Rückbezug auf ihre lateinischen Wurzeln – zwei Wörter für die Vorstellung von Hässlichkeit, indem sie zwischen der ästhetischen Hässlichkeit der Form (*deformis*) und der sittlichen Hässlichkeit des Inhalts (*turpis*) unterscheiden. Ich führe den Neologismus „aischrische Schönheit" ein (auf das griechische *aischros* zurückgreifend, ein Wort, das beide Dimensionen beinhaltet), um auf eine Kunst hinzuweisen, die sowohl abscheulich in ihrem Inhalt als auch dissonant in ihrer Form ist. Solche Werke des Leidens und des Horrors zeigen – paradoxer Weise – eine höhere Einheit von Form und Inhalt, sie sind auf einer Metaebene organisch. Max Beckmanns *Die Nacht* und Pablo Picassos *Guernica* mögen als Beispiele aus dem 20. Jahrhundert dienen. Heute könnte man an viele Werke des russischen Künstlers Maxim Kantor denken. Der Idealismus – obwohl er aus einem anderen Zeitalter zu stammen scheint – liefert uns ein Objektiv, um auch das Moderne und Zeitgenössische zu verstehen und zu werten.[7]

---

7 Für hilfreiche Kommentare möchte ich Sabine Doering, Carsten Dutt und Vittorio Hösle danken.

Bibliographie

Abel, Günter (Hrsg. 2006), *Kreativität*, Meiner, Hamburg.
Albert, Hans (1975), *Transzendentale Träumereien. Karl-Otto Apels Sprachspiele und sein hermeneutischer Gott*, Hoffmann und Campe, Hamburg.
Alexander, Werner (1993), *Hermeneutica generalis. Zur Konzeption und Entwicklung der allgemeinen Verstehenslehre im 17. und 18. Jahrhundert*, M&P, Stuttgart.
Alexandrow, Alexander (1974), *„Mathematik und Dialektik"*, in: M. Otte (Hrsg.), 47–63.
Alon, Uri, Surette, Michael G., Naama Barkai und Stanislas Leibler (1999), *„Robustness in bacterial chemotaxis"*, in: *Nature*, 397–14, 168–171.
Ameriks, Karl und Stolzenberg, Jürgen (Hrsg. 2005), *Deutscher Idealismus und die analytische Philosophie der Gegenwart*, de Gruyter, Berlin.
Apel, Karl-Otto (1973), *Transformation der Philosophie,*. 2 Bde., Suhrkamp, Frankfurt a. M.
Apel, Karl-Otto (1979), *Die Erklären:Verstehen-Kontroverse in transzendentalpragmatischer Sicht*, Suhrkamp, Frankfurt a. M.
Apel, Karl-Otto (1988), *Diskurs und Verantwortung. Das Problem des Übergangs zur postkonventionellen Moral*, Suhrkamp, Frankfurt a. M.
Apel, Karl-Otto (1998), *Auseinandersetzungen in Erprobung des transzendentalpragmatischen Ansatzes*, Suhrkamp, Frankfurt a. M.
Apel, Karl-Otto (2002), *„Metaphysik und die tranzendentalphilosophischen Paradigmen der Ersten Philosophie"*, in: Hösle (Hrsg. 2002), 1–29.
Apel, Karl-Otto (2011), *Paradigmen der Ersten Philosophie. Zur reflexiven-transzendentalpragmatischen Rekonstruktion der Philosophiegeschichte*, Suhrkamp, Frankfurt a. M.
Armstrong, David M. (1978), *Universals and Scientific Realism*, 2 Bde., Cambridge University Press, Cambridge.
Armstrong, David M. (1997), *A World of States of Affairs*, Cambridge University Press, Cambridge.
Augustinus, Aurelius (2002), *Die christliche Bildung (De Doctrina Christiana)*, hrsg. v. K. Pollmann, Reclam, Stuttgart.
Avanessian, Armen (Hrsg. 2013), *Realismus Jetzt. Spekulative Philosophie und Metaphysik für das 21. Jahrhundert*, Merve, Berlin.
Avanessian, Armen (2013), *„Editorial. Materialismus und Realismus. Spekulative Philosophie und Metaphysik für das 21. Jahrhundert"*, in: A. Avanessian (Hrsg.), 7–22.
Axelrod, Robert M. (1984), *The Evolution of Cooperation*, Basic Books, New York.
Barkow, Jerome H., Cosmides, Leda und Tooby, John (Hrsg. 1995), *The Adapted Mind*, Oxford University Press, Oxford.

Becker, Oskar (Hrsg. 1965), *Zur Geschichte der griechischen Mathematik*, Wissenschaftliche Buchgesellschaft, Darmstadt.
Bedaux, Jan B. und Cooke, Brett (Hrsg. 1999), *Sociobiology and the Arts*, Rodopi, Amsterdam.
Beetz, Manfred und Cacciatore, Giuseppe (Hrsg. 2000), *Hermeneutik im Zeitalter der Aufklärung*, Böhlau, Köln.
Behnke, Elisabeth A. (1997), *"Ghost Gestures. Phenomenological Investigations of Bodily Micromovements and Their Intercorporeal Implications"*, in: *Human Studies*, 20, 181–201.
Behnke, Elisabeth A. (2008), *"Interkinaesthetic Affectivity. A Phenomenological Approach"*, in: *Continental Philosophical Review*, 41, 143–161.
Behnke, Heinrich (1956), *Der Strukturwandel der Mathematik in der ersten Hälfte des 20. Jahrhunderts*, Verlag für Sozialwissenschaften, Köln, Opladen.
Bergson, Henri (1949), *Zeit und Freiheit*, Hain, Meisenheim a.G.
Bernays, Paul (1976), *Abhandlungen zur Philosophie der Mathematik*, Wissenschaftliche Buchgesellschaft, Darmstadt.
Betti, Emilio (1967), *Allgemeine Auslegungslehre als Methodik der Geisteswissenschaften*, Mohr Siebeck, Tübingen.
Betti, Emilio (1988), *Zur Grundlegung der allgemeinen Auslegungslehre*, Mohr Siebeck, Tübingen.
Bevilacqua, Fabio und Fregonese, Lucio (Hrsg. 2001), *Nuova Voltiana. Studies on Volta and his Times*, Bd. 4, Hoepli, Università degli Studi di Pavia.
Bidese, Ermenegildo, Fidora, Alexander und Renner, Paul (Hrsg. 2008), *Philosophische Gotteslehre heute. Der Dialog der Religionen*, Wissenschaftliche Buchgesellschaft, Darmstadt.
Birx, H. James (Hrsg. 2010), *21st Century Anthropology*, Bd. 2, Sage, Los Angeles.
Blackmore, Susan J. (1999), *The Meme Machine*, Oxford University Press, Oxford.
Böhm, Johannes und Reichardt, Hans (Hrsg. 1984), *Gaußsche Flächentheorie, Riemannsche Räume und Minkowski-Welt*, Springer, Wien, New York.
Bolzano, Bernard (1926), *Philosophie der Mathematik oder Beiträge zu einer begründeteren Darstellung der Mathematik*, Schöningh, Paderborn.
Bonsiepen, Wolfgang (1990), *"Hegels Theorie des qualitativen Quantitätsverhältnisses"*, in: G. König (Hrsg.), 101–129.
Bosanquet, Bernard (1915), *Three Lectures on Aesthetic*, MacMillan, London.
Bowler, Peter J. (1988), *The Non-Darwinian Revolution. Reinterpreting a Historical Myth*, John Hopkins University Press, Baltimore.
Boyd, Robert und Richerson, Peter J. (1985), *Culture and the Evolutionary Process*, University of Chicago Press, Chicago.
Boyle, Nicholas und Disley, Liz (Hrsg. 2013), *The Impact of Idealism. The Legacy of the Post-Kantian German Thought*, 4 Bde., Cambridge University Press, Cambridge.
Brandom, Robert B. (1994), *Making It Explizit. Reasoning, Representing, and Discursive Commitment*, Harvard University Press, Cambridge (Mass.).
Brandom, Robert B. (2000), *Articulating Reasons. An Introduction to Inferentialism*, Harvard University Press, Cambridge (Mass.).
Brandom, Robert B. (2008), *"Georg Hegel's Phenomenology of Spirit"*, in: *Topoi*, 27, 161–164.
Brandom, Robert B. (2014), *"Some Hegelian Ideas of Note for Contemporary Analytic Philosophy"*, in: *Hegel Bulletin*, 35/1, 1–15.
Braßel, Bernd (2004), *"Das Verhältnis von Logik und Natur bei Hegel"*, in: H. Schneider (Hrsg.), 87–105.
Braßel, Bernd (2005), *Das Programm der idealen Logik*, Königshausen & Neumann, Würzburg.

Breidbach, Olaf und Engelhardt, Dietrich von (Hrsg. 2002), *Hegel und die Lebenswissenschaften*, VWB, Berlin.
Brinkmann, Hennig (1980), *Mittelalterliche Hermeneutik*, Niemeyer, Tübingen.
Brinkmann, Klaus (Hrsg. 2007), *German Idealism*, 4 Bde., Routledge, London.
Broad, Charlie D. (2000), *„Mind and its Place in Nature"*, in: J. Kim und E. Sosa (Hrsg.), 487–489.
Brown, Donald E. (1991), *Human Universals*, McGraw-Hill, New York.
Buchheim, Thomas, Hermanni, Friedrich, Hutter, Axel und Schwöbl, Christoph (Hrsg. 2012), *Gottesbeweise als Herausforderung für die moderne Vernunft*, Mohr Siebeck, Tübingen.
Bühler, Axel (1994), *Unzeitgemäße Hermeneutik. Verstehen und Interpretation im Denken der Aufklärung*, Klostermann, Frankfurt a. M.
Bunge, Mario (1972), *„Time Asymmetry, Time Reversal, and Irreversibility"*, in: J. T. Fraser, F. C. Haber und G. H. Müller (Hrsg.), 122–130.
Burckhardt, Helmut (1988), *Die Inspiration heiliger Schriften bei Philo von Alexandrien*, Brunnen, Giessen, Basel.
Burge, Tyler (2010), *Origins of Objectivity*, Oxford University Press, Oxford.
Buss, David M. (2005), *The Handbook of Evolutionary Psychology*, John Wiley & Sons, Hoboken.
Campbell, Richard (2009), *„A process-based model for an interactive ontology"*, in: *Synthese*, 166, 453–477.
Carel, Havi und Meacham, Darian (Hrsg. 2013), *Phenomenology and Naturalism*, Cambridge University Press, Cambridge.
Carsetti, Arturo (Hrsg. 2005), *Seeing, Thinking and Knowing Meaning and Self-Organisation in Visual Cognition and Thought*, Kluwer, Dordrecht.
Chalmers, David J. (1996), *The Conscious Mind*, Oxford University Press, Oxford.
Chalmers, David J. (1998), *„Das schwierige Problem des Bewusstseins"*, in: F. Esken und H. D. Heckmann (Hrsg.), 221–253.
Chalmers, David J. (2006), *„Strong and Weak Emergence"*, in: P. Clayton und P. Davies (Hrsg.), 244–254.
Chalmers, David J. (2013), *„Panpsychism and Panprotopsychism"*, in: http://www.amherstlecture.org/chalmers2013/chalmers2013_ALP.pdf, 1–35.
Chladenius, Johann Martin (1742), *Einleitung zur richtigen Auslegung vernünftiger Reden und Schriften*, Leipzig [Repr. Düsseldorf 1969].
Clauberg, Johannes (1691), *Logica Vetus & Nova, quadripartita, Modum inveniendae ac tradendae veritatis, in Genesi simus & Analysi, facili methodo exhibens*, (^{1}1654), in: *Opera Omnia Philosophica*, Bd. 2, Amsterdam [Repr. Hildesheim 1968], 765–910.
Clayton, Philip und Davies, Paul (Hrsg. 2006), *The Re-Emergence of Emergence. The Emergentist Hypothesis from Science to Religion*, Oxford University Press, Oxford.
Coates, Paul und Hutto, Daniel D. (Hrsg. 1996), *Current Issues in Idealism*, Thoemmes, Bristol.
Conway Morris, Simon (2003), *Life's Solution. Inevitable Humans in a Lonely Universe*, Cambridge University Press, Cambridge.
Crawford, Charles B. und Krebs, Dennis L. (Hrsg. 1998), *Handbook of Evolutionary Psychology*, Erlbaum, Mahwah.
Damasio, Antonio (1999), *The Feeling of What Happens. Body and Emotion in the Making of Consciousness*, Harvest, New York, London.
Dannhauer, Johann Conrad (1642), *Idea boni interpretis*, Argentorati, Straßburg [Repr. Hildesheim 2005].

Darwin, Charles (1981), *The Descent of Man, and Selection in Relation to Sex*, Princeton University Press, Princeton.
Darwin, Charles (1985), *The Origin of Species by Means of Natural Selection or the Preservation of Favored Races in the Struggle for Life*, Penguin Books, London.
David, Paul A. und Reder, Melvin W. (Hrsg. 1974), *Nations and Households in Economic Growth. Essays in Honor of Moses Abramovitz*, Academic Press, New York.
Davidson, Donald (Hrsg. 1994), *Inquiries into Truth and Interpretation*, Clarendon, Oxford.
Dawkins, Richard (1976), *The Selfish Gene*, Oxford University Press, Oxford.
Delafield-Butt, Jonathan T. und Gangopadhyay, Nivedita (2013), „*Sensorimotor intentionality. The origins of intentionality in prospective agent action*", in: *Developmental Review*, 33, 399–425.
Dennett, Daniel C. (1971), „*Intentional Systems*", in: *Journal of Philosophy*, 89, 27–51.
Dennett, Daniel C. (1991), *Consciousness Explained*, Little, Brown and Co., Boston.
Descartes, René (1986), *Meditationes de Prima Philosophia/Meditationen über die Erste Philosophie*, hrsg. v. G. Schmidt, Reclam, Stuttgart.
Deussen, Paul (2007), *Upanishaden*, übers. v. P. Deussen, hrsg. v. P. Michel, Marix, Wiesbaden.
Deutsch, Eliot (1969), *Advaita Vedanta. A Philosophical Reconstruction*, East-West, Honolulu.
Diels, Hermann und Kranz, Walther (Hrsg. 1903), *Die Fragmente der Vorsokratiker*, 3 Bde., Weidmann, Berlin.
Dilthey, Wilhelm (1914–2006), *Gesammelte Schriften*, 26 Bde., Vandenhoeck & Ruprecht, Göttingen.
Donald, Merlin (2001), *A Mind So Rare. The Evolution of Human Consciousness*, Norton & Company, New York, London.
Drüe, Hermann, Gethmann-Siefert, Annemarie, Hackenesch, Christa, Jaeschke, Walter, Neuser, Wolfgang und, Schnädelbach, Herbert (Hrsg. 2000), *Hegels „Enzyklopädie der philosophischen Wissenschaften" (1830). Ein Kommentar zum Systemgrundriss*, Suhrkamp, Frankfurt a. M.
Dürrenmatt, Friedrich (1980), *Werkausgabe in dreißig Bänden*, Bd. 26, Arche, Zürich.
Dutton, Dennis (2009), *The Art Instinct. Beauty, Pleasure and Human Evolution*, Bloomsbury, New York.
Easterlin, Richard A. (1974), „*Does Economic Growth Improve the Human Lot?*", in: P. A. David und M. W. Reder (Hrsg.), 89–125.
Enders, Markus (2002), „*Denken des Unübertrefflichen. Die zweifache Normativität des ontologischen Gottesbegriffs*", in: *Jahrbuch für Religionsphilosophie*, 1, 50–86.
Enders, Markus (2004), „*Homo homini Deus. Grundzüge der Religionskritik Ludwig Feuerbachs*", in: *Jahrbuch für Religionsphilosophie*, 3, 107–142.
Enders, Markus (2008), „*Das Unübertreffliche im Verständnis der monotheistischen Weltreligionen. Zur interreligiösen Relevanz des ‚ontologischen Gottesbegriffs'*", in: E. Bidese, A. Fidora und P. Renner (Hrsg.), 71–99.
Enders, Markus und Kühn, Rolf (2011), *Im Anfang war der Logos ... Studien zur Rezeptionsgeschichte des Johannesprologs von der Antike bis zur Gegenwart*, Herder, Freiburg, Basel, Wien.
Enders, Markus (2012), „*Ontologischer Gottesbegriff und ontologischer Gottesbeweis. Der Vernunft-Charakter des ontologischen Gottesbegriffs und dessen Entfaltung im ontologischen Gottesbeweis*", in: T. Buchheim, F. Hermanni, A. Hutter und C. Schwöbl (Hrsg.), 241–287.
Enders, Markus (2013), „*Endlichkeit und Einheit. Zum Verständnis von Religion im Anschluss an Hermann Schrödters Begriff von Religion*", in: T. Müller und T. M. Schmidt (Hrsg.), 125–155.
Enders, Markus (2014), „*Gott im Denken der Philosophie*", in: K. Ruhstorfer (Hrsg.), 187–261.

Engelhardt, Dietrich von (1972), „Grundzüge der wissenschaftlichen Naturforschung um 1800 und Hegels spekulative Naturerkenntnis", in: Philosophia Naturalis, 13, 290–315.

Engelhardt, Dietrich von (2002), „Natural Philosophy and Natural Science around 1800", in: F. Bevilacqua und L. Fregonese (Hrsg.), 11–27.

Esken, Frank und Heckmann, Heinz Dieter (Hrsg. 1988), Bewusstsein und Repräsentation, mentis, Paderborn.

Evans, Gillian R. (1984), The Language and Logic of the Bible. The Earlier Middle Ages, Cambridge University Press, Cambridge.

Felber, Christian (2010), Gemeinwohl-Ökonomie. Das Wirtschaftsmodell der Zukunft, Deuticke, Wien.

Fichte, Johann Gottlieb (1962–2012), Gesamtausgabe der Bayer. Akademie der Wissenschaften, 4 Reihen, 42 Bde., hrsg. v. R. Lauth, E. Fuchs, H. Gliwitzky und P. K. Schneider, frommann-holzboog, Stuttgart.

Fichte, Johann Gottlieb (1971), Sämtliche Werke und Nachgelassene Werke, 11 Bde., hrsg. v. I. H. Fichte, de Gruyter, Berlin.

Fichte, Johann Gottlieb (1971b), Von den Pflichten der Gelehrten, Jenaer Vorlesungen 1794/95, Meiner, Hamburg.

Findlay, John N. (1964), Hegel. A Re-Examination, Allen & Unwin, London.

Forster, Michael N. und Gjesdal, Kristin (2015), The Oxford Handbook of German Philosophy in the 19th Century, Oxford University Press, Oxford.

Foucault, Michel (1966), Les Mots et les choses, Gallimard, Paris.

Frank, Günter und Meier-Oeser, Stephan (Hrsg. 2011), Hermeneutik, Methodenlehre, Exegese. Zur Theorie der Interpretation in der frühen Neuzeit, frommann-holzboog, Stuttgart-Bad Cannstatt.

Frank, Manfred (2007), Auswege aus dem Deutschen Idealismus, Suhrkamp, Frankfurt a. M.

Frank, Manfred und Weidtmann, Niels (Hrsg. 2010), Husserl und die Philosophie des Geistes, Suhrkamp, Berlin.

Fraser, Julius T., Haber, Francis C. und Müller, G. H. (Hrsg. 1972), The Study of Time. Proceedings of the First Conference of the International Society for the Study of Time, Oberwolfach, Springer, Berlin, New York.

Freeman, Anthony (Hrsg. 2006), Consciousness and its Place in Nature. Does Physicalism entail Panpsychism?, Imprint Academic, Exeter.

Frege, Gottlob (1967), Kleine Schriften, hrsg. v. I. Angelelli, Wissenschaftliche Buchgesellschaft, Darmstadt.

Freud, Siegmund (1917), „Eine Schwierigkeit der Psychoanalyse", in: Gesammelte Werke (1947), Bd. 12, Fischer, Frankfurt. a. M., 3–12

Fritz, Kurt von (1965), „Die Entdeckung der Inkommensurabilität durch Hippasos von Metapont", in: O. Becker (Hrsg.), 271–307.

Fuchs, Thomas (2013), Das Gehirn – ein Beziehungsorgan. Eine phänomenologisch-ökologische Konzeption, Kohlhammer, Stuttgart.

Gabriel, Markus (2013), Warum es die Welt nicht gibt, Ullstein, Berlin.

Gabriel, Markus (Hrsg. 2014), Der Neue Realismus, Suhrkamp, Berlin.

Gadamer, Hans-Georg (1999), Wahrheit und Methode. Grundzüge einer philosophischen Hermeneutik, in: Gesammelte Werke, Bd. 1, Mohr Siebeck, Tübingen.

Gadamer, Hans-Georg (1999), „Wahrheit in den Geisteswissenschaften", in: Gesammelte Werke, Bd. 2., Mohr Siebeck, Tübingen, 37–43.

Gaier, Ulrich (1989), *"Gegenaufklärung im Namen des Logos. Hamann und Herder"*, in: J. Schmidt (Hrsg.), 261–276.
Gallagher, Shaun und Shear, Jonathan (Hrsg. 1999), *Models of the Self*, Imprint Academic, Thorverton.
Gauss, Carl Friedrich (1831), *"Theoria residuorum biquadraticorum, commentatio secunda"*, in: *Göttingische gelehrte Anzeigen*, 23, 625–638.
Gauss, Carl Friedrich (1899), *Briefwechsel zwischen Carl Friedrich Gauss und Wolfgang Bolyai*, hrsg. v. F. Schmidt und P. Stäckel, Teubner, Leipzig.
Gauss, Carl Friedrich (1927), *Briefwechsel zwischen Carl Friedrich Gauss und Christian Ludwig*, hrsg. v. C. Schaefer, Elsner, Berlin.
Geertz, Clifford (1973), *The Interpretation of Cultures*, Basic Books, New York.
Gehlen, Arnold (1993), *Der Mensch*, Klostermann, Frankfurt a. M.
Geier, Fabian, Spahn, Andreas und Spahn, Christian (Hrsg. 2013), *Perspektiven philosophischer Forschung*, Oldib, Essen.
Gericke, Helmuth (1981), *"Gauss und die Grundlagen der Geometrie"*, in: I. Schneider (Hrsg.), 113–142.
Goebel, Bernd und Suárez Müller, Fernando (Hrsg. 2007), *Kritik der postmodernen Vernunft. Über Derrida, Foucault und andere zeitgenössische Denker*, Wissenschaftliche Buchgesellschaft, Darmstadt.
Goethe, Johann Wolfgang (1964), *Werke*, Hamburger Ausgabe, 14 Bde., Wegner, Hamburg.
Gödel, Kurt (1931), *"Über formal unentscheidbare Sätze der Principia Mathematica und verwandter Systeme I"* in: *Monatshefte für Mathematik und Physik*, 38, 173–198.
Gogh, Vincent van (1906), *Briefe*, Mauthner, Berlin.
Gould, Stephen J. (1977), *Ever since Darwin. Reflections in Natural History*, Norton, New York.
Gould, Stephen J. und Lewontin, Richard (1979), *"Spandrels of San-Marco and the Panglossian Paradigm. A Critique of the Adaptationist Program"*, in: *Proceedings of the Royal Society of London*, 205, 581–598.
Graham, Carol (2009), *Happiness around the World*, Oxford University Press, Oxford.
Greene, Brian (2000), *Das elegante Universum. Superstrings, verborgene Dimensionen und die Suche nach der Weltformel*, Siedler, Berlin.
Griffiths, Paul (2014), *"Philosophy of Biology"*, in: *Stanford Encyclopedia of Philosophy online* (5. 7. 2014, http://plato.stanford.edu/entries/biology-philosophy/).
Grondin, Jean (1994), *Hermeneutische Wahrheit? Zum Wahrheitsbegriff Hans-Georg Gadamers*, Athenäum, Weinheim.
Grondin, Jean (2006), *"Gadamers ungewisses Erbe"*, in: G. Abel (Hrsg.), 205–215.
Habermas, Jürgen (1971), *Technik und Wissenschaft als Ideologie*, Suhrkamp, Frankfurt a. M.
Habermas, Jürgen (1983), *Moralbewußtsein und kommunikatives Handeln*, Suhrkamp, Frankfurt a. M.
Habermas, Jürgen (1984), *Vorstudien und Ergänzungen zur Theorie des kommunikativen Handelns*, Suhrkamp, Frankfurt a. M.
Habermas, Jürgen (1992), *Faktizität und Geltung. Beiträge zur Diskurstheorie des Rechts und des demokratischen Rechtsstaates*, Suhrkamp, Frankfurt a. M.
Habermas, Jürgen (1999), *Wahrheit und Rechtfertigung. Philosophische Aufsätze*, Suhrkamp, Frankfurt a. M.
Habermas, Jürgen (2001), *Kommunikatives Handeln und detranszendentalisierte Vernunft*, Reclam, Stuttgart.

Habermas, Jürgen (2005), *Zwischen Naturalismus und Religion. Philosophische Aufsätze*, Suhrkamp, Frankfurt a. M.
Habermas, Jürgen (2008), *„Von den Weltbildern zur Lebenswelt"*, XXI. Deutscher Kongress für Philosophie, Deutsche Gesellschaft für Philosophie, (E-Publikation): http://duepublico.uni-duisburg-essen.de/servlets/DocumentServlet?id=18858&lang=en.
Hammer, Espen (Hrsg. 2007), *German Idealism. Contemporary Perspectives*, Routledge, London.
Hegel, Georg Wilhelm Friedrich (1969), *Briefe von und an Hegel*, 3 Bde., Meiner, Hamburg.
Hegel, Georg Wilhelm Friedrich (1969–1971), *Werke*, 20 Bde., hrsg. v. E. Moldenhauer und K. M. Michel, Suhrkamp, Frankfurt a. M.
Hegel, Georg Wilhelm Friedrich (1980), *Naturphilosophie, Die Vorlesung von 1819–1820*, Bd. 1, hrsg. v. M. Gies, Bibliopolis, Napoli.
Hegel, Georg Wilhelm Friedrich (1990), *Wissenschaft der Logik. Die Lehre vom Sein,* hrsg. v. H.-J. Gawoll, Meiner, Hamburg.
Hegel, Georg Wilhelm Friedrich (2000), *Vorlesung über Naturphilosophie 1823–1824*, hrsg. v, G. Marmasse, Lang, Frankfurt a. M.
Heil, John und Mele, Alfred (Hrsg. 1993), *Mental Causation*, Clarendon, Oxford.
Heinz, Marion (1994), *Sensualistischer Idealismus. Untersuchungen zur Erkenntnistheorie des jungen Herder (1763–1778)*, Meiner, Hamburg.
Henrich, Dieter (1975), *Hegel im Kontext*, Suhrkamp, Frankfurt a. M.
Herder, Johann Gottfried (1877–1909), *Sämtliche Werke*, 32 Bde., Weidmann, Berlin [Repr. Hildesheim 1967].
Herder, Johann Gottfried (1984–2002), *Werke*, 3 Bde., hrsg. v. W. Pross, Wissenschaftliche Buchgesellschaft, Darmstadt.
Hermanni, Friedrich und Buchheim, Thomas (Hrsg. 2006), *Das Leib-Seele-Problem. Antwortversuche aus medizinisch-naturwissenschaftlicher, philosophischer und theologischer Sicht*, Fink, München.
Hilbert, David (1970), *Die Grundlagen der Physik. Gesammelte Abhandlungen*, Bd. 3., Springer, Berlin, New York.
Hildebrand, Dietrich von (1975), *Metaphysik der Gemeinschaft. Untersuchungen über Wesen und Wert der Gemeinschaft*, Habbel, Regensburg.
Hodge, Jonathan und Radick, Gregory (Hrsg. 2009), *The Cambridge Companion to Darwin*, Cambridge University Press, Cambridge.
Holl, Karl (1928), *„Die Geschichte des Worts Beruf"*, in ders.: *Gesammelte Aufsätze zur Kirchengeschichte*, Bd. 3, Tübingen, 189–219.
Horkheimer, Max (1947), *Eclipse of Reason*, Oxford University Press, Oxford.
Horstmann, Rolf-Peter, Petry, Michael John (Hrsg. 1986), *Hegels Philosophie der Natur. Beziehungen zwischen empirischer und spekulativer Naturerkenntnis*, Klett-Cotta, Stuttgart.
Hösle, Vittorio (1984), *Wahrheit und Geschichte. Studien zur Struktur der Philosophiegeschichte unter paradigmatischer Analyse der Entwicklung von Parmenides bis Platon*, fromann-holzboog, Stuttgart-Bad Cannstatt.
Hösle, Vittorio (1987a), *Hegels System. Der Idealismus der Subjektivität und das Problem der Intersubjektivität*, 2 Bde., Meiner, Hamburg.
Hösle, Vittorio (1987b), *„Begründungsfragen des objektiven Idealismus"*, in: W. R. Köhler, W. Kuhlmann und P. Rohs (Hrsg.), 212–267.
Hösle, Vittorio (1990), *Die Krise der Gegenwart und die Verantwortung der Philosophie*, Beck, München.

Hösle, Vittorio (1996), *Philosophiegeschichte und objektiver Idealismus*, Beck, München.
Hösle, Vittorio (1997), *Moral und Politik. Grundlagen einer Politischen Ethik für das 21. Jahrhundert*, Beck, München.
Hösle, Vittorio (1999a), „Die Aufgaben der Naturphilosophie heute", in: V. Hösle, P. Koslowski und R. Schenk (Hrsg.), 35–45.
Hösle, Vittorio (1999b), *Die Philosophie und die Wissenschaften*, Beck, München.
Hösle, Vittorio und Illies, Christian (1999), „Der Darwinismus als Metaphysik", in: V. Hösle (1999b), 46–73.
Hösle, Vittorio, Koslowski, Peter und Schenk, Richard (Hrsg. 1999), *Die Aufgaben der Philosophie heute*, Passagen, Wien.
Hösle, Vittorio (2001), *Platonismus und Darwinismus*, Wissenschaft & Öffentlichkeit, Freiburg i. Br.
Hösle, Vittorio (Hrsg. 2002), *Metaphysik. Herausforderungen und Möglichkeiten*, Bd. 4, Collegium Philosophicum, Stuttgart-Bad Cannstatt, 1–29.
Hösle, Vittorio (2004), „Wahrheit und Verstehen. Davidson, Gadamer und das Desiderat einer objektiv-idealistischen Hermeneutik", in: W. Neuser und V. Hösle (Hrsg.), 265–283.
Hösle, Vittorio (2006), „Encephalius. Ein Gespräch über das Leib-Seele-Problem", in: F. Hermanni und T. Buchheim (2006), 107–136.
Hösle, Vittorio (2013), *God as Reason*, University of Notre Dame Press, Notre Dame.
Hösle, Vittorio (Hrsg. 2013b), *The Many Faces of Beauty*, University of Notre Dame Press, Notre Dame.
Hugo von St. Viktor (1939), *Didascalion*, hrsg. v. C. H. Buttimer, Catholic University of America Press, Washington.
Hull, David (1969), „What philosophy of biology is not", *Synthese*, 20, 157–184.
Hume, David (1962), *A Treatise of Human Nature. Book One*, hrsg. v. D. G. C. Macnabb, Fontana-Collins, Glasgow.
Husserl, Edmund (1952), *Ideen zu einer reinen Phänomenologie und phänomenologischen Philosophie: Zweites Buch* (Hua 4), hrsg. v. M. Biemel, Nijhoff, Den Haag.
Husserl, Edmund (1956), *Erste Philosophie I. Kritische Ideengeschichte* (Hua 7), hrsg. v. R. Boehm, Nijhoff, Den Haag.
Husserl, Edmund (1965), *Erste Philosophie: Zweiter Teil. Theorie der Phänomenologischen Reduktion* (Hua 8), hrsg. v. R. Boehm, Nijhoff, Den Haag.
Husserl, Edmund (1968), *Phänomenologische Psychologie* (Hua 9), hrsg. v. W. Biemel, Nijhoff, Den Haag.
Husserl, Edmund (1973), *Ding und Raum* (Hua 16), hrsg. v. U. Claesges, Nijhoff, Den Haag.
Husserl, Edmund (1974), *Formale und Transzendentale Logik* (Hua 17), hrsg. v. P. Janssen, Nijhoff, Den Haag.
Husserl, Edmund (1976), *Ideen zu einer reinen Phänomenologie und phänomenologischen Philosophie: Erstes Buch* (Hua 3), hrsg. v. K. Schuhmann, Nijhoff, Den Haag.
Husserl, Edmund (1980), *Logische Untersuchungen*, 3 Bde., Niemeyer, Tübingen.
Husserl, Edmund (1985), *Erfahrung und Urteil. Untersuchungen zur Genealogie der Logik*, hrsg. v. L. Landgrebe, Meiner, Hamburg.
Husserl, Edmund (1987), *Aufsätze und Vorträge* (Hua 25), hrsg. v. T. Nenon und H. Rainer, Nijhoff, Den Haag.
Husserl, Edmund (1989), *Aufsätze und Vorträge* (Hua 27), hrsg. v. T. Nenon und H. Rainer, Nijhoff, Den Haag.

Husserl, Edmund (1991), *Cartesianische Meditationen und Pariser Vorträge* (Hua 1), hrsg. v. S. Strasser, Kluwer, Dordrecht.
Husserl, Edmund (1992), *Logische Untersuchungen*, Bd. 2–4, *Gesammelte Schriften*, 8 Bde., hrsg. v. E. Ströker, Meiner, Hamburg.
Husserl, Edmund (1994), *Briefwechsel*, Bd. 5, hrsg. v. E. und K. Schuhmann, Kluwer, Dordrecht.
Husserl, Edmund (2002), *Ideen zu einer reinen Phänomenologie und phänomenologischen Philosophie*, Niemeyer, Tübingen.
Husserl, Edmund (2003), *Transzendentaler Idealismus* (Hua 36), hrsg. v. R. D. Rollinger, Kluwer, Dordrecht.
Hutto, Daniel D. (1996), „Was the later Wittgenstein a Transcendental Idealist?", in P. Coates und D. D. Hutto (Hrsg.), 121–153.
Hutto, Daniel D. (2000), *Beyond Physicalism*, Benjamins, Amsterdam (Philadelphia).
Huxley, Thomas H. (1899), *Method and Results. Essays*, Appleton, New York.
Illies, Christian (2003), *The Grounds of Ethical Judgement. New Transcendental Arguments in Moral Philosophy*, Oxford University Press, Oxford.
Illies, Christian (2006), *Philosophische Anthropologie im Biologischen Zeitalter. Zur Konvergenz von Moral und Natur*, Suhrkamp, Frankfurt a. M.
Illies, Christian (2011), „*Die Selbstübersteigerung der Natur im Schönen. Zum Beitrag der Evolution für eine allgemeine Ästhetik*", in: C. Tewes und K. Vieweg (Hrsg.), 227–260.
James, William (1950), *The Principles of Psychology*, 2 Bde., Dover, New York.
Janich, Peter (1989), *Euklids Erbe. Ist der Raum dreidimensional?*, Beck, München.
Jermann, Christoph (1986), *Philosophie und Politik. Untersuchungen zur Struktur und Problematik des platonischen Idealismus*, frommann-holzboog, Stuttgart-Bad Cannstatt.
Jonas, Hans (1973), *Organismus und Freiheit. Ansätze zu einer Philosophischen Biologie*, Vandenhoeck & Ruprecht, Göttingen.
Jonas, Hans (1979), *Das Prinzip Verantwortung. Versuch einer Ethik für die technologische Zivilisation*, Insel, Frankfurt a. M.
Jung, Matthias und Heilinger, Jan-Christoph (Hrsg. 2009), *Funktionen des Erlebens*, de Gruyter, Berlin.
Jürgasch, Thomas, Karimi, Ahmad M., Koridze, Georg und Ruhstorfer, Karlheinz (Hrsg. 2008), *Gegenwart der Einheit. Zum Begriff der Religion. Festschrift anlässlich des 60. Geburtstages Bernhard Uhdes*, Rombach, Freiburg i. Br.
Kant, Immanuel (1978), *Kritik der reinen Vernunft* (KrV), *Werke, Akademie-Textausgabe*, Bd .4, de Gruyter, Berlin.
Kant, Immanuel (1978), *Prolegomena* (Pr), *Werke, Akademie-Textausgabe*, Bd. 4, de Gruyter, Berlin.
Kant, Immanuel (1978), *Metaphysische Anfangsgründe der Naturwissenschaft* (MA), *Werke, Akademie-Textausgabe*, Bd. 4, de Gruyter, Berlin.
Kant, Immanuel (1978), *Kritik der der Urteilskraft* (KdU), *Werke, Akademie-Textausgabe*, Bd. 5, de Gruyter, Berlin.
Kant, Immanuel (1978), *Über den Gemeinspruch: Das mag in der Theorie richtig sein, taugt aber nicht für die Praxis* (ÜdG), *Werke, Akademie-Textausgabe*, Bd. 8, de Gruyter, Berlin.
Kant, Immanuel (1978), *Die Metaphysik der Sitten. Metaphysische Anfangsgründe der Tugendlehre* (MS), *Werke, Akademie-Textausgabe*, Bd. 6, de Gruyter, Berlin.
Kant, Immanuel (1978), *Grundelgung zur Metaphysik der Sitten* (GMS), *Werke, Akademie-Textausgabe*, Bd. 4, de Gruyter, Berlin.

Kant, Immanuel (1978), *Die Religion innerhalb der Grenzen der bloßen Vernunft* (RGV), *Werke, Akademie-Textausgabe,* Bd. 6, de Gruyter, Berlin.
Keil, Geert (2001), *Naturalismus und Intentionalität,* in: G. Keil und H. Schnädelbach (Hrsg.), 187–204.
Keil, Geert und Schnädelbach, Herbert (Hrsg. 2001), *Naturalismus. Philosophische Beiträge,* Suhrkamp, Frankfurt a. M.
Kelso, Scott J. A. (1995), *Dynamic Patterns. The Self-Organization of Brain Behavior,* Harvard University Press, Cambridge, (Mass.).
Kim, Halla und Hoelzel, Steven (Hrsg. 2014), *Kant, Fichte, and the Legacy of Transzendental Idealism,* Lexington Books, Lexington.
Kim, Jaegwon (1993), *„The non-Reductivist's Troubles with Mental Causation",* in: J. Heil und A. Mele (Hrsg.), 189–210.
Kim, Jaegwon und Sosa, Ernest (Hrsg. 2000), *Metaphysics. An Anthology,* Blackwell, Oxford.
Kim, Jaegwon (2003), *„Supervenience, Emergence, Realization, Reduction",* in: M. J. Loux und D. W. Zimmermann (Hrsg.), 556–584.
Kittel, Gerhard (Hrsg. 1938), *Theologisches Wörterbuch zum Neuen Testament,* Bd. 3, Stuttgart.
Klein, Felix (1979), *Vorlesungen über die Entwicklung der Mathematik im 19. Jahrhundert,* Teil 1, Springer, Berlin, New York.
Köhler, Wolfgang R., Kuhlmann, Wolfgang und Rohs, Peter (Hrsg. 1987), *Philosophie und Begründung,* Suhrkamp, Frankfurt a. M.
König, Gert (Hrsg. 1990), *Konzepte des mathematisch Unendlichen im 19. Jahrhundert,* Vandenhoeck & Ruprecht, Göttingen.
Krämer, Hans (1992), *Integrative Ethik,* Suhrkamp, Frankfurt a. M.
Krämer, Sybille (Hrsg. 1996), *Bewusstsein. Philosophische Positionen,* Suhrkamp, Frankfurt a. M.
Kraschl, Dominik (2013), *„Zwischen Entdecken und Erfinden. Der Beitrag relationaler Ontologie zur Realismus-Idealismus-Problematik",* in: *Freiburger Zeitschrift für Theologie,* 60, 334–352.
Kripke, Saul A. (1972), *Naming and Necessity,* Harvard University Press, Cambridge (Mass.).
Kroeber, Alfred L. (1952), *The Nature of Culture,* University of Chicago Press, Chicago.
Krollmann, Fritz-Peter (2002), *Der Begriff des Holistischen Idealismus. Acht aspektive philosophische Abhandlungen im Horizont Hegels und des Holistischen Idealismus,* Blaue Eule, Essen.
Kroons, Robert C. und Bealer, George (Hrsg. 2010), *The Waning of Materialism,* Oxford University Press, Oxford.
Kuhlmann, Wolfgang (1985), *Reflexive Letztbegründung. Untersuchungen zur Transzendentalpragmatik,* Alber, Freiburg i. Br.
Kuhn, Thomas (1962), *The Structure of Scientific Revolutions,* University of Chicago Press, Chicago.
Kutschera, Franz von (1981), *Grundfragen der Erkenntnistheorie,* de Gruyter, Berlin.
Kutschera, Franz von (1993), *Die falsche Objektivität,* de Gruyter, Berlin.
Kutschera, Franz von (2006), *Die Wege des Idealismus,* mentis, Paderborn.
Kutschera, Franz von (2008), *Was vom Christentum bleibt,* mentis, Paderborn.
Kutschera, Franz von (2009), *Philosophie des Geistes,* mentis, Paderborn.
Kutschera, Franz von (2012), *Ungegenständliches Erkennen,* mentis, Paderborn.
Kutschera, Franz von (2014), *Drei Formen des Bewusstseins,* mentis, Paderborn.
Laugwitz, Detlef (1986), *Zahlen und Kontinuum,* Wissenschaftliche Buchgesellschaft, Darmstadt.

Laurentiis, Allegra de und Edwards, Jeffrey (Hrsg. 2013), *The Bloomsbury Companion to Hegel*, Bloomsbury, London, New York.
Leibniz, Gottfried Wilhelm (1994), *Philosophische Schriften*, 4 Bde., Suhrkamp, Frankfurt a. M.
Levine, Joseph (1983), „*Materialism and Qualia. The Explanatory Gap*", in: *Pacific Philosophical Quaterly*, 64, 354–361.
Lewis, David K. (1983), „*New Work for a Theory of Universals*", *Australasian Journal of Philosophy*, 61, 343–377.
Lewis, David K. (1986), *On the Plurality of Worlds*, Blackwell, Oxford.
Lorenz, Konrad (1973), *Die Rückseite des Spiegels*, Piper, München.
Loux, Michael J. und Dean W. Zimmermann (Hrsg. 2003), *The Oxford Handbook of Metaphysics*, Oxford University Press, Oxford.
Loy, David (1988), *Nondualität. Über die Natur der Wirklichkeit*, Krüger, Frankfurt a. M.
Lucas, John R. (1973), *A Treatise on Time and Space*, Methuen, London.
Lützeler, Paul Michael (Hrsg. 1983), *Brochs Verzauberung*, Suhrkamp, Frankfurt a. M.
Lyotard, Jean-François (1983), *Le Différend*, Minuit, Paris.
Mackie, John L. (1977), *Ethics. Inventing Right and Wrong*, Penguin, New York.
Malcolm, Norman (1982), „*Wittgenstein and Idealism*", in: G. Vesey (Hrsg.), 249–269.
Mander, William J. (2011), *British Idealism. A History*, Oxford University Press, Oxford.
Margenau, Henry (1950), *The Nature of Physical Reality. A Philosophy of Modern Physics*, McGraw-Hill, New York.
Maturana, Humberto R. und Varela, Francisco J. (1980), *Autopoiesis and Cognition. The Realization of the Living*, Reidel, Dordrecht.
Mayr, Ernst (1997), *This Is Biology. The Science of the Living World*, Harvard University Press, Cambridge (Mass.).
McDowell, John (1994), *Mind and World*, Harvard University Press, Cambridge (Mass.).
McDowell, John (1998), *Mind, Value, and Reality*, Harvard University Press, Cambridge (Mass.).
McDowell, John (2005), „*Self-Determining Subjectivity and External Constraint*", in: K. Ameriks und J. Stolzenberg (Hrsg.), 21–38.
McDowell, John (2007), „*Auf dem Weg zur Rehabilitierung der Objektivität. Eine Kritik an Richard Rorty*", in: B. Goebel und F. Suárez Müller (Hrsg.), 29–49.
Meier, Gerhard (2005), *Biblische Hermeneutik*, Brockhaus, Wuppertal.
Meier, Georg Friedrich (1996), *Versuch einer allgemeinen Auslegungskunst*, hrsg. v. A. Bühler und L. Caltaldi Madonna, Meiner, Hamburg ([1]1757).
Meillassoux, Quentin (2013), „*Metaphysik, Spekulation, Korrelation*", in: A. Avanessian (Hrsg.), 23–56.
Meixner, Uwe (1997), *Ereignis und Substanz. Die Metaphysik von Realität und Realisation*, Schöningh, Padernborn.
Meixner, Uwe (2001), *Theorie der Kausalität. Ein Leitfaden zum Kausalbegriff in zwei Teilen*, mentis, Paderborn.
Meixner, Uwe (2004), *The Two Sides of Being. A Reassessment of Psycho-Physical Dualism*, mentis, Paderborn.
Meixner, Uwe (2006), „*Classical Intentionality*", in: *Erkenntnis*, 65, 25–45.
Meixner, Uwe (2010a), „*Husserls transzendentaler Idealismus als Supervenienzthese – ein interner Realismus*", in: M. Frank und N. Weidtmann (Hrsg.), 178–208.
Meixner, Uwe (2010b), „*Materialism Does Not Save the Phenomena – and the Alternative Which Does*", in: R. C. Kroons und G. Bealer (Hrsg.), 417–437.

Meixner, Uwe (2011), *Einführung in die Ontologie*, Wissenschaftliche Buchgesellschaft, Darmstadt.
Meixner, Uwe (2012), „*The Naturalness of Dualism*", in: *After Physicalism*, hrsg. v. B. P. Göcke, University of Notre Dame Press, Notre Dame, 25–47.
Meixner, Uwe (2014), *Defending Husserl. A Plea in the Case of Wittgenstein & Company Versus Phenomenology*, de Gruyter, Berlin.
Meschkowski, Herbert (1973), *Mathematiker-Lexikon*, Bibl. Institut, Mannheim.
Metzinger, Thomas (1996), „*Niemand sein. Kann man eine naturalistische Perspektive auf die Subjektivität des Mentalen einnehmen?*", in: S. Krämer (Hrsg.), 131–154.
Michelsen, Johann Andreas Christian (1791), *Euclides Elemente, für den gegenwärtigen Zustand der Mathematik bearbeitet*, Matzdorf, Berlin.
Miller, Geoffrey F. (2000), *The Mating Mind. How Sexual Choice Shaped the Evolution of Human Nature*, Doubleday, New York.
Millikan, Ruth (1984), *Language, Thought and Other Biological Categories. New Foundations for Realism*, MIT Press, Cambridge (Mass.).
Monod, Jacques (1971), *Zufall und Notwendigkeit. Philosophische Fragen der modernen Biologie*, Piper, München.
Moore, George E. (1959), *Philosophical Papers*, Allen & Unwin, London.
Müller, Tobias und Schmidt, Thomas M. (Hrsg. 2013), *Was ist Religion? Beiträge zur aktuellen Debatte um den Religionsbegriff*, Schöningh, Paderborn.
Nagel, Ernest (1971), *The Structure of Science. Problems in the Logic of Scientific Explanation*, Routledge, London.
Nagel, Thomas (1989), *The View from Nowhere*, Oxford University Press, New York, Oxford.
Nagel, Thomas (2012), *Mind and Cosmos. Why the Materialist Neo-Darwinian Conception of Nature Is Almost Certainly False*, Oxford University Press, Oxford.
Neumann, John von (1974), „*Der Mathematiker*", in: Otte (Hrsg.), 29–46.
Neuser, Wolfgang (2000), „*Darstellung der Hegelschen Naturphilosophie*", in: H. Drüe, A. Gethmann-Siefert, C. Hackenesch, W. Jaeschke, W. Neuser, H. Schnädelbach (Hrsg.), 139–205.
Neuser, Wolgang und Hösle, Vittorio (Hrsg. 2004), *Logik, Mathematik und Natur im objektiven Idealismus*, Königshausen & Neumann, Würzburg.
Nietzsche, Friedrich (1954), *Werke in drei Bänden*, hrsg. v. K. Schlechta, München.
Nietzsche, Friedrich (1980), *Sämtliche Werke, Kritische Studienausgabe* (KSA), 15 Bde., hrsg. v. G. Colli und M. Montinari, de Gruyter, Berlin.
O'Regan, J. Kevin und Noë, Alva (2001), „*A sensorimotor account of vision and visual consciousness*", in: *Behavioral and Brain Sciences*, 24, 939–1031.
O'Regan, J. Kevin, Myin, Erik und Noë, Alva (2005), „*Towards an Analytic Phenomenology. The Concepts of ‚Bodiliness' and ‚Grabbiness'*", in: A. Carsetti (Hrsg.), 77–93.
Origenes (1992), *Vier Bücher von den Prinzipien*, hrsg. v. H. Görgemanns und H. Karpp, Wissenschaftliche Buchgesellschaft, Darmstadt.
Ossa, Miriam (2007), *Voraussetzungen voraussetzungsloser Erkenntnis?*, mentis, Paderborn.
Otte, Michael (Hrsg. 1974), *Mathematiker über die Mathematik*, Springer, Berlin, New York.
Panksepp, Jaak (1999), „*The Periconscious Substrates of Consciousness. Affective States and the Evolutionary Origins of the Self*", in: S. Gallagher und J. Shear (Hrsg.), 113–130.
Paolo, Ezequiel A. di (2005), „*Autopoiesis, adaptivity, teleology, agency*", in: *Phenomenology and the Cognitive Sciences*, 4, 429–452.
Peikoff, Leonard (1991), *Objectivism. The Philosophy of Ayn Rand*, Meridian, New York.

Penrose, Roger (2005), *The Road to Reality. A Complete Guide to the Laws of the Universe*, Knopf, New York.
Petry, Michael J. (Hrsg. 1970), *Hegel's Philosophy of Nature*, 3 Bde., Allen & Unwin, London.
Petry, Michael J. (Hrsg. 1987), *Hegel und die Naturwissenschaften*. frommann-holzboog, Stuttgart-Bad Cannstatt.
Philo von Alexandrien (1909–1964), *Die Werke in deutscher Übersetzung*, 7 Bde., hrsg. v. L. Cohn, I. Heinemann, M. Adler und W. Theiler, Breslau, Berlin.
Plessner, Helmut (1928), *Die Stufen des Organischen und der Mensch*, de Gruyter, Berlin.
Popper, Karl (1945), *The Open Society and Its Enemies*, Routledge, London.
Popper, Karl und Eccles, John C. (1977), *The Self and Its Brain. An Argument for Interactionism*, Springer, London.
Posch, Thomas (2002), „Zur Mechanik der Wärme in Hegels Systementwurf von 1805–1806", in: R. Wahsner und T. Posch (Hrsg.), 41–68.
Preester, Helena de (2008), „On corporeal prostheses as an essential human characteristic", in: http://espra.risc.cnrs.fr/ESPRA2Home.htm.
Pulte, Helmut (1999), „Georg Friedrich Bernhard Riemann. Über die Hypothesen, die der Geometrie zugrunde liegen", in: *Großes Werklexikon der Philosophie*, Bd. 2., Kröner, Stuttgart, 1279–1280.
Pulte, Helmut (2005), *Axiomatik und Empirie*, Wissenschaftliche Buchgesellschaf, Darmstadt.
Quine, Willard v. O. (2004), *Quintessence. Basic Readings from the Philosophy of W. V. Quine*, Belknap Press, Cambridge (Mass.).
Rawls, John (1971), *A Theory of Justice*, Harvard University Press, Cambridge (Mass.).
Reale, Giovanni (1998), *Platone. Alla Ricerca della Sapienza Segreta*, Bur, Milano.
Redding, Paul (2007), *Analytic Philosophy and the Return of Hegelian Thought*, Cambridge University Press, Cambridge.
Reichenbach, Hans (1928), *Philosophie der Raum-Zeit-Lehre*, de Gruyter, Berlin.
Reinhardt, Fritz und Soeder, Heinrich (1998), *Atlas Mathematik*, 2 Bde., Dtv, München.
Rendtroff, Trutz (1971), „Beruf", in: *Historisches Wörterbuch der Philosophie*, Bd. 1, Basel, Stuttgart, 833–835.
Rescher, Nicholas (1987), *Ethical Idealism*, University of California Press, Berkeley.
Richards, Robert J. (2002), *The Romantic Conception of Life. Science and Philosophy in the Age of Goethe*, University of Chicago Press, Chicago.
Richerson, Peter J. und Boyd, Robert (2005), *Not by Genes Alone*, University of Chicago Press, Chicago.
Roche, Mark W. (1983), „Die Rolle des Erzählers in Brochs Verzauberung", in: P. M. Lützeler (Hrsg.), 131–146.
Roche, Mark W. (1986), „Laughter and Truth in Doktor Faustus. Nietzschean Structures in Mann's Novel of Self-cancellations", in: *Deutsche Vierteljahrsschrift für Literaturwissenschaft und Geistesgeschichte*, 60, 309–332.
Roche, Mark W. (1987a), *Dynamic Stillness. Philosophical Conceptions of Ruhe in Schiller, Hölderlin, Büchner, and Heine*, Niemeyer, Tübingen.
Roche, Mark W. (1987b), „Areas of Expertise, Proleptic Interpretation, Penultimate Drafts. Three Ideas for the Graduate Seminar in Literature", in: *Die Unterrichtspraxis*, 20, 261–268.
Roche, Mark W. (1988a), „The Self-cancellation of Injustice in Heinrich Mann's Der Untertan", in: *Oxford German Studies*, 17, 72–89.

Roche, Mark W. (1988b) „*Die Selbstaufhebung des Antiidealismus in Büchners Lenz*", in: *Zeitschrift für deutsche Philologie*, 107, 136–147.
Roche, Mark W. (1994), „*Kafka, Pirandello, and the Irony of Ironic Indeterminacy*", in: *Journal of the Kafka Society of America*, 18, 42–47.
Roche, Mark W. (1998), *Tragedy and Comedy. A Systematic Study and a Critique of Hegel*, State University of New York Press, Albany.
Roche, Mark W. (2002), *Die Moral der Kunst. Über Literatur und Ethik*, Beck, München.
Roche, Mark W. (2002–2003a), „*Größe und Grenzen von Hegels Theorie der Tragödie*", in: *Jahrbuch für Hegelforschung*, 8/9, 53–81.
Roche, Mark W. (2002–2003b), „*Hegels Theorie der Komödie im Kontext hegelianischer und moderner Überlegungen zur Komödie*", in: *Jahrbuch für Hegelforschung*, 8/9, 83–108.
Roche, Mark W. (2003), „*Mehrdeutigkeiten in Benns Verlorenes Ich*", in: *Gottfried Benn Jahrbuch*, 1, 135–156.
Roche, Mark W. (2004), *Why Literature Matters in the 21st Century*, Yale University Press, New Haven.
Roche, Mark W. (2005), „*Hegels Relevanz für die gegenwärtige Ästhetik*", in: D. Wandschneider (Hrsg.), 67–81.
Roche, Mark W. (2007), „*Gerechtigkeit und der Rückzug Gottes in Woody Allens Verbrechen und andere Kleinigkeiten*", in: *Der Deutschunterricht*, 59/4, 50–59.
Roche, Mark W. (2013), „*The Function of the Ugly in Enhancing the Expressivity of Art*", in: V. Hösle (Hrsg.), 327–355.
Rohs, Peter (1991), *Johann Gottlieb Fichte*, Beck, München.
Rorty, Richard (1979), *Philosophy and the Mirror of Nature*, Princeton University Press, Princeton.
Rosenberg, Alexander und McShea, Daniel W. (2008), *Philosophy of Biology. A Contemporary Introduction*, Routledge, New York.
Roy, Jean-Michel, Petitot, Jean, Pachoud, Bernard und Varela, Francisco J. (Hrsg. 1999), *Naturalizing Phenomenology*, Stanford University Press, Stanford.
Ruhstorfer, Karlheinz (Hrsg. 2014), *Gotteslehre. Theologie studieren – Modul 7*, Schöningh, Stuttgart, Paderborn.
Ruse, Michael (1986), *Taking Darwin Seriously*, Blackwell, New York.
Ruse, Michael (2004), „*The Romantic conception of Robert J. Richards*", in: *Journal of the History of Biology*, 37/1, 3–23.
Russell, Bertrand (1912), *The Problems of Philosophy*, Butterworth, London.
Russell, Bertrand (1946), *History of Western Philosophy*, Allen & Unwin, London.
Ruth, Peter (2002), *Hermeneutica Universalis. Die Entfaltung der historisch-kritischen Vernunft im frühen 18. Jahrhundert*, Lang, Frankfurt a. M.
Ryle, Gilbert (2002), *The Concept of Mind*, University of Chicago Press, Chicago.
Rymar, Nikolaj (Hrsg. 2010), *Literaturwissenschaft und Hermeneutik. Das Phänomen der Grenze in der Literatur*, Samaraskaja Gunmanitarnaja Akademija, Samara.
Sahlins, Marshall D. (1976), *The Use and Abuse of Biology*, University of Michigan Press, Ann Arbor.
Scheler, Max (1928), *Die Stellung des Menschen im Kosmos*, Reichl, Darmstadt.
Scheler, Max (1974), *Wesen und Formen der Sympathie*, Francke, Bern, München.
Scheler, Max (1980), *Der Formalismus in der Ethik und die materiale Wertethik*, Francke, Bern, München.

Schelling, Friedrich Wilhelm Joseph (1927–1959), *Schellings Werke*, 12 Bde., hrsg. v. M. Schröter, Beck, München.
Schelling, Friedrich Wilhelm Joseph (1856–1861), *Sämtliche Werke*, Bd. 4 und 7, hrsg. v. K. F. A. Schelling, Stuttgart, Augsburg.
Schleiermacher, Friedrich D. E. (1977), *Hermeneutik und Kritik*, hrsg. v. M. Frank, Suhrkamp, Frankfurt a. M.
Schlick, Moritz (1932–1933), „Positivismus und Realismus", in: *Erkenntnis*, 3/1, 1–31.
Schmid, Hans Bernhard (2000), *Subjekt, System, Diskurs*, Kluwer, Dordrecht.
Schmidt, Siegfried J. (1987), *Der Diskurs des radikalen Konstruktivismus*, Suhrkamp, Frankfurt a. M.
Schmidt, Jochen (Hrsg. 1989), *Aufklärung und Gegenaufklärung in der europäischen Literatur, Philosophie und Politik*, Wissenschaftliche Buchgesellschaft, Darmstadt.
Schneider, Ivo (Hrsg. 1981), *Carl Friedrich Gauss (1777–1875)*, Minerva, München.
Schneider, Helmut (Hrsg. 2004), *Sich in Freiheit entlassen. Natur und Idee bei Hegel*, Lang, Frankfurt a. M.
Scholtz, Günter (1992–1993), „Was ist und seit wann gibt es ‚hermeneutische Philosophie'?", in: *Dilthey-Jahrbuch*, 8, 93–119.
Schopenhauer, Arthur (1986), *Sämtliche Werke*, 4 Bde., Suhrkamp, Frankfurt a. M.
Schulz, Dieter J. (1966), *Das Problem der Materie in Platons Timaios*, Bouvier, Bonn.
Schulz, Hans (1923), *Fichte in vertraulichen Briefen seiner Zeitgenossen*, Haessel, Leipzig.
Schwer, W. (1954), „Beruf", in: *Reallexikon für Antike und Christentum*, Bd. 2, Stuttgart, 141–156.
Searle, John R. (1983), *Intentionality. An Essay in the Philosophy of Mind*, Cambridge University Press, Cambridge.
Searle, John R. (1992), *The Rediscovery of Mind*, MIT Press, Cambridge (Mass.).
Seligman, Martin E. P. (2002), *Authentic Happiness. Using the New Positive Psychology to Realize Your Potential for Lasting Fulfillment*, Free Press, New York.
Siep, Ludwig (1991), „Hegel's Idea of a Conceptual Scheme", in: *Inquiry*, 34/1, 63–76.
Sloan, Philip R. (2009), „The Making of a Philosophical Naturalist", in: J. Hodge und G. Radick (Hrsg.), 21–43.
Smalley, Beryl (1964), *The Study of the Bible in the Middle Ages*, Notre Dame University Press, Notre Dame.
Smith, David W. (1999), „Intentionality Naturalized?", in: J.-M. Roy (Hrsg.), 83–110.
Snell, Bruno (1975), *Die Entdeckung des Geistes*, Vandenhoeck und Ruprecht, Göttingen.
Sober, Elliott (1998), *Unto Others. The Evolution and Psychology of Unselfish Behavior*, Harvard University Press, Cambridge (Mass.).
Spaemann, Robert (1989), *Glück und Wohlwollen*, Klett-Cotta, Stuttgart.
Spahn, Andreas (2008), *Hermeneutik zwischen Rationalismus und Traditionalismus. Gadamers Wahrheitsbegriff vor dem Hintergrund zentraler Paradigmen der Hermeneutikgeschichte*, Königshausen & Neumann, Würzburg.
Spahn, Andreas (2010), „Hermeneutik der Intersubjektivität. Der Wahrheitsbegriff der philosophischen Hermeneutik bei Hans-Georg Gadamer und Karl-Otto Apel", in: N. Rymar (Hrsg.), 32–47.
Spahn, Andreas (2011), „Wie viel ‚Wahrheit' braucht die Hermeneutik? Zur historischen und systematischen Mittelstellung der rationalistischen Hermeneutiken des 17. und 18. Jahrhunderts", in: G. Frank und S. Meier-Oeser (Hrsg.), 423–454.

Spahn, Christian (2007), *Lebendiger Begriff, Begriffenes Leben. Zur Grundlegung der Philosophie des Organischen bei G. W. F. Hegel*, Königshausen & Neumann, Würzburg.
Spahn, Christian (2010), „*Sociobiology: Nature and Nurture*", in: H. J. Birx (Hrsg.), 938–949.
Spahn, Christian (2011), „*Qualia und Moralia. Auf der Suche nach dem Vernünftigen im Organischen und dem Natürlichen in der Vernunft*", in: C. Tewes und K. Vieweg (Hrsg.), 31–44.
Spahn, Christian (2015), „*Evolution*", in: *The Oxford Handbook of German Philosophy in the 19th Century*, in: M. N. Forster und K. Gjesdal (Hrsg.).
Spinoza, Baruch de (1994), *Theologisch-politischer Traktat*, in: *Sämtliche Werke*, Bd. 3., hrsg. v. G. Gawlick, Meiner, Hamburg.
Sprigge, Timothy (1984), *The Vindication of Absolute Idealism*, Edinburgh Univ. Press, Edinburgh.
Sprigge, Timothy (1996), „*Idealism. Humanism and the Environment*", in: Paul Coates and Daniel H. Hutto. (Hrsg.), 267–302.
Stern, Robert (2009), *Hegelian Metaphysics*, Oxford University Press, Oxford.
Stoljar, Daniel (2005), „*Physicalism and Phenomenal Concepts*", in: *Mind and Language*, 20, 469–494.
Strawson, Galen (2006), „*Realistic Monism. Why Physicalism Entails Panpsychism*", in: A. Freeman (Hrsg.), 3–31.
Strawson, Peter F. (1985), *The Bounds of Sense. An Essay on Kant's Critique of Pure Reason*, Routledge, London, New York.
Suárez Müller, F. (2004), *Skepsis und Geschichte. Das Werk Michel Foucaults im Lichte des absoluten Idealismus*, Königshausen & Neumann, Würzburg.
Sutton, John, McIlwain, Doris, Christensen, Wayne und Geeves, Andrew (2011), „*Applying Intelligence to the reflexes. Embodied skills and habits between Dreyfus and Descartes*", in: *Journal of the British Society for Phenomenology*, 42/1, 78–103.
Tarde, Gabriel (1893), *Monadologie et Sociologie*, Œuvres Bd. 1, Empecheurs de penser en rond, Paris (E-Publikation: http://dx.doi.org/doi:10.1522/cla.sif. tag.mon).
Taylor, Charles (1995), *The Ethics of Authenticity*, Harvard University Press, Cambridge (Mass.).
Taylor, Charles (2007), *A Secular Age*, Harvard University Press, Cambridge (Mass.).
Teichert, Dieter (1991), *Erfahrung, Erinnerung, Erkenntnis. Untersuchungen zum Wahrheitsbegriff der Hermeneutik Gadamers*, Metzler, Stuttgart.
Tennant, Neil (1997), *The Taming of the True*, Oxford University Press, Oxford.
Tewes, Christian (2009), „*Phänomenale Begriffe, epistemische Lücken und die phänomenale Begriffsstrategie*", in: M. Jung, und J.-C. Heilinger (Hrsg.), 121–152.
Tewes, Christian und Vieweg, Klaus (Hrsg. 2011), *Natur und Geist. Über ihre evolutionäre Verhältnisbestimmung*, Akademie, Berlin.
Tewes, Christian (2013), „*Der Homunkulus-Fehlschluss in den Kognitions- und Neurowissenschaften*", in: F. Geier, A. Spahn und C. Spahn (Hrsg.), 9–22.
Tewes, Christian (2014), „*Conceptual Schemes, Realism and Idealism. A Hegelian Approach to Concepts and Reality*", in: H. Kim und S. Hoelzel (Hrsg.).
Thomasius, Christian (1691), *Ausübung der Vernunftlehre*, Halle [Repr. *Ausgewählte Werke*, hrsg. v. W. Schneiders, Bd. 9, Hildesheim, 1998].
Thompson, Evan (2007), *Mind in Life. Biology, Phenomenology, and the Sciences of Mind*, Harvard University Press, Cambridge (Mass.).
Thompson, Evan und Stapleton, Mog (2009), „*Making Sense of Sense Making. Reflections on Enacted and Extended Mind Theories*", in: *Topoi*, 28, 23–30.

Thompson, Evan (2011), „Sensomotorische Subjektivität", in: C. Tewes und K. Vieweg (Hrsg.), 125–145.
Thompson, Evan und Varela, Francisco, J. (2001), „Radical Embodiment: Neural Dynamics and Consciousness", in: Trends in Cognitive Sciences, 5, 418–425.
Thornhill, Randy (1998), „Darwinian Aesthetics", in: C. B. Crawford und D. L. Krebs (Hrsg.), 543–572.
Tomasello, Michael (1999), The Cultural Origins of Human Cognition, Harvard University Press, Cambridge (Mass.).
Tooby, John und Cosmides, Leda (1992), „The Psychological Foundations of Culture", in: J. H. Barkow, L. Cosmides und J. Tooby (Hrsg.), 19–137.
Töpfer, Georg (2011), Historisches Wörterbuch Biologie, Metzler, Stuttgart.
Trilling, Lionel (1972), Sincerity and Authenticity, Harvard University Press, Cambridge (Mass.)
Turner, Frederick (1999), „The Sociobiology of Beauty", in: J. B. Bedaux und B. Cooke (Hrsg.), 63–81.
Varela, Francisco J., Thompson, Evan und Rosch, Eleanor (Hrsg. 1991), The Embodied Mind. Cognitive Science and Human Experience, MIT Press, Cambridge (Mass.).
Varela, Francisco, J. (1997), „Patterns of Life. Intertwining Identity and Cognition", in: Brain and Cognition, 34, 72–87.
Vesey, Godfrey (Hrsg. 1974), Understanding Wittgenstein, Macmillan, London.
Vesey, Godfrey (Hrsg. 1982), Idealism Past and Present, Cambridge University Press, Cambridge.
Vieillard-Baron, Jean-Louis (1979), Platon et l'Idéalisme Allemand, Beauchesne, Paris.
Vieweg, Klaus und Welsch, Wolfgang (Hrsg. 2008), Hegels Phänomenologie des Geistes. Ein kooperativer Kommentar, Suhrkamp, Frankfurt a. M.
Voland, Eckart (2000), Grundriss der Soziobiologie, Spektrum, Heidelberg.
Vollmer, Gerhard (1990), Evolutionäre Erkenntnistheorie. Angeborene Erkenntnisstrukturen im Kontext von Biologie, Psychologie, Linguistik, Philosophie und Wissenschaftstheorie, Hirzel, Stuttgart.
Vollmer, Gerhard (1994), „Die vierte bis siebte Kränkung des Menschen. Gehirn, Evolution und Menschenbild", in: Aufklärung und Kritik, 1, 81–92.
Vollmer, Gerhard (2000), „Was ist der Naturalismus in der gegenwärtigen Philosophie", in: G. Keil und H. Schnädelbach (Hrsg.), 68–91.
Waal, Frans B. M. de (2012), The Age of Empathy. Nature's Lessons for a Kinder Society, Souvenir, London.
Wahsner, Renate (1996), Zur Kritik der Hegelschen Naturphilosophie. Über ihren Sinn im Lichte der heutigen Naturerkenntnis, Lang, Frankfurt a. M.
Wahsner, Renate und Posch, Thomas (Hrsg. 2002), Die Natur muss bewiesen werden. Zu Grundfragen der Hegelschen Naturphilosophie, Lang, Frankfurt a. M.
Wandschneider, Dieter (1982), Raum, Zeit, Relativität. Grundbestimmungen der Physik in der Perspektive der Hegelschen Naturphilosophie, Klostermann, Frankfurt a. M.
Wandschneider, Dieter und Hösle, Vittorio (1983), „Die Entäußerung der Idee zur Natur und ihre zeitliche Entfaltung als Geist bei Hegel", in: Hegel-Studien, 18, 173–199.
Wandschneider, Dieter (1985a), „Die Absolutheit des Logischen und das Sein der Natur. Systematische Überlegungen zum absolut-idealistischen Ansatz Hegels", in: Zeitschrift für philosophische Forschung, 39, 331–351.
Wandschneider, Dieter (1985b), „Die Möglichkeit von Wissenschaft. Ontologische Aspekte der Naturforschung", in: Philosophia Naturalis, 22, 200–213.

Wandschneider, Dieter (1986), „Relative und absolute Bewegung in der Relativitätstheorie und in der Deutung Hegels", in: R.-P. Horstmann und M. J. Petry (Hrsg.), 350–362.
Wandschneider, D. (1995), Grundzüge einer Theorie der Dialektik. Rekonstruktion und Revision dialektischer Kategorienentwicklung in Hegels „Wissenschaft der Logik", Königshausen & Neumann, Würzburg.
Wandschneider, Dieter (2001a), „Hegels naturontologischer Entwurf – heute", in: Hegel-Studien, 36, 147–169.
Wandschneider, Dieter (2002), „Hegel und die Evolution", in: O. Breidbach und D. von Engelhardt (Hrsg.), 225–240.
Wandschneider, Dieter (Hrsg. 2005), Das Geistige und das Sinnliche in der Kunst. Ästhetische Reflexion in der Perspektive des deutschen Idealismus, Königshausen und Neumann, Würzburg.
Wandschneider, Dieter (2008), Naturphilosophie, Buchner, Bamberg.
Wandschneider, Dieter (2011), „Das evolutionäre Gehirn und die Sonderstellung des Geistes – in Hegelscher Perspektive", in: C. Tewes und K. Vieweg (Hrsg.), 91–106.
Wandschneider, Dieter (2013a), „Hegel's Philosophy of Nature", in: A. de Laurentiis und J. Edwards (Hrsg), 103–126.
Wandschneider, Dieter (2013b), Grundzüge einer Theorie der Dialektik. Rekonstruktion und Revision dialektischer Kategorienentwicklung in Hegels „Wissenschaft der Logik", Königshausen & Neumann, Würzburg.
Weber, Max (2006), Religion und Gesellschaft, Suhrkamp, Frankfurt a. M.
Weizsäcker, Carl Friedrich von (1971), Die Einheit der Natur, Hanser, München.
Wellmer, Albrecht (1986), Ethik und Dialog, Suhrkamp, Frankfurt a. M.
Welsch, Wolfgang (2004), „Animal Aesthetics", in: Contemporary Aesthetics, 2 (1. 7. 2014, http://hdl.handle.net/2027/spo.7523862.0002.015).
Welsch, Wolfgang (2008), „Absoluter Idealismus und Evolutionsdenken", in: K. Vieweg und W. Welsch (Hrsg.), 655–688.
Welsch, Wolfgang (2012), Homo mundanus. Jenseits der anthropischen Denkform der Moderne, Velbrück, Weilerswist.
Wilde, Oscar (2003), The Picture of Dorian Gray, Barnes and Noble, New York.
Willand, Marcus (2014), Lesermodelle und Lesertheorien. Historische und systematische Studien, de Gruyter, Berlin.
Willaschek, Marcus (Hrsg. 2000), Realismus, Schöningh, Paderborn.
Williams, Bernard (1974), „Wittgenstein and Idealism", in G. Vesey (Hrsg.), 76–95.
Willmann, Otto (1975), Geschichte des Idealismus, 3 Bde., Scientia, Aalen.
Wilson, Edward O. (1975), Sociobiology. The New Synthesis, Belknap, Cambridge (Mass.)
Wittgenstein, Ludwig (1979), Tractatus logico-philosophicus, Suhrkamp, Frankfurt a. M.
Zahavi, Dan (2005), Subjectivity and Selfhood. Investigating the First-Person Perspective, MIT Press, Cambridge (Mass.).
Zahavi, Dan (2013), „Naturalized Phenomenology. A Desideratum or a Category Mistake?", in: H. Carel und D. Meacham (Hrsg.), 23–42.

Personenregister

A
Abraham 220
Albert, H. 236
Alexander, W. 221
Allen, W. 274, 277
Apel, K.-O. 12, 26 f., 217–219, 224, 228, 232, 235 f., 245–251
Appia, P. J. 52
Aristophanes 278, 282
Aristoteles 36, 140, 142, 176, 234, 256, 259, 265
Armstrong, D. 73
Augustinus, A. 62, 93, 219 f.
Austin, J. 27
Axelrod, R. M. 185

B
Bacon, F. 66
Baumgarten, A. G. 223
Beckmann, M. 289
Beetz, M. 221
Benaceraff, P. J. S. 258
Bénard, H. 205
Benn, G. 277
Bergson, H. 168
Berkeley, G. 16, 23, 51, 54, 58, 68, 107
Bernays, P. 138
Blackmore, S. J. 185
Bohtz, A. W. 272
Bolyai, J. 150
Bolyai, W. 149
Bolzano, B. 141, 149
Bosanquet, B. 288
Boyd, R. 185

Bradley, F. 16
Brandom, R. B. 16, 27–29, 43, 158
Brecht, B. 274, 282
Brentano, F. 55
Brinkmann, H. 220
Broad, C. D. 201
Broch, H. 277
Brown, D. E. 185
Büchner, G. 276
Bühler, A. 221
Burckhardt, R. 219
Burge, T. 177, 188, 192
Buss, D. M. 185

C
Cacciatore, G. 221
Campbell, R. 205
Cantor, G. 138
Carrière, M. P. 272
Carus, C. G. 180
Cervantes, M. de 21
Chalmers, D. J. 194–199, 201, 204, 213
Chladenius, M. 221 f.
Church, A. 41
Clauberg, J. 221
Cobben, P. 27
Coleridge, S. T. 85
Comte, A. 7, 14 f., 26
Cosmides, L. 185
Cusanus, N. 37, 147 f., 278

D
Damasio, A. 204
Dannhauer, J. C. 221

Dante 273
Darwin, C. 11, 177, 180–183, 187 f.
Davidson, D. 19, 202, 231
Dawkins, R. 185, 187 f.
Dedekind, R. 138
Deleuze, G. 101
Demokrit 67
Dennett, D. C. 184, 207
Descartes, R. 14, 50, 54, 58, 66, 78, 83, 88, 217, 227, 234
Deussen, P. 62
Deutsch, E. 62
Dickens, C. 262
Dilthey, W. 22, 178, 223, 225
Doering, S. 289
Donald, M. 200
Dummett, M. 40
Dürrenmatt, F. 277, 283
Dursch, J. G. M. 272
Düsing, K. 27
Dutton, D. 187

E
Easterlin, R. A. 263
Eccles, J. C. 184
Einstein, A. 44, 163, 172
El Greco 288
Enders, M. 91, 109, 110
Engelhardt, D. von 174
Epiktet 269
Epikur 262
Euklid 136, 150, 153
Euripides 278, 280
Evans, G. R. 219
Eysenck, M. 263

F
Felber, C. 252
Fellini, F. 274
Ferraris, M. 105 f.
Feuerbach, L. 15, 109
Fichte, J. G. 8, 18, 23, 50, 52–65, 68, 113 f., 133, 157, 159, 223, 269 f.
Findlay, J. N. 172
Fischer, K. 272
Fitch, F. 8, 41, 43

Foucault, M. 15, 33
Fowles, J. 260
Frank, M. 15
Frege, G. 60, 75
Freud, S. 182 f.
Fritz, K. von 136
Fuchs, T. 203 f.

G
Gabriel, M. 9, 12, 90, 105–110
Gadamer, H.-G. 12, 216, 218 f., 223–233
Galilei, G. 170
Garve, C. 255
Gauss, C. F. 10, 66, 140, 148 f., 150–154
Geertz, C. 185
Gehlen, A. 185
Giono, J. 268
Gödel, K. 126, 128, 154
Goethe, J. W. von 26, 180, 270, 281
Gogh, V. van 268 f.
Goldoni, C. 282
Gould, S. J. 183
Graham, C. 263
Griffiths, P. 176
Grillparzer, F. 265
Grondin, J. 225, 228 f., 230
Grosz, G. 289
Gryphius, A. 280

H
Habermas, J. 12, 16, 26, 27 f., 190, 245–251
Haeckel, E. 182
Handke, P. 274
Hegel, G. W. F. 10–14, 16, 18 f., 20, 23 f., 26–29, 37, 40 f., 43, 45, 53, 65 f., 103, 112–114, 130–134, 142–149, 156–176, 178–182, 192 f., 202, 213, 216 f., 234 f., 242–245, 253 f., 258 f., 269–282
Heidegger, M. 15, 17, 225, 227–229, 232
Henrich, D. 27
Herder, J. G. von 180, 222 f., 225
Hilbert, D. 153 f.
Hildebrand, D. von 234, 242
Hobbes, T. 66
Hochhuth, R. 280
Hofmannsthal, H. von 283

Hölderlin, F. 252, 272, 278
Holl, K. 269
Homer 273
Hooke, R. 160
Horkheimer, M. 16 f.
Hösle, V. 25, 45, 133, 136, 147, 157–159, 164, 167, 169, 174, 176–179, 184 f., 188, 190 f., 193, 202, 212, 216–219, 231 f., 234, 236, 245, 252 f., 271–273, 278, 289
Hugo von St. Viktor 219
Hull, D. 176
Humboldt, A. von 180
Hume, D. 38, 54, 66, 74, 78, 156, 236, 242, 267
Husserl, E. 7, 9, 12, 17–22, 24, 26 f., 35, 37, 40, 43, 48, 72, 74–76, 79, 81 f., 84 f., 114, 167, 197 f., 202, 217, 234, 245
Hutcheson, F. 267
Hutto, D. D. 22, 201
Huxley, A. 264
Huxley, T. H. 31

I
Ibsen, H. 266, 280
Illies, C. 47, 177, 185, 187 f., 191

J
James, W. 43
Janich, P. 167
Jeremia 257
Jermann, C. 24
Jesaja 240
Joffé, R. 280
Jona 257
Jonas, H. 11, 177, 184, 192, 203 f., 213, 242, 247, 283
Jonson, B. 282

K
Kafka, F. 277
Kant, I. 10, 12, 21–23, 28, 45 f., 51–55, 59 f., 66, 68, 70, 72, 95, 107, 113 f., 137–143, 147–149, 151, 153–155, 159 f., 163, 167, 170, 178, 180 f., 191, 217, 223, 238, 243, 246 f., 254–262, 265, 267, 272, 285
Kantor, M. 289

Keil, G. 210
Kepler, J. 148
Kierkegaard, S. 15
Kieślowski, K. 262
Kim, J. 194 f., 199 f., 211 f.
Klages, L. 182
Kleist, H. von 282
Kopernikus, N. 51 f.
Krämer, H. 260
Kroeber, A. L. 185
Krollmann, F.-P. 25
Kuhlmann, W. 247
Kuhn, T. 33
Kummer, E. E. 147 f.
Kutschera, F. von 68, 236, 253

L
Lagrange, J.-L. 143
Laplace, P.-S. 196
Lavater, J. K. 270
Leibniz, G. W. 12, 20, 24, 45 f., 66, 87, 101, 147, 236–243, 245, 253
Lessing, G. E. 180, 283
Levinas, E. 17
Lewis, D. 46, 67
Lewontin, R. 183
Lobatschewski, N. 150
Lorentz, H. A. 44
Lorenz, K. 184
Lucas, J. R. 169
Luther, M. 269
Lyotard, J.-F. 248

M
Mackie, J. L. 258
Malcolm, N. 22
Mann, H. 276
Mann, T. 182, 274, 277
Margenau, H. 169
Marx, K. 7, 14 f., 253
Maturana, H. R. 186
Maxwell, J. C. 157
McCarthy, T. 249
McDowell, J. 16, 28 f., 43, 179, 191
Meier, G. F. 221–223
Meillassoux, Q. 9, 90, 95–105

Meixner, U. 70, 75 f., 79, 197–199, 236–242, 245
Merleau-Ponty, M. 17
Michelsen, J. A. C. 141
Miller, A. 280
Miller, G. F. 187
Millikan, R. 183
Molière 282
Monod, J. 183
Montesquieu, C. de 252
Moore, G. E. 16, 75
Myin, E. 208 f.

N
Nagel, E. 194
Nagel, T. 79, 177
Neumann, J. von 155
Neuser, W. 159, 164
Newton, I. 24, 171
Nietzsche, F. 7, 15 f., 26, 40, 180 f., 185, 244, 264
Noë, A. 208 f., 213

O
Ockham, W. of 84
O'Regan, J. K. 208 f.
Origenes 219 f.
Ossa, M. 48
Owen, R. 180

P
Parmenides 234
Paulus 269
Peikoff, L. 16
Peirce, C. S. 245 f., 249
Penrose, R. 181
Petry, M. J. 164, 174
Philo von Alexandrien 219
Picasso, P. 289
Pirandello, L. 274
Platon 13, 16, 18–20, 23 f., 36 f., 46, 52, 67, 74, 114, 137, 140, 147, 178, 216, 234 f., 238, 256, 258, 271–273, 276, 278, 286
Plessner, H. 185
Plotin 273
Popper, K. 16, 184

Posch, T. 174
Pythagoras 136

Q
Quine, W. van O. 28, 41, 76

R
Rahner, K. 63
Rand, A. 16
Rawls, J. 245 f., 251
Reale, G. 23 f.
Redding, P. 28
Reichenbach, H. 167
Reinhardt, F. 136
Reisz, K. 260
Rescher, N. 21
Richards, R. J. 180
Richerson, P. J. 185
Rickert, H. 18
Riemann, B. 151–154
Roche, M. W. 277
Rohs, P. 53
Rorty, R. 29, 32
Rosch, E. 11, 203
Rosenkranz, K. 272
Rossini, G. 264
Royce, J. 246, 249
Ruge, A. 272
Russell, B. 7, 16, 28
Ruth, P. 221
Ryle, G. 77

S
Sahlins, M. D. 185
Schasler, M. 272
Scheler, M. 13, 18, 46, 182, 185, 261 f., 267
Schelling, F. W. J. von 18, 23, 37, 66, 113 f., 141, 157, 159, 171, 180–182, 272, 274
Schiller, F. von 267, 272, 277 f., 280
Schinkel, K. F. 278
Schleiermacher, F. D. E. 223
Schlick, M. 178
Schmid, H. B. 27
Schnitzler, A. 282

Schopenhauer, A. 15, 22–24, 45, 181 f., 242, 244
Schrödinger, E. 163
Schwer, W. 269
Searle, J. R. 27, 68, 88, 207
Seligman, M. 187
Shakespeare, W. 280–283
Sloan, P. R. 180
Smalley, B. 219
Smith, D. W. 197, 202, 211
Snow, C. P. 30
Sober, E. 187
Soeder, H. 136
Sokrates 178, 188
Sophokles 279–281
Spaemann, R. 263
Spahn, A. 224, 231
Spahn, C. 192
Spencer, H. 16
Spinoza, B. de 24, 141, 220–222
Sprigge, T. 27
Stapleton, M. 198, 205
Steffens, H. 61
Stendhal 268
Strawson, G. 201

T
Tarde, G. de 12, 244 f.
Taylor, C. 37, 266
Teichert, D. 225
Tennant, N. 40–42
Thomas von Aquin 45, 47, 94, 260
Thomasius, C. 221
Thompson, E. 11, 177, 192, 198, 200, 203–205, 209–211
Thornhill, R. 187
Tocqueville, A. de 252
Tomasello, M. 185, 187
Tooby, J. 185

Trilling, L. 266
Turner, F. 187

V
Varela, F. J. 11, 186, 203–206, 210
Vico, G. 273
Vieillard-Baron, J.-L. 24
Vischer, F. T. 272
Voland, E. 187
Vollmer, G. 183, 186 f., 201

W
Waal, F. de 187
Wandschneider, D. 25, 27, 48, 133, 156 f., 159, 161–164, 166, 171 f., 174, 177, 180 f., 193, 212
Weber, M. 269
Weierstraß, K. 147
Weiße, C. 272
Weizsäcker, C. F. von 163, 169
Wellmer, A. 248
Welsch, W. 177, 180, 188 f.
Wilde, O. 274, 286
Willand, M. 218
Willaschek, M. 106
Williams, B. 22
Willmann, O. 24
Wilson, E. O. 185
Wittgenstein, L. 22, 28, 32, 41, 156, 265, 286

X
Xenophanes 60

Y
Yasutani, H. 64

Z
Zahavi, D. 210